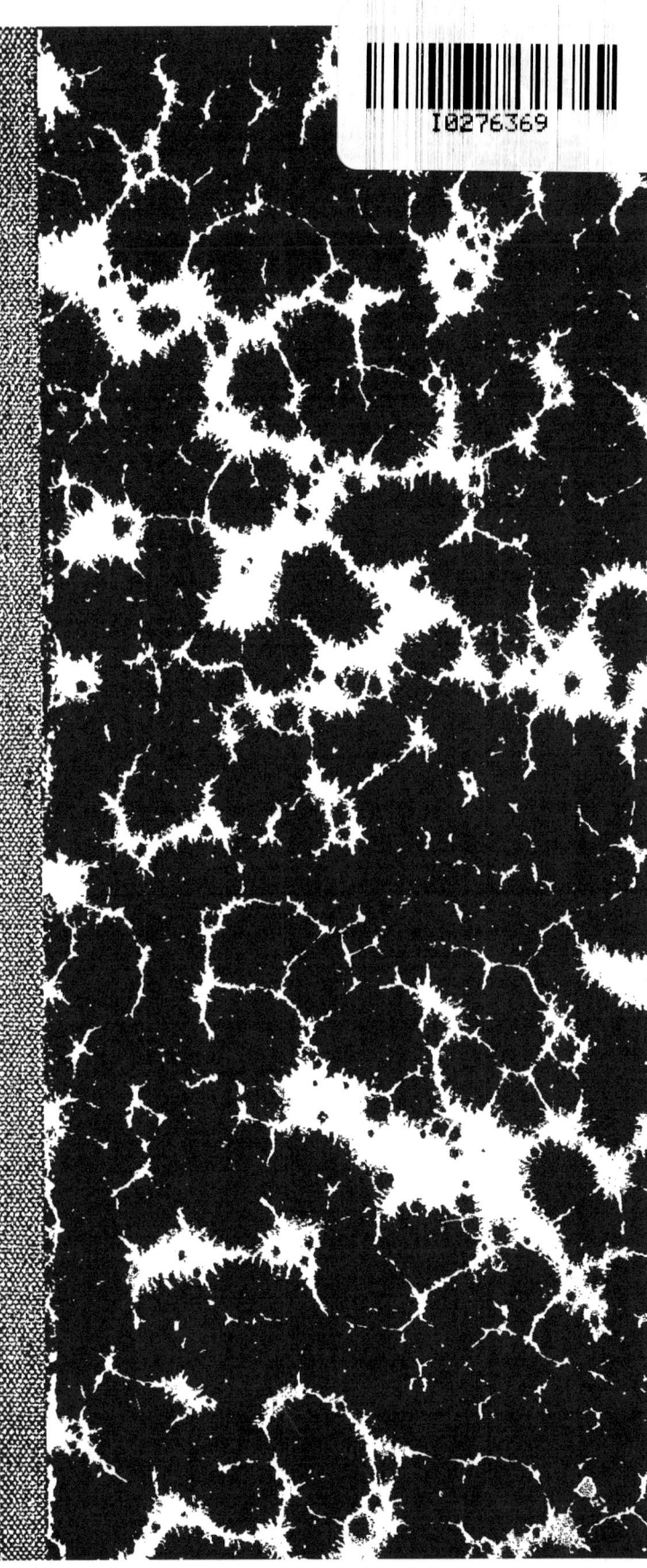

DOCTRINE PHILOSOPHIQUE

DE

S. THOMAS D'AQUIN

RÉSUMÉE

D'APRÈS LE DR STOECKL

PAR

L'ABBÉ L. CROLET

ANCIEN PROFESSEUR DE PHILOSOPHIE

Curé de Saint-Maurice de Salins

> « B. Thomæ doctrinam tanquam veridicam et catholicam sectemini, eamque studeatis totis viribus ampliare. »
> (URBANUS V, *ad Universit. Tolos.*)

PARIS

MAISON JOUBY ET ROGER

A. ROGER ET F. CHERNOVIZ, ÉDITEURS

Libraires de la Faculté de Théologie de Paris

7, RUE DES GRANDS-AUGUSTINS, 7

1890

(Droits réservés)

DOCTRINE PHILOSOPHIQUE

DE

S. THOMAS D'AQUIN

EN PRÉPARATION

LA PHILOSOPHIE SCOLASTIQUE

AVANT S. THOMAS

D'APRÈS LES TRAVAUX DU DOCTEUR STOECKL

Un fort volume in-12

BESANÇON. — IMP. OUTHENIN-CHALANDRE FILS ET Cie.

DOCTRINE PHILOSOPHIQUE

DE

S. THOMAS D'AQUIN

RÉSUMÉE

D'APRÈS LE DR STOECKL

PAR

L'Abbé L. CROLET

ANCIEN PROFESSEUR DE PHILOSOPHIE

Curé de Saint-Maurice de Salins

> « B. Thomæ doctrinam tanquam veridicam et catholicam sectemini, eamque studeatis totis viribus ampliare. »
>
> (Urbanus V, *ad Universit. Tolos.*)

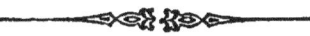

PARIS

MAISON JOUBY ET ROGER

A. ROGER ET F. CHERNOVIZ, ÉDITEURS

Libraires de la Faculté de Théologie de Paris

7, RUE DES GRANDS-AUGUSTINS, 7

1890

(Droits réservés)

IMPRIMATUR

B. M. de Vallibus, 18 sept. 1890.

† **CAESAR-JOSEPH**, *Ep. S. Claudii.*

PRÉFACE

Pendant que le chanoine Sanseverino publiait à Naples son grand traité de philosophie scolastique : *Philosophia christiana cum antiqua et nova comparata* (1); le docteur Stoeckl, professeur de philosophie à Munster, aujourd'hui chanoine d'Eichstaett, faisait paraître l'*Histoire de la Philosophie du moyen âge* (2). L'ouvrage de Sanseverino, écrit en latin, s'est répandu rapidement, et a contribué pour beaucoup à remettre en honneur la philosophie de S. Thomas. Le livre de Stoeckl, écrit en allemand, n'est guère connu en France que par quelques articles de Revues qui en ont fait

---

(1) Naples, 1862. 7 volumes grand in-8°. La mort a empêché Sanseverino de mettre la dernière main à cet ouvrage, dont la publication a été achevée par son élève Signoriello.

(2) *Geschichte der Philosophie des Mittelalters*. Mainz, Verlag von Franz Kirchheim, 1865. 3 volumes grand in-8°. Le docteur Stoeckl a publié depuis un Cours de Philosophie (3 volumes), une Histoire abrégée de la philosophie (1 volume) et une Histoire de la Philosophie moderne (2 volumes).

l'éloge. Ces deux ouvrages se complètent mutuellement, et forment à eux seuls une véritable encyclopédie de la philosophie scolastique. On retrouve dans l'un et l'autre les mêmes qualités : solidité de fond, clarté et précision de forme, calme et modération de jugement, richesse d'érudition. On a reproché souvent aux philosophes scolastiques modernes de n'être pas de leur siècle ; qu'on lise Sanseverino et Stoeckl, et ce préjugé tombera : ces hommes connaissent leur époque, mais ils n'admettent pas que la philosophie ait commencé au xviii° siècle, ni même au xvii°. Ils revendiquent l'héritage du passé, et ils veulent renouer la chaîne de la tradition brisée par Descartes.

L'Encyclique *Æterni Patris*, de Léon XIII, en imprimant un si grand élan à l'étude de la philosophie de S. Thomas, a donné une nouvelle importance aux travaux de la Scolastique moderne, et le Saint-Père a manifesté spécialement sa haute estime pour le docteur Stoeckl en le nommant Membre de l'Académie pontificale de S. Thomas. Nous avons cru pouvoir employer utilement les loisirs de notre ministère, en traduisant au moins quelques extraits de l'*Histoire de la philosophie du moyen âge*. Nous avons commencé par S. Thomas. Après avoir pris conseil de l'auteur, nous avons choisi, dans l'*Étude* qu'il lui a consacrée, les éléments d'un tableau de la Doctrine philosophique de l'*Ange de l'Ecole* ; nous avons complété ce travail à l'aide de réminiscences de Sanseverino, de quelques citations de Plassmann, de Goudin, du cardinal Zigliara, de l'abbé Blanc, du docteur Egger, du P. Schiffini, etc. ; et nous l'avons terminé par un *Appendice* sur l'opportunité du retour à la philosophie de S. Thomas, traduit du docteur Schneid, publié en 1881 dans les *Études catholiques* de Wurzbourg.

Cette esquisse de la *Doctrine philosophique de S. Thomas*, fournira aux lecteurs l'occasion de faire connaissance avec le docteur Stoeckl, leur donnera une vue d'ensemble de la philosophie scolastique, et leur permettra de s'orienter dans l'étude de S. Thomas. Le texte latin, cité constamment au-dessous du français, aidera les novices à interpréter S. Thomas, et servira de garantie aux appréciations de l'auteur. On voudra bien ne pas s'effrayer de l'aridité du chapitre consacré à la Métaphysique, et accepter la terminologie philosophique, telle que l'a faite le moyen âge. Chaque science a ses termes techniques qui s'imposent à l'étudiant, et que l'on arrive à comprendre rapidement, à condition de s'en servir. Nous avons eu soin d'écrire ces mots en *italique*, toutes les fois qu'ils sont employés dans un autre sens que celui de la langue vulgaire, par exemple *espèce* (*species*), que la Scolastique a tout bonnement emprunté à Cicéron : « Visum objectum imprimit et quasi signat in animo suam *speciem*. » Cic., *De Fato*, 43. Il y a d'excellents lexiques où ces termes sont expliqués, mais de même que l'enfant apprend sa langue sans dictionnaire, un philosophe doit apprendre la sienne en la parlant.

Nous avons espéré rendre service aux amis de la Scolastique en leur offrant ce résumé de S. Thomas. De précieux encouragements nous ont soutenu en face de plus d'une difficulté. Nous comptons maintenant sur la charité de nos lecteurs pour nous signaler les fautes qui ont dû nous échapper, ou les perfectionnements qu'on pourrait apporter à ce petit livre pour le rendre plus utile. Nous leur demandons aussi de nous aider à compléter les indications bibliographiques réunies ci-après.

Nous tenons, en finissant, à remercier les deux professeurs d'Eichstaett, que nous avons essayé de *traduire* sans les *trahir*, de l'obligeance qu'ils nous ont témoignée, et des conseils qu'ils nous ont donnés. Nous nous sommes efforcé d'y répondre par le soin que nous avons apporté au pénible labeur de la traduction. Si nous sommes resté au-dessous de notre tâche, ce n'est pas faute de bonne volonté. Daigne S. Thomas bénir notre travail et nous donner la force de le compléter ! Le tableau de la Philosophie scolastique *avant* et *après* S. Thomas fournirait la matière de deux volumes, dont le premier pourra paraître l'année prochaine, si cet essai reçoit un accueil favorable du public spécial auquel il s'adresse.

Salins, 8 septembre 1890, fête de la Nativité
de la très sainte Vierge.

L. C.

PRIÈRE DE S. THOMAS

AUX PIEDS DU CRUCIFIX

Concede, quæso, misericors Deus, quæ tibi sunt placita, ardenter concupiscere, prudenter investigare, veraciter intelligere et perfecte implere. Per Christum Dominum nostrum. Amen.

ABRÉVIATIONS

EMPLOYÉES

DANS LES CITATIONS DE S. THOMAS

Th.	*signifie*	Summa theologica.
C. g.	—	De veritate catholicæ fidei contra Gentiles (*ou* Summa philosophica).
S.	—	Commentaria in libros Sententiarum.
De an.	—	In libros Aristotelis de anima.
Met.	—	— metaphysicorum Aristotelis.
P. an.	—	Opusculum de potentiis animæ.
Reg. pr.	—	— de regimine principum.
Ent.	—	— de ente et essentia.
Indiv.	—	— de principio individuationis.
Quodl.	—	Quodlibetales quæstiones.
An.	—	Quæstiones disputatæ de anima.
Mal.	—	— — de malo.
Pot.	—	— — de potentia Dei.
Spir.	—	— — de spiritualibus creaturis.
Virt.	—	— — de virtutibus.
a. c. d. l. q.	—	articulus, caput, distinctio, liber, quæstio.

INDICATIONS BIBLIOGRAPHIQUES

LISTE ALPHABÉTIQUE DES PRINCIPAUX OUVRAGES RELATIFS
A LA PHILOSOPHIE DE S. THOMAS

AA, J. (van der) S. J. — Prælectionum philosophiæ scholasticæ brevis conspectus. Lovanii, 1885. 6 vol. in-8º.

AGNANI, Joan. O. P. — Philosophia neo-palæa, D. Thoma magistro ad christianismi et rationis normam nov. ac veter. scholæ dogmata expendens. Romæ, 1734. In-4º.

ALAMANNUS, Cosmus, Mediolan. S. J. — Summa totius philosophiæ S. Thomæ Aquinatis (ex variis ejusdem libris in ordinem *Cursus philosophici* accommodata). 3 vol. in-4º. Ticini et Papiæ, 1622-24. — Réimpr. (Paris, 1890). 3 vol in-4º en 6 parties.

ALER, Paul. S. J. — Conclusiones ex universa philosophia circa quæstiones maxime controversas auct. Philosophi et Doct. Angelici roboratæ argumentis a ratione desumptis. Col., 1692. In-4º.

ANTONIUS a S. Justo, cler. reg. Schol. piar. — Schola pia Aristotelico-Thomistica, seu brevis philosophiæ cursus juxta mentem Ang. Doct. ad Piar. Schol. usum. Cæsar-Aug., 1745. In-4º.

ARBOS, Don J. — Essai de physique et de chimie, en harmonie avec la doctrine de S. Thomas (*en espagnol*). Barcelone. In-8º.

ARNU, Nic. O. P. — Dilucidum philosophiæ syntagma e D. Thomæ Aq., B. Alb. Magni et optimor. philos. effatis concinnatum, variaque eruditione locupletatum. Patavii, 1686. 7 vol. in-8º.

BABENSTUBER, L. O. S. B. — Philosophia Thomistica (*Salisburgensis dicta*). Aug. Vind., 1706. In-4º.

BATTAGLINI, Fr. — Logicæ, Metaphysicæ, Ethicæ Institutiones. Bologne, 1869. in-8°,

BENSA. — Philosophiæ speculativæ summarium. Paris, 2 vol. in-8°.

BERG (van der) — De ideis divinis, prout sunt exemplaria rerum, secundum doctrinam D. Thomæ. Bois-le-Duc, 1872. in-8°.

BLANC, Elie. — Traité de philosophie scolastique. Lyon, 1889. 3 vol. in-12.

BOUILLERIE (Mgr de la). — L'homme, sa nature, son âme, ses facultés et sa fin. Paris. In-8°.

BOURQUARD (Mgr). — Doctrine de la Connaissance d'après S. Thomas. Paris, 1878. In-8°.
— L'Encyclique *Æterni Patris*. Strasbourg. In-8°.

BRIN, pr. S. S. — Philosophia christiana. Paris, 1874. 3 vol. in-12.

CACHEUX (l'abbé). — La philosophie de S. Thomas. Paris, 1858. In-8°.

CAJETANUS, Card. O. P. — Comment. super tractatum de Ente et Essentia, etc. Venet., 1506. In-fol. — Reproduit dans la plupart des éditions des Œuvres complètes de S. Thomas.

CANTARENUS, Hier. Ep. Justinop. — Opus aureum in D. Thomæ Aquin. de Ent. et Essentia libr. comment. illustr. Venet., 1606.

CARBONEL, P. — Divi Thomæ Aquinatis Excerpta philosophica. Avignon, 1882. 2 vol. in-4°.
— Essai de philosophie classique. Paris, 1876. In-8°.

CASTELEIN, A. S. J. — Psychologie. La science de l'âme dans ses rapports avec l'anatomie, la physiologie et l'hypnotisme. Namur, 1890. In-8°.

CAUVINUS, Paul. O. P. — Cursus philometaphysicus ad mentem Thomæ Aquin. Bononiæ, 1693. 3 vol. in-fol.

CHARLES, abbé Emile. — (Annales de philos. chrét.) De la science de Dieu d'après S. Thomas. Juin 1882.

CHOCARNE, O. P. — S. Thomas d'Aquin et l'Encyclique *Æterni Patris*. Paris, 1884. In-8°.

COMMER, Dr Ern. — Système de philosophie (*en allemand*). 4 vol. in-8°. Paderborn, 1890.

CONTZEN, H. — L'économie sociale dans S. Thomas d'Aquin (*en allemand*). Leipzig, 1861, in-8°.

COPPOLA, R. — S. Thomas d'Aquin et les sciences naturelles (*en italien*). Milan, 1874. In-8°.

CORNOLDI, G. S. J. — Leçons de philosophie scolastique, d'après la méthode et les principes de S. Thomas d'Aquin. Traduit de l'italien, par l'abbé Baudre. Paris, 1878. 1 vol. in-8°.
— Institutiones philos. specul. ad mentem S. Th. — Bononiæ, 1878. In-8°.
— Conciliation de la foi catholique avec les sciences (*en italien*). Bologne, 1878. In-12.

COSTA ROSETTI, Jul. S. J. — Philosophia moralis secundum principia philosophiæ scolasticæ. Œniponti. In-8°.

COSTER (de) — Le problème de la finalité. Louvain, 1888. In-8°.

DIAZ, Fr. — Cursus philosophiæ juxta mentem D. Thomæ. Vallis Oleti, 1695. 3 vol. in-4°.

DOMET DE VORGES (Annales de philosophie chrét.). — Théorie de la connaissance. Janvier 1886. — De l'existence et de l'essence. Septembre 1886. — De la substance et de l'accident. Novembre 1886. — Cause efficiente et cause finale. Octobre 1888. — La constitution de l'être. Mai 1886.

DONADIU Y PUIGNAU. Dr D. — Cours de métaphysique, professé à la faculté des lettres de Barcelone (*en espagnol*). — Barcelone, 1887. In-8°.

DUPONT, A. — Ontologie. Louvain, 1875. In-8°.
— Théodicée, Louvain, 1874. In-8°.

EGGER, Dr F. — Propædeutica philosophico-theologica. Brixinii. In-8°.

EMERICUS A STEPHANO. O. Carm. — Philosophia thomistica juxta ordinem et doctrinam collegii Complut. Ratisb., 1729. In-4°.

ENKEN. — La philosophie de S. Thomas d'Aquin (*en allemand*). Halle, 1887, In-8°.

FICHAUX (l'abbé). — Précis de philosophie chrétienne. Lille, 1875. In-8°.

FRANCHI. (Annal. de philos. chrét.) — Le caractère général de S. Thomas et de sa philosophie. Mars 1888.

FREDAUT, Dr. — Force et matière. Paris, 1876. In-8°.
— Traité d'anthropologie physiologique et philosophique. Ibid. 1863. In-8°.

FREYDENPIEHL, Ambr. O. S. B. præs. — Integra philosophia thom. sec. causas in tabulis compend. depicta. Salisb., 1708. In-4º.

GARDAIR. (Annales de philos. chrét.) — La matière et la vie. Janvier 1884. — L'être individuel. Avril 1884. — Les puissances de l'âme. Janvier 1884. — L'organisme et la pensée. Juillet 1888.

GLOSSNER, Dr M. — Le principe d'individuation (*en allemand*). Paderborn, 1887. in-8º.

GONZALEZ, Cardin. O. P. — Histoire de la philosophie, traduite de l'espagnol par le P. de Pascal. Paris 1890. 4 vol. in-8º.
— Etudes sur la philosophie de S. Thomas (*en espagnol*). Madrid. 3 vol. in-8º.
— Philosophia elementaria. Madrid. 2 vol. in-8º.

GOUDIN, Ant. Lemovic. O. P. — Philosophia juxta D. Thomæ dogmata iv tomis comprehensa. Col. Agr., 1704. 2 vol. in-8º.
— Réimpr. (Paris, 1869). 4 vol. in-12.

GRANCLAUDE, E. phil. prof. — Breviarium philosophiæ scholasticæ. Paris, 1890. 3 vol. in-12.

GUÉRINOIS, J. C. Cenom. O. P. — Clypeus philosophiæ thomisticæ contra vet. et novos ejus impugnatores. Venet., 1710. 7 vol. in-12.

HARPER, S. J. — La Métaphysique de l'Ecole (*en anglais*). Londres, 1879. 5 vol. in-8º.

HAUREAU. — Histoire de la Scolastique. Paris, 1850. 2 vol. in-8º.

HORTEL. — S. Thomas d'Aquin et son époque (*en allemand*). Augsbourg, 1846. In-8º.

HULST (Mgr d'). — (Annales de philos. chrét.). — Valeur scientifique de la Métaphysique de S. Thomas. Avril 1887.

INNOCENTIUS A THOMA AQUINATE, cler. reg. schol. piar. — Lapis angularis, seu præmotio physica Thomistica, etc. Viennæ, 1733. In-4º.

JOHANNES A S. THOMA, O. P. — Cursus philosophicus thomisticus, sec. Aristotelis et D. Thomæ Aquin. doctrinam. Lugd., 1663. In-fol. — Réimprimé à Paris, 1883. 3 vol. in-4º.

JOURDAIN, Ch. — La Philosophie de S. Thomas. Paris, 1858. 2 vol. in-8°.

JUNGMANN, Dr J. S. J. — Le sentiment et la sensibilité dans la philosophie moderne (*en allemand*). Fribourg, 1884. In-8°.
— L'Esthétique de S. Thomas (*en allemand*). Fribourg, 1886. 2 vol. in-8°.

KIRSCH, Petr. S. J. — Deus movens ex mente S. Thomæ absque prædeterminatione physica. Col. 1708. In-16.

KLEUTGEN, S. J. — La Philosophie scolastique exposée et défendue. Trad. française du P. Sierp. Paris, 1868. 4 vol. in-8°.
— Dernière éd. allemande. Inspruck, 1883. 2 vol. in-8°.

LAHOUSSE, Gust. S. J. — Prælectiones Logicæ et Ontologiæ. Louvain, 1889. In-8°.
— Prælectiones Metaphysicæ specialis. Liége, 1888. 4 vol. in-8°.

LAUS, Andr. O. Carm. Catanensis. — Hortulus philosophicus. Ed. R. Pistorius, O. P. Col. Agrip. 1662. In-24.

LEPIDI, A. O. P. — Elementa philosophiæ christianæ. Lovanii, 1875. 4 vol. in-8°.
— Examen philosophico-theologicum de Ontologismo. Lovanii, 1874. in-8°.

LIBERATORE, Mat. S. J. — Institutiones philosophicæ. Neapoli, 1872. 3 vol. in-8°.
— De la Connaissance intellectuelle (*en italien*). Naples, 1858. 2 vol. in-8°. — Trad. française de l'abbé Deshayes. Paris, 1885. In-8°.
— Du Composé humain, trad. de l'italien. Lyon, 1886. In-8°.
— De l'homme (*en italien*). Rome, 1875. 2 vol. in-8°.

LIMBOURG, P. Max. S. J. — De distinctione Essentiæ ab Existentia theses quatuor. Ratisb., 1883. In-8°.

MAHER, Mich. S. J. — Psychologie (*en anglais*). Londres, 1890. In-8°.

MAUSBACH, Dr J. — Divi Thomæ Aquinatis de voluntate et appetitu sensitivo doctrina. Paderborn, 1888. In-8°.

MAUMUS, E. V. O. P. — S. Thomas d'Aquin et la philosophie cartésienne. Paris, 1890. 2 vol. in-12.

MAURO, Sylv. S. J. — Quæstiones philosophicæ. Cenomani, 1875. 3 vol. in-8°.

MENDIVE, J. S. J. — Institutiones philosophiæ scholasticæ, ad mentem D. Thomæ ac Suaresii. 6 vol. in-8°.
— Eléments de logique (*en espagnol*. Valladolid, 1883. In-8°.
— Eléments de psychologie — —

MEYER, Th. S. J. — Institutiones juris naturalis seu Philosophiæ moralis universæ, secundum principia S. Thomæ Aquin. Friburgi, 1885. 2 vol. in-8°. (*Philosophia Lacensis*).

MORGOTT, D^r. — L'esprit et la matière dans l'homme d'après S. Thomas (*en allemand*). Eichstaett, 1860. In-8°.
— La théorie des sentiments dans le système de S. Thomas (*en allemand*). Eichstaett, 1860. In-8°.

MORIN, Fréd. — Dictionnaire de philosophie et de théologie scolastiques (*collection Migne*). Paris, 1856. 2 vol. in-4°.

ORTIZ, Did. O. P. — Cursus philosophicus angelico-thomisticus. Monast. Campid., 1667.

PASCAL (Vincent de). — La composition des corps. Paris, 1878. In-8°.
— Le pouvoir social et l'ordre économique (*dans le 3e vol. de la Philosophie de l'abbé Blanc*).

PECCI, Card. Jos. — L'influence de Dieu sur les actions des créatures raisonnables, et la science moyenne (*Trad. allem. du Dr Triller*). Paderborn, 1888. In-8°.

PESCH, T. S. J. — Institutiones Philosophiæ naturalis, secundum principia S. Thomæ Aquinatis. Friburgi, 1880. In-8°.
— Institutiones logicales, sec. princ. S. Th. Aquin. Friburgi, 1885. 2 vol. in-8°. (*Philosophia Lacensis*).
— Les grands problèmes du monde (*en allemand*). Fribourg, 1884. 2 vol. in-8°.

PFEIFER, F. X. — L'accord de la Scolastique avec la physique moderne (*en allemand*). Augsbourg, 1881. In-8°.

PINY, Alex. O. P. — Cursus philosophicus thomisticus, ad mentem D. Thomæ, in quo philosophia universa ex fundamentis et principiis restauratur. Col. Agrip. 1693. 2 vol. in-8°.

PHILIPPUS A S. TRINITATE, O. Carm. — Summa philosophica ex Aristotelis et D. Thomæ doctrina, juxta legitimam scholæ thomist. intelligentiam composita. Col., 1665. 4 parties en 2 vol. in-8°.

PLASSMANN, H. E. — L'Ecole de S. Thomas d'Aquin. 1er cours : Philosophie de S. Thomas (*en allemand*). Soest, 1858. 5 vol. in-8°.

PRISCO, J. — Eléments de philosophie spéculative (*en italien*). Naples, 1879. 2 vol. in-8°.
— Métaphysique de la Morale (*en italien*). Naples, 1865. In-8°.
— Cours élémentaire de philosophie spéculative, traduit par Huchede. Poitiers, 1877. In-12.

RAMIÈRE, S. J. — L'accord de la philosophie de S. Thomas et de la science moderne. Paris, 1877. In-8°.

RASTERO. — Institutiones philosophiæ. Genuæ, 1874. 2 vol. in-12.

REEB, G. (denuo edidit P. CORNOLDI). — Thesaurus philosophorum seu Distinctiones et axiomata philosophica. Paris, 1875. 1 vol. in-12.

RÉGNON (Th. de), S. J. — Métaphysique des causes. Paris, 1880. in-8°.
— Banésianisme et Molinisme. Paris, 1890. In-12.

REINHARD, de Liechty. — Albert-le-Grand et S. Thomas d'Aquin, ou la science au Moyen âge. Paris, in-12.

REISCHL, Marc. — Philosophia peripatetico-thomistica. Campid., 1734, in-fol.

RENTZ, Placid. O. S. B. — Philosophia ad mentem D. Thomæ Aquin. Altdorff, 1714, 3 vol. in-8°.

RICKABY, J. S. J. — Métaphysique générale (*en anglais*). Londres, 1890. In-8°.

RITTLER, A. — L'essence et l'existence dans les créatures d'après S. Thomas (*en allemand*). Ratisbonne, 1887. In-8°.

ROSELLI, Salv. O. P. — Summa philosophica ad mentem S. Thomæ. Romæ, 1779. 3 vol. in-8°.

ROTELLI Mgr (Annales de philos. chrét.). — Des puissances intellectives. Février 1889.

SANSEVERINO, Caj. — Philosophia christiana cum antiqua et nova comparata. Neapoli, 1862. 7 vol. in-8°.
— Elementa Philosophiæ christianæ. Ibid. 3 vol. in-8°.
— Trad. fr. de E. C. Avignon, 1877. 3 vol. in-8°.
— Compendium. Neapoli, 1834. 2 vol. in-12.
— Les principaux systèmes philosophiques sur la certitude (*en italien*). Naples, 1858. In-8°.

SAUVÉ (Mgr). — Union substantielle de l'âme et du corps. Paris, 1870. In-8°.

SCHAEZLER. — Divus Thomas contra Liberalismum. Fribourg. In-8°.

SCHIFFINI, S. S. J. — Institutiones philosophicæ ad mentem Aquinatis. Aug. Taur., 1888. 3 vol. in-8°.
— Institutiones philosophicæ in compendium red. Ibid. In-8°.

SCHNEID, Dr Mat. — Philosophie de la nature (Cosmologie) d'après S. Thomas (*en allemand*). Paderborn, 1890. In-8°.
— La Politique de S. Thomas (dans le 77e vol. des Hist. polit. Blaetter).
— Le temps et l'espace (*en allemand*). Mayence, 1886. In-8°.
— L'objectivité des sensations (*en allemand*). Mayence, 1886. In-8°.
— La philosophie de S. Thomas et son importance à notre époque (*en allemand*). Wurzb., 1881. In-8°.

SCHNEIDER, C. M. — La nature, la raison et Dieu, d'après S. Thomas (*en allemand*). Ratisbonne, 1883. In-8°.

SCHNELL, Ans. O. S. B. — Cursus philosophiæ Aristotelico-Thomisticæ abbreviatus. Aug. V., 1737. In-8°.

SCHULTZ, Thomas-Lexicon. — (*En allemand*). Paderborn, 1881. In-8°.

SIGNORIELLO, Nunt. Can. — Philosophia moralis. Neapoli. 2 vol. in-12.
— Lexicon peripateticum, in quo scholasticorum distinctiones et effata præcipua explicantur. Neapoli, 1872. In-8°.

SIRUS, Joan. O. P. — Universa philosophia Aristotelico-Thomistica, veterum recentiumque, præsertim Maignani, Cartesii, Gassendi placita non segniter excutiens. Venet., 1719. In-fol.

STAUB. — De objectivitate cognitionis humanæ. Friburgi, 1887. In-8°.

STOECKL, Dr Alb. — Histoire de la philosophie du moyen âge (*en allemand*). Mayence, 1864. 3 vol. in-8°.
— Cours de philosophie (*en allemand*). Mayence, 1887. 3 vol. in-8°.
— Histoire de la philosophie (*en allemand*). Mayence, 1875. In-8°.

SUAREZ, Fr. S. J. — Disputationes metaphysicæ. Mayence, 1620. In-folio.

TALAMO. — L'Aristotélisme de la Scolastique (*trad. française*). Paris. In-12.

TARINO, Petr. — Institutiones Logicæ, Metaphysicæ, Ethicæ atque Juris naturæ. Biellæ, 1878. In-8°.
— Le problème fondamental de la science (*en italien*). Biellæ, 1878. In-8°.

THOMAS AQUINAS A NATIVITATE, O. Carm. excalc. — Institutiones philosophicæ. Venet., 1764. 4 vol. in-4°.

TONGIORGI, Salv. S. J. — Institutiones philosophicæ. 3 vol. in-8°.
— Compendium. Paris, 1879. In-12.

VALLET, pr. S. S. — Prælectiones philosophicæ ad mentem S. Thomæ. Paris, 1890. 2 vol. in-12.
— Histoire de la philosophie. Paris, 1886. In-12.
— L'idée du beau dans la philosophie de S. Thomas. Paris, 1886.
— La tête et le cœur. Paris, 1886. In-12.

WEDDINGEN (Van.). — L'Encyclique de S. S. Léon XIII et la restauration de la philosophie chrétienne. Bruxelles, 1880, In-8°.

WERNER. — S. Thomas d'Aquin (*en allemand*). Ratisbonne, 1858. 3 vol. in-8°.

ZERBUS, Gabr. Veron. — Quæstiones metaphysicæ Aristotelico-Thomisticæ. Bononiæ, 1482. In-fol.

ZIGLIARA, Cardin. O. P. — Summa philosophica in usum scholarum. Lugduni, 1882. 3 vol. in-12.
— De la Lumière intellectuelle et de l'Ontologisme (*en italien*). Rome, 1874. 2 vol. in-8°.
— Traduction française. Avignon, 1884. 2 vol. in-8°.

DOCTRINE PHILOSOPHIQUE

DE

S. THOMAS D'AQUIN

―――――――――――――――――

AVANT-PROPOS

1. La chevalerie et la philosophie. — Pendant que la chevalerie du moyen âge se couvrait de gloire sur les champs de bataille, il y avait à côté d'elle une autre milice, toute spirituelle, qui ne brillait pas moins sur le terrain de la science. L'ardeur intrépide des savants ne le cédait pas à l'indomptable bravoure des preux. Nous admirons, dans la chevalerie intellectuelle de cette époque, une énergie de pensée qui pénètre jusqu'aux plus secrètes profondeurs de la science, et qui ne recule devant aucune difficulté. Et de même que la valeur guerrière des chevaliers était tout entière au service de la religion, de la vertu et de l'honneur, ainsi les grands penseurs de cette époque courbaient la tête devant la religion, et consacraient à sa défense tous leurs travaux.

2. Rôle de S. Thomas d'Aquin. — Au premier rang des coryphées de cette milice spirituelle figure celui dont le nom est en tête de ce livre, S. Thomas d'Aquin. Il a conquis des lauriers impérissables dans les luttes de l'esprit, et son nom brille comme un astre éclatant au firmament de l'Eglise et de la science chrétienne. Ce qu'a été S. Augustin pour l'époque des Pères de l'Eglise, S. Thomas le sera pour celle de la scolastique. Si tous les rayons de la science patristique se concentrent dans les ouvrages de S. Augustin comme dans un foyer lumineux, on peut en dire autant des ouvrages de S. Thomas par rapport à la science de son époque. C'est avec raison que ses contemporains l'ont appelé le *Docteur angélique*. Cette profondeur de pensée, cette pénétration de jugement, cette finesse de distinction, cette puissance de synthèse, qui se rencontrent dans toutes ses œuvres, lui méritaient bien ce titre. L'histoire a mis le nom de S. Thomas sur le chandelier, et il ne s'obscurcira jamais tant qu'il y aura une science chrétienne, une culture chrétienne. S. Thomas d'Aquin sera toujours une preuve éclatante de ce que peut l'esprit humain quand il se laisse pénétrer de l'esprit du christianisme, de l'esprit de l'Eglise.

3. Vie de S. Thomas. — Thomas d'Aquin, dernier fils du comte d'Aquin, dont la famille était alliée à celle des Hohenstauffen, naquit en 1225 (ou 1227), à Roccasicca, près du Mont-Cassin. Il n'avait guère que cinq ans lorsque son éducation fut confiée aux Bénédictins du Mont-Cassin. Après six ans d'études, son intelligence était si développée qu'il put être envoyé à l'Université de Naples, où il passa encore six ans. Il continua à s'y distinguer par ses succès et par la piété qu'il avait apportée du Mont-Cassin. Au milieu de la corruption qui régnait alors à l'Université de Naples, il se conserva pur, et sentit se développer de plus en plus dans son cœur le désir de se consacrer entièrement à Dieu dans l'Ordre des Dominicains. A l'âge de seize ans, il réalisa ce désir sans même retourner voir sa famille; il se rappelait la parole du Sauveur : « Celui qui aime son père et sa mère plus que moi n'est pas digne de moi. » Ses parents firent tous leurs efforts pour le détacher du cloître, et ses supérieurs jugèrent prudent de l'éloigner de Naples : ils l'envoyèrent à Paris. Surpris en chemin par ses deux frères qui étaient au camp de l'empereur, emmené malgré lui au château de Roccasicca, il se vit en butte à toutes sortes de mauvais traitements. Ses frères le gardaient à vue; bien plus, ils envoyèrent auprès de lui une femme pour le séduire. Mais le saint jeune homme s'arma d'un tison pour la mettre en fuite. Sa mère et ses sœurs favorisèrent son évasion, et il put se rendre dans son couvent de Naples, où il fit ses vœux. Aussitôt, le Chapitre général de l'Ordre l'envoya à Cologne, achever ses études sous la direction d'Albert le Grand. Le maître reconnut bientôt les brillants talents de son élève, et prédit que sa renommée s'étendrait dans tout l'univers. Lorsqu'Albert fut envoyé à Paris en 1245, Thomas l'accompagna; tous deux revinrent à Cologne trois ans après, et Thomas fut nommé *Magister studiorum* sous la direction d'Albert, puis il fut appelé à Paris pour occuper une chaire de théologie. Il accepta par obéissance, et sa renommée s'accrut de jour en jour. Des foules de jeunes gens accouraient de toutes les parties de la chrétienté pour recueillir ses enseignements, et pénétrer, sous sa conduite, dans les profondeurs de la science. Mais plus l'enthousiasme de ses auditeurs était grand, plus le saint s'humiliait, reconnaissant qu'il ne devait sa science qu'à la vertu de la croix. La lutte des ordres mendiants avec Guillaume de S. Amour interrompit son enseignement à Paris, lorsque le pape l'appela à Rome avec Albert le Grand pour connaître son opinion sur ce sujet. Revenu à Paris en 1236, il ne cessa d'enseigner et d'écrire, sans chercher autre chose que la gloire de Dieu et le développement de la science chrétienne, jusqu'à l'année 1261, où Urbain IV l'appela à Rome. Le Souverain Pontife voulait, en récompense de ses services, l'élever aux dignités de l'Eglise, mais Thomas refusa énergiquement. Il revint à Paris où il resta encore deux ans. Enfin le Chapitre général de l'Ordre l'envoya comme professeur à l'Université de Naples. Son entrée dans cette ville fut un véritable triomphe. Mais il n'y séjourna pas longtemps. Grégoire X l'appela en 1274 au concile général de Lyon, pour prêter aux membres de cette assemblée l'appui de ses lumières. Quoique malade, il obéit à l'ordre du pape, mais il mourut en route, à l'abbaye cistercienne de Fosseneuve, le 7 mars 1274, à l'âge de quarante-neuf ans. Le pape Jean XXII le mit en 1323 au nombre des saints, et Dieu n'a cessé de faire éclater par des miracles signalés la sainteté de son serviteur.

Telle est la vie de cet homme, qui marque le point culminant de la scolastique au moyen âge, vie dans laquelle s'unissent si étroitement la gloire et l'humilité. Plus l'homme arrivé au faîte des honneurs est porté à oublier l'humilité qui seule le rend grand aux yeux de Dieu, plus on est heureux de rencontrer des âmes qui résistent à cette tentation et évitent ce dangereux écueil. On aime à arrêter les yeux sur ces hommes d'élite, parce qu'ils apparaissent comme le véritable idéal de la perfection morale à laquelle le chrétien doit aspirer.

4. Œuvres de S. Thomas. — Les œuvres de S. Thomas forment, dans l'édition de Venise de 1593, dix-sept volumes in-folio. Les cinq premiers renferment les *Commentaires sur Aristote*, les deux suivants un commentaire très considérable des *Sentences* de Pierre Lombard, le huitième les *Quæstiones disputatæ* dont les plus remarquables sont le *Traité de l'âme*, le *Traité du mal* et celui de la *Vérité*, puis les *Quæstiones quodlibetales*. Dans le neuvième volume se trouve la *Somme contre les Gentils*, et dans les trois suivants la *Somme théologique*. Viennent ensuite dans le treizième les *Commentaires* sur l'Ancien Testament, dans le quatorzième et le quinzième les *Commmentaires sur les Evangiles de S. Matthieu et de S. Jean*, avec la *Catena aurea*, dans le seizième les *Commentaires sur S. Paul* et les *sermons*. Les *Opuscules* de S. Thomas remplissent le dernier volume. On voit, par cette énumération des œuvres de S. Thomas, qu'il a suivi fidèlement les traces d'Albert le Grand, et qu'il a cherché à résoudre de la même manière que lui le problème scientifique de son époque. Son premier souci fut de donner à la science chrétienne comme base de son développement la philosophie aristotélicienne, de faciliter l'étude d'Aristote en l'expliquant avec soin. La méthode qu'il suit dans ce travail est encore celle d'Albert le Grand; toutefois le commentaire se rapproche moins de la paraphrase, il évite les digressions, suit le texte pas à pas et l'explique clairement par l'enchaînement logique des pensées.

Mais ce n'est là qu'une partie de la tâche de S. Thomas, une préparation nécessaire au grand travail où se concentreront tous ses efforts. Il s'agit, d'une part, de défendre la vérité chrétienne contre les attaques de ses ennemis, d'autre part de construire de toutes pièces l'édifice de la théologie. Le premier but est poursuivi principalement dans la Somme contre les Gentils, le second est atteint dans la Somme théologique. Ces deux ouvrages forment donc comme la moëlle des productions de S. Thomas. Dans la Somme contre les Gentils, il s'efforce de prouver les vérités du christianisme à l'aide de la raison, et de les défendre contre les doctrines opposées qu'il rencontre dans les systèmes païens, hérétiques et arabes. Il part de ce principe, que, pour répondre à ceux qui n'acceptent pas la révélation divine du christianisme, il ne faut pas apporter des preuves positives, mais seulement des principes rationnels, afin de pouvoir d'une part réfuter leurs faux raisonnements, de l'autre, faire entrer la vérité dans leur intelligence, ou en les convainquant de leur erreur, ou en les forçant d'avouer qu'il n'y a rien dans les données de la raison qui contredise nos mystères. Ainsi la Somme contre les Gentils peut être regardée comme une éclatante apologie de la religion. Dans la Somme théologique, au contraire, S. Thomas procède synthétiquement : il essaie de donner une théorie complète de la vérité révélée, et d'encadrer ce développement du dogme dans un vaste système théologique. Malheureusement elle est restée inachevée. Les autres ouvrages de S. Thomas servent à compléter les deux dont nous venons de parler. En traitant séparément différentes questions de philosophie ou de théologie,

S. Thomas entre dans des détails que ne comportaient pas les deux Sommes, expose ses idées avec plus de clarté, et approfondit davantage les sujets. Enfin le grand commentaire des Sentences de Pierre Lombard est très utile pour pénétrer à fond le sens de la doctrine de S. Thomas et en apprécier la portée. Mais il ne faut pas oublier que les deux Sommes renferment l'exposé le plus précis et le plus complet de l'enseignement du docteur angélique, d'autant plus que leur rédaction se rapporte aux dernières années de sa vie.

5. Plan et divisions. — Pour exposer avec plus de clarté la doctrine philosophique de S. Thomas, nous la ramènerons à un certain nombre de divisions. Nous indiquerons d'abord les principes fondamentaux du système, puis nous étudierons séparément la Métaphysique, la Théorie de la connaissance, Dieu et la création, les Anges, l'Homme, la Morale, la Rédemption, et nous terminerons par une esquisse rapide de la Politique de S. Thomas.

CHAPITRE PREMIER

PRINCIPES FONDAMENTAUX DE LA PHILOSOPHIE DE S. THOMAS

6. Il y a des vérités au-dessus de la raison. — Au début de sa Somme contre les Gentils, S. Thomas rappelle que le but du philosophe est d'arriver à la connaissance de la vérité, et principalement de celle qui est la source de toute autre, c'est-à-dire à la connaissance de Dieu. Puis il distingue, dans ce que nous connaissons de Dieu, des vérités de deux sortes. Il y a, dit-il, des vérités qui dépassent la portée de toute intelligence humaine; il y en a d'autres, au

(6) Primam philosophiam [Aristoteles] determinat esse scientiam veritatis, non cujuslibet sed ejus veritatis, quæ est origo omnis veritatis, scilicet quæ pertinet ad primum principium essendi omnibus (C. g., l. 1, c. 1). — Est autem in his, quæ de Deo confitemur, duplex veritatis modus. Quædam namque vera sunt de Deo, quæ omnem facultatem humanæ rationis excedunt, ut Deum esse trinum et unum. Quædam vero sunt, ad quæ etiam ratio naturalis pertingere potest, sicut est Deum esse, Deum esse unum, et alia hujusmodi, quæ etiam philosophi demonstrative de Deo probaverunt, ducti naturalis lumine rationis (C. g., l. 1. c. 3). — Dico autem duplicem veritatem divinorum, non ex parte ipsius Dei, qui est una et simplex Veritas, sed ex parte cognitionis nostræ, quæ ad divina cognoscenda diversimode se habet (C. g., l. 1. c. 9). — Cum principium totius scientiæ, quam de aliqua re ratio percipit, sit intellectus substantiæ ipsius, oportet quod secundum modum quo

contraire, que la raison de l'homme peut arriver à connaître par ses seules forces. Cette distinction est capitale, mais il ne faut pas s'imaginer que la différence en question soit réellement dans les vérités elles-mêmes; car Dieu est la vérité absolument une et simple. C'est par rapport à notre intelligence que nous sommes obligés de distinguer, parce que nous pouvons connaître de différentes manières la vérité une en elle-même. Cette distinction établie, S. Thomas ne se croit pas dispensé de prouver qu'il doit y avoir, et qu'il y a réellement en Dieu des vérités qui dépassent nos facultés naturelles. Nous n'avons, en effet, aucune connaissance directe de l'essence divine, nous n'arrivons à la connaître qu'en partant des créatures. Par conséquent, notre connaissance de Dieu est incomplète, et il doit y avoir dans la vie comme dans la nature de l'Etre infini beaucoup de choses que notre connaissance imparfaite ne peut pas atteindre. De plus, notre connaissance est bien

---

substantia rei intelligitur, sit eorum modus quæ de illa re cognoscuntur... Ad substantiam ipsius [Dei] capiendam intellectus humanus non potest naturali virtute pertingere, quum intellectus nostri, secundum modum præsentis vitæ, cognitio a sensu incipiat. Et ideo, ea quæ in sensum non cadunt, non possunt humano intellectu capi, nisi quatenus ex sensibus eorum cognitio colligitur. Sensibilia autem ad hoc ducere intellectum nostrum non possunt, ut in eis divina substantia videatur *quid sit*, quum sint effectus causæ virtutem non æquantes. Ducitur tamen ex sensibilibus intellectus noster in divinam cognitionem, ut cognoscat de Deo *quia est*, et alia ejusmodi, quæ oportet attribui primo principio. Sunt igitur quædam intelligibilium divinorum, quæ humanæ rationi sunt pervia, quædam vero, quæ omnino vim rationis humanæ excedunt (C. g., l. 1. c. 3). — Rerum sensibilium plurimas proprietates ignoramus, earumque proprietatum, quas sensu apprehendimus, rationem perfecte in pluribus invenire non possumus; multo igitur amplius illius excellentissimæ substantiæ, transcendentis omnia intelligibilia humana ratio investigare non sufficit (Ibid.).

1.

inférieure à celle des anges. Si même ces purs esprits ne peuvent pénétrer tous les mystères de la vie divine, s'il y a en Dieu, comme on n'en peut douter, des vérités inaccessibles à leur intelligence naturelle, à combien plus forte raison cela doit-il être vrai par rapport à nous? Enfin, nous ne connaissons même pas parfaitement les créatures, beaucoup de choses en elles nous échappent, se dérobent à nos recherches; ne faut-il pas reconnaître qu'il doit en être de même de notre connaissance de Dieu?

7. Deux sources de connaissance : la révélation et la raison. — Un second principe fondamental, c'est qu'il y a pour la connaissance des vérités divines deux sources différentes : la révélation et la raison. La raison peut atteindre par ses propres forces quelques-unes de ces vérités sublimes, mais non pas toutes. La révélation vient à son aide, elle lui manifeste des vérités qui sont au-dessus de sa portée, et même quelques-unes de celles qu'elle pourrait atteindre toute seule.

8. Avantages de la révélation. — Ici se pose la question de savoir s'il est convenable et nécessaire que Dieu révèle ainsi à l'intelligence humaine des

---

(8) Sequerentur tria inconvenientia si veritas [existentiæ Dei] solummodo rationi inquirenda relinqueretur. Unum est quod paucis hominibus Dei cognitio inesset... Ad cognitionem enim eorum quæ de Deo ratio investigare potest, multa præcognoscere oportet, quum fere totius philosophiæ consideratio ad Dei cognitionem ordinetur... Sic ergo nonnisi cum magno labore studii ad prædictæ veritatis inquisitionem perveniri potest; quem quidem laborem pauci subire volunt... Secundum inconveniens est, quod illi qui ad prædictæ veritatis cognitionem vel inventionem pervenirent, vix post longum tempus pertingerent... Remaneret igitur humanum genus... in maximis ignorantiæ tenebris... Tertium inconveniens est, quod investigationi rationis humanæ plerumque falsitas

vérités qu'elle aurait pu découvrir par ses propres forces. S. Thomas répond affirmativement en s'appuyant sur les raisons suivantes. D'abord, sans cette révélation bien peu d'hommes pourraient arriver à la connaissance de ces vérités, à cause des difficultés que présente leur étude. Les uns ne pourraient se livrer à ce travail faute de talent ou de ressources intellectuelles, les autres seraient trop absorbés par le souci des choses matérielles, beaucoup d'autres y renonceraient par paresse ou par amour du plaisir. Mais indépendamment de cela, les hommes abandonnés à eux-mêmes n'arriveraient qu'avec beaucoup de peine, et après de longues études, à la conaissance de ces grandes vérités. Enfin des erreurs de toute sorte se mêlent aux découvertes de la raison, parce que nos forces sont bien limitées et que notre esprit subit forcément l'influence des sens. Ainsi, sans la révélation, la plupart des hommes ne connaîtraient pas avec certitude les vérités les plus importantes, soit parce qu'ils verraient les auteurs se contredire mutuellement, soit parce qu'il leur serait souvent impossible d'apprécier la valeur des preuves scientifiques. Ils s'égareraient inévitablement dans l'étude des vérités les plus importantes.

admiscetur, propter debilitatem intellectus nostri in judicando, et phantasmatum permixtionem... Inter multa vera quæ demonstrantur, immiscetur aliquando aliquid falsum, quod non demonstratur, sed aliqua probabili vel sophistica ratione asseritur, quæ interdum demonstratio reputatur. Et ideo oportuit, per viam fidei, fixa certitudine, ipsam veritatem de rebus divinis hominibus exhiberi. Salubriter ergo divina providit clementia ut ea etiam quæ ratio investigare potest, fide tenenda præciperet, ut sic omnes de facili possent divinæ cognitionis participes esse, et absque dubitatione et errore (C. g., l. 1, c. 4.—Th. 1, q. 1, a. 1. — Ver. q. 14, a. 10. — Cf. Conc. Vatic., sess. 3, c. 2).

9. S'il était nécessaire et convenable que Dieu révélât à l'homme des vérités rationnelles, fallait-il aussi qu'il lui fît connaître des vérités élevées au dessus des forces de la raison ? Oui, dit S. Thomas. En effet, le bien infini proposé à l'homme comme fin dernière dépasse tout ce qui peut être connu ou goûté ici bas. Or on ne peut pas désirer une chose sans la connaître. Il fallait donc que Dieu fît connaître à l'homme des vérités qui dépassent sa raison dans l'état de la vie présente, afin que l'homme se sentît appelé à rechercher par les efforts de sa volonté une fin qui surpasse tout ce qui peut être atteint en ce monde. La révélation de vérités supérieures à la raison était encore nécessaire pour affermir et développer en nous la connaissance de Dieu. Connaître vraiment Dieu, c'est penser qu'il est au dessus de tout ce que nous pouvons penser de lui. Par le fait même que Dieu nous révèle des choses qui dépassent les forces de notre raison, nous comprenons que Dieu est un Etre qui surpasse tout ce que nous pouvons penser de lui. Enfin la révélation de ces vérités supra-

(9) Quia homini Deus providit finem, qui est supra naturam hominis, scilicet plenam participationem suæ beatitudinis, oportet autem eum, qui in finem tendit, si libero arbitrio agat, cognoscere finem, ex cujus consideratione dirigitur in his quæ sunt ad finem : ideo oportuit ut homo alicujus rei cognitionem haberet, quæ naturalem cognitionem ejus excedit, quæ quidem cognitio homini datur per gratiam fidei (S. 3, dist. 24, q. 1, a. 2). — Est etiam necessarium hujusmodi veritatem ad credendum hominibus proponi, ad Dei cognitionem veriorem habendam. Tunc enim solum vere Deum cognoscimus, quando ipsum esse credimus supra omne id quod de Deo cogitari ab homine possibile est, eo quod naturalem hominis cognitionem divina substantia excedit, ut supra ostensum est. Per hoc ergo quod homini de Deo aliqua proponuntur, quæ rationem excedunt, firmatur in homine opinio, quod Deus sit aliquid supra id quod cogitari potest. Alia autem utilitas inde pro-

rationnelles abat l'orgueil de l'homme, qui est la source de toutes les erreurs, rappelle à l'homme que sa pensée est bornée et qu'il ne doit pas avoir une confiance illimitée aux forces de son intelligence. Les droits de la raison ont été reconnus, mais cette faculté doit se contenir dans les limites que Dieu lui-même lui a tracées.

10. En résumé, S. Thomas reconnaît que la révélation est nécessaire pour faire connaître à l'homme les vérités supra-rationnelles, et les grandes vérités de l'ordre rationnel qui ont rapport à Dieu. Seulement, dans le premier cas, la nécessité de la révélation est absolue, c'est-à-dire que sans elle nous ne pourrions aucunement atteindre ces vérités; dans le second cas la nécessité est relative, c'est-à-dire que les hommes pourraient à la rigueur arriver par eux-mêmes à découvrir ces grandes vérités rationnelles, mais la révélation leur est nécessaire pour y arriver plus facilement, plus vite et sans s'égarer au milieu de toute sorte d'erreurs.

11. La foi est raisonnable. — Si l'homme est tenu

venit scilicet præsumptionis repressio; quæ est mater erroris. Sunt enim quidam tantum de suo ingenio præsumentes, ut totam naturam divinam se reputent suo intellectu posse metiri, æstimantes scilicet totum esse verum quod eis videtur, et falsum quod eis non videtur. Ut ergo ab hac præsumptione humanus animus liberatus ad modestam veritatis inquisitionem perveniat, necessarium fuit homini proponi quædam divinitus, quæ omnino intellectum ejus excederent (C. g., l. 1. c. 5). — S. Thomas avait probablement en vue, en écrivant ceci, le rationalisme d'Abélard ; mais qu'aurait-il pu dire de plus contre l'*idée claire* de Descartes?

(11) Hujusmodi veritati, cui ratio humana experimentum non præbet, fidem adhibentes non leviter credunt... Hæc enim divinæ sapientiæ secreta ipsa divina Sapientia, quæ omnia plenissime novit, dignata est hominibus revelare, quæ sui præsentiam, et doctrinæ et inspirationis veritatem convenientibus argumentis ostendit, dum

de croire des vérités qui surpassent son intelligence, ce n'est pas à dire qu'il doive les accepter sans raison. Il faut que le fait de la révélation divine soit bien prouvé. Les preuves de la révélation, ce sont les miracles, la guérison des maladies, la résurrection des morts; c'est la diffusion merveilleuse de la religion chrétienne malgré les plus sanglantes persécutions, malgré la lutte des passions qu'elle combat, malgré la résistance d'une raison orgueilleuse qu'elle humilie; c'est l'accomplissement des prophéties faites depuis le commencement du monde. S'il y a un acte non motivé, c'est la croyance aux dogmes soi-disant révélés des fausses religions, de l'Islamisme par exemple, qui ne s'est établi que par la force des armes, et qui ne peut revendiquer en sa faveur ni un vrai miracle, ni l'accomplissement d'une seule prophétie.

12. La foi et la raison ne peuvent pas se contredire. — La crédibilité des vérités révélées étant ainsi établie par les preuves que nous avons indiquées, aucune objection sérieuse ne peut s'élever contre la

ad confirmandum ea quæ naturalem cognitionem excedunt, opera visibiliter ostendit, quæ totius naturæ superant facultatem; videlicet in mirabili curatione languorum, mortuorum suscitatione, cœlestium corporum immutatione... Quibus inspectis, prædictæ probationis efficacia, non armorum violentia, non voluptatum promissione, et quod est mirabilissimum, inter persecutorum tyrannidem, innumerabilis turba non solum simplicium, sed etiam sapientissimorum hominum ad fidem christianam convolavit.... Hoc autem non subito neque casu, sed divina dispositione factum esse manifestum est ex hoc, quod hoc se facturum Deus multis ante prophetarum prædixit oraculis..... Esset autem omnibus signis mirabilius si ad credendum tam ardua, et operandum tam difficilia, et ad sperandum tam alta, mundus absque mirabilibus signis inductus fuisset a simplicibus et ignobilibus hominibus (C. g., l. 1. c. 6).

(12) Ea quæ naturaliter rationi sunt insita verissima esse constat,

révélation, aucune contradiction ne peut exister entre les principes de la raison et les dogmes révélés. Les uns et les autres sont vrais, ils ne peuvent donc se contredire, car il n'y a que le faux qui puisse contredire le vrai. C'est Dieu qui nous a enseigné ces deux ordres de vérités, car il est l'auteur de la raison aussi bien que de la révélation, par conséquent ce qui contredit les principes de la raison contredit aussi la sagesse divine, et ne peut venir de Dieu. Il est donc impossible que les dogmes révélés par Dieu contredisent la raison. Tous les arguments par lesquels on combat la révélation sont des sophismes qu'il est possible de réfuter.

13. Les mystères ne se démontrent pas. — Il suit de là que la raison peut bien prouver par ses principes les vérités rationnelles comprises dans la révélation, mais qu'elle ne peut donner une démonstration rigoureuse des mystères du christianisme. Elle ne peut même pas les comprendre, elle doit se contenter des preuves qui établissent le fait de la révélation divine, et par conséquent la crédibilité des

---

in tantum ut nec ea esse falsa sit possibile cogitare; nec id quod fide tenetur, quum tam evidenter divinitus confirmatum sit, fas est credere esse falsum. Quia igitur solum falsum vero contrarium est, impossibile est illis principiis, quæ ratio naturaliter agnoscit, prædictam veritatem fidei contrariam esse.... Principiorum naturaliter notorum cognitio nobis divinitus est indita, quum ipse Deus sit auctor nostræ naturæ. Hæc ergo principia etiam divina Sapientia continet. Quidquid igitur principiis hujusmodi contrarium est, est divinæ Sapientiæ contrarium; non igitur a Deo esse potest. Ea igitur, quæ ex revelatione divina per fidem tenentur non possunt naturali cognitioni esse contraria (C. g., l. 1. c. 7).

(13) Humana ratio, ad cognoscendum fidei veritatem, quæ solum videntibus divinam substantiam potest esse notissima, ita se habet, quod ad eam potest aliquis veras similitudines colligere; quæ tamen non sufficiunt ad hoc quod prædicta veritas quasi

mystères. Mais elle peut réfuter les objections tirées des principes rationnels, et prouver rigoureusement qu'il n'y a rien dans les mystères qui répugne à la raison. Il y a plus ; comme les choses créées renferment une faible image de la vie divine, l'intelligence peut aller y chercher des analogies qui lui permettent de pénétrer dans l'étude des mystères. Il est utile d'exercer l'esprit à ce travail, car un regard, quelque faible qu'il soit, jeté sur les beautés des mystères est une source de jouissances. On doit pourtant bien se garder de donner pour démonstration ce qui n'est que preuve de convenance, car on s'exposerait à déprécier la foi aux yeux de ses ennemis, qui ne pourraient manquer d'apercevoir le côté faible d'une preuve de ce genre.

14. La science, la foi et l'opinion. — Nous comprendrons facilement à présent ce qu'enseigne S. Thomas sur les trois états de l'intelligence par rapport à la vérité, savoir : l'opinion, la foi, la science. Ce qu'il y a de commun entre ces trois états, c'est l'adhésion à la vérité ; ce qui les distingue, c'est le motif de

demonstrative vel per se intellecta comprehendatur. Utile tamen est, ut in hujusmodi rationibus, quantumcumque debilibus, se meus humana exerceat, dummodo desit comprehendendi vel demonstrandi præsumptio ; quia de rebus altissimis, etiam parva et debili consideratione, aliquid posse inspicere, jucundissimum est (C. g., l. 1. c. 8). — Quæ supra rationem humanam sunt, non credimus, nisi Deo revelante. Sunt tamen, ad hujusmodi veritatem manifestandam, rationes aliquæ verisimiles inducendæ, ad fidelium quidem exercitium et solatium, non autem ad adversarios convincendos ; quia ipsa rationum insufficientia eos magis in suo errore confirmaret, dum æstimarent nos, propter tam debiles rationes, veritati fidei consentire (C. g., l. 1. c. 9).

(14) Assentit intellectus alicui dupliciter : uno modo, quia movetur ab ipso objecto, quod est per seipsum cognitum, sicut patet in primis principiis, quorum est intellectus, vel per aliud cognitum,

cette adhésion. Dans la science, l'adhésion est déterminée par l'objet connu en lui-même ou en un autre d'où il découle nécessairement. Si l'intelligence ne trouve pas dans l'objet des motifs suffisants pour déterminer son adhésion, l'assentiment est l'œuvre de la volonté qui incline l'esprit d'un côté plutôt que de l'autre. Tant qu'il reste encore quelque doute, c'est l'opinion ; quand l'assentiment exclut toute espèce de doute, c'est la foi. On voit donc qu'au point de vue subjectif l'opinion est le degré inférieur, la science le degré le plus élevé, et que la foi est au milieu. Outre cette différence subjective entre la science et la foi, il y en a une qui vient des conditions objectives des deux actes. Ce que nous croyons, nous le devons à l'autorité ; ce que nous comprenons, nous le devons à la raison ; la foi s'appuie sur le témoignage, la science sur l'évidence.

15. Dieu est l'objet matériel et formel de la foi chrétienne. — Pour ce qui regarde en particulier la foi chrétienne, la foi aux vérités révélées par Dieu, il est facile de voir que cette foi a Dieu pour objet de deux

---

sicut patet in conclusionibus, quarum est scientia. Alio modo intellectus assentit alicui, non quia sufficienter movetur ab objecto proprio, sed per quamdam electionem voluntarie declinans in unam partem magis quam in aliam ; et siquidem hoc sit cum dubitatione, et formidine alterius partis, erit opinio ; si autem sit cum certitudine absque tali formidine, erit fides (Th., 2-2, q. 1, a. 4. — S. 3, dist. 23, q. 2, a. 2. — Trin., q. 2, a. 3).

(15) Cujuslibet cognoscitivi habitus objectum duo habet, scilicet id quod materialiter cognoscitur, quod est sicut materiale objectum ; et id per quod cognoscitur, quod est formalis ratio objecti... Sic igitur in fide, si consideremus formalem rationem objecti, nihil est aliud quam veritas prima. Non enim fides, de qua loquimur, assentit alicui, nisi quia est a Deo revelatum. Unde ipsi veritati divinæ fides innititur tanquam medio. Si vero consideremus materialiter ea quibus fides assentit, non solum est ipse Deus, sed

manières. Car il faut toujours distinguer dans l'objet de la connaissance ce qui est connu, ou l'objet matériel, et ce par quoi on connaît, ou l'objet formel. Or, ce qui est connu par la foi avec la plus parfaite certitude, c'est toujours Dieu ou quelque chose qui se rapporte à Dieu. Mais ce qui constitue le fondement de la foi, ce qui fait que l'on croit, c'est encore Dieu, vérité absolue ; nous croyons parce que c'est Dieu qui parle, notre foi s'appuie sur la véracité de Dieu.

16. La certitude de la foi surnaturelle est plus grande que celle de la science. — Il s'ensuit que la foi chrétienne produit une certitude plus grande que la science. On peut envisager la certitude de deux côtés : du côté de la cause qui la produit, et du côté du sujet

etiam multa alia, quæ tamen sub assensu fidei non cadunt, nisi secundum quod habent aliquem ordinem ad Deum, prout scilicet per aliquos divinitatis effectus homo adjuvatur ad tendendum in divinam fruitionem. Et ideo etiam ex hac parte objectum fidei est quodammodo veritas prima, in quantum nihil cadit sub fide, nisi in ordine ad Deum (Th. 2, 2. q. 1, a. 1).

(16) Certitudo nihil aliud est quam determinatio intellectus ad unum : tanto autem est major certitudo, quanto est fortius quod determinationem causat. Determinatur autem intellectus ad unum tripliciter. In intellectu enim principiorum causatur determinatio ex hoc, quod aliquid per lumen intellectus sufficienter inspici per ipsum potest. In scientia vero conclusionum, causatur determinatio ex hoc, quod conclusio secundum actum rationis in principia per se visa resolvitur. In fide vero ex hoc, quod voluntas intellectui imperat. Sed quia voluntas hoc modo non determinat intellectum, ut faciat inspici quæ creduntur, sicut inspiciuntur principia per se nota vel quæ in ipsa resolvuntur, sed hoc modo, ut intellectus firmiter adhæreat : ideo certitudo, quæ est in scientia et in intellectu, est ex ipsa evidentia eorum quæ certa esse dicuntur; certitudo autem fidei est ex firma adhæsione ad id quod creditur. In his ergo quæ per fidem credimus, ratio voluntatem inclinans est ipsa veritas prima, sive Deus cui creditur, quæ habet majorem firmitatem, quam lumen intellectus humani, in quo conspiciuntur principia, vel ratio humana, secundum quam conclusiones in principia resolvuntur. Et ideo fides habet majorem certitudinem

qui la possède. Sous le premier rapport, la certitude qui a pour cause la véracité divine l'emporte sur celle que produit la raison, car la raison de l'homme peut se tromper, tandis que Dieu est infaillible. Sous l'autre rapport, c'est le contraire : par la science, l'intelligence atteint bien plus parfaitement la vérité, se l'assimile bien plus étroitement; on peut donc dire que relativement au sujet, la certitude de la science est plus grande que celle de la foi. Mais comme on juge des choses par leurs causes, il faut s'en tenir purement et simplement au principe : que la certitude de la foi est supérieure à celle de la science.

17. Une vérité évidente ne peut pas être objet de la foi. — La science et la foi sont-elles compatibles dans

quantum ad firmitatem adhæsionis, quam sit certitudo scientiæ vel intellectus, quamvis in scientia et intellectu sit major evidentia eorum quibus assentitur (S. 3, dist. 23, q. 2, a. 2).

(17) De eodem secundum idem non potest esse simul in uno homine scientia, nec cum opinione, nec cum fide (Th. 2-2, q. 1, a. 5). — Creduntur absentia, sed videntur præsentia... Unde quam cito aliquid incipit esse præsens vel apparens, non potest ut objectum subesse actui fidei. Quæcumque autem sciuntur, proprie accepta scientia, cognoscuntur per relationem in prima principia, quæ per se præsto sunt intellectui. Et sic omnis scientia in visione rei præsentis perficitur : unde impossibile est, quod de eodem sit fides et scientia. Sciendum autem, quod aliquid est credibile dupliciter. Uno modo simpliciter, quod scilicet excedit facultatem omnium hominum in statu viæ existentium, sicut Deum esse trinum, et hujusmodi. Et de his impossibile est ab aliquo homine scientiam haberi : sed quilibet fidelis assentit hujusmodi propter testimonium Dei, cui hæc sunt præsto et cognita. Aliquid vero est credibile non simpliciter, sed respectu alicujus, quod quidem non excedit facultatem omnium hominum, sed aliquorum tantum, sicut illa quæ de Deo demonstrative sciri possunt, ut Deum esse unum aut incorporeum, et hujusmodi. Et de his nihil prohibet, quin sint ab aliquibus scita, qui horum habent demonstrationes et ab aliquibus credita, qui horum demonstrationes non perceperunt : sed impossibile est, quod sint ab eodem scita et credita (Ver., q. 14, a. 9). — Cf. Goudin, *Métaph.*, q. 5, a. 5; Salmant., *De fide*, disp. 3, dub. 2; Plass-

un même individu, ou s'excluent-elles l'une l'autre ? S. Thomas répond en s'appuyant sur ce principe, que ce qui est *vu*, c'est-à-dire saisi immédiatement par le sens, ou reconnu comme évident par l'intelligence, ne peut être en même temps objet de la foi, car l'objet perçu détermine la faculté intellectuelle, tandis que dans la foi l'assentiment vient de la volonté. D'où il faut conclure que pour un seul et même objet il ne peut y avoir sous le même rapport science et foi dans un même individu. Une même chose peut être sue par l'un et crue par l'autre, ou bien elle peut être objet de la science sous un certain rapport et de la foi sous un autre ; mais il est impossible qu'une seule et même vérité, considérée sous le même rapport, soit reconnue évidente et crue en même temps par le même individu. Ainsi mises en face l'une de l'autre, la science et la foi s'excluent mutuellement.

18. Les préambules de la foi. — Mais pourquoi la

mann, vol. 1, p. 393. Ces trois auteurs établissent les trois propositions suivantes : 1° L'acte de foi et l'acte de connaissance scientifique relativement au même objet, ne peuvent pas coexister dans la même intelligence ; — 2° L'habitude de foi et l'habitude de science ne peuvent pas non plus coexister dans les mêmes conditions ; — 3° L'habitude de foi peut coexister avec l'acte de connaissance scientifique, pourvu que cet acte n'engendre point d'habitude ; — comme nous le verrons plus loin, Suarez (disp. 3, sect. 9) et Valentia (disp. 1, q. 2, p. 4), soutiennent que les deux actes peuvent coexister. Cf. Perrone, de loc. theol., p. 3, c. 2, pr. 4. — Le Dr Scheeben, dans sa Dogmatique (livre 1, n° 713), enseigne que les propositions démontrées par une longue suite de raisonnements, surtout celles qu'on ne peut prouver qu'en remontant des effets aux causes, laissent place à la foi, parce que la connaissance discursive est toujours imparfaite.

(18) Ea quæ demonstrative probari possunt, inter credenda numerantur, non quia de ipsis simpliciter sit fides apud omnes, sed quia præexiguntur ad ea quæ sunt fidei, et oportet ea saltem per

révélation renferme-t-elle des vérités que la raison humaine peut atteindre par ses seules forces? Ou plutôt, pourquoi la révélation impose-t-elle aux hommes l'obligation de croire des vérités dont ils peuvent acquérir la connaissance scientifique? C'est, répond S. Thomas, parce que ces vérités sont des conditions préliminaires de la foi, *præambula fidei*, et par conséquent il faut qu'elles soient transmises sûrement par voie d'autorité au moins à ceux qui n'en ont pas la connaissance démonstrative. Un homme doit savoir que Dieu existe, qu'il est un, qu'il est véridique, etc. ; autrement il ne peut pas faire l'acte de foi. La connaissance de ces vérités est donc présupposée à la foi, par conséquent ces notions devaient être nécessairement comprises dans le dépôt de la révélation et devenir objet de la foi, puisque tous les hommes ne peuvent pas y arriver au moyen du raisonnement. Si on les met au nombre des vérités de foi, ce n'est donc pas à dire qu'elles doivent être crues de *tous les hommes* comme des dogmes, mais c'est à dire qu'à titre de préambules de la foi, elles doivent au moins être transmises sûrement par la voie de l'autorité à ceux qui ne peuvent pas se les démontrer par le raisonnement.

19. La connaissance scientifique ne détruit pas

---

fidem præsupponi ab his, qui eorum demonstrationem non habent (Th., 2-2, q. 1, a. 5, ad 3).

(19) Intellectus noster sic se habet ad prima entium, quæ sunt manifestissima in natura, sicut oculus vespertilionis ad solem (C. g., l. 1, c. 8). — Quando homo habet voluntatem credendi ea quæ sunt fidei, ex sola auctoritate divina, etiamsi habeat rationem demonstrativam ad aliquid eorum, puta ad hoc quod est *Deum esse*; non propter hoc tollitur vel diminuitur meritum fidei (Th., 2-2, q. 2, a. 10, ad 1).

l'habitude de foi. — D'après cela, S. Thomas semblerait être d'avis que, pour les hommes qui arrivent à la connaissance scientifique des vérités de foi, qui sont en même temps vérités rationnelles, cette foi passe à l'état de science, et qu'il ne leur reste que la foi aux mystères. Celui qui aurait acquis la connaissance scientifique de ces vérités ne serait plus capable de faire sur elles un acte de foi, il ne les accepterait plus parce qu'elles ont été révélées de Dieu, mais uniquement parce qu'il se les est démontrées. Mais est-ce bien là l'opinion de S. Thomas? Non. Il reconnaît et proclame bien haut que la connaissance de l'homme, en tout ce qui a rapport à Dieu et aux choses divines, est très imparfaite; que notre intelligence, en face de ces vérités sublimes, est comme l'œil de la chauve-souris en face du soleil; il sait fort bien que tous les efforts de notre raison pour pénétrer dans la connaissance des choses divines laissent trop souvent au fond de l'âme l'aiguillon du doute, et ne sont jamais garantis contre l'erreur. C'est pourquoi S. Thomas enseigne que ceux-là même qui ont acquis par le raisonnement une connaissance scientifique de certaines vérités de foi doivent toujours être dans la disposition d'admettre ces mêmes vérités sur l'autorité de Dieu, à supposer qu'elles ne fussent pas scientifiquement évidentes. On voit donc que S. Thomas n'admet pas que la foi devienne superflue à l'arrivée de la science et lui cède complètement la place; car cette volonté constante de croire les vérités en question, quand même elles ne seraient pas prouvées, ne peut venir que de l'*habitude* de la foi, et doit produire l'acte de foi dès qu'elle entre en exercice. Que cela arrive de temps en temps, c'est une conséquence de l'imperfection de notre connaissance des choses divines, imperfection que S. Thomas proclame ouvertement, comme nous l'avons vu.

20. En théorie, la science précède la foi. — Voyons maintenant quels principes S. Thomas établit sur la succession de la foi et de la science dans l'intelligence. Nous avons déjà appris qu'il enseigne la priorité de la science relativement aux préambules de la foi, parce que la connaissance de ceux-ci est présupposée à l'acte de foi. Mais il ne soutient cela qu'en thèse générale, car il reconnaît expressément que les hommes qui ne peuvent pas se démontrer ces vérités préliminaires les reçoivent aussi par la foi, et trouvent dans le dépôt même de la révélation ce qui en soi est condition de la foi. S. Thomas admet encore une autre science antérieure à la foi : c'est la connaissance évidente de la crédibilité de la révélation, telle qu'elle est fournie par les preuves du fait même de cette révélation. La foi ne comporte pas elle-même l'évidence, c'est par là qu'elle se distingue de la science; mais elle suppose une évidence, celle des motifs de crédibilité de la révélation, des témoignages qui établissent le fait de la révélation. Mais ceci, encore, ne se vérifie qu'en thèse générale. S'il y a peu d'hommes capables de se démontrer les préambules de la foi, il n'y en a guère plus qui soient en état de se rendre compte de l'évidence des témoignages sur lesquels repose la révélation. Ici encore, chez la plupart des hommes, la foi supplée la science.

(20) Non crederet [homo], nisi videret ea esse credenda, vel propter evidentiam signorum, vel propter aliud hujusmodi (Th., 2-2, q. 1, a. 4, ad 2). — Cognitio fidei præsupponit cognitionem naturalem, sicut et gratia naturam (Ver., q. 14, a. 9, ad 8 et 9).

21. En pratique, la foi chrétienne précède la science.
— La connaissance scientifique est donc présupposée à la foi dans les cas que nous venons d'indiquer. Il en est autrement de la science chrétienne considérée comme telle. Nous avons déjà vu que, d'après l'enseignement de S. Thomas, la vérité rationnelle ne peut être en contradiction avec la vérité révélée, et que tous les résultats des recherches scientifiques qu'on oppose aux dogmes reposent ou sur des arguments de pure probabilité ou sur des sophismes. Il suit évidemment de là que la science doit marcher à la lumière de la foi, et abandonner comme faux et erronés tous les résultats contraires aux vérités révélées. Par conséquent, dans la science chrétienne, c'est la foi qui passe avant la raison et lui sert de guide. Et cela est vrai de la philosophie comme de la théologie, car des deux côtés on ne peut ni ne doit rien enseigner de contraire à la foi.

22. L'acte de foi est méritoire. — Mais quand l'esprit humain cherche à s'élever à la connaissance scientifique des vérités de foi qui appartiennent aussi au domaine de la raison, quand il cherche à prouver philosophiquement que les mystères révélés n'ont rien de contraire à la raison, quand il s'efforce d'appuyer ses croyances sur des motifs de probabilité humaine, le mérite de la foi n'est-il pas diminué, ou même complètement anéanti? Ecoutons la voix de S. Thomas.

23. Que l'acte de foi soit un acte méritoire, cela

---

(21) Voir les textes cités plus haut, n° 12.
(23) Actus nostri sunt meritorii, in quantum procedunt ex libero arbitrio moto a Deo per gratiam. Unde omnis actus humanus, qui subjicitur libero arbitrio, si sit relatus ad Deum, potest meritorius

ressort de sa nature même. Un acte est méritoire en tant qu'il procède de la volonté libre sous l'influence de la grâce, et qu'il est dirigé vers Dieu. L'acte de foi remplit ces conditions. A la vérité, c'est un acte de l'intelligence, mais il n'est produit qu'autant que l'intelligence est déterminée par la volonté, aidée de la grâce, à donner son assentiment à la vérité divine. Le caractère méritoire d'un tel acte ne peut faire l'objet d'un doute. La raison peut intervenir ici de deux manières. Elle peut prendre le pas sur la foi, en ce sens que l'homme ne voudrait pas croire, ou au moins n'y serait guère disposé, à moins d'y être amené et contraint par une preuve rationnelle. Alors évidemment, la science diminue le mérite de la foi, ou plutôt le fait disparaître. Telle n'est pas la part légitime de la raison dans l'acte de foi; nous devons croire, non pas sur l'évidence des preuves, mais uniquement sur l'autorité de Dieu. La science peut occuper une autre position par rapport à la foi, elle peut venir après elle, et c'est là son vrai rôle. Quand elle s'en contente, bien loin d'atténuer le mérite de la foi, elle l'augmente plutôt. Car quand l'homme, croyant fermement, sur l'autorité de Dieu, les vérités révélées, revient sur cette connaissance, cherche des raisons pour l'appuyer, c'est un signe qu'il aime la vérité, et cet amour de la vérité ne peut qu'augmenter le mérite de la foi.

24. Appliquons ces principes généraux, d'abord aux

---

esse. Ipsum autem credere est actus intellectus assentientis veritati divinæ ex imperio voluntatis a Deo motæ per gratiam, et sic subjacet libero arbitrio in ordine ad Deum; unde actus fidei potest esse meritorius (Th., 2-2, q. 2, a. 9).

(24) Rationes demonstrativæ inductæ ad ea quæ sunt fidei præ-

préambules de la foi. Par le fait même que ces vérités préliminaires sont démontrées, la foi diminue, puisque ce qui était tenu pour vrai sur l'autorité du témoignage est reconnu évident. Mais la charité, l'amour de la vérité, qui fait que la volonté est prête à croire toujours fermement, même sans preuves, n'est pas atteinte, et le mérite n'a pas à en souffrir. S'agit-il au contraire des preuves par lesquelles on montre que les mystères révélés ne renferment rien de contraire à la raison, des arguments de probabilité par lesquels on en montre la convenance, tout cela n'amoindrit en rien la foi ni le mérite ; car ces preuves ne rendent pas le mystère évident en lui-lui-même, ne produisent pas la conviction scientifique ; elles tendent seulement à écarter les obstacles de la foi.

25. Différence fondamentale entre la philosophie et la théologie. — Tels sont, d'après S. Thomas, les principes qui règlent les rapports de la raison et de la révélation, de la science et de la foi. Il est facile d'en tirer la différence qui existe entre les deux grandes sciences qui s'occupent des plus hautes vérités, entre

---

ambula, etsi diminuant rationem fidei, quia faciunt esse apparens id quod proponitur, non tamen diminuunt rationem caritatis, per quam voluntas est prompta ad ea credendum, etiamsi non apparerent ; et ideo non diminuitur ratio meriti (Ibid., a. 10). — Ratio quæ secundum fidem inducitur non facit videri id quod creditur ; et ideo difficultatem operis, quantum in se est, non diminuit, sed quantum in se est facit voluntatem magis promptam ad credendum, et ex ista parte potest augere meritum fidei, sicut habitus virtutis, qui inclinat ad actum in se difficilem, quem facilem reddit operanti (S. 3, dist. 24, q. 1, a. 3).

(25) Diversa ratio cognoscibilis diversitatem scientiarum inducit. Eamdem enim conclusionem demonstrat astrologus et naturalis, puta quod terra est rotunda ; sed astrologus per medium mathe-

la philosophie et la théologie. La philosophie relève de la raison, la théologie de la révélation. La première a pour base de ses raisonnements les premiers principes connus par les lumières naturelles de la raison, la seconde, les principes révélés, les articles de foi connus par la lumière surnaturelle. Par conséquent l'une traite des vérités de la raison, l'autre des vérités de foi. Si une vérité appartient au domaine de la raison et à celui de la foi, elle est du ressort des deux sciences, mais chacune d'elles la traite à sa manière : la philosophie, comme vérité rationnelle, la théologie, comme vérité révélée. D'où il suit que chacune de ces sciences est parfaitement une, car chacune traite à un seul et même point de vue les matières de son ressort : la philosophie les envisage comme susceptibles d'être démontrés par la raison, la théologie s'en occupe en tant qu'elles sont révélées par Dieu. Si la philosophie se divise en théorique et pratique la théologie renferme aussi ces deux parties, mais elle est plus spécialement spéculative, parce qu'elle traite principalement des choses divines, et secondairement des actions humaines, dont elle

maticum, id est, a materia abstractum ; naturalis autem per medium circa materiam consideratum. Unde nihil prohibet de eisdem, de quibus philosophicæ disciplinæ tractant, secundum quod sunt cognoscibilia lumine rationis naturalis, etiam aliam scientiam tractare, secundum quod cognoscuntur lumine divinæ revelationis (Th., 1, q. 1, a. 1, ad 2). — Ista scientia [theologica], quamvis sit una, tamen perfecta est, et sufficiens ad omnem humanam perfectionem, propter efficaciam divini luminis. Unde perficit hominem, et in operatione recta, et quantum ad contemplationem veritatis. Unde quantum ad quid practica est, et etiam speculativa : sed quia scientia omnis principaliter pensanda est ex fine, finis autem ultimus istius doctrinæ est contemplatio primæ veritatis in patria, ideo principaliter speculativa est (S. prol., q. 1, a. 2).

ne s'occupe qu'autant que l'homme tend par elles à la parfaite connaissance de Dieu, qui doit faire son éternelle félicité.

26. Quant aux matières qui font l'objet propre de chaque science, et à leur méthode, on sait que l'une et l'autre s'occupent de Dieu et des créatures. Mais chacune en traite d'une manière différente. La philosophie étudie la nature, les propriétés essentielles des créatures et leurs rapports; la théologie au contraire ne s'en occupe que relativement à Dieu, c'est-à-dire en tant qu'elles sont créées par lui, soumises à ses lois, etc. S'il arrive que la philosophie et la théologie se rencontrent à traiter du même objet, elles se distinguent toujours l'une de l'autre en ce que la philosophie tire ses preuves de la nature des choses, tandis que la théologie remonte toujours à Dieu. De là dérive toute la méthode des sciences philosophique et théologique. La philosophie commence par l'étude de la nature des choses, de leurs propriétés essentielles, des lois qui les régissent, et s'élève de là à la

---

(26) Philosophia humana creaturas considerat secundum quod hujusmodi sunt, unde et secundum diversa rerum genera diversæ partes philosophiæ inveniuntur; fides autem christiana eas considerat, non in quantum hujusmodi, utpote ignem in quantum ignis est, sed in quantum divinam altitudinem repræsentat, et in ipsum Deum quodammodo ordinatur... Et propter hoc etiam alia et alia circa creaturas philosophus et fidelis considerant; philosophus namque considerat illa quæ eis secundum naturam propriam conveniunt, sicut igni ferri sursum; fidelis autem ea solum considerat circa creaturas, quæ eis conveniunt secundum quod sunt ad Deum relata, utpote quod sunt a Deo creata, Deo subjecta, et hujusmodi. .... Si qua vero circa creaturas communiter a philosopho et fideli considerantur, per alia et alia principia traduntur. Nam philosophus argumentum assumit ex propriis rerum causis; fidelis autem ex causa prima, ut puta, quia sic divinitus est traditum, vel quia hoc in gloriam Dei cedit, vel quia Dei potestas est infinita.... Non eodem

connaissance de Dieu. L'étude de Dieu est le but dernier de toute philosophie ; aussi la métaphysique, qui s'occupe principalement de Dieu et des attributs divins, forme la dernière et la plus importante partie de la philosophie (*philosophia prima*). La théologie suit la méthode contraire. Elle part de l'étude de Dieu et de ses attributs, pour descendre jusqu'aux créatures, et étudier, à l'aide de la révélation, leurs rapports avec Dieu.

27. La théologie est la reine de toutes les sciences. — On voit par là que la théologie a un caractère bien plus élevé que la philosophie, parce que sa méthode se rapproche bien plus de la science divine : Dieu se connaît d'abord lui-même, puis par lui il connaît les créatures. Mais la prééminence de la théologie repose encore sur d'autres raisons. En effet, elle domine toutes les autres sciences par le degré de certitude qui lui est propre, et par la noblesse de son objet. Elle a une certitude plus parfaite que les autres sciences, parce qu'elle la puise à la lumière de la

---

ordine utraque doctrina procedit. Nam in doctrina philosophica, quæ creaturas secundum se considerat, et ex eis in Dei cognitionem perducit, prima est consideratio de creaturis, ultima de Deo; in doctrina vero fidei, quæ creaturas nonnisi in ordine ad Deum considerat, prima est consideratio Dei, et postmodum creaturarum (C. g., l. 2, c. 4).

(27) Hæc scientia [theologica] alias speculativas scientias excedit. Secundum certitudinem quidem, quia aliæ scientiæ certitudinem habent ex naturali lumine rationis humanæ, quæ potest errare; hæc autem certitudinem habet ex lumine divinæ scientiæ, quæ decipi non potest. Secundum dignitatem vero materiæ, quia ista scientia est principaliter de his quæ sua altitudine rationem transcendunt..... Finis autem hujus doctrinæ, in quantum est practica, est beatitudo æterna, ad quam sicut ad ultimum finem ordinantur omnes alii fines scientiarum practicarum. Unde manifestum est secundum omnem modum eam digniorem esse aliis (Th. 1, q. 1, a. 5).

2.

science même de Dieu qui est infaillible, tandis que les autres sciences empruntent leur certitude à la raison humaine qui n'est pas infaillible. Elle a un objet plus noble que les autres sciences, parce qu'elle traite surtout de vérités qui surpassent la raison, tandis que les autres sciences sont bornées aux limites mêmes de la raison. Enfin, si nous envisageons le côté pratique, la théologie a un but plus élevé que les autres sciences, parce que tout ce qu'elle enseigne tend au bonheur éternel. Sous ce rapport encore elle est la première des sciences.

28. Il suit nécessairement de là que la philosophie n'est pas sur le même rang que la théologie, mais qu'elle lui est subordonnée et doit lui prêter son ministère. La philosophie est la servante de la théologie. La théologie se sert du ministère de la philosophie en lui empruntant les preuves au moyen desquelles elle rend les vérités révélées plus accessibles à l'intelligence. Par l'emploi de la philosophie, la théologie devient une science spéculative, se complète et atteint la perfection qui lui est propre.

29. Résumé. — Tels sont les principes généraux du système doctrinal de S. Thomas. Comme on le voit, l'auteur précise nettement le point de vue scien-

---

(28) Non accipit [theologia] sua principia ab aliis scientiis, sed immediate a Deo per revelationem. Et ideo non accipit ab aliis scientiis, tanquam a superioribus, sed utitur eis tanquam inferioribus et ancillis... Et hoc ipsum quod sic utitur eis, non est propter defectum vel insufficientiam ejus, sed propter defectum intellectus nostri, qui ex his quæ per naturalem rationem cognoscuntur, facilius manuducitur in ea quæ sunt supra rationem (Ibidem). — Le rôle assigné à la philosophie, dit le Dr Scheeben (*Dogmatique*, liv. I, n° 991), n'est pas celui d'esclave; il n'abaisse pas la raison humaine, mais la soutient et l'anoblit. Non seulement la raison, placée sous l'autorité de la théologie, conserve son autonomie et sa

tifique auquel il se place; on ne peut s'y méprendre. La distinction entre les mystères et les vérités rationnelles est non seulement fixée, mais mise en relief à toute occasion; de même la révélation et la raison sont données comme deux sources de connaissance dont aucune dans sa sphère propre ne doit porter atteinte à l'autre. En rapportant l'une et l'autre à Dieu, vérité absolue, comme à leur commun auteur, on comprend qu'aucune contradiction n'est possible entre elles. La nécessité de la révélation est reconnue : nécessité absolue par rapport aux mystères de la religion, nécessité conditionnelle par rapport aux vérités rationnelles relatives à Dieu, aux choses divines, à nos rapports avec Dieu, etc. La compatibilité de la foi avec la science est démontrée, et leur accord établi sur la seule base possible. Le souverain domaine de la foi sur toutes les branches de la connaissance humaine est reconnu, mais la science conserve ses droits et sa place dans le développement de la vie intellectuelle de l'homme. Ce point important une fois établi, il est facile d'assigner aux deux premières sciences, à la théologie et à la philosophie, la situation respective qui leur convient. Chacune d'elles à son autonomie, ses principes, sa méthode, sa sphère d'action, aucune ne peut nuire à l'autre. Mais la théo-

---

liberté, sans laquelle il lui serait impossible de rendre aucun service à la théologie ; mais elle exerce cette liberté de la manière la plus parfaite en acceptant d'obéir à la foi, parce que cet acte de soumission est le résultat du travail par lequel elle s'est démontré à elle-même la crédibilité de la parole divine. En servant la foi, elle s'affranchit de la tyrannie de l'erreur. En suivant la lumière de la révélation, elle prend des ailes pour s'élever dans une sphère qui, sans cela, lui serait inaccessible. — Cf. Clemens. De scholasticorum sententia : philosophiam esse ancillam theologiæ (Munster, 1860).

logie doit avoir le pas sur toutes les autres sciences, sur la philosophie elle-même qui, à certains égards, se contentera du rôle de servante de la théologie.

Les fondements du système de S. Thomas étant ainsi posés, le point d'appui fixé, les rapports nettement déterminés, voyons comment se sont élevées les assises de l'édifice.

CHAPITRE II

MÉTAPHYSIQUE

30. La substance et l'accident. — L'idée fondamentale que nous rencontrons au début de la métaphysique de S. Thomas, et qui doit nous servir de point de départ, est, comme dans Aristote, l'idée de la *substance première*. La substance en général est ce qui n'est pas inhérent à un autre sujet, mais qu'on doit au contraire considérer comme support (substratum) de tout ce qui n'est pas substance. L'idée corrélative est celle de *l'accident*, qui ne peut exister qu'autant qu'il est inhérent à une substance. La

---

(30) Oportet quod ratio substantiæ intelligatur hoc modo, quod substantia sit res, cui conveniat esse non in subjecto (C. g., l. 1, c. 25). — Individuum est in sensibilibus ipsum ultimum in genere substantiæ, quod de nullo alio prædicatur, imo ipsum est prima substantia secundum Philosophum, et primum fundamentum omnium aliorum (Indiv. p. 210 du 3e vol. de Goudin, éd. Roux-Lavergne). — Substantia est ens, tanquam per se habens esse, accidens vero tanquam cujus esse est inesse (Pot., q. 7, a. 7). — Dans la terminologie d'Aristote, acceptée par S. Thomas, les substances premières sont les individus, les substances secondes sont les genres et les espèces. Les substances secondes peuvent s'affirmer des premières. Dans cette proposition : Pierre est homme, la substance seconde (humanité) s'affirme de l'individu ou substance première (Pierre).

substance première sera ce à quoi toute autre chose peut être attribuée, et qui ne peut être attribué à aucune autre, c'est-à-dire l'être individuel, l'hypostase, l'individu.

31. La matière et la forme. — La substance première ou l'individu se compose, dans les choses matérielles, de *matière* et de *forme*. La *matière* est pour S. Thomas comme pour Aristote quelque chose d'indéterminé en soi. Conçue ainsi sans aucune espèce de détermination, elle est appelée *matière première*, par opposition à la *matière seconde* qui, douée déjà de quelque détermination, en attend une plus parfaite, qu'elle peut et doit recevoir. Nous ne parlons ici que de la *matière première*, laquelle seule répond parfaitement au concept que nous venons d'indiquer. Dans ce concept de *matière première*, il y a deux éléments à distinguer : l'un négatif, l'autre positif. Le premier est la négation de toute détermination, le second au contraire, c'est la possibilité de recevoir une détermination. Sous le premier rapport, la *matière première* est une pure *privation*, sous l'autre, c'est une *puissance :* puissance de recevoir une détermination, puissance de devenir un être réel. Car, comme les choses déterminées sont seules réelles, la *matière première*, qui est en elle-même la chose la moins déterminée, est aussi la moins réelle, mais par le fait même qu'elle a la puissance d'être déterminée, elle a aussi celle d'être réalisée. Par elle-même, elle n'a aucun *être* déterminé, ni aucun *être* en général,

---

(31) Materia prima est in potentia ad actum substantialem, qui est forma, et ideo ipsa potentia est ipsa essentia ejus (An., a. 12). — Materia sub una forma existens est in potentia ad alias (Th., 1, q. 84, a. 3, ad 2).

mais elle est en puissance de recevoir *l'être* en général, et un *être* déterminé. A ce point de vue, son essence consiste donc précisément dans la pure possibilité ou puissance de devenir un être, et un être déterminé.

32. A l'opposé de la *matière*, la *forme* est ce par quoi la *matière arrive* à la détermination, à la réalité, ce par quoi la *matière devient* ou plutôt *est* quelque chose d'actuel (*ens actu*), constitué dans une espèce propre. La *forme* est donc le principe de l'être, c'est-à-dire ce qui détermine et actualise la *matière*. Et comme chaque chose ressemble à Dieu par *l'être* qui lui est communiqué, la *forme* est dans ce sens l'image de Dieu imprimée dans la matière, l'idée éternelle exprimée par l'objet sensible. Par conséquent la *forme* est encore la raison de l'intelligibilité des choses ; un être n'est intelligible que par sa forme. La *matière* n'est pas intelligible par elle-même, mais seulement par le rapport qu'elle a avec la *forme* qu'elle peut recevoir.

33. L'acte premier et l'acte second. — Enfin, ce qui sort comme résultat de l'union de la *forme* avec la

---

(32) Materia per formam est ens actu, cum de se sit potentia tantum (Met., 7, l. 2). — Forma est quod dat esse (Opusc. 31). — Forma dicitur esse principium essendi (C. g., l. 1, c. 26). — Res autem per hoc sunt diversæ, quod formas habent diversas, a quibus speciem sortiuntur (C. g., l. 3, c. 97). — Sicut omne quod est in potentia dici potest materia, ita omne quod habet aliquid esse, quodcumque esse sit illud, sive substantiale, sive accidentale, potest dici forma (Opusc. 31). — Quum forma sit secundum quam habet res esse, res autem quælibet, secundum quod habet esse, accedat ad similitudinem Dei, qui est ipsum suum esse simplex, necesse est quod forma nihil sit aliud, quam divina similitudo participata in rebus (C. g., l. 3, c. 97).

(33) Forma, secundum id quod est, actus est, et per eam res actu existunt (C. g., l. 2, c. 30). — Per hoc, in compositis ex

matière, c'est le *composé*, la substance réelle, la chose réelle. Ni la *forme*, ni la *matière* seule ne constitue l'essence, la substance, la chose, mais l'une et l'autre réunies. L'une et l'autre sont dans la substance, et la substance est par elles, puisque ce sont les principes de son être; mais aucune séparément n'est la substance, il faut qu'elles soient unies. Dans la substance réelle, la *matière* est comme *puissance*, la *forme* comme *acte*. Mais ici encore il faut distinguer entre l'*acte premier* et l'*acte second*. L'*acte premier*, c'est la réalité d'une chose ; l'*acte second*, c'est son opération, son activité. D'après cela la *forme* comme telle est l'*acte premier*, le concept de celui-ci étant identique à celui de la *forme* qui est précisément la réalité d'une chose. L'*acte second* au contraire n'est pas la forme, mais toutefois celle-ci lui sert de base. Car d'une part l'activité d'un être suppose sa réalité, et d'autre part la détermination de l'être amène la détermination de l'activité, car un être n'agit que conformément à ce qu'il est. Et comme la réalité et la détermination de l'être d'une chose procèdent de sa *forme*, la *forme* est aussi le principe de l'opération ou de l'activité de cette chose. De là l'axiome : que *tout être n'agit que par sa forme et conformément à sa forme.*

34. **La matière des corps célestes est d'une espèce**

materia et forma, forma dicitur principium essendi, quia est complementum substantiæ, cujus actus est ipsum esse (Ibid., c. 54).
— Forma est actus primus; operatio autem est actus secundus (Ibid., c. 54). — Forma est qua agens agit (Th., 1, q. 55, a. 1).
— Omne corpus agit secundum suam formam (C. g., l. 3, c. 69).
— Quo aliquid est, eo agit, (Th. 1, q. 76, a. 1).

(34) Cum corpus cœleste habeat naturalem motum diversum a naturali motu elementorum, sequitur quod ejus natura sit alia a

particulière. — Ces principes posés, il faut examiner les distinctions à établir relativement à la *matière* et à la *forme*. En ce qui concerne d'abord la *matière*, S. Thomas admet que les choses sublunaires ont toutes une même espèce de *matière*, mais que celle des corps célestes est d'une espèce différente. La *matière* des corps sublunaires est apte à recevoir des *formes* multiples, différentes, opposées même, et par conséquent sert de sujet à la génération et à la corruption, puisqu'elle doit perdre une *forme* pour en recevoir une autre. Dans les corps célestes au contraire, la *matière* de chacun d'eux n'est en *puissance* que par rapport à une seule *forme*, et n'en peut point recevoir d'autre, d'où il suit que les corps célestes sont incorruptibles.

35. Forme substantielle et formes accidentelles. — S'il y a différentes sortes de *matières*, il y a aussi différentes sortes de *formes*. Il faut avant tout distinguer entre *forme substantielle* et *forme accidentelle*. La *forme substantielle* ou *essentielle* est celle par laquelle une substance est constituée comme telle dans son être, et se trouve réellement actualisée. C'est elle qui donne l'être *sine addito*, l'être premier qui n'en suppose point avant lui. La *forme* accidentelle, au contraire, est celle qui vient s'ajouter à une substance déjà constituée dans son être réel et déter-

---

natura quatuor elementorum.... Relinquitur ergo quod materia corporis cœlestis, secundum se considerata non est in potentia nisi ad formam quam habet (Th., 1, q. 66, a. 2).

(35) Est hoc proprium formæ substantialis, quod det materiæ esse simpliciter; ipsa enim est, per quam res est hoc ipsum quod est. Non autem per formas accidentales habet esse simpliciter, sed esse secundum quid, puta esse magnum, vel coloratum, vel aliquid tale. Si qua ergo forma est, quæ non det materiæ esse simpliciter, sed

miné, pour lui communiquer un être secondaire, c'est-à-dire telle ou telle manière d'être (*esse secundum quid*). La *forme substantielle* est la condition de toutes les *formes accidentelles,* car celles-ci ne peuvent exister qu'autant que l'être est déjà en acte. La *forme substantielle* détermine même jusqu'à un certain point les autres, en ce sens qu'un être ne peut recevoir aucune *forme accidentelle* qui serait en contradiction avec sa *forme substantielle*. Aussi la *forme substantielle* s'appelle ordinairement, d'une manière absolue, la *forme sine addito*.

36. La forme substantielle n'est pas cause efficiente. — La notion de *forme substantielle* implique deux éléments : communication d'être et immanence. Pour qu'une chose puisse être la *forme substantielle* d'une autre, il faut qu'elle soit le principe substantiel de son être, et, par suite, il faut que de l'union de la *matière* avec la *forme* résulte un tout dont l'essence consiste précisément dans cette union. Le principe formel ne se confond donc pas avec le principe effi-

---

adveniat materiæ jam existenti in actu per aliquam formam, non erit forma substantialis (An., a. 9). — Cuicumque formæ substernitur aliquod ens actu quocumque modo, illa forma est accidens. Manifestum est autem, quod quælibet forma substantialis, quæcumque sit, facit ens actu et constituit; unde sequitur, quod sola prima forma, quæ advenit materiæ, sit substantialis, omnes vero subsequenter advenientes, sint accidentales (Spir. cr. a. 3). — Cf. Th., 1, q. 77, a. 6.

(36) Ad hoc quod aliquid sit forma substantialis alterius, duo requiruntur. Quorum unum est, ut forma sit principium essendi substantialiter ei cujus est forma; principium autem dico non effectivum, sed formale, quo aliquid est et denominatur ens. Unde sequitur aliud, scilicet, quod forma et materia conveniant in uno esse, quod non contingit de principio effectivo cum eo cui dat esse; et hoc esse est in quo subsistit substantia composita, quæ est una secundum esse, ex materia et forma constans (C. g., l. 2, c. 68).

cient, qui est aussi cause de l'être, mais sans communication substantielle et sans action immanente, la cause ne formant jamais un seul tout avec son effet.

37. Pas de matière sans forme. — La *matière première* ne peut exister comme telle, c'est-à-dire sans aucune *forme,* dans la nature; sa notion exclut la réalité actuelle, puisqu'elle ne renferme que l'idée de possibilité, de pure *puissance.* Dieu même ne pourrait la créer sans *forme,* car il ne peut faire ce qui implique contradiction. Elle n'a par elle-même ni intelligibilité, ni idée correspondante en Dieu. Au contraire, la *forme* peut se concevoir avec une réalité distincte de la *matière.* En effet, la *forme* ne reçoit pas l'être de la *matière,* mais le lui donne; on peut donc concevoir qu'au lieu de communiquer cet être, elle le conserve pour elle, et par conséquent existe sans matière. L'axiome : *pas de matière sans forme* est donc absolu, tandis que l'axiome : *pas de forme sans matière* est restreint à l'ordre des choses sensibles.

(37) Materia prima non existit in rerum natura per seipsam, cum non sit ens in actu, sed potentia tantum (Th., 1, q. 7, a. 2). — Non potest poni quod materia prima per se habeat ideam in Deo distinctam ab idea formæ vel compositi (Ver., q. 3, a. 5). — Quæcumque ita se habent ad invicem, quod unum est causa alterius, illud quod habet rationem causæ potest habere esse sine altero, sed non convertitur. Talis autem invenitur habitudo materiæ et formæ, quod forma dat esse materiæ : et ideo impossibile est esse aliquam materiam sine forma; tamen non est impossibile esse aliquam formam sine materia. Forma enim non habet, in eo quod forma, dependentiam ad materiam, sed si inveniantur aliquæ formæ, quæ non possunt esse nisi in materia, hoc accidit eis secundum quod sunt distantes a primo principio, quod est actus primus et purus. Unde illæ formæ, quæ sunt propinquissimæ primo principio, sunt formæ per se sine materia subsistentes (Ent., c. 5).

38. Formes inhérentes et formes subsistantes. — Dès lors on doit encore distinguer, sous ce rapport, deux sortes de *formes :* les formes *inhérentes* et les formes *subsistantes*. On appelle *subsistantes* les *formes* qui subsistent en elles-mêmes et par elles-mêmes sans *matière*, ou du moins qui *peuvent* subsister et agir sans être unies à la *matière*. D'après cela, les *formes subsistantes* sont immatérielles, les autres sont matérielles. Les premières comprennent toutes les substances spirituelles, les autres se retrouvent dans toutes les choses corporelles, pour constituer le principe formel de leur être.

39. Formes informantes. — Si la nature des *formes subsistantes*, d'après la notion que nous en avons donnée, est de *subsister* en elles-mêmes et par elles-mêmes sans matière, ou du moins de *pouvoir* subsister et agir sans être unies à la matière, on voit facilement qu'il y a encore ici lieu à une distinction, suivant qu'on attribue aux *formes* de subsister, ou seulement de *pouvoir* subsister en dehors de la matière. Il y a, en effet, des *formes* qui subsistent en elles-mêmes comme substances complètes, et par conséquent ne doivent pas communiquer l'être à un sujet matériel pour arriver à former avec lui une espèce déterminée : — ce sont les purs esprits; il y a

---

(38) Cum formæ diversæ sint, secundum quod quædam sint aliis perfectiores, sunt inter eas aliquæ in tantum perfectæ, quod sunt per se subsistentes et perfectæ, ad nihil indigentes materiæ fulcimento; quædam vero per se perfecte subsistere non possunt, sed materiam pro fundamento requirunt, ut sic illud quod subsistit non sit forma tantum, nec materia tantum, quæ per se non est ens actu, sed compositum ex utroque (C. g., l. 3, c. 97).

(39) Voir ce qui est dit plus loin des anges, ch. V, n° 163. — (Cf. Morgott. Geist und Natur im Menschen. Eichstatt, 1860).

d'autres *formes* qui, à la vérité, n'ont pas besoin de la *matière* pour compléter leur être, leur réalité, mais bien pour compléter l'espèce à laquelle elles appartiennent ; elles sont, par nature, destinées à s'unir à un corps matériel pour constituer, en union avec lui, une espèce complète : — ce sont les âmes humaines. Les *formes* de la première espèce excluent toute possibilité d'union avec la *matière* pour former un composé, une troisième substance ; celles de la seconde espèce supposent, au contraire, la possibilité de cette union, puisque leur nature même les y destine. Bien plus, cette union leur est nécessaire ; non pas qu'elles ne puissent absolument exister sans être unies à la *matière*, comme cela a lieu pour les formes inhérentes ou matérielles, mais elles ne pourraient sans cela être constituées dans une espèce complète. Considérées sous ce point de vue, elles sont rangées, avec les *formes* simplement *inhérentes*, dans une seule catégorie, sous le nom de *formes informantes*.

40. Génération et corruption. — Ces *formes informantes* peuvent aussi, à un autre point de vue, se diviser en deux groupes : celles qui répondent adéquatement à toute la *puissance* de la *matière*, qui la mettent tout entière en acte, et celles qui n'actualisent qu'une certaine quantité de la *matière* pour laquelle elles sont faites. Celles du premier groupe

---

(40) Formæ [quædam] rerum sua perfectione adæquant totam potentiam materiæ, ut sic non remaneat potentia ad aliam formam, nec per consequens ad non esse, sicut est in corporibus cœlestibus (C. g., l. 2, c. 30). — Corpus cœleste est absque contrarietate, corpora vero elementaria sunt cum contrarietate. Et quia corruptio et generatio sunt ex contrariis, sequitur quod, secundum suam naturam, corpus cœleste sit incorruptibile, elementa vero sint corruptibilia (Th., 1, q. 66, a. 2).

ne peuvent exister que dans un seul être, puisque toute la *matière* destinée à les recevoir est actualisée d'un seul coup dans sa totalité. Et cet être unique doit être incorruptible, parce que, s'il se décomposait, sa *forme* et sa *matière* disparaîtraient de la création : — la *forme*, puisqu'elle ne peut exister que dans un seul sujet, — la *matière*, puisque dans ce cas elle serait complètement privée de *forme*, et qu'une *matière* ne peut exister sans *forme*. Les êtres à qui conviennent ces *formes* sont, comme nous l'avons déjà dit, les corps célestes. Les *formes* du second groupe, qui ne correspondent pas à la totalité de leur *matière*, sont multiples, car sans cela la *matière* correspondante ne pourrait être actualisée. Puisque chaque *forme* ne peut mettre en acte qu'une certaine quantité de *matière*, il en faut un certain nombre pour actualiser le tout. Ceci n'a lieu que pour les corps sublunaires, où l'on rencontre multiplicité de *formes*, et multiplicité d'êtres semblables. Et précimment à cause de cette multiplicité de *formes*, les êtres qui les reçoivent sont corruptibles, car la corruption d'un corps de ce genre ne fait disparaître de la création ni sa *forme*, ni sa *matière*, puisqu'il reste d'autres individus de même *forme* et de même *matière*. Mais la génération est nécessaire pour remplacer ce qui disparaît par la corruption, afin que la multitude des êtres se perpétue. C'est pourquoi la génération et la corruption règnent dans le monde sublunaire, tandis qu'elles sont étrangères aux corps célestes.

41. L'essence et l'existence. — Passons à une autre

(41) In omni ente creato essentia differt a suo esse et ad ipsum

distinction non moins importante, entre l'essence et l'existence. Une substance déterminée n'existe pas par cela seul qu'on la conçoit; en d'autres termes, la notion de l'existence n'est pas comprise dans celle de substance (créée). Pour que telle créature passe de la possibilité à la réalité, il faut qu'elle reçoive l'être d'une cause efficiente. L'existence est donc en soi différente de la substance, et s'y rapporte comme l'*acte* à la *puissance*. Dans les substances qui ont *matière* et *forme*, il y a par conséquent double composition d'*acte* et de *puissance*, savoir : celle de *matière* et de *forme*, celle d'essence et d'existence. Dans les substances simples ou spirituelles, la première composition n'a pas lieu, il ne reste que la seconde. La

comparatur ut potentia ad actum (Th., 1, q. 54, a. 3). — Quia forma creata subsistens (absque materia) habet esse, et non est suum esse, necesse est quod ipsum ejus esse sit receptum, et contractum ad terminatam naturam (Th., 1, q. 7, a. 2). — Il y a certainement une distinction *de raison* entre l'essence et l'existence, mais y a-t-il aussi une distinction réelle? Ce dernier texte semble l'indiquer, mais les avis sont partagés. L'affirmative est soutenue par Goudin (*Métaph.*, q. 1, a. 3), Plassmann (vol. 5, pag. 258), le card. Zigliara (*Ontol.*, l. 2, n. 12), etc. La négative est défendue par Suarez (*Métaph. Disput.* XXXI, sect. 4, § 3) et la plupart des scolastiques de la compagnie de Jésus (Cf. Palmieri. *Ontol.*, c. 1, th. 3). Stœckl, après avoir résumé dans son *Traité de philosophie* (*Ont.*, § 10), les arguments des deux opinions, se prononce pour la première. Dupont, dans ses *Thèses de métaphysique générale*, conclut que « la distinction réelle entre l'essence créée concrète, et son existence ne semble pas suffisamment démontrée. » (Thèse 20e). L'abbé Blanc, dans son récent *Traité de philosophie scolastique*, soutient que « si la distinction réelle de l'essence et de l'existence, dans les créatures, n'est pas prouvée, elle reste néanmoins très vraisemblable. » (*Métaph.*, ch. XXI, n. 413. Cf. Egger. Ontol., c. 1, a. 2).
— In substantiis compositis ex materia et forma est duplex compositio actus et potentiæ : prima quidem ipsius substantiæ, quæ componitur ex materia et forma; secunda vero, ex ipsa substantia jam composita et *esse*; quæ etiam dici potest ex *quod est* et *esse*, vel ex *quod est* et *quo est*. (C. g., l. 2, c. 54).

substance comme telle, c'est *ce qui* est, *ce qui* reçoit l'existence, on l'appelle, *quod est;* par rapport à la substance, l'existence est ce *par quoi* elle est, *quo est.* Et comme la forme est le principe de l'être, l'expression *quo est* peut servir à désigner la *forme* des substances composées; au contraire, dans les substances simples, *quod est* désigne la *forme* elle-même, et *quo est* son existence.

42. Le principe d'individuation. — Prenons maintenant les choses telles qu'elles sont dans la réalité. Leur essence, qu'on appelle aussi *quiddité*, c'est ce qui fait qu'elles sont ce qu'elles sont, et ne sont pas autre chose. C'est ce qui répond à la question « *quid?* » qu'est-ce que cela? C'est ce qu'on exprime par la définition philosophique de la chose. Qu'est-ce que l'homme? Un animal raisonnable : voilà son essence. S'il est question des substances spirituelles, leur

---

(42) In compositis ex materia et forma, nec materia nec forma potest dici ipsum *quod est*, nec etiam ipsum *esse*; forma tamen potest dici *quo est*, secundum quod est essendi principium. Ipsa autem tota substantia est ipsum *quod est;* et ipsum *esse* est quo substantia denominatur ens (C. g., l. 2, c. 54). — Sciendum est quod materia non quomodolibet accepta est principium individuationis, sed solum materia signata. Et dico materiam signatam, quæ sub certis dimensionibus consideratur, — *ce que Cajétan explique ainsi :* materia signata non dicit aggregatum ex materia et quantitate, sed materiam capacem hujus quantitatis, ita quod non illius. (Ent., c. 2). Nous ne pouvons qu'indiquer cette question, la plus mystérieuse de la philosophie de S. Thomas. Pour la bien comprendre, il faut lire le profond commentaire de Cajétan sur l'opuscule *de Ente et Essentia*, la théologie de Salamanque, Traité 1, disput. 1, et Plassmann, vol. 5, pag. 446. — Stœckl s'exprime ainsi dans son *Traité de philosophie :* « Au point de vue subjectif (c'est-à-dire du mode de connaissance), le principe d'individuation consiste dans les propriétés individuelles par lesquelles les êtres se distinguent l'un de l'autre, parce que nous ne les connaissons dans leur individualité et nous ne pouvons les distinguer que par ces

essence, c'est leur *forme*, puisque ce sont de pures *formes*. S'il s'agit des substances composées, ce n'est ni la *matière*, ni la *forme* seule qui les constitue ce qu'elles sont, mais l'une et l'autre à la fois. L'essence renferme donc les deux éléments, matériel et formel; la *matière* et la *forme* réunies font l'essence ou la quiddité de la chose. Il y a dans ce monde, comme nous l'avons vu, des catégories d'êtres innombrables qui ont même *forme* et même *matière*, par conséquent même essence ou quiddité. Cette essence commune n'a une existence réelle que dans chacun des membres de la catégorie à laquelle elle convient, elle est individualisée en chacun d'eux, et n'a point d'existence propre en dehors de ces individualités. On peut se demander alors quel est le principe d'individuation. Ce n'est pas l'essence, car l'essence est commune à toute la catégorie. Le principe d'indivi-

---

caractères. Mais au point de vue objectif, la raison de l'individualité d'une chose est dans son essence spécifique, en ce sens que celle-ci est individualisée par elle-même et non par quelque chose d'autre, puisqu'elle ne peut exister réellement comme essence individuelle que sous les déterminations particulières qui conviennent à l'individu. » Du reste, puisque S. Thomas est obligé d'admettre que les formes qui subsistent sans matière sont individualisées par elles-mêmes, pourquoi les substances composées de matière et de forme ne seraient-elles pas individualisées de la même manière ? — S. Thomas a composé un opuscule spécial sur le *Principe d'individuation*, qui est reproduit dans le troisième volume de la Philosophie du P. Goudin (éd. Roux-Lavergne). Nous en extrayons le passage suivant : Aliud est in quo salvatur ratio individui apud nos, determinatio scilicet ejus ad certas particulas temporis et loci, quia proprium est esse sibi hic et nunc, et hæc determinatio debetur sibi ratione quantitatis determinatæ : et ideo materia sub quantitate determinata est principium individuationis... non quod aliquo modo causet subjectum suum, quod est prima substantia, sed concomitatur eam inseparabiliter, et determinat eam ad hic et nunc. (Opusc. 29, sub fin.).

duation doit être extrinsèque à l'essence et s'en distinguer réellement. Ce ne peut être non plus la *matière* commune, qui fait elle-même partie de l'essence, c'est la *matière limitée* en quantité, *materia signata*, la *matière individuelle*, qui, sous une quantité et des accidents déterminés est propre à tel individu. Ce qui détermine surtout la matière, ce qui la limite à une existence individuelle, c'est la quantité; on peut donc encore considérer la quantité déterminée d'une chose comme le fondement de son individualité. De cette *matière désignée* par la quantité pour devenir un être individuel, et de la *forme* qu'elle revêt, résulte l'essence individuelle, ou la quiddité de l'individu.

43. On voit par là que l'essence commune se comporte comme *forme* par rapport à la *matière* individuelle où elle est actualisée, car c'est elle qui lui donne l'être déterminé qu'elle possède. De là découle le concept de la *nature* de l'être individuel. Toute *forme* étant non seulement principe d'être, mais principe et condition d'activité, l'essence, qui se comporte comme une *forme*, doit déterminer l'activité de l'individu, or la *nature* d'un être n'est autre chose que son essence envisagée sous ce rapport.

44. Il faut donc, aux deux distinctions que nous

---

(13) Essentia alio nomine dicitur natura, accipiendo naturam secundum quod dicitur esse illud, quod quocumque modo intellectu capi potest. Non enim res intelligibilis est, nisi per suam definitionem et essentiam. Nomen autem naturæ, hoc modo sumptæ, videtur significare essentiam rei, secundum quod habet ordinem ad propriam operationem rei, cum nulla res propria destituatur operatione (Ent., c. 1).

(14) Contingit in quibusdam rebus subsistentibus inveniri aliquid,

avons déjà faites, de *matière et de forme*, puis d'essence et d'existence, en ajouter une nouvelle entre l'essence qui détermine, et le support de l'essence qui est déterminé par elle. Le support sera *quod est*, et l'essence *quo est;* ce support est appelé *suppôt* (*suppositum*). Ce n'est pas absolument la même chose que la *matière déterminée* (*materia signata*); la notion de *suppôt* implique outre cette *matière* l'essence comme élément constitutif. Il y a par conséquent une différence réelle entre l'essence et le suppôt, puisque le suppôt implique avec l'essence les principes individuants et les accidents, tandis que l'essence comme telle les exclut.

48. Il est clair que cette théorie du principe d'individuation ne s'applique pas aux êtres purement spirituels, qui ne sont pas composés de matière et de *forme*. Ce sont des *formes* subsistant en elles mêmes, sans avoir besoin d'autre chose pour être des individus. Toutefois ici encore, le *suppôt* et l'essence ne sont pas identiques, pas plus que l'essence et l'existence. Ce n'est qu'en Dieu, comme nous le verrons,

quod non pertinet ad rationem speciei, scilicet accidentia et principia individuantia, sicut maxime apparet in his quæ sunt ex materia et forma composita. Et ideo in talibus etiam secundum rem differt natura et suppositum, non quasi omnino aliqua separata, sed quia in supposito includitur ipsa natura speci i, et superadduntur quædam alia, quæ sunt præter rationem speciei : unde suppositum significatur ut totum, habens naturam sicut partem formalem et perfectivam sui; et propter hoc, in compositis ex materia et forma, natura non prædicatur de supposito : non enim dicimus quod homo sit sua humanitas (Th., 1, q. 3, a. 3).

(15) In angelo non est omnino idem suppositum et natura, quia aliquid accidit ei præter id, quo i est de ratione suæ speciei, quia et ipsum esse angeli est præter ejus essentiam seu naturam, et alia quædam ei accidunt, quæ omnino pertinent ad suppositum, non autem ad naturam (Quodl. 2, q. 2, a. 4).

que l'essence et l'existence se confondent. Dans toutes les créatures l'existence est distincte de l'essence, et peut s'y ajouter ainsi que les accidents. Le tout réuni forme le suppôt, qui est par conséquent distinct de l'essence ou quiddité.

46. Revenons aux substances composées. Nous avons vu que l'essence commune à une multitude d'individus n'existe réellement que dans ces individus, mais cela n'empêche pas que l'essence ne puisse être *pensée comme commune* aux individus. Le résultat de cette opération est l'idée universelle, ou simplement *l'universel*. L'idée universelle se tire donc d'une multitude d'individus composés de *matière* et de *forme*, et possédant une même essence. Quand nous disons multitude d'individus, il n'est pas nécessaire que cette multitude existe, il suffit qu'elle soit possible; c'est pourquoi l'idée universelle peut se rapporter aux corps célestes, quoique chacun ait son essence propre et distincte, car il est au moins possible que Dieu en crée plusieurs.

(46) Substantiæ immateriales creatæ in genere quidem naturali non conveniunt cum substantiis materialibus, quia non est in eis eadem ratio potentiæ et materiæ; conveniunt tamen cum eis in genere logico, quia etiam substantiæ immateriales sunt in prædicamento substantiæ, cum earum quidditas non sit earum esse (Th., 1, q. 88, a. 2). — Omnis forma in supposito singulari existens, per quod individuatur, communis est multis, vel secundum rem, vel secundum rationem saltem; sicut natura humana est communis multis secundum rem et rationem, natura autem solis non est communis multis secundum rem, sed secundum rationem tantum: potest enim natura solis intelligi ut in pluribus suppositis existens; et hoc ideo, quia intellectus intelligit naturam cujuslibet speciei per abstractionem a singulari. Unde esse in uno supposito singulari vel in pluribus est præter intellectum naturæ speciei. Unde servato intellectu naturæ speciei potest intelligi ut in pluribus existens (Th., 1, q. 13, a. 9).

47. Mais puisque l'universel résulte du travail de l'intelligence qui conçoit une essence comme commune à plusieurs individus réels ou possibles, il n'existe *comme tel* que dans la pensée. Dans la réalité objective il n'y a pas d'universel subsistant en soi, il n'y a que des individus auxquels il peut s'attribuer, et dont il est inséparable. La forme d'universalité (*intentio universalitatis*) est le produit de l'intelligence qui pense les essences des choses comme communes (ou au moins communicables) à plusieurs individus, et par conséquent universelles. Toutefois l'intelligence divine et l'intelligence humaine ne se comportent pas de la même manière par rapport à l'universel. La pensée divine précède la réalité des choses créées dont elle est le type. Au contraire, l'es-

---

(47) Universalia non sunt res subsistentes, sed habent esse solum in singularibus (C. g., l. 1, c. 65). — Quod est commune multis, non est aliquid præter multa, nisi sola ratione (Ibid., c. 26). — Cum dicitur universale abstractum, duo intelliguntur, scilicet ipsa natura rei, et abstractio seu universalitas. Ipsa igitur natura, cui accidit vel intelligi vel abstrahi, non est nisi in singularibus; sed hoc ipsum, quod est intelligi vel abstrahi, vel intentio universalitatis, est in intellectu (Th., 1, q. 85, a. 2.) — Una et eadem natura, quæ singularis erat, et individuatur per materiam in singulis hominibus, efficitur postea universalis per actionem intellectus depurantis illam a conditionibus quæ sunt hic et nunc. Unde rationem universalis accipit ab intellectu. Universalia ex hoc quod sunt universalia, non habent esse per se in sensibilibus, quia universalitas ipsa est in anima. Cum autem dicimus, quod natura universalis habet esse in ipsis sensibilibus sive singularibus, intelligimus ex hoc, quod natura, cui accidit universalitas, habet esse in istis signatis (In lib. 2, Arist. de anima, lect. 12). — Ea quæ pertinent ad rationem speciei cujuslibet rei materialis, puta lapidis, aut hominis, aut equi, possunt considerari sine principiis individualibus, quæ non sunt de ratione speciei. Et hoc est abstrahere universale a particulari, vel speciem intelligibilem a phantasmatibus, considerare scilicet naturam speciei absque consideratione individualium principiorum, quæ per phantasmata repræsentantur (Th., 1, q. 85, a. 1).

prit humain tire l'universel du particulier par l'abstraction, en se représentant isolément l'essence séparée de ses principes individuants et de ses accidents. Ici l'universel vient après le particulier. Il y a donc l'universel *ante rem,* dans l'intelligence divine, l'universel *in re,* c'est-à-dire les essences qui, dans la réalité objective, sont les mêmes dans plusieurs individus, et l'universel *post rem* dans l'esprit humain.

CHAPITRE III

THÉORIE DE LA CONNAISSANCE

48. La connaissance est la représentation d'un objet dans l'esprit. — Nous avons vu les principes généraux de métaphysique sur lesquels repose la théorie de la connaissance. Nous pouvons donc essayer d'exposer cette théorie, qui occupe une place si importante dans la philosophie de S. Thomas. La thèse fondamentale, qui en fait le point de départ, est celle-ci : une connaissance ne peut se produire en nous que par la représentation d'un objet dans notre esprit. Cette représentation a lieu toutes les fois que l'image d'un objet connu est produite dans le sujet connaissant par le concours de l'un et de l'autre, et qu'ainsi le sujet s'assimile pour ainsi dire à l'objet. Toute connaissance suppose donc en nous passivité et activité : passivité dans l'impression reçue de l'objet, activité pour produire son image. Ces deux

(18) Omnis cognitio fit secundum similitudinem cogniti in cognoscente (C. g., l. 2, c. 77), per assimillationem cognoscentis et cogniti (l. 1, c. 65). — Intelligens et intellectum, prout ex eis est effectum unum quid, quod est intellectus in actu, sunt unum principium hujus actus, qui est intelligere... Ab utroque enim notitia paritur, a cognoscente et cognito (Ver., q. 8, a. 6).

éléments sont également nécessaires pour expliquer la connaissance, et concourent simultanément à la produire.

49. L'espèce impresse et l'espèce expresse; le verbe intérieur. — La modification ou manière d'être intellectuelle, par laquelle la faculté de connaître devient l'image de l'objet s'appelle *espèce*, ou *forme* de la connaissance. En tant que modification subjective, elle s'appelle *espèce impresse*, et dans l'acte de la connaissance, elle devient *espèce expresse*. L'*espèce* est donc le principe formel de la connaissance, puisque c'est par elle que la faculté passe de la puissance à l'acte, elle est *ce par quoi* l'objet est connu. De l'union de l'*espèce impresse* avec la faculté résulte l'acte de la connaissance, produit par ces deux facteurs comme par un seul principe vital. Le résultat de cet acte

(49) Per speciem intelligibilem fit intellectus intelligens actu, sicut per speciem sensibilem sensus est actu sentiens. Species igitur intelligibilis principium formale est intellectualis operationis, sicut forma cujuslibet agentis principium est propriæ operationis... Species intelligibilis autem est similitudo alicujus intellecti (C. g., l. 1, c. 46). — Habet igitur se species intelligibilis, recepta in intellectu possibili, in intelligendo, sicut *id quo* intelligitur. Id vero *quod* intelligitur, est ipsa ratio rerum existentium extra animam (Th., 1, q. 85, a. 2). — Res exterior intellecta a nobis, in intellectu nostro non existit secundum propriam naturam, sed oportet quod species ejus sit in intellectu nostro, per quam fit intellectus in actu : existens autem in actu, per hujusmodi speciem, sicut per propriam formam, intelligit rem ipsam... Intellectus, per speciem formatus, intelligendo format in seipso quamdam intentionem rei intellectæ, quæ est ratio ipsius, quam significat definitio... Hæc autem intentio intellecta, quum sit quasi terminus intelligibilis operationis, est aliud a specie intelligibili quæ facit intellectum in actu, quam oportet considerari ut intelligibilis operationis principium, licet utrumque sit rei intellectæ similitudo. Per hoc enim, quod species intelligibilis, quæ est forma intellectus, et intelligendi principium, est similitudo rei exterioris, sequitur quod intellectus intentionem formet illi rei similem, quia quale est unumquodque,

s'appelle *intention*. Cette *intention* n'est autre chose que la connaissance elle-même, ou ce que l'esprit produit en lui-même à l'aide de l'*espèce impresse*, le *verbe intérieur* par lequel il s'exprime à lui-même ce qu'il connaît. C'est, comme l'*espèce impresse*, une image idéale de l'objet, mais ce n'est pas l'*espèce impresse* elle-même, c'est un produit de l'activité intellectuelle mise en exercice par l'*espèce impresse*. C'est le terme de toute la marche de la connaissance.

50. L'espèce est de même nature que notre âme. — Si toute connaissance a pour condition la production de l'image de l'objet connu dans le sujet connaissant, par le concours de l'un et de l'autre, il en résulte nécessairement que l'objet connu est toujours dans le sujet connaissant d'une manière conforme à la nature de ce sujet. On doit en effet distinguer dans

talia operatur, et ex hoc quod intentio intellecta est similis alicui rei, sequitur quod intellectus, formando hujusmodi intentionem, rem illam intelligat (C. g., l. 1, c. 53). — Quæ quidem [intentio] in nobis neque est ipsa res quæ intelligitur, neque ipsa substantia intellectus, sed est quædam similitudo concepta in intellectu de re intellecta, quam voces exteriores significant, unde et ipsa intentio verbum interius nominatur (C. g., l. 4, c. 11). — S. Thomas distingue nettement le concept (intentio intellecta, concepta), et l'*espèce intelligible*. Les commentateurs se servent généralement du terme d'*espèce expresse* pour désigner le *verbe intérieur*, et du terme d'*espèce impresse* pour désigner l'*espèce intelligible* (Cf. Signoriello. Lexicon peripat., v° Species). — Le *verbum mentis* n'est pas la parole imaginée. Celle-ci peut accompagner et elle accompagne d'ordinaire la pensée, mais elle n'est pas dans l'esprit, elle est dans l'imagination; le *verbum mentis* est le concept même de l'esprit, l'idée conçue, l'idée qui s'exprime mentalement, l'idée en acte (E. Blanc, Psychol., n. 936). — Le P. Palmieri n'admet pas la nécessité de l'*espèce* intelligible; il a été réfuté par Mgr Bourquard (Doctrine de la connaissance, page 62). Cf. Egger, Noctica, c. 3. — Sansoverino. Elem. Dynam., c. 3, n. 5.

(50) Omnis cognitio est secundum aliquam formam, quæ est in cognoscente cognitionis principium. Forma autem hujusmodi potest

l'*espèce* ou *forme* de la connaissance deux choses :
le rapport qu'elle a avec le sujet connaissant, et celui
qu'elle a avec l'objet connu. Sous le premier rapport,
l'*espèce* est le principe qui met en activité la faculté
de connaître, et doit lui être si intimement unie, que
l'acte de connaître procède de l'une et de l'autre
comme d'un seul principe vital. L'*espèce* doit donc
répondre à la nature de l'âme. Par rapport à l'objet,
l'*espèce* détermine l'âme à connaître tel objet et non
pas tel autre, parce qu'elle est la *forme* de celui-là et
non de celui-ci. Et comme le plus noble peut être une
image du moins noble, et *vice versa*, il s'ensuit qu'il
n'est pas nécessaire que la *forme* de la connaissance
soit dans le sujet connaissant de la même manière
que dans l'objet connu, elle doit s'y trouver d'une
manière conforme à la nature de ce sujet, pour faire
avec lui un seul et même principe vital. En d'autres
termes, l'objet connu est dans le sujet connaissant
d'une manière conforme à la nature de ce sujet.

considerari dupliciter : uno modo secundum esse quod habet in cognoscente, alio modo, secundum respectum quem habet ad rem cujus est similitudo. Secundum primum respectum, facit cognoscentem actu cognoscere; sed secundum secundum respectum, determinat cognitionem ad aliquid cognoscibile determinatum. Et ideo modus cognoscendi rem aliquam est secundum conditionem cognoscentis, in quo forma recipitur secundum modum ejus. Non autem oportet ut res cognita sit secundum modum cognoscentis, vel secundum modum illum, quo forma, quæ est cognoscendi principium, habet esse in cognoscente (Ver., q. 10, a. 4). — Erraverunt antiqui philosophi, qui posuerunt simile simili cognosci, volentes secundum hoc, quod anima, quæ cognoscit omnia, ex omnibus naturaliter constitueretur : terra, ut terram cognosceret, aqua, ut aquam, et sic de cæteris (Ver., q. 2, a. 2). — Videtur autem in hoc Plato deviare a veritate, quia cum æstimaret omnem cognitionem per modum alicujus similitudinis esse, credidit quod forma cogniti ex necessitate sit in cognoscente eo modo, quo est in cognito (Th., 1, q. 84, a. 1). Cf. Opusc. de Nat. verbi intellectus.

Les philosophes de l'antiquité sont tombés dans de graves erreurs en méconnaissant ce principe, et soutenant au contraire que les objets connus existent dans l'intelligence de la même manière que dans la réalité objective. Ainsi Platon a donné aux idées universelles une réalité en dehors de l'intelligence; les atomistes au contraire ont cru que l'âme devait être une substance composée de toutes celles qu'elle est appelée à connaître.

51. Si l'objet connu est dans le sujet connaissant d'une manière conforme à la nature de celui-ci, il s'ensuit que la connaissance est d'autant plus parfaite que le sujet est plus immatériel. La connaissance la plus imparfaite est donc la connaissance sensible, dans laquelle le principe de la connaissance est encore lié à un organe matériel; la connaissance intellectuelle de l'homme est d'un degré plus élevé, puisque cette opération n'est pas liée au jeu d'un organe matériel; enfin la connaissance de l'ange et celle de Dieu sont encore plus parfaites.

52. Le sens et l'intelligence; leur union intime chez l'homme. — Après avoir exposé les principes généraux de S. Thomas sur la connaissance, nous pou-

---

(51). Ratio cognitionis ex opposito se habet ad rationem materialitatis (Th., 1, q. 84, a. 2). — Quia Deus est in fine separationis a materia, cum ab omni potentialitate sit penitus immunis, relinquitur quod ipse est maxime cognoscitivus, et maxime cognoscibilis (Ver., q. 2, a. 2). — Cf. Kleutgen, ch. 1, § 3.

(52) Non potest dici similiter sensum pati a sensibili sicut patitur intellectus ab intelligibili, ut sic sentire possit esse operatio animæ absque corporeo instrumento, sicut est intelligere; nam intellectus apprehendit res in abstractione a materia et materialibus conditionibus, quæ sunt individuationis principia, non autem sensus; quod exinde apparet, quia sensus est particularium, intellectus vero universalium (C. g., l. 2, c. 82).

vons entrer dans le détail. Dans la faculté cognitive de l'homme, il faut distinguer deux sources de connaissance : le sens et l'intelligence. L'une est essentiellement distincte de l'autre, et l'une ne peut pas suppléer l'autre. Le sens connaît le sensible, le particulier ; l'intelligence saisit le suprasensible, l'universel ; l'intelligence se connaît elle-même et sa propre activité, ce que le sens ne peut pas faire. Il est donc impossible de confondre ces deux sources de connaissance.

53. Toutefois le sens et l'intelligence se trouvent chez l'homme dans l'union la plus étroite, et le commerce le plus intime. Toutes les connaissances de l'intelligence ont pour point de départ l'expérience, et ce n'est qu'en partant de la connaissance sensible qu'on peut s'élever au suprasensible et à l'universel. Il n'y a point d'idées, de connaissances innées. Notre intelligence est à l'origine une *table rase*, c'est-à-dire une tablette sur laquelle rien n'est écrit ; on ne peut y tracer des idées qu'en se servant des données de

(53) Philosophus probat in primo Metaph. cap. 1, quod principium nostræ cognitionis est a sensu... Posuit enim intellectum differre a sensu. Sed sensum posuit propriam operationem non habere sine communicatione corporis, ita quod sentire non sit actus animæ tantum, sed conjuncti... Secundum hoc, ex parte phantasmatum, intellectualis operatio a sensu causatur (Th., 1, q. 84, a. 4). — Omnis nostra cognitio a sensu incipit, qui singularium est ; a particularibus considerationibus ad universales consideratio humana proficit (C. g., l. 2, c. 37). — Intellectus humanus, qui est infimus in ordine intellectuum, et maxime remotus a perfectione divini intellectus, est in potentia respectu intelligibilium, et in principio est sicut tabula rasa, in qua nihil est scriptum (Th., 1, q. 79, a. 2). — Intellectus noster secundum statum præsentem, nihil intelligit sine phantasmate (C. g., l. 3, c. 41). — Oportet dicere quod anima cognoscitiva sit in potentia tam ad similitudines quæ sunt principia sentiendi, quam ad similitudines quæ sunt principia intelligendi Et propter hoc Aristoteles posuit quod intellectus, quo anima intel-

l'expérience. La raison en est que dans l'homme le principe intelligent se trouve lié à un corps par la condition même de sa nature. Si cette union était contre nature, ainsi que le suppose Platon, il y aurait lieu d'admettre des notions innées, puisque le corps se comporterait comme un obstacle à la connaissance du suprasensible. Mais comme cette union est réclamée par la nature même de l'âme, il en résulte que l'âme, par la condition de sa nature, doit s'élever des données des sens à la connaissance suprasensible. Car cette union du principe intelligent avec la nature corporelle emporte comme conséquence, que les choses ne peuvent être connues que par leurs apparences extérieures ; or, c'est le propre de la connaissance expérimentale de saisir l'apparence extérieure des objets. Sans représentation sensible préalable, il n'y a donc pas de connaissance intellectuelle possible dans l'état actuel de l'homme. Le sens ne perçoit les objets que d'après leur forme sensible et leurs qualités accidentelles, mais l'intelligence pénètre à tra-

ligit, non habet aliquas species naturaliter inditas, sed est in principio in potentia ad hujusmodi species omnes (Th., 1, q. 84, a. 3). — Si autem anima species intelligibiles secundum suam naturam apta nata esset recipere per influentiam aliquorum principiorum separatorum tantum, et non acciperet eas ex sensibus, non indigeret corpore ad intelligendum ; unde frustra corpori uniretur (Th., 1, q. 84, a. 4). — Est autem differentia inter intellectum et sensum. Nam sensus apprehendit rem, quantum ad exteriora ejus accidentia, quæ sunt color, sapor, quantitas, et alia hujusmodi. Sed intellectus ingreditur ad interiora rei ; et quia omnis cognitio perficitur secundum similitudinem, quæ est inter cognoscens et cognitum, oportet quod in sensu sit similitudo rei sensibilis, quantum ad ejus accidentia, in intellectu vero sit similitudo rei intellectæ quantum ad ejus essentiam (C. g., l. 4, c. 11). — Nomen intellectus quamdam intimam cognitionem importat : dicitur enim intelligere, quasi intus legere... Objectum enim intellectus est « quod quid est » Th., 2-2, q. 8, a. 1).

vers ces apparences jusqu'à l'essence des choses, et c'est précisément là ce qui la distingue du sens.

54. L'objet direct de la connaissance intellectuelle est l'essence des corps. — Il y a lieu de distinguer maintenant ce qui est atteint directement par l'activité de l'intelligence et ce qui n'est atteint qu'indirectement. La sphère de la connaissance intellectuelle est d'abord limitée au monde sensible; c'est ce monde-là seulement qui se manifeste immédiatement à nous par ses apparences extérieures, pour que l'intelligence, pénétrant cette écorce, découvre l'essence même des choses sensibles. L'objet propre, direct et immédiat du travail intellectuel, est donc l'essence des êtres corporels, l'intelligible caché dans le sensible. C'est là seulement ce que l'intelligence connaît *per speciem propriam*, c'est-à-dire par une espèce reçue directement de la chose elle-même.

55. L'âme se connaît elle-même par ses actes. — Que se passe-t-il relativement aux autres objets de la connaissance intellectuelle? Occupons-nous d'abord de la connaissance de l'âme elle-même. Il faut bien distinguer entre la simple perception de notre existence individuelle et la connaissance de notre nature, c'est-à-dire de l'essence même de notre être, entre la conscience de soi-même et la connaissance de soi-même. Il faut aussi distinguer entre la connaissance actuelle et la connaissance habituelle. Par connais-

---

(54) Intellectus humani, qui est conjunctus corpori, proprium objectum est quidditas, sive natura, in materia corporali existens (Th., 1, q. 84, a. 7).

(55) Intellectus noster se cognoscit dupliciter : uno quidem modo particulariter, secundum quod Socrates vel Plato percipit se habere animam intellectivam; alio modo in universali, secundum quod naturam humanæ mentis consideramus (Th., 1, q. 87, a. 1).

sance habituelle on entend la disposition de l'âme à se représenter certaines idées quand elle le veut ; la connaissance actuelle est la représentation même de ces idées par l'activité intellectuelle.

56. Ceci posé, S. Thomas répond ainsi : En ce qui concerne la simple conscience de soi-même, ou connaissance actuelle de son existence concrète, l'âme se connaît par ses actes. Nous savons que nous sommes, que nous vivons, que nous avons une âme, parce que nous sentons, nous connaissons, nous voulons. Quant à la connaissance habituelle, l'âme se connaît par son essence qui lui est toujours présente ; c'est-à-dire, qu'en vertu de cette présence, l'âme peut toujours passer à l'acte de la connaissance d'elle-même, et n'a besoin pour cela d'aucun secours étranger. Les autres habitudes de science s'acquièrent par le travail de l'abstraction et les *espèces impresses* qui restent dans l'esprit, mais l'habitude ou disposition de l'âme à prendre conscience d'elle-même ne suppose autre chose que la présence de l'âme à elle-même dans l'exercice de son activité. C'est dans ce sens qu'on peut dire que la conscience habituelle de l'âme lui est innée.

(56) Quantum ad primam cognitionem (qua cognoscitur *an sit* anima), pertinet, distinguendum est, quia cognoscere aliquid est habitu et actu. Quantum igitur ad actualem cognitionem, qua aliquis considerat se in actu animam habere, sic dico, quod anima cognoscitur per suos actus. In hoc enim aliquis percipit se animam habere et vivere et esse, quod percipit se sentire et intelligere et alia hujusmodi vitæ opera exercere... Sed quantum ad habitualem cognitionem, sic dico quod animam per suam essentiam se videt, id est, ex hoc ipso quod essentia sua sibi est præsens, est potens exire in actum cognitionis sui ipsius (Ver., q. 10, a. 8). — Intellectus noster nihil actu potest intelligere, antequam a phantasmatibus abstrahat, nec etiam potest habere habitualem notitiam aliorum a

57. L'âme connaît sa nature par la réflexion. — A cette conscience immédiate de soi-même succède la connaissance de l'âme dans le sens strict du mot, c'est-à-dire la connaissance de l'essence et des qualités essentielles de l'âme. Celle-ci nous vient encore de la connaissance de notre activité spirituelle : en réfléchissant sur les manifestations de notre vie suprasensible, nous arrivons par voie de conclusion à connaître la nature du principe qui la produit. Mais ce travail ne se fait pas spontanément comme le précédent, il suppose au contraire une étude longue et délicate de nos facultés. De là les nombreuses erreurs sur la nature de l'âme que l'histoire a enregistrées.

58. Voici donc jusqu'à présent la marche de la connaissance : l'intelligence connaît d'abord les choses extérieures qui tombent sous les sens, elle revient ensuite sur son acte, et enfin perçoit le principe de la connaissance, l'âme. Chacun de ces pas successifs suppose le précédent. L'âme doit d'abord, pour ainsi dire, sortir d'elle-même pour trouver les choses corporelles, puis peu à peu revenir sur elle-même, enfin

---

se, quæ scilicet in ipso non sunt ante abstractionem prædictam, eo quod species aliorum intelligibilium non sunt ei innatæ; sed essentia sua sibi innata est, ut non eam necesse habeat a phantasmatibus acquirere... et ideo mens antequam a phantasmatibus abstrahat, sui notitiam habitualem habet, qua possit percipere se esse (Ibid. ad 1).

(57) Ad primam cognitionem de mente habendam sufficit ipsa mentis præsentia, quæ est principium actus ex quo mens percipit seipsam : et ideo dicitur se cognoscere per suam præsentiam. Sed ad secundam cognitionem de mente habendam (quatenus nimirum natura humanæ mentis ex actu intellectus consideratur), non sufficit ejus præsentia, sed requiritur diligens et subtilis inquisitio; unde et multi naturam animæ ignorant, et multi etiam circa naturam animæ erraverunt (Ver., q. 10, a. 8. — C. g.. l. 3, c. 46).

(58) Veritas est in intellectu et in sensu, licet non eodem modo.

prendre connaissance d'elle-même. C'est la prérogative du principe pensant, considéré comme tel, de ne pas se perdre au dehors, mais de pouvoir se réfléchir sur lui-même. Les forces physiques sont totalement privées de ce pouvoir de rentrer en elles-mêmes, car elles ne connaissent aucunement leur propre activité. Les êtres doués de sens ont un commencement de retour sur eux-mêmes, puisqu'ils savent qu'ils agissent; mais ils restent pour ainsi dire à moitié chemin, car cet acte dont ils ont connaissance est un intermédiaire entre le sujet connaissant et la chose connue. Mais les êtres intelligents peuvent se réfléchir complètement sur eux-mêmes, en prenant connaissance non seulement de leur activité, mais du principe qui la produit. C'est pour cela aussi que l'esprit peut arriver à la certitude, car par là nous sommes sûrs de la vérité de notre connaissance, c'est-à-dire de la conformité de notre pensée avec la réalité des choses. L'intelligence ne pourrait en arriver là, si, connaissant seulement son acte, elle n'en voyait pas la nature, et elle voit la nature de son acte, parce

---

In intellectu enim est sicut consequens actum ejus, et sicut cognita per intellectum. Consequitur namque intellectus operationem, secundum quod judicium intellectus est de re, secundum quod est; cognoscitur autem ab intellectu, secundum quod intellectus reflectitur super actum suum, non solum secundum quod cognoscit actum suum, sed secundum quod cognoscit proportionem ejus ad rem; quod quidem cognosci non potest, nisi cognita natura ipsius actus, quæ cognosci non potest, nisi cognoscatur natura principii activi, quod est ipse intellectus, in cujus natura est ut rebus conformetur : unde secundum hoc cognoscit veritatem intellectus, secundum quod supra seipsum reflectitur. Sed veritas est in sensu, sicut consequens actum suum, dum scilicet judicium sensus est de re, secundum quod est, sed non est in sensu, sicut cognita a sensu. Si enim sensus vere judicat de rebus, tamen non cognoscit veritatem, qua vere judicat. Quamvis enim sensus cognoscat se sentire

qu'elle voit que sa nature, à elle, est de connaître les choses telles qu'elles sont. Le sens, au contraire, saisit bien l'objet tel qu'il est, mais ne voit pas la vérité de cette connaissance, puisqu'il ne peut pas connaître la nature de son être, ni celle de son acte.

59. Notre connaissance de Dieu et des anges est tirée des créatures. — La sphère des opérations intellectuelles ne se borne pas à la connaissance de l'essence des choses corporelles et de l'âme elle-même; de ces connaissances l'âme peut s'élever jusqu'à celle de Dieu. Mais ici l'objet n'est plus connu immédiatement par lui-même, ni par une *espèce propre (per speciem propriam)*, car l'existence et l'essence de Dieu ne tombent pas sous l'observation externe ou interne. Notre connaissance de Dieu est indirecte et médiate; c'est-à-dire qu'elle suppose la connaissance d'un autre être. Elle est produite par une *espèce étrangère, (per speciem impropriam seu alienam)*; nous ne la recevons pas de l'objet lui-même, puisque nous ne

non tamen cognoscit naturam suam, et per consequens neque naturam sui actus, nec proportionem ejus ad res, et ita nec veritatem ejus. Cujus est ratio, quia illa quæ sunt perfectissima in entibus, ut substantiæ intellectuales, redeunt ad essentiam suam reditione completa : in hoc enim quod cognoscunt aliquid extra se positum, quodammodo extra se procedunt, secundum vero quod cognoscunt se cognoscere, jam ad se redire incipiunt, quia actus cognitionis est medius inter cognitionem et cognitum. Sed reditio ista completur, secundum quod cognoscunt essentias proprias... Sensus autem... redire incipit ad essentiam suam, quia non solum cognoscit sensibile, sed etiam cognoscit se sentire; non tamen completur ejus reditio, quia sensus non cognoscit essentiam suam... quia sensus nihil cognoscit nisi per organum corporale. Non est autem possibile ut organum medium cadat inter potentiam sensitivam et seipsum (Ver., q. 1, a. 9).

(59) Ad substantiam Dei capiendam intellectus humanus non po-

CHAP. III. — THÉORIE DE LA CONNAISSANCE. 63

voyons Dieu que dans les créatures comme dans un miroir. C'est une connaissance purement analogique, basée sur les rapports que Dieu a avec les créatures ; elle ne va donc pas au delà de ce que les créatures peuvent nous faire connaître de l'être divin.

60. Il faut en dire autant de la connaissance des purs esprits ; elle n'est qu'indirecte et analogique, puisqu'elle est en dehors de l'expérience. Il est au moins douteux que la raison seule puisse prouver l'existence des anges, par conséquent il lui est impossible de nous donner une notion claire et complète de leur nature. L'idée que nous en avons vient surtout de l'étude de notre âme.

61. Comment l'Intelligence connaît le particulier. — Telle est la sphère où se meut la connaissance intellectuelle, en ce qui la distingue de la connaissance sensible. Il y a encore une différence importante dans la manière dont le sens et l'intelligence atteignent chacun leur objet respectif. L'objet connu par les sens y est reproduit avec tous ses accidents

---

test naturali virtute pertingere, quum intellectus nostri, secundum modum præsentis vitæ, cognitio a sensu incipiat. Et ideo ea, quæ in sensum non cadunt, non possunt humano intellectu capi, nisi quatenus ex sensibus eorum cognitio colligitur. Sensibilia autem ad hoc ducere intellectum nostrum non possunt, ut in eis divina substantia videatur, *quid sit*, quum sint effectus causæ virtutem non æquantes. Ducitur tamen ex sensibilibus intellectus noster in divinam cognitionem, ut cognoscat de Deo, *quia est*, et ulia hujusmodi, quæ oportet attribui primo principio (C. g., l. I, c. 3).

(60) Per hoc quod anima nostra cognoscit seipsam, pertingit ad cognitionem aliquam habendam de substantiis incorporeis, qualem eam contingit habere, non quod simpliciter et perfecte cognoscat eas cognoscendo seipsam (Th., I, 88, a. 1 ad 1).

(61) Intellectus noster directe non est cognoscitivus nisi universalium. Indirecte autem et quasi per quamdam reflexionem potest cognoscere singulare. Quia etiam postquam species intelligibiles

et ses conditions d'existence individuelle; au contraire, dans l'intelligence, les déterminations individuelles disparaissent, et il ne reste plus que l'essence, qui est quelque chose d'universel. Le caractère propre de la connaissance intellectuelle, par rapport à son objet, est donc l'universalité; tandis que la connaissance sensible reproduit toutes les conditions particulières d'existence. L'intelligence connaît donc directement l'universel, et indirectement le particulier en revenant sur les représentations sensibles d'où elle a tiré la notion universelle.

62. Comment l'intelligence connaît l'universel. — Mais on se demande comment l'intelligence peut s'élever, de l'image qui lui est fournie par la connaissance sensible, à l'essence des choses, à l'idée universelle. Comme le sens, l'intelligence se comporte d'abord d'une manière passive dans la connaissance, car celle-ci n'est possible qu'autant que la faculté intellectuelle reçoit en elle-même la forme idéale de l'objet, et se fait pour ainsi dire à son image. Mais à cette impression reçue s'allie une activité spontanée

---

abstraxerit, non potest secundum eas actu intelligere nisi convertendo se ad phantasmata, in quibus species intelligibiles intelligit. Sic igitur ipsum universale per speciem intelligibilem directe intelligit, indirecte autem singularia, quorum sunt phantasmata (Th., 1, q. 86, a. 1. — Ver., q. 5, a. 6. — C. g., l. 1, c. 66, cum Comment. Ferrar.) — Cf. Liberatore. Con. intel., c. 5, a. 8. Gutberlet, Psych., p. 162 et suiv.

(62) Nihil corporeum imprimere potest in rem incorpoream; et ideo ad causandam intellectualem operationem non sufficit sola impressio sensibilium corporum, sed requiritur aliquid nobilius... non tamen ita quod intellectualis operatio causetur in nobis ex sola impressione aliquarum rerum superiorum,... sed illud superius et nobilius agens, quod [Aristoteles] vocat *intellectum agentem*, facit phantasmata a sensibus intellecta intelligibilia in actu per modum abstractionis cujusdam. (Th., 1, q. 84, a. 6).

qui produit la connaissance intellectuelle. L'essence ne se manifestant à nous qu'avec les apparences sensibles qui l'accompagnent, l'espèce intelligible ne serait jamais produite sans l'activité propre de l'intelligence qui rend intelligible en *acte* ce qui, dans les données des sens, n'était intelligible qu'en *puissance*. Il en serait autrement si, comme le veut Platon, les idées universelles avaient en dehors de l'intelligence une existence indépendante; il suffirait qu'elles fussent reçues dans l'intelligence pour y produire l'espèce intelligible. Mais c'est le contraire, elles n'ont d'existence réelle que dans les objets particuliers; il faut alors tout un travail de l'activité intellectuelle pour produire l'espèce intelligible qui représente l'universel, le nécessaire, l'absolu.

63. L'intellect agent et l'intellect possible. — Pour expliquer la connaissance intellectuelle, il faut distinguer l'intellect *agent* et l'intellect *possible*. L'intellect *agent* rend intelligibles les représentations sensibles, il dépouille les données des sens de tous les principes individuels, et par là ne laisse arriver à

---

(63) Secundum opinionem Platonis nulla necessitas erat ponere intellectum agentem ad faciendum intelligibilia in actu... Posuit enim Plato formas rerum naturalium sine materia subsistere, et per consequens eas intelligibiles esse, quia ex hoc est aliquid intelligibile actu, quod est immateriale; et hujusmodi vocabat *species* sive *ideas*, ex quarum participatione dicebat etiam materiam corporalem formari... Sed quia Aristoteles non posuit formas rerum naturalium subsistere sine materia (formæ autem in materia existentes non sunt intelligibiles actu), sequebatur quod naturæ, seu formæ rerum sensibilium quas intelligimus, non essent intelligibiles actu. Nihil autem reducitur de potentia in actum, nisi per aliquod ens actu.... Oportet igitur ponere aliquam virtutem ex parte intellectus, quæ faciat intelligibilia in actu per abstractionem specierum a conditionibus materialibus; et hæc est necessitas ponendi intellectum agentem (Th., 1, q. 79, a. 3). —

l'intellect *possible* que l'*espèce* intelligible pure et sans mélange. L'intellect *possible* est précisément le lieu où s'opère, par le travail de l'intellect *agent*, cette production de l'*espèce* intelligible. Cette *espèce*, reçue dans l'intellect *possible*, qui a d'abord un rôle passif, le met en *acte*, et la connaissance est produite. Les données des sens deviennent donc intelligibles par le travail de l'intellect *agent*, alors elles sont aptes à s'unir dans leur nature intelligible avec l'intellect possible, et à lui faire produire l'acte de la connaissance intellectuelle.

64. L'intellect agent donne la lumière et opère l'abstraction. — L'intellect *agent* a deux rôles à remplir : l'un, par rapport aux données des sens; l'autre, par rapport à l'intellect *possible*. D'abord, il rend intelligibles, comme nous l'avons dit, les représentations sensibles; puis il imprime l'*espèce* intelligible dans l'intellect *possible*, et par là lui fait produire l'acte de la connaissance. A mesure que la faculté de connaître (envisagée comme intellect *agent*) travaille sur les données des sens, il se produit en elle (comme intellect *possible*) une image intellectuelle qui représente l'objet non plus avec tous ses accidents, mais

---

Phantasmata per lumen intellectus agentis fiunt actu intelligibilia, ut possint movere intellectum possibilem (C. g., l. 2, c. 59). Cf. Aristot., l. 3, de Anima, c. 5, et comm. S. Th., in h. l.

(64) Phantasmata et illuminantur ab intellectu agenti, et iterum per virtutem intellectus agentis species intelligibiles abstrahuntur. Illuminantur quidem, quia sicut pars sensitiva ex conjunctione ad intellectum efficitur virtuosior, ita phantasmata ex virtute intellectus agentis redduntur habilia, ut ab eis intentiones intelligibiles abstrahantur. Abstrahit autem intellectus agens species intelligibiles a phantasmatibus, in quantum per virtutem intellectus agentis accipere possumus in nostra consideratione naturas specierum sine individualibus conditionibus, secundum quarum similitudines

uniquement dans son essence. L'effet de ce premier travail est analogue à celui de la lumière extérieure sur les objets. De même que la lumière physique éclaire un corps pour le rendre visible à l'œil, ainsi la lumière de l'intellect *agent* éclaire les données des sens pour les rendre intelligibles à l'intellect *possible*. La seconde fonction de l'intellect *agent*, c'est-à-dire la production de l'*espèce* intelligible dans l'intellect possible, est proprement l'abstraction, laquelle suppose l'illumination des *espèces* sensibles dont nous venons de parler, et serait sans cela impossible. Mais dès que l'intellect *agent* a produit l'*espèce* intelligible par le travail qui lui est propre, l'intellect en *acte* ne fait pour ainsi dire plus qu'un avec l'intelligible en *acte*, et de cette unité, sinon réelle, du moins idéale, résulte la connaissance.

65. Les sens fournissent la matière de la connaissance intellectuelle. — Quant à l'influence des représentations sensibles sur la connaissance intellectuelle, il est facile de voir qu'elle se borne à fournir à l'intelligence la matière de sa connaissance. Cela ne veut pas dire que l'image sensible se transforme par une sorte d'opération mécanique en quelque chose d'intelligible, mais plutôt que l'intelligence ne

intellectus possibilis informatur (Th., 1, q. 85, a. 1, ad 4). — Ex hoc aliquid actu intelligitur, quod intellectus in actu et intellectum in actu unum sunt (C. g., l. 1, c. 47).

(65) Non potest dici quod sensibilis cognitio sit totalis et perfecta causa intellectualis cognitionis, sed magis est quodammodo materia causæ (Th., 1, q. 84, a. 6). — Phantasmata se habent ut agens instrumentale et secundarium, intellectus vero agens, ut agens principale et primum (Ver., q. 10, a. 6, ad 7). — Hoc ipsum, quod lumen intellectus agentis non est actus alicujus organi corporei, sufficit ad hoc quod possit separare species intelligibiles a phantasmatibus (Spir. creat., a. 10, ad 6).

formerait pas un seul concept universel, si les sens, externes ou internes, ne lui présentaient un objet d'où elle puisse le tirer. La connaissance sensible n'est donc pas la cause totale de la connaissance intellectuelle, mais seulement la matière fournie à la cause qui est l'intellect *agent*. Celui-ci a la faculté de percevoir l'essence des choses séparée des accidents, c'est-à-dire d'abstraire, parce que son activité n'est pas liée au jeu d'un organe corporel.

66. La connaissance exprime la réalité des choses. — D'après tout ce qui vient d'être dit, le développement de la connaissance humaine présuppose la réalité objective des choses et y trouve son point de départ. Il n'en est pas ainsi de la connaissance divine qui, bien loin d'être produite par les objets, cause et détermine toute réalité extérieure. La connaissance divine est un type, la connaissance humaine est une empreinte. De là résulte la différence entre l'idée et la notion d'une chose : l'idée préexiste dans l'intelligence créatrice, la notion reproduit dans l'intelligence créée l'objet existant. La vérité objective, c'est-à-dire la vérité des choses mêmes, dépend de leur conformité avec l'idée divine; mais la vérité subjective, c'est-à-dire la vérité de notre connaissance, dépend au contraire de sa conformité avec l'objet connu. Mais comme la notion, qui est le terme de la connaissance intelligible, exprime tout ce qui constitue l'essence de l'objet, et cela seulement, elle fait connaître

---

(66) Scientia intellectus humani a rebus quodammodo causatur; unde provenit, quod scibilia sunt mensura scientiæ humanæ. Intellectus autem divinus per suam scientiam est causa rerum (C. g., l. 1, c. 61). — Veritas intellectus est adæquatio intellectus et rei, secundum quod intellectus dicit esse quod est, vel non esse quod non est (Ibid., c. 59).

non seulement ce qui est nécessairement dans cet objet actuellement existant, mais tout ce qui peut ou ne peut pas lui convenir. Ainsi la vérité subjective comprend non seulement les lois de la réalité extérieure, mais celles de la perfection idéale des êtres, l'idée éternelle et immuable qui précède leur existence et survit à leur destruction. On peut donc dire que la vérité subjective, dans toute sa perfection, consiste dans la conformité de notre connaissance avec la connaissance divine dans ses rapports avec les choses créées. Par conséquent, notre science a pour règle et pour mesure, en premier lieu, l'être donné aux choses par Dieu, et en dernière analyse l'idée divine d'après laquelle l'être a été communiqué aux créatures.

67. Connaissance complexe et incomplexe. — Il y a lieu de distinguer maintenant entre la connaissance complexe et incomplexe. La connaissance incomplexe consiste dans la simple aperception d'un objet; la connaissance complexe consiste dans l'acte de l'intelligence qui affirme ou nie quelque chose. Ceci posé, il est clair que la connaissance incomplexe ne peut être dite ni vraie ni fausse. Il n'y a vérité ou fausseté dans la connaissance que quand nous appli-

---

(67) Quum aliquid incomplexum vel dicitur, vel intelligitur, ipsum quidem incomplexum, quantum est de se, non est rei adæquatum, nec rei inæquale, quum æqualitas secundum comparationem dicantur, incomplexum autem, quantum est de se, non continet aliquam comparationem vel applicationem ad rem, unde de se nec verum, nec falsum dici potest; sed tantum complexum, in quo designatur comparatio incomplexi ad rem, per notam compositionis aut divisionis (C. g., l. 1, c. 59). — Proprie loquendo veritas est in intellectu componente et dividente, non autem in sensu, neque in intellectu cognoscente *quod quid est* (Th., 1, q. 85, a. 6, et q. 16, a. 2. — Ver., q. 14, a. 1).

quons nos idées aux objets quand nous affirmons ou nions d'eux quelque chose. De là ce principe, que le sens et l'intelligence ne peuvent pas se tromper dans la simple perception de leur objet propre, et que toutes les erreurs sont dans les jugements.

68. Dieu n'est pas le premier objet connu par l'intelligence. — Les règles de la vérité de notre connaissance étant ainsi posées, demandons-nous par quelle voie l'homme arrive à la connaissance de la vérité. S. Thomas procède ici par exclusion. Il semblerait résulter, dit-il, de certaines expressions de S. Augustin, que le premier objet connu par l'intelligence soit Dieu lui-même, et que toute autre connaissance dérive de celle-là. Cette opinion, partagée par plusieurs philosophes, est évidemment erronée et insoutenable; car la connaissance immédiate de Dieu constitue le bonheur de l'homme, il faudrait donc dire que tout homme est déjà ici-bas parfaitement heureux. De plus, comme tout ce qui appartient à l'essence divine ne fait qu'un en elle, il n'y aurait aucune erreur possible dans cette intuition immédiate de Dieu. Cela est absolument faux et contredit par l'expérience; il est donc impossible de soutenir que Dieu soit le premier objet connu par l'intelligence et que toutes les autres vérités soient vues immédiatement dans Dieu, vérité première.

(68) Quidam dixerunt quod primum, quod a mente humana cognoscitur... est ipse Deus... et per hunc omnia alia cognoscuntur. Sed hoc aperte est falsum, quia cognoscere Deum per essentiam est hominis beatitudo : unde sequeretur omnem hominem beatum esse. Et præterea cum in divina essentia omnia, quæ dicuntur de ipsa, sint unum, nullus erraret circa ea quæ de Deo dicuntur, quod experimento patet esse falsum (Trin., 1, 3).

69. La connaissance intellectuelle est une participation à la lumière divine. — Après cette réfutation, écoutons comment S. Thomas répond à la question posée. Ce qui nous rend capables de connaître la vérité, c'est notre ressemblance avec Dieu, la participation de notre raison à la raison divine. Qu'est-ce que cette participation? Toute créature participe à l'être, parce qu'elle ne le possède pas par elle-même, mais qu'elle l'a reçu de Dieu. Dieu seul est l'être subsistant par soi-même (*ipsum esse subsistens*), l'être par essence (*ens per essentiam*); tandis que la créature est l'être par participation (*ens per participationem*). Ce que l'on dit de l'être doit se dire de toute perfection qui découle de l'être. Dieu est par soi-même intelligence, les créatures sont intelligentes parce qu'elles ont reçu de Dieu la raison : leur raison est participée comme leur être, parce qu'elle vient de Dieu. Ces expressions *esse, vivere, intelligere participatum*, ont encore une autre signification; elles impliquent une certaine ressemblance avec Dieu, qui n'est pas seulement la cause efficiente, mais la cause

(69) Deus est ens per essentiam suam, quia est ipsum esse, omne autem aliud ens est ens per participationem, quia ens, quod sit suum esse, non potest esse nisi unum (C. g., l. 2, c. 15). — Quod participat aliquid, et quod est mobile, et quod est imperfectum, præexigit ante se aliquid, quod est per essentiam tale, et quod est immobile et perfectum. Anima autem humana intellectiva dicitur per participationem intellectivæ virtutis; cujus signum est quod non tota est intellectiva, sed secundum aliquam sui partem; pertingit etiam ad intelligentiam veritatis cum quodam discursu et motu arguendo; habet etiam imperfectam intelligentiam, tum quia non omnia intelligit, tum quia in his, quæ intelligit, de potentia procedit in actum. Oportet ergo esse aliquem altiorem intellectum, quo anima juvetur ad intelligendum [et a quo intellectualitas animæ derivetur]. (Th., 1, q. 79, a. 4. — Spir. cr., a. 10). Cf. Kleutgen, tome 1, nos 55, 56 et 59.

exemplaire de l'être créé. De même que Dieu par sa toute-puissance ne pourrait pas faire que les choses existassent, si lui-même n'existait pas; de même il ne pourrait leur donner la vie, l'intelligence, s'il n'était pas lui-même vivant, intelligent. D'où il faut tirer cette conclusion, que la raison humaine est apte à connaître la vérité, parce qu'elle vient de Dieu, qu'elle est une image créée de la raison incréée.

70. S. Thomas explique cette participation de la raison humaine à la raison divine par la comparaison de la lumière. Dieu est le soleil intelligible qui nous éclaire intérieurement, et la lumière naturelle de la raison n'est autre chose que ce rayonnement qui vient de Dieu pour communiquer à l'âme la faculté de connaître. Ainsi, de même que l'œil voit tout dans la lumière du soleil, sans pourtant avoir besoin de fixer directement cet astre, de même nous connaissons tout ce qui est intelligible dans la lumière qui est Dieu, sans pourtant avoir l'intuition de l'essence divine. C'est le privilège de la créature raisonnable de connaître ainsi dans la lumière de Dieu, tandis que les autres êtres n'en sont pas capables.

71. Comment on peut dire que nous voyons tout en

---

(70) Sol intelligibilis, qui est Deus, illustrat interius, unde ipsum lumen naturale animæ inditum est illustratio Dei; qua illustramur ab eo, ad cognoscendum ea quæ pertinent ad naturalem cognitionem (Th., 1, 2, q. 109, a. 1, ad 2). Cf. Zigliara, Della luce intel., l. 2, c. 15.

(71) Omnia dicimur in Deo videre, et secundum ipsum de omnibus judicare, in quantum per participationem luminis sui omnia cognoscimus et judicamus... Sicut etiam omnia sensibilia dicimur videre et judicare in sole, id est, per lumen solis... Sicut ergo ad videndum aliquid sensibiliter, non est necesse quod videatur substantia solis, ita ad videndum aliquid intelligibiliter, non est necessarium quod videatur essentia Dei (Th., 1, q. 79, a. 4). — Alii

Dieu. — Ces expressions, qui reviennent souvent sous la plume de S. Thomas, pourraient faire croire qu'il admet, sinon l'intuition immédiate de l'essence divine, du moins un contact immédiat de Dieu lui-même avec la raison. Des philosophes modernes ont cru pouvoir interpréter S. Thomas de la sorte, mais ils ont été réfutés d'avance par le Docteur angélique lui-même. Comme il est impossible, dit-il, de soutenir que Dieu soit le premier objet connu, et celui par lequel nous connaissons tout le reste, des auteurs ont prétendu que ce n'est pas à la vérité l'essence divine comme telle qui est le premier objet connu de nous, mais que Dieu, éclairant immédiatement notre âme de sa propre lumière, lui est présent dès l'origine, et que dans ce sens on peut dire que Dieu est le premier objet connu. Mais cette opinion est aussi insoutenable que la première, car la lumière par laquelle Dieu nous éclaire n'est autre chose que notre raison. Or notre raison ne se fait connaître à nous que

---

dicunt quod divina essentia non est primum cognitum a nobis in via, sed influentia luminis ipsius, et secundum hoc Deus (*in illorum sententia*) est primum quod a nobis cognoscitur. Sed hoc etiam stare non potest, quia prima lux influxa divinitus in mentem est lux naturalis, per quam constituitur vis intellectiva. Hæc autem lux non est primum cognita a mente, neque cognitione qua scitur de ea *quid est*, cum multa inquisitione indigeat ad cognoscendum *quid est* intellectus; neque cognitione, qua cognoscitur *an est*, quia intellectum nos habere non percipimus, nisi in quantum percipimus nos intelligere.... Nullus autem intelligit se aliquid intelligere, nisi in quantum intelligit aliquid intelligibile. Ex quo patet quod cognitio alicujus intelligibilis præcedit cognitionem, qua quis cognoscit se habere intellectum, et sic influentia lucis intelligibilis naturalis non potest esse primum cognitum a nobis, et multo minus quælibet alia influentia lucis (Trin., 1, 3). Gratry cite, dans sa Logique, liv. 1, ch. 2, les principaux textes de S. Thomas qui semblent favoriser l'ontologisme. Voir la critique de Stœckl, dans son récent ouvrage : Geschichte der neueren Philosophie, vol. 2, p. 575.

par son activité; il faut donc connaître d'abord autre chose pour arriver par le travail de la réflexion à connaître notre activité intellectuelle et son principe.

72. Du reste, S. Thomas s'explique, sur l'illumination de l'intelligence humaine par la lumière divine, de manière à bien faire comprendre qu'il ne veut parler que d'une participation à la connaissance divine. Nous voyons tout en Dieu, dit-il, et nous jugeons tout d'après la lumière divine, en tant que nous connaissons et jugeons tout par une participation à sa lumière; car la lumière naturelle de notre raison n'est autre chose qu'une participation à la lumière divine. Et ailleurs : C'est à la lumière de la vérité première que nous connaissons tout, parce que d'abord la lumière naturelle de notre raison n'est autre chose qu'une impression de la vérité éternelle, et ensuite parce que les premiers principes d'après lesquels nous jugeons tout ont leur fondement objectif dans la vérité première, et sont en nous comme un reflet de cette suprême et immuable vérité. La lumière de l'intellect agent est imprimée immédiatement en nous par Dieu, et si la sainte Ecriture dit que Dieu a mis sur nous comme un sceau la lumière de sa face, cela signifie que Dieu, en nous donnant la

---

(72) Ipsum lumen naturale rationis participatio quædam est divini luminis (Th., 1ª, q. 12, a. 11, ad 3). Nihil possumus veritatis cognoscere, nisi ex primis principiis et ex lumine intellectuali, quæ veritatem manifestare non possunt, nisi secundum quod sunt similitudo illius primæ veritatis, quia ex hoc etiam habent quamdam immutabilitatem et infallibilitatem. Sic ergo in prima veritate secundum suam essentiam non omnia videntur a nobis in statu viæ, cum nec ipsa per suam essentiam videatur a viatoribus, sed in ipsa ratione suæ imaginis, scilicet veritatis ab ea exemplatæ omnis veritas a nobis cognoscitur (Quodl. 10, q. 4, a. 7). — Lumen intellectus agentis est nobis immediate impressum a Deo.... et hoc dicitur in Ps. « Signa-

raison, nous a distingués des autres créatures en imprimant sur nous une ressemblance particulière de son essence. L'illumination de notre intelligence par Dieu n'est donc pas un contact immédiat avec lui, mais une participation à la lumière divine, conséquence de notre ressemblance avec lui.

73. Il y a toutefois un autre point qu'il ne faut pas perdre de vue. La raison humaine ne peut pas être isolée d'une manière absolue de l'influence divine. De même que notre intelligence n'a commencé à exister que parce que Dieu l'a créée, elle ne continue à exister que parce que Dieu lui conserve l'existence, elle n'agit qu'autant que Dieu agit avec elle. Par rapport à l'esprit humain, ce concours de Dieu à l'activité intellectuelle peut bien s'appeler une illumination. Car de même que dans la création d'une âme intelligente, Dieu n'agit pas seulement comme tout-puissant, mais comme principe de vie intellectuelle, afin de donner l'intelligence à l'être produit par sa toute-puissance ; ainsi la conservation de l'être intelligent et le concours que Dieu lui prête ne doivent pas être considérés seulement comme l'influence ordinaire de Dieu sur les causes secondes, mais comme des actes de la raison absolue, de la lumière

---

tum est super nos lumen vultus tui, Domine » (Spir. cr., a. 10). — Voir dans Kleutgen, tome 1, n° 60 et 61, l'explication des termes *impression* et *participation*, et la réfutation des objections auxquels ils ont donné lieu.

(73) Oculus corporalis ex illustratione solis corporalis non consequitur lumen aliquod sibi naturale, per quod possit facere visibilia in actu, sicut consequitur mens ex illustratione solis increati ; et ideo oculus indiget semper exteriori lumine, et non mens (Trin., 1, 1, ad 3). — In hoc Deus continue operatur in mente, quod in ipsa lumen naturale causat et ipsum dirigit, et sic mens non sine operatione causæ primæ in suam operationem procedit (Ibid. ad 6).

incréée. C'est dans ce sens que S. Thomas comprend l'illumination de l'intelligence humaine par la lumière divine. Il ne lui est jamais venu à la pensée de l'expliquer par un contact immédiat de notre âme avec Dieu ; au contraire il rejette formellement cette explication. L'œil du corps ne reçoit pas du soleil un principe de lumière, au moyen duquel il puisse par lui-même éclairer les objets, et les voir sans l'influence actuelle de l'astre lumineux. Au contraire l'intelligence reçoit du soleil incréé un principe de lumière qu'elle s'assimile, qui entre dans sa nature, et lui donne la faculté de connaître les objets. Aussi l'œil a toujours besoin, pour voir, de la lumière du soleil extérieur, tandis que l'intelligence possède la lumière en elle-même. On peut bien comparer la connaissance intellectuelle à la vision corporelle, mais en restreignant cette comparaison aux limites que nous avons indiquées.

74. Opinion de S. Augustin. — Ceci posé, on voit jusqu'à quel point il est permis de dire avec S. Augustin que nous connaissons tout dans les idées éternelles. On peut dire que nous voyons tout dans le soleil, parce que c'est la lumière du soleil qui nous fait tout voir ; ainsi on peut dire que nous connaissons tout dans les idées divines, parce que Dieu en nous donnant la raison nous fait participer à la lumière éternelle dans laquelle il connaît tout, mais non en tant que nous verrions en Dieu les idées éter-

(74) Augustinus posuit rationes rerum in mente divina, et quod per eas, secundum intellectum illustratum a luce divina de omnibus judicamus, non quidem sic quod ipsas rationes videamus, hoc enim esset impossibile, nisi ipsam Dei essentiam videremus ; sed secundum quod illæ rationes æternæ imprimunt in mentes nostras (Spir. cr., a. 10, ad 8). — Cf. Th., 1, q. 84, a. 5, et C. g., l. 3, c. 47.

nelles, et par elles l'essence des choses. Car ce genre de connaissance, naturel à Dieu seul, ne peut être communiqué à une créature que par la lumière surnaturelle de la gloire. Lors donc que S. Augustin dit que tout ce que nous connaissons, nous le voyons non en nous, mais dans la Vérité immuable, lorsqu'il donne comme règle suprême de nos jugements les idées divines elles-mêmes, il veut faire entendre que nous sommes certains de la vérité de nos connaissances, parce que les lois qui régissent notre intelligence sont en parfaite harmonie avec la Vérité éternelle, qui est en Dieu.

75. La connaissance intellectuelle commence par les concepts les plus universels. — Nous avons établi en principe que c'est le propre de notre raison de tirer ses idées universelles des données des sens au moyen de l'abstraction, et de passer de ces notions universelles à la connaissance des vérités qui en découlent. Il faut chercher maintenant quelles sont les premières idées universelles que nous acquérons. Sur ce point, S. Thomas enseigne que les notions les plus universelles sont les premières par lesquelles nous connaissons les objets. La raison en est dans la nature même de notre faculté. Puisque la connaissance intellectuelle a son point de départ dans la connaissance

---

(75) Cognoscere id quod est in tali (id est corporali) materia individuali, non prout est in materia, est abstrahere formam a materia individuali quam repræsentant phantasmata (Th., 1, q. 85, a. 1). — Cognitio singularium est prior quoad nos, quam cognitio universalium, sicut cognitio sensitiva, quam intellectiva. Sed tam secundum sensum quam secundum intellectum, cognitio magis communis est prior quam cognitio minus communis (Ibid., a. 2). Omne quod procedit de potentia in actum, prius pervenit ad actum incompletum, qui est medius inter potentiam et actum, quam ad actum perfectum; actus autem perfectus, ad quem pervenit intel-

sensible, et que la connaissance sensible ne saisit que le particulier, il faut que la connaissance (sensible) du particulier précède la connaissance (intellectuelle) de l'universel. Mais que nous considérions la connaissance sensible ou la connaissance intellectuelle, nous voyons que l'une et l'autre doivent également commencer par ce qu'il y a de plus universel. En effet notre intelligence n'est pas dès le principe en possession de ses connaissances, elle les acquiert en passant de la *puissance à l'acte.* Or toute faculté qui se développe de la sorte n'arrive pas d'abord à un acte complet, mais à un résultat imparfait, à quelque chose d'intermédiaire entre la pure *puissance* et l'*acte* parfait. Donc, puisque la perfection de la connaissance consiste à saisir l'objet d'une manière tout à fait déterminée, nous devons commencer par les notions qui représentent cet objet d'une manière moins précise, c'est-à-dire par les notions les plus élevées, les plus universelles. Avoir une vue générale d'un tout, sans distinguer tout ce qu'il renferme, c'est le connaître d'une manière plus universelle, et en même temps plus indéterminée et plus confuse, c'est par là que nous commençons. Mais quoique les concepts les plus universels soient les premiers par lesquels nous nous formons l'idée des objets, il ne s'en-

---

lectus, est scientia completa, per quam distincte et determinate res cognoscuntur; actus autem incompletus est scientia imperfecta, per quam sciuntur res indistincte sub quadam confusione... Cognoscere animal indistincte est cognoscere animal in quantum est animal; cognoscere autem animal distincte, est cognoscere animal in quantum est rationale aut irrationale... Prius igitur occurrit intellectui nostro cognoscere animal, quam cognoscere hominem; et eadem est ratio si comparemus quodcumque magis universale ad minus universale (Ibid., a. 3). — Cf. Liberatore, Connaissance intel., ch. 7, a. 3. — Blanc, tome 2, n° 962.

suit pas que nous connaissions l'universel *comme tel* avant le particulier ; autre chose est de connaître par le moyen de concepts universels, autre chose de connaître l'universalité de nos concepts ; autre chose est de ne percevoir dans un objet que ce qui lui est commun avec d'autres, autre chose de reconnaître que ce que nous percevons est commun à plusieurs objets. Il faut s'être rendu compte de cela pour connaître l'universel *comme tel*. Sous ce rapport, la connaissance suit une voie inverse. Elle part du singulier pour s'élever d'abord au moins universel, et ensuite aux concepts les plus universels. L'intelligence peut alors, par la voie de la synthèse, redescendre au particulier et à l'individuel.

76. La première idée est l'idée de l'être en général ; comment elle nous est naturelle. — La notion la plus universelle et la plus indéterminée est celle de l'être ; c'est aussi la première par laquelle l'intelligence se représente d'abord les objets. Cette notion est naturelle à l'intelligence en ce sens que celle-ci doit la posséder au premier moment où elle entre en activité, pour penser un objet quelconque. Car ce qu'elle pense *est* quelque chose, on ne pourrait le penser sans la notion d'être. L'intellect *agent*, en imprimant cette notion dans l'intellect *possible*, et avec elle les autres

---

(76) Illud quod primo intellectus concipit quasi notissimum, et in quod omnes conceptiones resolvit, est ens ; unde oportet quod omnes alias conceptiones intellectus accipiat ex additione ad ens (Ver., q. 1, a. 1. — Th., 1-2, q. 94, a. 2). — Naturaliter intellectus noster cognoscit ens, et ea quæ sunt per se entis, in quantum hujusmodi : in qua cognitione fundatur primorum principiorum notitia, ut « non esse simul affirmare et negare » et alia hujusmodi (C. g., l. 2, c. 93. — L. 4, c. 11). — Præexistunt in nobis quædam semina scientiarum, scilicet primæ conceptiones, quæ statim lumine intellectus agentis cognoscuntur per species a sen-

notions les plus universelles, lui fournit en même temps les principes généraux qui sont les lois de l'être et de la pensée. Il suit de là que l'intelligence humaine possède naturellement ces principes, les voit immédiatement dans la lumière de l'intellect *agent*, et se règle d'après eux, avant d'en avoir fait l'analyse scientifique. Et comme ces principes, et les notions qui leur servent de bases, sont naturellement dans l'intelligence, l'homme est naturellement capable de science. Ces principes sont les semences de la science, ils préexistent à toute science au fond de l'intelligence, et rendent cette science possible. Si l'on dit que la science est innée sous le rapport de ses éléments subjectifs, ce n'est pas dans le sens que ces premiers principes soient antérieurs à l'expérience et indépendants d'elle. Au contraire, les données de l'expérience sensible, d'où l'intellect *agent* abstrait les notions premières, sont présupposées à la connaissance des premiers principes. Mais comme l'intellect *agent* nous est inné, et que c'est grâce à sa lumière, et sans autre travail, que nous saisissons ces notions et ces vérités premières, on peut dire qu'elles nous sont originellement données dans l'intellect *agent*, et avec elles la science.

77. Différence entre la raison et l'intelligence. — On

sibilibus abstractas, sive sint complexa, ut dignitates (*les axiomes*), sive incomplexa, ut ratio entis, et unius, et hujusmodi, quæ statim intellectus apprehendit (Ver., q. 11, a. 1). — In lumine intellectus agentis nobis est quodammodo omnis scientia originaliter indita, mediantibus universalibus conceptionibus, quæ statim lumine intellectus agentis cognoscuntur (Ver., q. 10, a. 6). Cf. Bourquard, page 199.

(77) Ratio et intellectus in homine non possunt esse diversæ potentiæ : quod manifeste cognoscitur, si utriusque actus consideretur. Intelligere est enim simpliciter veritatem intelligibilem appre-

voit par là qu'il y a deux sortes de connaissances du suprasensible : l'une consiste dans la simple appréhension de la vérité, l'autre dans le raisonnement. La première est la connaissance intellectuelle proprement dite, l'autre la connaissance rationnelle. La première nous met en possession des notions et des vérités premières, la seconde nous mène des principes aux conclusions par le raisonnement, c'est proprement la science. La seconde suppose la première et ne serait pas possible sans elle. En partant de là, S. Thomas distingue dans la faculté supérieure de connaître deux éléments : l'intelligence (*intellectus*) et la raison (*ratio*). L'intelligence nous donne les notions et les vérités premières, la raison us donne les connaissances discursives qui nous ι nent d'une vérité à une autre par le moyen du raisonnement. Ce ne sont pas deux facultés distinctes, mais une seule faculté envisagée de deux manières différentes.

hendere ; ratiocinari autem est procedere de uno intellecto ad aliud, ad veritatem intelligibilem cognoscendam. Et ideo angeli qui perfecta possident, secundum modum suæ naturæ, cognitionem intelligibilis veritatis, non habent necesse procedere de uno ad aliud, sed simpliciter et absque discursu veritatem rerum apprehendunt. Homines autem ad intelligibilem veritatem cognoscendam perveniunt procedendo de uno ad aliud : et ideo rationales dicuntur. Patet ergo quod ratiocinari comparatur ad intelligere, sicut moveri ad quiescere, vel acquirere ad habere : quorum unum est perfecti, aliud autem imperfecti. Et quia motus semper ab immobili procedit, et ad aliquid quietum terminatur, ind. est quod ratiocinatio humana, secundum viam inquisitionis vel inventionis procedit a quibusdam simpliciter intellectis, quæ sunt prima principia : et rursus in via judicii resolvendo redit ad prima principia, ad quæ inventa examinat. Manifestum est autem quod quiescere et moveri non reducuntur ad diversas potentias, sed ad unam et eamdem, etiam in naturalibus rebus : quia per eamdem naturam aliquid movetur ad locum et quiescit in loco. Multo ergo magis per eamdem potentiam intelligimus et ratiocinamur (Th., 1, q. 79, a. 8).

L'intelligence, c'est la faculté supérieure de connaître, en tant que douée du pouvoir de former les notions universelles et les jugements; et en tant qu'elle est toujours prête, par une disposition de sa nature, à formuler, aussitôt qu'elle entre en exercice, les notions et vérités premières qui servent de base à nos connaissances; elle s'appelle *Habitus primorum principiorum (simplicium et complexorum)*. La raison, c'est cette même faculté supérieure de connaître, en tant qu'elle est douée du pouvoir de passer des premiers principes aux conclusions les plus éloignées. La raison est le complément de l'intelligence, et accuse l'imperfection de notre être; car il serait plus parfait pour l'homme de tout saisir par intuition, que d'avoir besoin du raisonnement pour arriver à la connaissance de tant de vérités. Mais la connaissance intellectuelle de la vérité par l'intelligence est le point de départ et le but dernier du travail de la raison.

78. Coup d'œil rétrospectif. — Nous avons exposé les grands principes de la métaphysique et de l'idéologie de S. Thomas. On les comprendra mieux quand on aura vu, dans les chapitres suivants, comment le saint Docteur les applique aux différentes branches de la connaissance humaine. Mais on voit déjà avec quelle clarté ces principes sont établis : tout se tient, on ne peut toucher à une partie de l'édifice sans l'ébranler tout entier. La théorie fondamentale de la matière et de la forme mène aux grandes thèses relatives aux universaux, et cette question qui a si longtemps et si puissamment agité les esprits, trouve enfin sa véritable solution. La réalité propre de l'individu lui est garantie; ce n'est pas une simple apparence ou manière d'être de l'universel, c'est bien un être complet. D'autre part, la valeur objective de l'universel est sauvegardée, car l'idée universelle représente à l'esprit l'essence d'objets individuels réellement existants. Ainsi la connaissance humaine est délivrée de cette impuissance absolue de pénétrer dans le monde suprasensible, qui est la conséquence du système nominaliste. La pensée et l'être ne sont pas identifiés ; il n'y a pas d'abîme infranchissable entre l'un et l'autre ; au contraire, ils se trouvent unis par les liens les plus étroits. La théorie scientifique de la connaissance devient donc possible, et les grandes lignes en sont déjà tracées de la manière la plus lumineuse, conformément aux enseignements d'Aristote. La difficulté fondamentale, à savoir comment l'objet arrive jusqu'au sujet connaissant, est résolue de la manière la plus claire et la plus précise par la théorie de l'*espèce* sensible et de l'*espèce* intelligible. Quant à cette autre question, de savoir comment l'âme se forme l'*espèce* intelligible de l'objet, on y répond par la théorie de l'intellect *agent*. Il n'est pas besoin d'imaginer une action immédiate de la lumière divine, ni une idée innée de Dieu, ni une vision en Dieu. L'intellect *agent* suffit pour tout expliquer ; l'écueil du faux mysticisme est évité, sans que le cercle des connaissances rationnelles soit restreint. Tels sont les avantages que présente l'idéologie de S. Thomas. Nous allons voir avec quelle facilité et quelle sûreté il se sert de cette théorie pour explorer dans ses plus hautes régions le domaine de la connaissance.

CHAPITRE IV

DIEU ET LA CRÉATION

79. L'intuition de l'essence divine n'est pas naturelle à l'homme. — S. Thomas distingue trois sortes de connaissances de Dieu : la vision intuitive, la connaissance par la foi, et enfin la connaissance au moyen de la raison naturelle.

La vision intuitive a pour objet immédiat l'essence divine elle-même ; elle suppose de la part de la faculté cognitive une certaine ressemblance avec Dieu, mais ne saurait être produite par aucune image empruntée aux créatures, car rien de créé ne peut nous donner

(79) Essentia Dei est ipsum esse ejus, quod nulli formæ creatæ competere potest. Non potest igitur aliqua forma creata esse similitudo repræsentans videnti Dei essentiam (Th., 1, q. 12, a. 2). — Cum aliquis intellectus creatus videt Deum per essentiam, ipsa essentia Dei fit forma intelligibilis intellectus (Ibid., a. 5). — Impossibile est quod aliquis intellectus creatus per sua naturalia essentiam Dei videat. Cognitio enim contingit secundum quod cognitum est in cognoscente. Cognitum autem est in cognoscente secundum modum cognoscentis. Unde cujuslibet cognoscentis cognitio est secundum modum suæ naturæ. Si igitur modus essendi alicujus rei cognitæ excedat modum naturæ cognoscentis, oportet quod cognitio illius rei sit supra naturam illius cognoscentis. Est autem multiplex modus essendi rerum. Quædam enim sunt, quorum natura non habet esse nisi in hac materia individuali : et hujusmodi

une idée de l'essence divine telle qu'elle est en elle-même. L'essence divine seule est à la fois l'objet connu et l'*espèce* intelligible par laquelle s'opère la connaissance. C'est pourquoi on appelle aussi cet acte : *visio Dei per essentiam*. Dès lors, il est impossible à un être créé d'arriver par ses seules forces à une pareille intuition de Dieu. Car, comme l'objet connu est toujours dans le sujet connaissant d'une manière conforme à la nature de ce dernier, les connaissances de chaque individu sont en rapport avec sa nature. Si donc la manière d'être d'un objet surpasse la manière d'être naturelle du sujet connaissant, la connaissance intuitive de cet objet dépasse les forces du sujet. C'est précisément notre cas. L'homme est un composé de corps et d'âme, de *matière* et de *forme*; les pures intelligences sont un composé d'essence et d'existence. En Dieu il n'y a ni *matière*, ni distinction d'essence et d'existence : son essence est d'exister. Par conséquent sa manière d'être est infiniment au-dessus de la manière d'être des créatures, et la connaissance intuitive de Dieu infiniment au-dessus de la capacité d'une intelligence

sunt omnia corporalia. Quædam vero sunt, quorum naturæ sunt per se subsistentes, non in materia aliqua, quæ tamen non sunt suum esse, sed sunt esse habentes. Et hujusmodi sunt substantiæ incorporeæ quas angelos dicimus. Solius autem Dei proprius modus essendi est ut sit suum esse subsistens. Ea igitur quæ non habent esse, nisi in materia individuali, cognoscere est nobis connaturale, eo quod anima nostra, per quam cognoscimus, est forma alicujus materiæ... Relinquitur ergo quod cognoscere ipsum esse subsistens sit connaturale soli intellectui divino, et quod sit supra facultatem naturalem cujuslibet intellectus creati, quia nulla creatura est suum esse. Non igitur potest intellectus creatus Deum per essentiam videre, nisi in quantum Deus per suam gratiam se intellectui creato conjungit ut intelligibilem ab ipso (Ibid., a. 4). Cf. Ver., q. 10, a. 11. — Trin., q. 6, a. 3. — S. t. dist. 19, q. 2, a. 6.

créée. Ce qui est naturel à l'homme (*connaturale*), à cause de sa nature à la fois spirituelle et corporelle, c'est de connaître directement (*per speciem propriam*) ce qui a l'existence dans la matière. Ce qui est naturel aux purs esprits, c'est de connaître directement ce qui existe indépendamment de la matière, mais qui est encore composé d'essence et d'existence. Dieu seul peut naturellement se connaître par sa propre essence; comme il existe par lui-même, il se connaît aussi par lui-même. La connaissance de Dieu par intuition immédiate est donc au-dessus des forces naturelles de l'intelligence humaine, et de toute autre intelligence créée; elle ne peut s'opérer que d'une manière surnaturelle. Ce qui est naturel à Dieu seul ne peut être communiqué à une créature qu'à titre de don surnaturel; il faut que Dieu lui-même s'unisse d'une manière surnaturelle à l'intelligence humaine, pour que l'essence divine soit à la fois objet direct de connaissance et *espèce* intelligible. Il faut de plus que la faculté soit élevée au-dessus d'elle-même par une illumination surnaturelle venue de Dieu, il faut comme une faculté surnaturelle de connaître, qui cependant ne fasse qu'un avec la faculté naturelle. De là résulte cette capacité nouvelle, qui dépasse celle de la nature, et qui nous met à même de voir Dieu face à face. Cette illumination surnaturelle s'appelle la lumière de gloire, *lumen gloriæ*.

80. La vision intuitive est réservée à l'autre vie. — L'intuition surnaturelle de Dieu n'est pas faite pour cette vie; la condition de l'âme unie à un corps exigeant un tout autre mode de connaissance, elle est réservée pour l'autre vie. Si, par un effet extraordinaire de la grâce divine, il est permis à un homme ici-bas de contempler l'essence de Dieu, c'est une exception, dont la considération ne doit pas nous arrêter.

81. Notre connaissance de Dieu est tirée des créatures. — L'opposé de la connaissance intuitive de Dieu, c'est la connaissance rationnelle que nous avons mentionnée en troisième lieu. Elle part de la connaissance expérimentale des choses sensibles, comme nous l'avons déjà vu, et nous fait remonter des effets à leur cause première, qui est Dieu, à l'aide du principe de causalité. Ce n'est pas là une connaissance directe de l'essence divine, *per speciem propriam*, ni une connaissance parfaite, mais toutefois c'est une véritable connaissance de Dieu, un but digne d'exercer les forces de l'esprit humain. Par là nous connaissons l'existence de Dieu, ce qui le distingue essentiellement des créatures, sa transcendance absolue au-dessus de tout ce qui est créé, les attributs qui lui conviennent en qualité de cause première de toute chose. Cette étude ouvre un vaste champ à la spéculation philosophique, c'est la plus

(81) Ex sensibilibus non potest ad hoc intellectus noster pertingere quod divinam essentiam videat, quia creaturæ sensibiles sunt effectus Dei virtutem causæ non adæquantes. Unde ex sensibilium cognitione non potest tota Dei virtus cognosci, et per consequens nec ejus essentia videri. Sed quia sunt effectus a causa dependentes, ex eis in hoc perduci possumus, ut cognoscamus de Deo *an est*, et ut cognoscamus de ipso ea quæ necesse est ei convenire, secundum quod est prima omnium causa, excedens omnia sua causata (Th., 1, q. 12, a. 12). — Cognoscentium [de Deo] *quia est*, unus alio perfectius cognoscit, quia causa tanto ex effectu perfectius cognoscitur, quanto ex effectu magis apprehenditur habitudo causæ ad effectum... Et sic tripliciter mens humana proficit in cognitione Dei, quamvis ad cognoscendum *quid est* non pertingat, sed *an est* solum. Et primo secundum quod perfectius cognoscitur ejus pro-

noble occupation que puisse se proposer l'intelligence humaine; on ne peut qu'y découvrir tous les jours de nouvelles vérités.

82. Nous connaissons encore Dieu par la foi. — Entre la connaissance intuitive et la connaissance rationnelle se place la connaissance de Dieu par la foi, inférieure à la première, mais supérieure à la seconde. Elle est inférieure à l'intuition, parce que ce n'est pas une connaissance directe de l'essence divine *per speciem propriam;* elle est supérieure à la connaissance rationnelle, parce que la foi éclaire et fortifie l'intelligence pour lui faire connaître son objet d'une manière plus claire et plus parfaite, parce que la révélation manifeste les perfections divines mieux que tout l'univers, enfin parce que les dogmes révélés renferment des mystères inaccessibles à la raison, comme par exemple celui de la sainte Trinité.

83. On peut prouver que Dieu existe. — Ceci posé, S. Thomas expose d'abord les preuves de l'existence de Dieu. Il commence par réfuter ceux qui prétendent que l'existence de Dieu doit être crue et non prouvée. Il enseigne positivement le contraire, en s'appuyant

---

ductio, res, efficacia. Secundo, quod nobiliorum effectuum causa cognoscitur, quia cum ejus similitudinem altiori modo gerant, magis eminentiam ejus commendant. Tertio quod magis ac magis cognoscitur elongatus ab his omnibus quæ in effectibus apparent (Trin., q. 1, a. 2, et q. 6, a. 3).

(82) Licet per revelationem gratiæ in hac vita non cognoscamus de Deo *quid est*, et sic ei quasi ignoto conjungimur; tamen plenius ipsum cognoscimus, in quantum plures et excellentiores effectus ejus nobis demonstrantur, et in quantum ei aliqua attribuimus ex revelatione divina, ad quæ ratio naturalis non pertingit, ut : Deum esse trinum et unum (Th., 1, q. 12, a. 13, ad 1).

(83) Quidam dixerunt quod Deum esse non est per se notum, nec etiam per demonstrationem scitum, sed est tantum a fide susceptum... Hæc opinio manifeste falsa apparet. — Invenitur enim hoc,

d'abord sur le procédé dialectique qui remonte des effets à la cause, puis sur l'ordre systématique des sciences (car il n'y aurait aucune science métaphysique au-dessus des sciences expérimentales, si nous ne pouvions connaître une substance suprasensible supérieure à nous), ensuite sur les preuves que fournissent les philosophes, enfin sur les paroles de l'Apôtre : *Invisibilia Dei, per ea quæ facta sunt, intellecta conspiciuntur.* On pourrait objecter qu'une preuve rationnelle de l'existence de Dieu doit reposer sur une notion adéquate de l'essence divine, qui ne peut être acquise par la raison de l'homme ici-bas. S. Thomas répond qu'il ne s'agit pas ici d'une preuve *a priori*, mais seulement d'une preuve *a posteriori*, qui nous fait conclure de l'existence des effets à l'existence de la cause, puisque notre connaissance de Dieu ici-bas est tirée des créatures. L'être de Dieu est identique à son essence, mais quand nous démontrons l'existence de Dieu, nous ne pénétrons pas la nature de cet être identique à l'essence ; nous affirmons que Dieu existe.

84. L'existence de Dieu n'est pas évidente par elle-

quod est *Deum esse*, rationibus irrefragabilibus etiam a philosophis probatum (Ver., q. 10, a. 12). — Nec hoc debet movere, quod in Deo idem est essentia et esse : nam hoc intelligitur de esse, quo Deus in seipso subsistit, quod nobis quale sit ignotum est, sicut ejus essentia ; non autem intelligitur de esse quod significat compositionem intellectus [id est, quod prædicatur de subjecto alicujus propositionis]. Sic enim *esse Deum* sub demonstratione cadit, dum ex rationibus demonstrativis mens nostra inducitur hujusmodi propositionem de Deo formare qua exprimat Deum esse (C. g., l. 1, c. 12).

(84) Contingit aliquid esse per se notum dupliciter. Uno modo, secundum se et non quoad nos, alio modo secundum se et quoad nos. Ex hoc enim aliqua propositio est per se nota, quod prædicatum includitur in ratione subjecti. Si igitur notum sit omnibus de prædicato et subjecto, *quid sit*, propositio illa erit omnibus per

même. — S. Thomas réfute avec la même netteté ceux qui soutiennent que l'existence de Dieu est une vérité évidente par elle-même, et qui n'a besoin d'aucune preuve. Cette proposition : *Dieu existe* considérée en elle-même est évidente, parce que l'attribut est de l'essence du sujet, ou plutôt identique avec lui. Mais par rapport à nous, cette proposition n'est pas évidente par elle-même ; il faudrait pour cela que le sens des deux termes qui la composent, sujet et attribut, fût parfaitement clair pour tout le monde. Or il n'en est pas ainsi, puisque nous ne pouvons pas avoir ici-bas une notion claire et adéquate de l'essence divine, nous ne pouvons donc pas voir immédiatement que l'attribut d'*existence* est contenu dans l'essence du sujet *Dieu*. Nous ne verrons cela d'une évidence immédiate que dans l'autre vie, quand nous contemplerons intuitivement l'essence divine.

85. La preuve ontologique de S. Anselme. — Par conséquent nous avons besoin de prouver l'existence de Dieu et de nous servir des créatures pour remonter jusqu'à lui. C'est le rôle de la raison humaine de s'élever du plus connu au moins connu, des effets créés qui tombent sous l'observation immédiate à

---

se nota. Si autem apud aliquos notum non sit de prædicato et de subjecto *quid sit*, propositio quidem, quantum in se est, erit per se nota, non tamen apud illos qui prædicatum et subjectum propositionis ignorant... Dico ergo quod hæc propositio *Deus est*, quantum in se est, per se nota est, quia prædicatum est idem cum subjecto ; Deus enim est suum esse. Sed quia non scimus de Deo *quid est*, non est nobis per se nota, sed indiget demonstrari per ea quæ sunt magis nota quoad nos (Th., 1, q. 2, a. 1).

(85) Nec oportet quod statim cognita hujus nominis *Deus* significatione, *Deum esse* sit notum. Primo quia non omnibus notum est, etiam concedentibus Deum esse, quod Deus sit id, quo majus cogitari non possit... Deinde quia, dato quod ab omnibus per hoc

l'Être divin qui est au-dessus de l'expérience. C'est ici que S. Thomas s'explique sur la soi-disant *preuve ontologique* de S. Anselme. Pour que cette preuve soit concluante, il faut que quiconque prononce le mot *Dieu* entende par là l'Être au-dessus duquel on ne peut rien concevoir. Or tous ceux qui admettent un Dieu ne se le représentent pas de la sorte, puisque plusieurs parmi les anciens croyaient que le monde était Dieu. Et quand même on accorderait que tous les hommes entendent par le mot *Dieu*, l'Être au-dessus duquel on ne peut rien concevoir, il ne s'ensuit pas que cet Être ait l'existence en dehors de nous. Car ce qui se dit du nom doit se dire aussi de l'explication du nom; or quand je pense à *Dieu*, il ne s'ensuit pas que ce Dieu existe; de même quand j'explique le mot Dieu par Être au-dessus de tout ce que l'on peut concevoir, il ne s'ensuit pas du tout que cet Être existe ailleurs que dans ma pensée. Il n'y a d'inconséquence à nier l'existence de Dieu que pour ceux qui admettent l'existence objective d'un Être au-dessus duquel on ne peut rien concevoir. On objectera que si Dieu peut être pensé comme n'étant pas, il y aura nécessairement un Être au-dessus de lui qu'on

---

nomen *Deus* intelligatur aliquid quo majus cogitari non possit, non necesse erit aliquid esse, quo majus cogitari non postest in rerum natura. Eodem enim modo necesse est poni rem et nominis rationem. Ex hoc autem quod mente concipitur quod profertur hoc nomine *Deus*, non sequitur Deum esse nisi in intellectu; unde nec oportebit id quo majus cogitari non potest esse nisi in intellectu (C. g., l. 1, c. 11). — Ratio Anselmi ita intelligenda est : postquam intelligimus Deum, non potest intelligi quod sit Deus, et possit cogitari non esse, sed tamen ex hoc non sequitur quod aliquis non possit negare vel cogitare Deum non esse; potest enim cogitare nihil hujusmodi esse quo majus cogitari non possit (S. 1, dist. 3, q. 1, a. 2, ad 4).

pourra penser comme doué de l'existence. Mais on répond que s'il est possible de penser Dieu comme n'étant pas, cela ne vient pas de l'imperfection de son Être, mais bien de la faiblesse de notre intelligence qui ne connaît Dieu que par les créatures. S. Thomas maintient donc la nécessité des preuves de l'existence de Dieu contre ceux qui veulent les remplacer par la foi, et contre ceux qui leur préfèrent l'évidence immédiate de l'existence de Dieu. Mais en revendiquant pour la raison le pouvoir de s'élever à la démonstration de l'existence de Dieu, il ne reconnaît pas l'évidence immédiate de la proposition : *Dieu existe ;* et c'est ce qui le distingue de S. Anselme.

86. Preuve tirée du mouvement. — Voici maintenant les preuves que S. Thomas donne de l'existence de Dieu, et l'ordre dans lequel il les présente. Avant tout, il y a une chose que l'expérience des sens nous fait constater partout dans l'univers, c'est le mouvement. Or, tout ce qui est en mouvement est mû par un autre être, car il est impossible que le même être soit sous le même rapport moteur et mû, c'est-à-dire en *puissance* et en *acte*. Il faut donc procéder à l'infini, ou bien s'arrêter à un premier moteur immobile.

(86) Omne quod movetur ab alio movetur, nihil enim movetur nisi secundum quod est in potentia ad illud ad quod movetur; movet autem aliquid, secundum quod est actu : movere enim nihil aliud est quam educere aliquid de potentia in actum. De potentia autem non potest aliquid educi in actum nisi per aliquod ens in actu. Non autem est possibile ut idem sit simul in actu et potentia secundum idem... Impossibile est ergo quod secundum idem, et eodem modo, aliquid sit movens et motum, vel quod moveat se ipsum. Omne ergo quod movetur oportet ab alio moveri. Si ergo id a quo movetur moveatur, oportet et ipsum ab alio moveri, et illud ab alio. Hic autem non est procedere in infinitum, quia sic non esset aliquod primum movens, et per consequens nec aliquod

Mais une série infinie de mobiles qui ne reçoivent pas le mouvement d'un premier moteur est une absurdité ; donc il y a nécessairement un premier moteur que nous appelons Dieu. Le même raisonnement s'applique à la série des causes efficientes que nous voyons dans l'univers. Il faut supposer une série infinie, ou admettre une cause première, c'est-à-dire Dieu.

87. Preuve tirée de la contingence des créatures. — Toutes les choses que nous voyons dans l'univers sont contingentes, pourraient ne pas exister ; donc elles n'ont pas toujours existé, car il répugne que ce qui pourrait ne pas être ait toujours existé. Donc il y a une cause à laquelle il faut attribuer leur existence. Cette cause ne peut pas être contingente, car on recommencerait toujours le même raisonnement. Elle est donc nécessaire. Mais si elle n'a pas en elle-même la raison d'être de sa nécessité, on retombe dans une série infinie de causes dont l'une explique la nécessité de l'autre, ce qui n'est pas possible. Il faut donc que la cause première soit nécessaire par elle-même, et comme l'Être qui existe nécessairement par lui-même est Dieu, nous avons une nouvelle preuve de l'existence de Dieu.

---

aliud movens, quia moventia secunda non movent nisi per hoc quod sunt mota a primo movente. Ergo necesse est devenire ad aliquod primum movens, quod a nullo movetur, et hoc omnes intelligunt Deum (Th., 1, q. 2, a. 3). Cf. C. g., l. 1, c. 13.

(87) Invenimus in rebus quædam quæ sunt possibilia esse et non esse. Impossibile est autem ea quæ sunt talia semper esse, quia quod possibile est non esse aliquando non est. Si igitur omnia sunt possibilia non esse, aliquando nihil fuit in rebus. Sed si hoc est verum, etiam nunc nihil esset, quia quod non est non incipit esse, nisi per aliud quod est... Non ergo omnia entia sunt possibilia, sed oportet aliquid esse necessarium in rebus (Th., 1, q. 2, a. 3).

88. Preuve des causes finales. — Nous voyons que partout l'activité des créatures tend à un but. Les êtres privés de raison eux-mêmes se meuvent pour atteindre une fin ; une pareille finalité ne peut avoir sa cause dans les créatures dépourvues d'intelligence, il y a donc au-dessus d'elles une cause intelligente qui leur imprime cette direction vers un but. C'est cette cause intelligente que nous appelons Dieu.

89. Preuve tirée de l'imperfection des créatures. — Enfin nous remarquons dans les êtres créés différents degrés de perfection, ce qui revient à dire que les créatures se rapprochent plus ou moins de la perfection absolue. Or ce qui a le plus de perfection dans un genre est cause de tout ce qui est contenu dans ce genre. Il y a donc un être absolument parfait, cause de toute perfection dans les êtres inférieurs. Cet Etre absolument parfait est Dieu ; l'existence de Dieu est donc prouvée une fois de plus.

90. Résultat obtenu. — Ces preuves, on le voit, n'aboutissent pas seulement d'une manière générale à l'existence de Dieu, mais font déjà connaître quel-

---

(88) Videmus quod aliqua quæ cognitione carent operantur propter finem... Ea autem quæ non habent cognitionem non tendunt ad finem nisi directa ab aliquo cognoscente et intelligente, sicut sagitta a sagittante. Ergo est aliquid intelligens a quo omnes res naturales ordinantur ad finem ; et hoc dicimus Deum (Ibidem).

(89) Invenitur in rebus aliquid magis et minus bonum, et verum, etc. Sed magis et minus dicuntur de diversis, secundum quod appropinquant diversimode ad aliquid quod maxime est. Est igitur aliquid quod est verissimum, et optimum, et per consequens maxime ens. Quod autem dicitur maxime tale in aliquo genere est causa omnium quæ sunt illius generis. Ergo est aliquid quod omnibus entibus est causa esse, et bonitatis, et cujuslibet perfectionis ; et hoc dicimus Deum (Ibidem).

ques attributs divins. Elles nous montrent Dieu comme le premier moteur, la cause première de tout être, l'Etre nécessaire, souverainement intelligent, absolument parfait. C'est sur cette base que S. Thomas va développer l'idée de Dieu, telle qu'il la conçoit.

91. Simplicité de Dieu. — Le premier attribut que S. Thomas étudie est la simplicité de l'Etre divin, c'est-à-dire l'exclusion de tout composé, soit physique soit métaphysique. Dieu n'a pas de corps, c'est le premier point que S. Thomas cherche à établir. En effet, Dieu est la cause première de tout, le premier Etre, par conséquent un *acte* pur, excluant tout ce qui n'est que *puissance*. Car l'*acte*, considéré en soi, est avant la *puissance*, toute *puissance* supposant un être en *acte* par l'opération duquel elle pourra elle-même passer à l'*acte*. Si Dieu renfermait quelque chose en *puissance*, il supposerait une cause supérieure qui mettrait cette *puissance* en *acte*. Mais tout corps renferme quelque chose en *puissance*, car ce qui est étendu est comme tel divisible à l'infini. Dieu ne peut donc avoir un corps. Cela résulte encore de la qualité de premier moteur immobile, car un corps ne peut en mouvoir un autre, s'il n'est lui-même en mouvement. Enfin Dieu ne serait pas l'Etre le plus parfait s'il avait un corps, puisque les êtres corporels sont au dernier rang dans la nature.

(91) Necesse est, id quod est primum ens, esse in actu et nullo modo in potentia. Licet enim in uno et eodem quod exit de potentia in actum, prius sit tempore potentia quam actus, simpliciter tamen actus prior est potentia, quia quod est in potentia non reducitur in actum nisi per ens actu. Ostensum est autem quod Deus est primum ens. Impossibile est igitur quod in Deo sit aliquid in potentia (Th., 1, q. 3, a. 1). — Cf. C. g., l. 1, c. 16.

92. Dieu n'est pas composé de matière et de forme.
— De l'immatérialité de Dieu il résulte immédiatement que Dieu ne peut pas être composé de *matière* et de *forme*, car il n'y a que les corps qui soient ainsi composés. En outre, tout ce qui renferme *matière* et *forme* n'est pas parfait par soi-même, mais par participation, c'est-à-dire par l'union de la *matière* à la *forme*. Or, Dieu, le plus parfait, le premier de tous les êtres, est parfait par lui-même; il ne peut donc être composé de *matière* et de *forme*. Enfin, puisque tout être agit par sa *forme*, Dieu, qui agit toujours uniquement par lui-même en tant que cause première, est par essence même uniquement *forme* et non composé de *matière* et de *forme*. En résumé, Dieu, en tant qu'absolument incorporel, est aussi absolument immatériel; en tant qu'*acte* pur, il est aussi *forme* pure.

93. Dieu n'est pas composé d'essence et d'existence.
— Poursuivons. Comme *acte* pur, Dieu exclut encore toute composition d'essence et d'existence. L'une et l'autre sont absolument identiques en Dieu; en voici les raisons. Si l'on trouve dans un être quelque chose qui n'appartienne pas à son essence, cela vient ou de

---

(92) Unumquodque agens agit per suam formam; unde secundum quod aliquid se habet ad suam formam, sic se habet ad hoc quod sit agens. Quod igitur primum est et per se agens, oportet quod sit primo et per se forma. Deus autem est primum agens, est igitur per essentiam suam forma, et non compositus ex materia et forma (Th., 1, q. 3, a. 2).

(93) Deus est sua essentia, quidditas seu natura (C. g., l. 1, c. 21). — Illud quod habet esse et non est esse, est ens per participationem. Deus autem est sua essentia; si igitur non sit suum esse, erit ens per participationem, et non per essentiam. Non ergo erit primum ens. Est igitur Deus suum esse et non solum sua essentia (Th., 1, q. 3, a. 4).

cette essence elle-même, ou d'une cause extérieure. Par conséquent si, dans un être, l'existence est différente de l'essence, c'est que cette existence est produite ou par l'essence ou par une cause étrangère. La première hypothèse est impossible, car aucun être dont l'existence est produite par une cause ne peut être à lui-même cause de cette existence. Reste donc la seconde hypothèse, à savoir que l'existence soit produite par une cause étrangère. Cela est inadmissible pour Dieu, cause première de tout; par conséquent, en Dieu, l'existence et l'essence se confondent. L'existence est à l'essence ce que l'*acte* est à la *puissance;* or, Dieu est *acte* pur, son existence est donc identique à son essence. Il ne faut donc pas dire que Dieu *a* l'existence, mais que son essence *est* d'exister; — que Dieu *a* une nature, mais qu'il *est* à lui-même sa nature, son essence.

94. Dieu n'est compris dans aucun genre. — Dieu, vu la simplicité absolue de son être, ne peut être compris dans aucun genre, mais domine tous les genres. Pour rentrer dans un genre, il faut compter parmi ses espèces, ou parmi ses éléments constitutifs, ce qui ne saurait convenir à Dieu. En effet, Dieu ne peut pas être l'espèce d'un genre supérieur, car ce qui constitue l'espèce, c'est la différence qui s'ajoute au genre; or la différence se rapporte au genre comme

---

(94) Id a quo sumitur differentia constituens speciem se habet ad illud unde sumitur genus, sicut actus ad potentiam. Unde cum in Deo non adjungatur potentia actui, impossibile est quod sit in genere tanquam species.... Omnia quæ sunt in genere uno communicant in quidditate, differunt autem secundum esse; et sic oportet quod quæcumque sunt in genere differant in eis esse et *quod quid est*, id est essentia. In Deo autem non differunt (Ibid., a. 5. — Pot., q. 7, a. 3. — C. g., l. 1, c. 25).

l'*acte* à la *puissance*, donc il ne peut y avoir en Dieu composition de genre et de différence, pas plus que de *puissance* et d'*acte*. De plus, les choses qui appartiennent à un même genre n'ont de commun que l'essence, mais diffèrent par l'existence, l'essence et l'existence y forment deux éléments distincts; or nous avons vu qu'en Dieu cela est impossible. On ne peut pas davantage ramener Dieu à un genre dont il serait principe constitutif, car ce qui est principe d'un genre ne peut pas l'être d'un autre, tandis que Dieu est le principe de tous les êtres.

95. Dieu n'est pas composé de substance et d'accidents. — La simplicité de Dieu exclut encore toute composition de substance et d'*accidents*. Il n'y a pas d'*accidents* en Dieu, car le sujet se rapporte à l'*accident* comme la *puissance* à l'*acte* (puisque l'*accident* réalise dans le sujet ce qui, sous un certain rapport, y était en puissance); or rien n'est à l'état de *puissance* en Dieu. De plus, l'être *per se* a la priorité sur l'être *per accidens*; s'il y avait des *accidents* en Dieu, il ne serait donc pas à tous égards le premier Etre.

96. Erreur des panthéistes. — Il n'y a en Dieu, à cause de sa simplicité absolue, ni composition phy-

---

(95) Cum Deus sit simpliciter primum ens, in eo non potest esse aliquid per accidens. Sed nec accidentia per se in eo esse possunt, quia hujusmodi accidentia causantur ex principiis subjecti. In Deo autem nihil potest esse causatum, cum sit causa prima (Th., I, q. 3, a. 6. — C. g., l. 1, c. 23. — S. 1, dist. 8, q. 4, a. 1).

(96) Nulla pars compositi potest esse simpliciter prima in entibus. Nam materia est in potentia, potentia autem est posterior actu simpliciter. Forma autem, quæ est pars compositi, est forma participata. Sicut autem participans est posterius eo quod est per essentiam, ita et ipsum participatum. Ostensum est autem quod Deus est primum ens simpliciter (Th., 1, q. 3, a. 8).

sique, ni composition métaphysique ; c'est donc une erreur de supposer, avec les panthéistes, que Dieu soit le principe matériel et formel du monde créé. Dieu est la cause efficiente des créatures, et comme tel essentiellement distinct de la cause formelle qui leur est immanente, aussi bien que de leur cause matérielle. Dieu est la cause première, et comme tel agit par lui-même ; or, ni la *forme* ni la *matière* n'agissent par elles-mêmes, mais bien le composé dont elles font partie.

97. Il n'y a en Dieu que des distinctions rationnelles. — L'être de Dieu étant absolument simple, si nous lui attribuons certaines qualités, ce sera dans un sens qui ne contredira pas cette simplicité absolue. Ce ne seront pas des déterminations accidentelles de l'essence divine, puisque nous savons qu'il n'y a pas d'accidents en Dieu. Tous les attributs de Dieu sont immédiatement l'essence divine elle-même, l'essence divine tout entière. Les qualités qui, dans les créatures, sont distinctes les unes des autres aussi bien que de l'essence, ne font absolument qu'un en Dieu. Il est absolument impossible d'établir en Dieu une distinction réelle entre tel attribut et tel autre, entre les attributs et l'essence divine. De même qu'on ne dit pas : « Dieu *a* une essence, » mais : « Dieu *est* son essence même, » on doit dire aussi : « Dieu est sa vie, sa sagesse, sa bonté. » Si nous disons : « Dieu est sage,

---

(97) Deus est quidquid in se habet (C. g., l. 1, c. 23). — Cum Deus non sit compositus ex materia et forma, oportet quod Deus sit sua Deitas, sua vita, et quidquid aliud sic de Deo prædicatur (Th., 1, q. 3, a. 3). — Quia Deus et simplex est, et subsistens est, attribuimus ei nomina abstracta ad significandam simplicitatem ejus, et nomina concreta ad significandam subsistentiam et perfectionem ipsius (Ibid., q. 13, a. 1, ad 2).

juste, bon, » c'est simplement pour exprimer qu'il subsiste avec telle ou telle perfection.

98. Ces distinctions ont un fondement en Dieu. — Il ne faut pas conclure de là que quand nous parlons des attributs de Dieu, et que nous les distinguons par la pensée, nous soyons dans le faux. L'Etre divin pris en lui-même dans toute sa simplicité, *est* tout à la fois tout ce que nous lui attribuons, mais cette unité de tous les attributs ne peut se manifester dans les créatures que par une multitude de *formes* différentes. Et comme nous ne connaissons Dieu que par ses œuvres, nous ne pouvons nous en faire une idée qu'en lui rapportant toutes les perfections que nous découvrons dans les différentes créatures. De même qu'aux différentes perfections représentées d'une manière imparfaite par les créatures correspond un principe éminemment simple, ainsi aux différentes notions qui expriment ces perfections correspond un un seul et même Etre parfaitement simple, mais vu

(98) Intellectus noster, cum cognoscat Deum ex creaturis, format ad intelligendum Deum conceptiones proportionatas perfectionibus procedentibus a Deo in creaturas : quæ quidem perfectiones in Deo præexistunt unite et simpliciter, in creaturis vero recipiuntur divise et multipliciter. Sicut igitur diversis perfectionibus creaturarum respondit unum simplex principium repræsentatum per diversas perfectiones creaturarum varie et multipliciter; ita variis et multiplicibus conceptibus intellectus nostri respondet unum omnino simplex, secundum hujusmodi conceptiones imperfecte intellectum. Et ideo nomina Deo attributa, licet significent unam rem, tamen quia significant eam sub rationibus multis et diversis, non sunt synonyma (Th., 1, q. 13, a. 4). — Est etiam invenire in Deo distinctionem rationum, quæ realiter et vere in ipso sunt, sicut ratio sapientiæ et bonitatis, et hujusmodi. Quæ quidem omnia sunt unum re, sed differunt ratione, quæ salvatur in proprietate et veritate prout dicimus Deum vere esse sapientem et bonum, et non tantum in intellectu ratiocinantis (S. 1, dist. 22, q. 1, a. 3). — Unius formæ non potest esse nisi una similitudo secun-

sous des points de vue différents. En ce sens, les perfections que nous attribuons à Dieu sont conçues comme distinctes, et les mots qui les expriment ne sont pas synonymes. L'idée que nous nous formons de Dieu n'est donc pas le résultat d'un jeu d'esprit, qui n'aurait pas de fondement dans la réalité. Ce fondement c'est l'Etre divin lui-même représenté de diverses manières par les perfections des créatures, et par conséquent conçu à des points de vue différents.

99. Dieu est souverainement parfait. — Après avoir ainsi établi l'éminente simplicité de Dieu, S. Thomas traite de sa perfection. Dieu est l'Etre le plus parfait. En effet, il est la première et la plus élevée des causes, or la cause, comme telle, est en *acte*, tandis que la *matière*, comme telle, est en *puissance*. La cause première doit donc être en *acte* plus que toute autre, ou un *acte pur*. Mais plus un être est en *acte*, plus il est parfait, car la pure *puissance* dénote une imperfection. Dieu, *acte pur*, est donc la perfection absolue.

dum speciem quæ sit ejusdem rationis cum ea; possunt tamen esse diversæ similitudines imperfectæ, quarum quælibet a perfecta formæ repræsentatione deficiat. Cum ergo conceptiones perfectionum in creaturis inventarum sint imperfectæ similitudines, et non ejusdem rationis cum essentia divina, nihil prohibet quin ipsa una essentia omnibus prædictis conceptionibus respondeat, quasi per eas imperfecte repræsentata (Pot., q. 7, a. 6). — Cf. Dupont, Théodicée, thèse XLIV. Fénelon, De l'exist. de Dieu, 2ᵉ partie, ch. v, a. 2. Scheeben, Dogmatique, l. 2, § 73.

(99) Cum Deus sit ipsum esse subsistens, nihil de perfectione essendi potest ei deesse. Omnium autem perfectiones pertinent ad perfectionem essendi; secundum hoc enim aliqua perfecta sunt, quod aliquo modo esse habent; unde sequitur quod nullius rei perfectio Deo desit (Th., 1, q. 4, a 2). — Sicut materia, in quantum hujusmodi, est in potentia, ita agens, in quantum hujusmodi, est in actu. Unde primum principium activum oportet maxime esse in actu, et per consequens maxime esse perfectum (Ibid., a. 1).

100. Dieu possède, à un degré éminent, les perfections des créatures. — Il suit de là que toutes les perfections des êtres créés se retrouvent en Dieu à un degré éminent, et non telles qu'elles sont dans les créatures, car les défauts de celles-ci ne peuvent exister en Dieu. Tout ce qu'il y a de perfection dans l'effet doit se retrouver dans la cause, toutefois à un degré éminent, si la cause n'est pas du même genre, mais au-dessus de ce genre. Or Dieu, cause de toute chose, est au-dessus de tout genre; il possède donc à un degré éminent toutes les perfections des êtres créés. De plus, Dieu subsiste par lui-même, il renferme la plénitude de l'être, par conséquent de la perfection, car l'être est la mesure de la perfection. Etre par soi, c'est être absolument parfait. Puisque Dieu a toutes les perfections des créatures, il est clair que nous pouvons les lui attribuer, non seulement pour exprimer certains rapports avec les créatures, mais pour affirmer ce qu'il est réellement. Sans doute, ces expressions sont imparfaites parce qu'elles sont tirées de la connaissance de Dieu telle qu'elle nous est fournie par les créatures, mais elles n'en désignent pas moins ce qui est en Dieu. Dans ces

---

(100) In nominibus quæ Deo attribuimus est duo considerare: scilicet perfectiones ipsas significatas, ut bonitatem, vitam, et hujusmodi, et modum significandi. Quantum igitur ad id quod significant hujusmodi nomina, proprie competunt Deo, et magis proprie quam ipsis creaturis, et per prius dicuntur de eo. Quantum vero ad modum significandi, non proprie dicuntur de Deo; habent enim modum significandi qui creaturis competit. Unde dicendum est quod quantum ad rem significatam per nomen, per prius dicuntur de Deo quam de creaturis, quia a Deo hujusmodi perfectiones in creaturas manant; sed quantum ad impositionem nominis, per prius a nobis imponuntur creaturis, quas prius cognoscimus (Th., I, q. 13, a. 3 et 6. — S. 1, dist. 22, q. 1, a. 2 et 3).

expressions, il faut toujours distinguer ce qui est exprimé, et la manière dont cela est exprimé. La chose signifiée par l'expression convient proprement à Dieu, et même mieux qu'aux créatures, la manière dont la chose est exprimée ne convient pas proprement à Dieu, mais aux créatures : le mot a été fait pour être appliqué aux créatures, et ensuite il a été appliqué à Dieu.

101. Qualités des créatures qu'on ne peut attribuer à Dieu. — En transportant des créatures à Dieu les mêmes attributs, il ne faut pas perdre de vue qu'aucune sorte de défaut ne saurait être attribuée à Dieu. Il ne faut donc lui appliquer que les noms qui expriment de pures perfections, sans mélange de défaut, comme la sagesse, la bonté, l'être. Quant aux noms qui expriment plutôt un défaut dans la manière dont les créatures participent à la perfection divine, on ne peut les appliquer à Dieu que dans un sens figuré.

102. C'est par analogie que nous attribuons à Dieu les perfections des créatures. — Si nous rapprochons l'infinie perfection de Dieu de sa simplicité absolue, nous aurons à noter des conséquences importantes.

---

(101) Quæcumque nomina absolute perfectionem absque defectu designant, de Deo prædicantur et aliis rebus, sicut est bonitas, sapientia, esse et alia hujusmodi. Quæcumque vero nomina hujusmodi perfectionem designant cum modo proprio creaturis, de Deo dici non possunt, nisi per similitudinem et metaphoram (C. g., l. 1, c. 30).

(102) Impossibile est aliquid prædicari de Deo et creaturis univoce. Quia omnis effectus non adæquans virtutem causæ agentis, recipit similitudinem agentis non secundum eamdem rationem, sed deficienter, ita ut, quod divisim et multipliciter est in effectibus, in causa sit simpliciter et eodem modo (Th., 1, q. 13, a. 5). — De Deo et creaturis nihil prædicatur univoce; non tamen ea quæ commu-

Bien qu'il faille attribuer certaines qualités des créatures à Dieu, et cela d'après le concept formel que nous en avons, toutefois cette attribution ne se fait pas dans un sens *univoque*. Car comme la raison de cette attribution commune est que Dieu, cause première des créatures, doit *a priori* renfermer tout ce qu'il y a en celles-ci de perfection, il ne faut pas perdre de vue que cette cause renferme dans une unité indivisible ce que les effets ne contiennent qu'à l'état de division et de partage. D'où il suit que si une qualité, la sagesse par exemple, est attribuée à une créature, c'est comme une chose différente de son essence et de ses autres qualités; au contraire, si elle est attribuée à Dieu, c'est comme un attribut réellement identique à son essence et à ses autres attributs. L'attribution n'est donc pas *univoque*. Pour qu'elle fût réellement *univoque*, il faudrait que Dieu et les créatures fussent contenues dans un même genre, ce que nous avons démontré impossible. Mais l'attribution commune dont nous parlons ne repose pas sur une pure *équivoque*, comme il arrive pour les choses qui ont reçu accidentellement une même dénomination. Dans ce cas il n'y aurait aucun rapport de ressem-

---

niter prædicantur, pure æquivoce prædicantur, sed analogice. Hujus autem prædicationis duplex est modus : unus, quo aliquid prædicatur de duobus per respectum ad aliquod tertium, sicut ens de qualitate et quantitate, per respectum ad substantiam. Alius modus est quo aliquid prædicatur de duobus per respectum unius ad alterum : sicut ens de substantia et quantitate. In primo autem modo prædicationis oportet esse aliquid prius duobus, ad quod ambo respectum habent..., in secundo autem non, sed necesse est unum esse prius altero. Et ideo cum Deo nihil sit prius, sed ipse sit prior creatura, competit in divina prædicatione secundus modus analogiæ, et non primus (Pot., q. 7, a 7. — C. g., l. 1, c. 34). Cf. Dupont. Theodicée, thèse xxx.

blance présupposé entre Dieu et la créature, tandis qu'au contraire, c'est à cause de la ressemblance qui existe entre le créateur et la créature, qu'on peut attribuer à l'un et à l'autre la même qualité. Concluons donc que l'attribution d'un même nom à Dieu et aux créatures est basée sur une *analogie*, sur le rapport naturel qui existe entre la cause et les effets. C'est dans ce sens qu'on emploie, par exemple, le même mot « sain » pour qualifier l'homme qui est en santé, et l'aliment qui est cause de la santé. De même, par rapport à Dieu et aux créatures, l'attribut de « sage », par exemple, que nous leur donnons, convient à Dieu comme cause, et aux créatures comme effets.

103. Comment nous nous formons l'idée de Dieu. — En résumant cette étude des perfections divines, nous y trouvons tout ce qui est nécessaire pour le développement théorique de l'idée de Dieu. Nous établissons les attributs divins, d'une part en écartant tout défaut, en niant de Dieu tout ce qui serait une imperfection de son Etre, d'autre part en lui attribuant par analogie toutes les perfections des créatures au plus

---

(103) Negare delle perfezioni divine ogni limite vale altrettanto che dire : in Dio ogni perfezione rattrovarsi in maniera assoluta. Di fatti, il limite è negazione di una magiore perfezione; onde la esclusione de ogni limite dalle perfezioni di una sostanza è la negazione della negazione. Or poiche una doppia negazione equivale ad un'affermazione, egli è chiaro che con l'escludere ogni limite dalle perfezioni divine, si viene ad affermare che in Dio esse sono in maniera assolutamente perfetta. — E vero che noi chiamiamo Dio vita, sapienza, bontà e via dicendo; ma questi nomi corrispondono tanto poco a Lui, che possiamo dire ch' Egli non è niente di tutto ciò che viene espresso con questi nomi presi nella lora limitazione; ma è qualche cosa di più sublime, che per niun nome si può esprimere (Prisco, Teodicea, cap. 5). — Th., 1, q. 84, a. 7, ad 3. — C. g., l. 1, c. 14.

haut degré possible. Nous procédons de deux manières, négativement (*per modum remotionis*), et positivement (*per modum excellentiæ*). Et nous pouvons affirmer et nier de Dieu le même attribut : l'affirmer en tant que le nom dont nous nous servons exprime une chose qui est en Dieu, le nier en tant que Dieu n'est pas ce que nous désignons par ce nom dans les créatures, mais quelque chose de plus parfait.

104. Dieu est le bien absolu. — Dieu étant absolument parfait est absolument bon, la bonté même, le bien suprême. En général un être est bon parce qu'il est parfait, c'est pourquoi chaque être tend à la perfection comme à son bien propre. Puisque Dieu est parfait, il doit être bon. De plus, si le bien est ce que tout le monde recherche, la notion du bien suppose l'être en *acte*, car tout être tend à développer toutes les forces de son être, à éviter la corruption. Or Dieu est *acte pur*, l'attribut de bon lui convient donc parfaitement. Mais il n'est pas seulement quelque chose de bon en général, c'est le bien suprême, le bien de tout bien (*omnis boni bonum*). Puisqu'il renferme toute perfection, et que la notion de bien est identique à celle de perfection, il renferme tout ce qu'il peut y avoir de bon dans les créatures. Puisqu'il est bon par lui-même, bon par essence, il est le bien absolu, le bien suprême, tous les autres biens ne le sont que par participation à sa bonté.

105. Dieu est l'Être infini. — Dieu étant absolu-

(104) Quod per essentiam dicitur verius dicitur quam id quod est per participationem dictum. Sed Deus est bonus per suam essentiam, alia vero per participationem. Est igitur ipse summum bonum (C. g., l. 1, c. 41. — Th., 1, q. 6, a. 2).

(105) In Deo infinitum negative tantum intelligitur, quia nullus est perfectionis suæ terminus, vel finis, sed est summe perfectum

ment parfait est aussi l'Infini. Par infini il faut entendre ici la négation de toute limite, de tout manque, de toute imperfection ; — par être infini, celui qui ne connaît aucune borne à ses perfections. En ce sens l'infini revient au parfait et se trouve compris dans la notion d'absolüe perfection. En effet, ce qui est limité par nature est restreint à une certaine manière d'être, et classé dans un certain genre, en vertu de la différence que tout genre suppose. Mais Dieu ne rentre dans aucun genre. En outre tout être en *acte* est d'autant plus parfait qu'il renferme moins de choses en *puissance*, donc Dieu, *acte pur*, est illimité dans sa perfection, est infini. — Dans les choses qui sont composées de *matière* et de *forme*, l'un des éléments est limité par l'autre. La *matière* peut recevoir plusieurs *formes*, se trouve limitée par celle qu'elle reçoit. La *forme*, considérée en elle-même, peut convenir à une multitude d'objets, mais dans son union avec la *matière*, elle est réduite à *informer* un seul individu. Si,

(C. g., l, 1, c. 13). Infinitum dicitur aliquid ex eo quod non est finitum : finitur autem quodammodo et materia per formam, et forma per materiam. Materia quidem per formam, in quantum materia antequam recipiat formam est in potentia ad multas formas, sed cum recipit unam, terminatur per illam. Forma vero finitur per materiam, in quantum forma in se considerata communis est ad multa, sed per hoc quod recipitur in materia, fit forma determinate hujus rei. Materia autem perficitur per formam, per quam finitur ; et ideo infinitum secundum quod attribuitur materiæ habet rationem imperfecti, est enim quasi materia non habens formam. Forma autem non perficitur per materiam, sed magis per eam ejus amplitudo contrahitur : unde infinitum secundum quod se tenet ex parte formæ non determinatæ per materiam habet rationem perfecti. Illud autem quod est maxime formale omnium, est ipsum esse. Cum igitur esse divinum non sit esse receptum in aliquo, sed ipse sit suum esse subsistens, manifestum est quod ipse Deus sit infinitus et perfectus (Th., 1, q. 7, a. 1. — C. g., l. 1, c. 43).

d'une part, la détermination de la *matière* par la *forme* est pour la *matière* un perfectionnement; d'autre part la *forme*, bien loin d'être perfectionnée par la *matière*, perd en s'unissant à elle son universalité. Par conséquent dire, en parlant de la *matière*, qu'elle n'est pas limitée, c'est dire qu'elle est dans l'état le moins parfait; mais dire de la *forme* la plus élevée qu'elle est sans limites, c'est énoncer la plus haute perfection. Cette *forme* la plus parfaite, c'est Dieu, par conséquent Dieu est infini. — Et il n'y a pas d'autre infini, car toutes les autres *formes* sont unies à la *matière*, ou si elles subsistent seules, ont une essence distincte de leur être, elles ont reçu l'être, elles ont une nature déterminée, elles ne sont pas infinies.

106. Dieu est présent partout. — A l'infinité de Dieu se rattache sa présence partout. Dieu est en toute chose. Car Dieu est cause efficiente de tout ce qui existe, or il faut qu'il y ait union entre la cause et l'effet. Cette union, quand il s'agit des causes matérielles se réduit à un contact, mais quand il s'agit de causes spirituelles, on doit se la représenter comme

---

(106) Deus est in omnibus rebus, non quidem sicut pars essentiæ, vel sicut accidens, sed sicut agens adest ei in quo agit (Th., 1, q. 8, a. 1). — Hæc est differentia inter agens divinum et agens naturale, quod agens naturale est tantum causa motus, et agens divinum est causa esse. Unde qualibet causa efficiente remota, removetur effectus suus, sed non esse rei... et similiter remota causa essendi, tollitur esse. Unde, dicit Gregorius, quod omnia in nihilum deciderent, nisi ea manus Omnipotentis contineret. Unde oportet quod operatio ipsius, quâ dat esse, non sit intercisa, sed continua... Ex quibus omnibus aperte colligitur quod Deus est unicuique intimus, sicut esse proprium rei est intimum ipsi rei, quæ nec incipere, nec durare posset, nisi per operationem Dei per quam suo operi conjungitur, ut in eo sit (S. 1, dist. 37, q. 1, a 1).

l'existence de la cause dans l'effet. C'est ainsi que l'âme qui anime le corps est dans le corps animé par elle. — Ceci posé, le reste va de soi. Dieu est cause de l'être des choses, l'activité par laquelle il cause leur être ne pourrait cesser sans que cet être cessât aussi, c'est donc une activité continue, une présence incessante dans toutes ces choses, dans le plus intime de leur être. Ce qui revient à dire que Dieu est présent partout. Il est en tous lieux, non pas comme s'il remplissait le lieu, à la manière des corps, mais parce qu'il est dans toutes les choses qui occupent un lieu. Il y est par sa puissance à laquelle tout est soumis, — par sa présence à laquelle rien n'échappe, — par son essence, qui ne fait qu'un avec l'activité productrice et conservatrice de l'être au sein des choses.

107 Dieu est immuable. — Dieu n'est pas seulement présent partout, il est encore immuable. Dieu est un *acte pur*, or tout changement suppose que l'être qui change était en *puissance* par rapport à ce nouvel état, ce qui est impossible en Dieu. De plus, on ne change que pour acquérir ce que l'on n'avait pas, mais Dieu, infiniment parfait, ne peut rien acquérir, puisque rien ne lui manque, il ne peut donc pas changer. Dira-t-on qu'il change pour perdre quelque

---

(107) Primum ens oportet esse purum actum absque permixtione alicujus potentiæ, eo quod potentia simpliciter est posterior actu. Omne autem quod quocumque modo mutatur, est aliquo modo in potentia. Ex quo patet quod impossibile est Deum aliquo modo mutari. — Omne quod movetur, motu suo aliquid acquirit, et pertingit ad aliquid ad quod prius non pertingebat. Deus autem, cum sit infinitus, comprehendens in se omnem plenitudinem perfectionis totius esse, non potest aliquid acquirere, nec extendere se in aliquid ad quod prius non pertingebat. Unde nullo modo sibi competit motus (Th., 1, q. 9, a. 1. — S. 1, dist. 8, q. 3, a. 2).

chose? Mais alors il ne serait pas infiniment simple, puisqu'il perdrait un des éléments dont il serait composé. Dieu est donc absolument immuable, et il ne partage cet attribut avec aucun être, car tous les autres sont composés de *puissance* et d'*acte,* tous les autres ont passé du néant à l'existence et peuvent rentrer dans le néant.

108. Dieu est éternel. — A l'immutabilité se rattache l'éternité. Dieu est éternel parce qu'il est immuable. Il y a deux éléments dans la notion d'éternité : négation de toute limite de durée par commencement ou fin, négation d'une succession comme celle qui produit le temps. Or, il n'y a en Dieu ni commencement, ni fin, ni succession, car tout cela est impossible sans mouvement, sans changement. Dieu possède tout son être à la fois, dans la perfection la plus complète, il est éternel. Sans l'éternité il ne serait plus l'Être existant par soi, l'Être nécessaire.

109. Dieu est essentiellement un. — Des attributs divins étudiés jusqu'ici, on peut conclure l'unité de Dieu. S'il y avait plusieurs dieux, ils se distingue-

---

(108) Ex duobus notificatur æternitas. Primo, ex hoc quod id quod est in æternitate est interminabile, id est, principio et fine carens, ut terminus ad utrumque referatur. Secundo per hoc quod ipsa æternitas successione caret, tota simul existens. — Ratio æternitatis consequitur immutabilitatem, sicut ratio temporis consequitur motum. Unde cum Deus sit maxime immutabilis, sibi maxime competit esse æternum (Th., 1, q. 10, a. 1 et 2. — C. g., l. 1, c. 15).

(109) Quæ diversa sunt, in unum ordinem non convenirent, nisi ab aliquo uno ordinarentur. Melius enim multa reducuntur in unum ordinem per unum quam per multa, quia per se unius unum est causa, et multa non sunt causa unius nisi per accidens, in quantum scilicet sunt aliquo modo unum. Cum igitur illud quod est primum sit perfectissimum, et per se, non per accidens, oportet quod primum reducens omnia in unum ordinem sit unum tantum (Th., 1, q. 11, a. 3. — C. g., l. 1, c. 42).

raient les uns des autres par des perfections que l'un posséderait, et qui manqueraient à un autre. Mais celui-ci ne serait plus Dieu, puisque rien ne doit manquer à la perfection absolue de l'Etre divin. L'unité de l'ordre qui règne dans l'univers nous porte aussi à conclure à l'unité de Dieu, car l'unité de l'effet suppose l'unité de la cause: Si plusieurs causes se réunissent quelquefois pour produire un même effet, ce ne peut être que par accident. Or, quand il s'agit de la cause première, de la cause la plus parfaite, on ne peut pas lui attribuer ce qui n'est qu'accidentel. Il faut donc admettre que la cause première est essentiellement une.

110. Dieu est l'intelligence absolue. — Ce Dieu essentiellement un, est l'intelligence absolue. Ce qui fait qu'un être est intelligent, c'est l'immatérialité. De même que les *formes* ne deviennent réellement intelligibles que par abstraction de la *matière*, ainsi un être ne peut penser que s'il est immatériel. Or, Dieu n'est pas seulement un être immatériel quelconque, mais le plus immatériel de tous les êtres, et par conséquent le plus intelligent; ce qui résulte aussi de son infinie perfection, qui comprend toutes celles des créatures. Du reste, il ne peut pas arriver qu'un être dépourvu d'intelligence soit le principe moteur d'êtres

(110) Ex hoc aliqua res est intelligens, quod est sine materia; cujus signum est, quod formæ fiunt intellectæ in actu per abstractionem a materia..... Ostensum est autem Deum esse omnino immaterialem, est igitur intelligens. — Omnia moventia quæ sunt in mundo comparantur ad primum movens, quod est Deus, sicut instrumenta ad agens principale. Quum igitur in mundo inveniantur multa moventia per intellectum, impossibile est quod primum movens moveat absque intellectu (C. g., l. 1, c. 44). — Cum Deus sit in summo immaterialitatis, sequitur quod ipse sit in summo cognitionis (Th., 1, q. 14, a. 1. — S. 1, dist. 35, q. 1, a. 1).

intelligents et s'en serve comme d'instruments subordonnés à ses fins. Or Dieu est le premier moteur, et parmi les causes secondes qui reçoivent de lui le mouvement, il y a beaucoup d'êtres intelligents, il faut donc qu'il possède aussi l'intelligence.

111. Dieu connaît par son essence. — Il ne faut pas se représenter l'activité intellectuelle de Dieu comme distincte de son essence. La pensée n'est pas une opération extérieure, mais un acte immanent au sujet. Or tout ce qui est immanent à Dieu est son essence. Autrement Dieu serait en *puissance* par rapport à l'*acte* de la pensée, ce qui est impossible. Il suit de là que Dieu connaît, non par aucune *espèce intelligible*, mais par son essence. En effet, l'*espèce* est le principe de l'activité intellectuelle; cette activité est l'essence même de Dieu, il y aurait donc un principe au-dessus de l'essence divine, ce qui est absurde.

112. Dieu se connaît parfaitement lui-même. — Il est clair, par conséquent, que Dieu se connaît lui-même, et que cette connaissance est une compréhension parfaite. La perfection de la connaissance en général dépend de deux conditions : il faut, d'une

(111) Species intelligibilis est principium formale intellectualis operationis, sicut forma cujuslibet agentis est principium propriæ operationis. Divina autem operatio intellectualis est ejus essentia. Esset igitur aliquid aliud divinæ essentiæ principium et causa, si alia intelligibili specie quam sua essentia intellectus divinus intelligeret (C. g., l. 1, c. 46).

(112) Ex duobus perfectio intellectualis operationis dependet. Unum est, ut species intelligibilis perfecte rei intelligibili conformetur; aliud est, ut perfecto intellectui conjungatur : quod quidem tanto fit amplius, quanto intellectus in intelligendo majorem efficaciam habet. Ipsa autem divina essentia, quæ est species intelligibilis, qua intellectus divinus intelligit, est ipsi Deo penitus idem, estque intellectui ipsius idem omnino. Seipsum igitur Deus perfectissime cognoscit (C. g., l. 1, c. 47. — Ver., q. 2, a. 2, ad 5).

part, que l'*espèce intelligible* soit parfaitement conforme à l'objet; d'autre part, qu'elle soit intimement unie au sujet. Or, dans la conscience que Dieu a de lui-même, l'*espèce* n'étant autre que l'essence divine, est identique à l'objet connu, et, en même temps, au sujet connaissant; elle ne peut être unie plus intimement à ce dernier. Il ne peut donc y avoir de connaissance plus parfaite.

113. Dieu connaît tout le reste par la connaissance qu'il a de lui-même. — Cette connaissance directe de lui-même est en Dieu la première, et la source de toutes les autres. En général, le premier objet connu *per se* est celui qui est connu *per speciem propriam;* ce qui est connu par un intermédiaire n'arrive qu'en seconde ligne. Par conséquent Dieu, se connaissant par son essence, se connaît *primo et per se*. Et c'est lui seulement que Dieu peut connaître de la sorte. Tout ce que Dieu connaît ensuite, en dehors de lui, il le connaît par suite de la connaissance qu'il a de lui-même. Car il se connaît comme cause de tous les autres êtres; or, pour connaître parfaitement une cause, il faut connaître tous les effets qu'elle peut

---

(113) Intellectum dupliciter dicitur, sicut visum etiam. Est enim primum visum, quod est ipsa species rei visibilis in pupilla existens, quæ est etiam perfectio videntis, et principium visionis, et medium nomen respectu visibilis. Et est visum secundum, quod est ipsa res extra oculum. Similiter intellectum primum est ipsa rei similitudo, quæ est in intellectu, et est intellectum secundum quod est ipsa res quæ per similitudinem illam intelligitur. Si ergo consideretur intellectum primum, nihil aliud intelligit Deus nisi se, quia non recipit species rerum, per quas cognoscat, sed cognoscit per essentiam suam, quæ est similitudo omnium rerum. Sed si accipiatur intellectum secundum, sic non tantum se intelligit, sed etiam alia (S., 1, dist. 35, q. 1, a. 2. — Th., 1. q. 14, a. 5. — C. g., l. 1, c. 48, 49).

produire. Dieu connaît donc tous les êtres distincts de lui, par suite de la relation qu'ils ont avec lui comme leur cause. Il se connaît d'abord lui-même, et, par son essence ainsi connue, il connaît tout le reste.

114. Dieu connaît en détail les propriétés de chaque être. — Cette connaissance que Dieu a des autres êtres n'est pas générale et indéterminée, comme s'il ne connaissait les créatures qu'en tant qu'êtres; il connaît chaque chose dans sa nature propre, et avec toutes ses propriétés. En effet, la connaissance divine doit être parfaite sous tous les rapports; or elle ne le serait pas si Dieu ne connaissait qu'en général, d'une manière indéterminée, les propriétés essentielles des choses; celles qui constituent leur être propre lui échapperaient. De plus, la connaissance complète d'une nature déterminée renferme la connaissance de ce qu'elle a de communicable. La nature divine est communicable non en elle-même, mais par une participation de sa ressemblance, qui se retrouve dans les créatures à un degré plus ou moins parfait. Dieu, qui connaît parfaitement sa propre nature, doit donc savoir aussi de quelles manières les créatures peuvent recevoir une certaine communication de sa

---

(114) Quidquid Deus cognoscit, perfectissime cognoscit. Est enim in eo omnis perfectio, sicut in simpliciter perfecto. Quod autem cognoscitur in communi tantum, non perfecte cognoscitur. — Quicumque scit aliquam naturam, scit an illa natura sit communicabilis; non enim animalis naturam sciret perfecte, qui nesciret illam pluribus communicabilem esse. Divina autem natura communicabilis est per similitudinem. Scit ergo Deus quot modis ejus essentiae aliquid simile esse possit. Sed ex hoc sunt diversitates formarum, quia divinam essentiam res diversimode imitantur. Deus ergo de rebus habet cognitionem secundum proprias formas (C. g., l. 1, c. 50. — Th., 1, q. 14, a. 6).

ressemblance ; et comme la ressemblance est donnée par la *forme*, il doit connaître toutes les choses dans leur *forme* propre.

115. Dieu connaît tous les êtres réels ou possibles. — Une conséquence nécessaire de ce qui précède, c'est que la connaissance de Dieu s'étend non seulement aux idées universelles, mais à tous les êtres individuels. Dieu est cause non seulement des *formes* universelles des choses, mais aussi de la *matière* par laquelle ces choses sont individualisées. Sa connaissance doit s'étendre aussi loin que sa causalité ; elle n'est donc pas restreinte à l'universel, mais s'étend à tous les individus. En réalité, pour connaître parfaitement une nature universelle, il faut savoir dans quelles conditions elle peut réellement exister ; or, comme elle ne peut être actualisée que dans les individus, la connaissance parfaite de l'universel comporte nécessairement celle des individus. Mais Dieu ne connaît pas seulement les êtres individuels qui

(115) Simpliciter concedendum est quod Deus singularia cognoscat, non solum in universalibus causis, sed etiam unumquodque secundum propriam et singularem sui naturam (Ver., q. 2, a. 5). — Cum enim sciat Deus alia a se per essentiam suam, in quantum est similitudo rerum, velut principium activum earum, necesse est quod essentia ejus sit principium sufficiens cognoscendi omnia quæ per ipsum fiunt, non solum in universali, sed etiam in singulari (Th., 1, q. 14, a. 11). — Sed cum essentia Dei sit infinitæ perfectionis, quælibet autem alia res habeat esse et perfectionem terminatam, impossibile est quod universitas rerum aliarum adæquet essentiæ divinæ perfectionem ; extendit igitur se vis suæ repræsentationis ad multo plura quam ad ea quæ sunt. Si igitur Deus totaliter virtutem et perfectionem essentiæ suæ cognoscit, extendit se ejus cognitio non solum ad ea quæ sunt, sed etiam ad ea quæ non sunt (C. g., l. 1, c. 66). — Per hoc quod Deus cognoscit essentiam suam, cognoscit ea quæ ab ipso sunt, et per ea cognoscit defectus ipsorum. Si autem essentiam suam tantum cognosceret, nullum malum vel privationem cognosceret, nisi in communi (S. 1, dist. 36,

existent réellement, il connaît également tous ceux qui sont possibles. Car, d'une part, sa connaissance s'étend aussi loin que sa causalité, et il doit connaître dans son essence, et par elle, tout ce qu'il peut produire. D'autre part, la connaissance complète et parfaite des individus suppose la connaissance de tout ce qui peut être individualisé. Il connaît encore les actions contingentes des créatures, qu'elles soient passées, présentes ou futures par rapport à nous. Il les voit non seulement dans leurs causes, mais dans leur être propre, puisque la réalité de cet être peut être objet de connaissance. Enfin il connaît le mal, mais par la connaissance du bien, car le mal, qui est une négation, n'est pas connu par lui-même, mais par le bien, son contraire. La science divine, quoique parfaitement simple en elle-même, s'appelle science de *vision* quand elle se rapporte aux choses qui ont existé, existent ou existeront réellement, et science de *simple intelligence*, quand on la considère comme

q. 1, a. 2). — Quædam licet non sint in actu, tamen vel fuerunt vel erunt, et omnia ista Deus dicitur scire scientia visionis; quia, cum intelligere Dei, quod est ejus *esse*, æternitate mensuretur, quæ sine successione existens totum tempus comprehendit, præsens intuitus Dei fertur in totum tempus, et in omnia quæ sunt in quocumque tempore, sicut in subjecta sibi præsentialiter. Quædam vero sunt, quæ sunt in potentia Dei vel creaturæ, quæ tamen nec sunt, nec erunt, nec fuerunt, et respectu horum non dicitur habere scientiam visionis, sed simplicis intelligentiæ (Th., I, q. 14, a. 9. — Ver. q. 2, a. 9, ad 2). — Parmi les interprètes de S. Thomas, les uns prétendent que Dieu connaît les futurs conditionnels dans ses décrets éternels (absolus de la part de Dieu, mais conditionnels de la part des créatures). Les autres, avec Molina et Suarez, enseignent qu'il y a en Dieu une science intermédiaire entre la science de vision et de simple intelligence, qu'ils appellent science moyenne. (Cf. Salmant., tract. 3, disp. 6 à 12. — Ruiz, De scientia Dei, disp. 21. — Franzelin, De Deo, th. 42. — Dupont, Théod. th. 55, 56, 57. — Scheeben, Dogm. l. 2, § 92).

s'étendant aux choses purement possibles qui n'existeront jamais et n'ont jamais existé.

116. La science de Dieu est la cause des choses. — De cette théorie de la connaissance de Dieu découle celle des idées divines. Le type primordial de toute chose est l'essence divine, car rien n'est créé sans un certain rapport de ressemblance avec Dieu. Si l'on entend par *idée* le type d'après lequel les créatures sont produites, l'essence divine est bien l'*idée* des choses. Toutefois le mot *idée* désigne ici l'essence divine considérée non en elle-même, mais comme modèle idéal de tout ce qui est créé. Mais la notion d'*idée* implique une connaissance, car une *idée* est l'acte d'une intelligence; par conséquent l'essence divine est l'*idée* des choses en tant que Dieu pense ces choses par son essence faisant fonction d'*espèce intelligible*. En se pensant lui-même, Dieu se voit comme type des créatures, par conséquent la pensée qu'il a de lui-même implique en seconde ligne la pensée, l'*idée* des créatures. En ce sens, la connaissance divine est cause des choses, mais non cause totale, car pour que les choses reçoivent l'être réel, il faut que la volonté divine entre en jeu.

117. Il y a en Dieu plusieurs idées. — Y a-t-il en Dieu

---

(116) Essentia Dei est idea rerum, non quidem ut essentia, sed ut est intellecta (Ver. q. 3, a. 2). — Deus per essentiam suam sicut quodam medio exemplari alia cognoscit (C. g., l. 1, c. 68). — Manifestum est autem quod Deus per intellectum suum causat res, cum suum esse sit suum intelligere; unde necesse est quod sua scientia sit causa rerum, secundum quod habet voluntatem conjunctam (Th., 1, q. 14, a. 8).

(117) Cum hoc nomen *idea* nominet essentiam divinam secundum quod est exemplar imitatum a creatura; divina essentia erit idea propria istius rei secundum determinatum rationis modum. Et quia alio modo imitantur eam diversæ creaturæ, ideo dicitur quod est

une seule idée ou plusieurs? S. Thomas, conformément à toute sa théorie sur la connaissance divine, se prononce pour la pluralité des idées en Dieu. Car Dieu est cause de toute l'organisation du monde, par conséquent de chaque membre de cette organisation. Il a donc une idée distincte non seulement du tout, mais de chaque partie, d'autant plus que la connaissance parfaite du tout serait impossible sans cela. On peut dire qu'en Dieu l'idée de l'universel a la priorité sur celle du particulier, mais elle ne l'exclut pas, au contraire elle la produit naturellement. En effet, si Dieu connaît parfaitement son essence, il la connaît comme imitable à l'extérieur d'une foule de manières différentes. Quand il la connaît comme imitable de telle manière, il la connaît comme type de telle créature distincte de toute autre, il a donc l'idée distincte de cette créature. Il en est de même pour toutes les autres, par conséquent il y a en Dieu une multitude d'idées.

118. Dieu connaît tout par un seul acte. — La pluralité des idées ne détruit pas l'unité de la connaissance divine, car Dieu ne connaît pas par une multitude d'*espèces intelligibles*, mais par une seule, qui est sa propre essence, il n'y a en lui qu'un seul acte

---

alia idea, vel ratio, qua creatur homo, et equus; et exinde sequitur quod secundum respectum ad plures res quæ divinam essentiam diversimode imitantur, sit pluralitas in ideis, quamvis essentia imitata sit una (S. 1, dist. 36, q. 2, a. 2. — Th., 1, q. 15, a. 2. — Ver., q. 2, a. 4, ad 2; et q. 3, a. 2).

(118) Non est contra simplicitatem divini intellectus quod multa intelligat, sed contra simplicitatem ejus esset, si per plures species ejus intellectus formaretur (Th., 1, q. 15, a. 2). — Rationes rerum in intellectu divino non sunt plures vel distinctæ, nisi secundum quod Deus cognoscit res pluribus et diversis modis esse assimilabiles sibi (C. g., l. 1, c. 54).

intellectuel, un seul *verbe*, le *Verbe divin*, image parfaite de l'essence divine et modèle de tout le reste. La pluralité n'est pas dans la connaissance, mais dans les objets connus par Dieu.

119. Dieu est la volonté absolue. — Dieu n'est pas seulement intelligence absolue, mais volonté absolue. L'attribut de volonté est une suite nécessaire de celui d'intelligence. Tout être est porté à rechercher sa *forme* naturelle, et à en jouir quand il la possède. La *forme* de l'intelligence, ce qui la met en *acte* et lui donne sa perfection, c'est l'*espèce intelligible;* il faut donc que l'intelligence tende à s'unir à l'*espèce intelligible*, à y trouver sa perfection et son repos, c'est le fait de la volonté. La volonté est donc la conséquence naturelle de l'intelligence, et puisque Dieu a l'intelligence, il a aussi la volonté. Mais comme sa pensée est réellement identique à son être, il en sera de même de son vouloir. Pour Dieu, vouloir c'est être, et *vice versa;* car vouloir c'est agir, et Dieu qui est *acte pur*, ne peut agir que par son essence; sa volonté, son vouloir n'est autre chose que son être.

(119) Sicut res naturalis habet esse in actu per suam formam, ita intellectus est intelligens actu per suam formam intelligibilem. Quælibet autem res ad suam formam habet naturalem hanc habitudinem, ut quando non habet ipsam, tendat in eam, et quando habet ipsam, quiescat in ea : et idem est de qualibet perfectione naturali, quod est bonum naturæ. Et hæc habitudo ad bonum in rebus carentibus cognitione vocatur appetitus naturalis. Unde et natura intellectualis ad bonum apprehensum per formam intelligibilem similem habitudinem habet, ut scilicet cum habet ipsum, quiescat in illo; cum vero non habet, quærat ipsum; et utrumque pertinet ad voluntatem. Unde in quolibet habente intellectum est voluntas, sicut in quolibet habente sensum est appetitus animalis. Et sic oportet in Deo esse voluntatem, cum sit in eo intellectus (Th., 1, q. 19, a. 1. — C. g., l. 1, c. 72. — Ver., q. 23, a. 1).

120. Dieu veut son être et celui des créatures. — Par conséquent le premier et principal objet de la volonté divine, c'est Dieu lui-même, son essence, sa bonté. Car l'objet de la volonté en général, c'est le bien connu par l'intelligence, or le premier bien connu de Dieu, c'est son essence, c'est donc aussi la première chose voulue par lui. En second lieu, Dieu veut ce qui est distinct de lui. Car tout être tend à son bien propre non seulement pour en jouir, mais pour le communiquer autant que possible à d'autres. Il en sera de même de toute volonté, et à plus forte raison de la volonté divine. C'est donc le propre de la volonté divine de vouloir communiquer à d'autres le bien infini qu'elle possède, autant que cela est possible, en en communiquant la ressemblance. Dieu veut donc et son être, et l'être des créatures, mais l'un et l'autre par un seul et même acte de volonté.

121. Nécessité et liberté dans la volonté divine. — Dieu ne veut pas de la même manière son être et

(120) Deus non solum se vult, sed etiam alia a se : quod apparet a simili prius introducto. Res enim naturalis non solum habet naturalem inclinationem respectu proprii boni, ut acquirat ipsum, cum non habet, vel ut quiescat in illo, cum habet; sed etiam ut proprium bonum in alia diffundat secundum quod possibile est. Unde videmus quod omne agens, in quantum est actu et perfectum, facit sibi simile. Unde et hoc pertinet ad rationem voluntatis, ut bonum quod quis habet aliis communicet, secundum quod possibile est. Et hoc præcipue pertinet ad voluntatem divinam, a qua per quamdam similitudinem derivatur omnis perfectio. Unde si res naturales, in quantum perfectæ sunt, suum bonum aliis communicant, multo magis pertinet ad voluntatem divinam ut bonum suum aliis per similitudinem communicet, secundum quod possibile est. Sic igitur vult et se et alia, sed se ut finem, alia vero ut ad finem, in quantum condecet divinam bonitatem etiam alia ipsam participare (Th., 1, q. 19, a. 2. — C. g., l. 1, c. 76. — S. 1, dist. 45, q. 1, a. 2).

(121) Bonitatem suam Deus ex necessitate vult, sicut et voluntas

celui des créatures. Il se veut lui-même comme but, et les créatures comme moyens, alors que ne pouvant pour ainsi dire contenir sa bonté en lui-même, mais voulant la répandre au dehors, il les appelle à en recevoir une communication. Il suit de là que c'est par un acte nécessaire qu'il veut la bonté essentielle de son être, tandis que c'est par un acte libre qu'il veut la communiquer aux créatures. Dieu se veut nécessairement lui-même, il ne peut pas ne pas se vouloir. De même que tout être veut nécessairement le but suprême de son existence (comme l'homme veut le bonheur), ainsi Dieu se veut nécessairement lui-même comme le bien le plus élevé, le plus parfait, dans lequel il se repose pour être éternellement heureux. Au contraire, il ne veut les autres êtres qu'autant qu'ils sont subordonnés à son infinie bonté comme à leur but suprême. Or les moyens d'atteindre un but ne sont jamais voulus nécessairement à moins que le but ne puisse être atteint sans eux. Mais le but de la volonté et de l'activité de Dieu

---

nostra ex necessitate vult beatitudinem... Alia autem a se Deus vult, in quantum ordinantur ad suam bonitatem, ut ad finem. Ea autem quæ sunt ad finem, non ex necessitate volumus volentes finem, nisi sint talia sine quibus finis esse non potest... Unde cum bonitas Dei sit perfecta, et esse possit sine aliis, cum nihil ei perfectionis ex aliis accrescat, sequitur quod alia a se eum velle non sit necessarium absolute, et tamen necessarium est ex suppositione. Supposito enim quod velit, non potest non velle, quia non potest voluntas ejus mutari (Th., 1, q. 19, a. 3. — C. g., l. 1, c. 80. — Ver. q. 23, a. 3). — Cum propter finem agant intellectus et natura, necesse est ut agenti per naturam prædeterminentur finis et media necessaria ad finem ab aliquo superiori intellectu, sicut sagittæ prædeterminatur finis et certus motus a sagittante. Unde necesse est quod agens per intellectum et voluntatem sit prius agente per naturam. Unde cum primum in ordine agentium sit Deus, necesse est quod per intellectum et voluntatem agat (Th., 1, q. 19, a. 4 et 5. — C. g., l. 2, c. 23, et l. 1, c. 85. — S. 1, dist. 45, q. 1, a. 3).

est sa propre bonté, qu'il veut manifester dans les créatures ; cette bonté ne reçoit aucun accroissement par la création, elle est aussi parfaite sans les créatures qu'avec elles. Les créatures ne sont donc pas un moyen sans lequel Dieu ne pourrait atteindre son but. La volonté divine est donc absolument libre à l'égard des créatures ; il ne peut être question de nécessité à leur endroit, si ce n'est dans ce sens, que tout ce que Dieu veut arrive, puisqu'il ne peut changer de volonté. C'est cette volonté libre de Dieu, en union avec sa connaissance, qui est la cause des êtres. Dieu agit au dehors non par nécessité, mais avec parfaite conscience de sa liberté : la notion de cause première l'exige. Si un être agit par nécessité, il faut qu'une cause plus élevée lui détermine un but et des moyens. Mais Dieu est la cause la plus élevée, qui ne peut dépendre d'aucune autre ; il ne peut donc agir par nécessité, le principe de son action ne peut être que son intelligence et sa volonté libre. La contingence des créatures n'est pas atteinte par cette volonté de Dieu, car il veut les choses telles qu'elles sont : le contingent comme contingent, et le nécessaire comme nécessaire.

122. L'amour, la justice, la miséricorde de Dieu. — L'attribut de volonté est essentiellement lié à celui d'amour. Dieu est amour ; l'essence de l'amour, c'est de vouloir le bien de l'objet aimé ; or Dieu veut et sa bonté propre, et le bien des créatures, en les fai-

---

(122) Oportet et amorem in Deo esse, secundum actum voluntatis ejus. Hoc enim est proprie de ratione amoris quod amans bonum amati velit. Deus autem vult bonum suum et aliorum. Secundum hoc igitur Deus et se et alia amat (C. g., l. 1, c. 91. — Th., 1, q. 20 et 21).

sant participer à sa bonté. Il faut donc donner à Dieu l'attribut d'amour, soit par rapport à lui-même, soit par rapport aux créatures. Enfin à l'amour se rattachent la justice et la miséricorde. Dieu est juste, parce qu'il fait toujours ce qui est exigé par sa nature et par celle des créatures. Il est miséricordieux, parce qu'il est toujours disposé à éloigner de ses créatures les maux auxquels elles sont sujettes.

123. Le mystère de la vie de Dieu en trois personnes. — Après avoir étudié l'Etre et les attributs essentiels de Dieu, S. Thomas envisage la vie de Dieu en trois personnes. Dieu vit, puisqu'il connaît et veut, il est à lui-même sa vie, la vie éternelle. Il est éternellement heureux dans la connaissance et l'amour infini de lui-même, sa vie est le bonheur absolu. Mais sa vie immanente, quoiqu'une en elle-même, se réalise en trois personnes : le Père qui engendre éternellement, le Fils qui est engendré par le Père, le Saint-Esprit qui procède du Père et du Fils. La Trinité de Dieu est du nombre de ces vérités que la raison ne peut atteindre sans la foi, et qu'elle ne peut comprendre. La raison ne connaît Dieu que comme cause des créatures ; or la production des créatures n'est pas propre

---

(123) Creaturæ ducunt in Dei cognitionem, sicut effectus in causam. Hoc igitur solum ratione naturali de Deo cognosci potest, quod competere ei necesse est secundum quod est omnium entium principium. Virtus autem creativa Dei communis est toti Trinitati; unde pertinet ad essentiæ unitatem, non ad distinctionem personarum. Per rationem igitur naturalem cognosci possunt de Deo ea quæ pertinent ad unitatem essentiæ, non autem ea quæ pertinent ad distinctionem personarum (Th., 1, q. 32, a. 1. — S., 1, dist. 3, q. 2, a. 4. — Ver., q. 10, a. 13). — Trinitate posita, congruunt hujusmodi rationes [*quibus mysterium a philosophis defenditur*], non ita tamen, quod per has rationes sufficienter probetur Trinitas personarum (Trin., q. 2, a. 3, et q. 1, a. 4).

à telle personne divine, mais elle appartient à la Trinité tout entière, à l'essence divine. Elle ne peut donc nous faire connaître les trois personnes, mais seulement l'Etre divin et ses attributs essentiels. Il n'en est pas moins vrai que la raison, après avoir connu par la révélation les trois personnes divines, peut trouver des raisons spéculatives à l'appui du mystère; mais ces raisons ne seront jamais que des preuves de convenance et non des preuves rigoureuses.

124. Y a-t-il en Dieu production (*ou* procession) de personnes? — S. Thomas commence par se demander s'il y a en Dieu production (ou *procession*) de personnes. Il répond affirmativement, mais il ajoute que ce sont des productions immanentes, et non extérieures, comme le veulent les hérétiques. En effet, Dieu étant infiniment élevé au-dessus de tout ce qui existe, ce que l'on dit de lui ne doit pas s'entendre par analogie aux êtres corporels, mais par analogie à ce qu'il y a de plus parfait dans les êtres spirituels. Or, il y a dans les êtres spirituels des actions immanentes par lesquels ils se distinguent des êtres corporels. L'activité intellectuelle est purement immanente; toutefois elle comporte une production, puisque la notion de l'objet est le fruit du travail de l'intelligence, et lui représente cet objet. C'est d'après cela qu'il faut concevoir la production des personnes en Dieu.

125. Deux productions : celle de l'intelligence et

---

(125) In divinis non est processio, nisi secundum actionem quæ non tendit in aliquid extrinsecum, sed manet in ipso agente. Hujusmodi autem actio in intellectuali natura est actio intellectus et voluntatis. Processio autem verbi attenditur secundum actionem

celle de la volonté. — On distinguera deux productions : l'une de la part de l'intelligence, l'autre de la part de la volonté. Dieu, en se connaissant, produit une pensée adéquate à lui-même, le Verbe divin. De même, dans l'acte de volonté par lequel Dieu s'aime, il y a une production en vertu de laquelle l'objet aimé est dans le sujet aimant; comme dans l'acte d'intelligence, l'objet connu est dans le sujet connaissant. L'intelligence et la volonté sont réellement en Dieu quelque chose d'identique, mais il n'en est pas moins vrai que les productions de leur activité se présentent à nous dans un ordre déterminé, puisque l'amour présuppose toujours la connaissance; il y a donc lieu de les distinguer.

126. La production due à l'intelligence est une génération. — En ce qui concerne la production immanente due à l'intelligence divine, on doit la regarder comme une génération. On définit la génération : *Origo viventis a vivente principio conjuncto in similitudinem naturæ*. Or, tous les éléments de cette

---

intelligibilem. Secundum autem operationem voluntatis invenitur in nobis quædam processio, scilicet processio amoris, secundum quam amatum est in amante; sicut per conceptionem verbi res dicta vel intellecta est in intelligente. — Licet in Deo sit idem voluntas et intellectus, tamen, quia de ratione amoris est, quod non procedat nisi a conceptione intellectus, habet ordinis distinctionem processio amoris a processione Verbi in divinis (Th., 1, q. 27, a. 3. — Pot., q. 10, a. 2).

(126) In ipsa rationali creatura non invenitur Dei imago nisi secundum mentem, in aliis vero partibus, si quas habet rationalis creatura, invenitur similitudo vestigii.... Cujus ratio manifeste cognosci potest, si attendatur modus quo repræsentat vestigium, et quo repræsentat imago. Imago enim repræsentat secundum similitudinem speciei; vestigium autem repræsentat per modum effectus, qui sic repræsentat suam causam, quod tamen ad speciei similitudinem non pertingit... Quantum ad similitudinem divinæ naturæ pertinet, creaturæ rationales videntur quodam modo ad

définition se vérifient dans la production du Verbe divin. Elle est le fait d'une activité intellectuelle, par conséquent vitale ; le Verbe n'est pas séparé du principe qui le produit, mais reste en union de vie avec lui ; il est la parfaite ressemblance de son principe, puisque Dieu se connaît lui-même dans son Verbe ; enfin il subsiste dans la même nature que ce principe, puisque la pensée, et l'être sont identiques en Dieu. La production du Verbe est donc une génération proprement dite, par conséquent le principe de la production s'appellera *Père*, et le Verbe lui-même, *Fils*. Au contraire, la production due à l'amour (*processio amoris*) n'est plus une génération ; mais, comme elle a pour principe la volonté, il faut la considérer comme une impulsion, un mouvement vers quelque chose. Le produit ne sera pas dit engendré, ce sera comme un souffle, une exhalation. Voilà pourquoi la troisième personne divine s'appelle *Esprit* (*Spiritus*).

127. L'homme a été créé à l'image de la Trinité. —

repræsentationem speciei pertingere, in quantum imitantur Deum, non solum in hoc quod est et vivit, sed etiam in hoc quod intelligit... Similiter, cum increata Trinitas distinguatur secundum processionem Verbi a dicente, et amoris ab utroque, in creatura rationali in qua invenitur processio verbi secundum intellectum, et processio amoris secundum voluntatem, potest dici imago Trinitatis increatæ per quamdam repræsentationem speciei. In aliis autem creaturis, non invenitur principium verbi, et verbum, et amor ; sed apparet in eis quoddam vestigium quod hæc inveniantur in causa producente (Th., 1, q. 93, a. 6).

(127) Cum homo secundum intellectualem naturam ad imaginem Dei esse dicatur, secundum hoc est maxime ad imaginem Dei, secundum quod intellectualis natura Deum imitari potest. Imitatur autem intellectualis natura maxime Deum quantum ad hoc quod Deus seipsum intelligit et amat. Unde imago Dei tripliciter potest considerari in homine : uno quidem modo, secundum

L'intelligence humaine n'a pas seulement acquis, à l'aide de la révélation, une certaine connaissance spéculative, bien incomplète sans doute, du mystère de la Trinité; elle peut encore apprendre à en reconnaitre les traces dans toute créature, et l'image dans l'homme. Toute créature a une substance limitée et modifiée d'une certaine manière, elle témoigne par là qu'elle doit l'existence à un autre être qui est son principe. Mais elle a aussi une forme déterminée, dans laquelle une certaine pensée se manifeste; par là elle rappelle le Verbe divin, type idéal de toute chose. Enfin cette créature est ordonnée à un certain but, qui est le bien correspondant à sa nature; elle rappelle ainsi la bonté de Celui qui l'a produite et ordonnée vers le bien. Quant à l'homme, ce n'est pas seulement une trace, mais une image de la Trinité qu'on retrouve dans son âme. De même que Dieu se connaît et s'aime lui-même, l'homme connaît et aime Dieu : il est donc bien créé à l'image de Dieu. Il y a trois degrés de ressemblance de cette image avec

quod homo habet aptitudinem naturalem ad intelligendum et amandum Deum; et hæc aptitudo consistit in ipsa natura mentis quæ est communis omnibus hominibus. Alio modo, secundum quod homo actu vel habitu Deum cognoscit et amat, sed tamen imperfecte : et hæc est imago per conformitatem gratiæ. Tertio modo, secundum quod homo Deum actu cognoscit et amat perfecte : et sic attenditur imago secundum similitudinem gloriæ. — Primo et principaliter attenditur imago Trinitatis in mente secundum actus, prout scilicet ex notitia quam habemus, cogitando interius verbum formamus, et ex hoc in amorem prorumpimus. Sed quia principia actuum sunt habitus et potentiæ, unumquodque autem virtualiter est in suo principio; secundario et quasi ex consequenti imago Trinitatis potest attendi in anima secundum potentias, et præcipue secundum habitus, prout scilicet in eis actus virtualiter existunt (Th., 1, q. 93, a. 4 et 7. — S., 1, dist. 3, q. 4, a. 4. — Ver., q. 10, a. 7).

son modèle. La faculté de connaître et d'aimer Dieu est une ressemblance naturelle, qui se retrouve dans tous les hommes. Une image plus parfaite se retrouve seulement dans l'âme des justes, parce qu'il n'y a qu'eux qui connaissent et aiment réellement Dieu à l'aide de la grâce, quoique d'une manière imparfaite. Enfin une image encore plus parfaite se retrouve dans l'âme des Bienheureux, où la connaissance et l'amour de Dieu sont transformés par la lumière de la gloire. Cette image de Dieu dans l'homme n'est pas seulement une ressemblance avec la vie divine en général, mais avec la vie de Dieu en trois personnes. Comme il y a en Dieu production du Verbe par l'intelligence, et de l'Esprit par la volonté, il y a dans l'âme humaine, douée d'intelligence et de volonté, deux productions analogues : le verbe intérieur, par lequel elle pense un objet, et l'amour, qui la porte vers cet objet. S. Thomas a mis en œuvre toute la pénétration de son esprit et la puissance de son génie pour développer, autant que la raison en est capable, le mystère de la sainte Trinité, et montrer toutes les richesses qu'il renferme, mais nous ne pouvons le suivre dans ces détails. Revenons à l'exposé de sa doctrine philosophique.

128. Dieu est tout-puissant. — Un autre attribut essentiel de Dieu, c'est son absolue puissance. Il faut bien distinguer entre puissance passive et active,

---

(128) Sicut potentia passiva sequitur ens in potentia, ita potentia activa sequitur ens in actu; unumquodque enim ex hoc agit quod est actu, patitur vero ex eo quod est in potentia. — Deo convenit esse actu. Igitur convenit sibi potentia activa (C. g., l. 2, c. 7). — Th., 1, q. 25, a. 1). — Quidquid habet vel potest habere rationem entis continetur sub possibilibus absolutis, respectu quorum Deus dicitur omnipotens. Nihil autem opponitur rationi

puissance de recevoir et puissance de faire. La première convient à l'être en *puissance*, la seconde à l'être en *acte*. Comme Dieu est *acte pur*, il n'y a en lui que puissance active. Il ne peut rien recevoir, mais il peut faire tout ce qui ne répugne pas à sa nature. Comment serait-il cause première de toute chose, s'il n'avait pas cette activité toute-puissante? Seulement il ne faut pas concevoir la puissance de Dieu comme réellement distincte de son essence : non seulement la puissance elle-même, mais son *acte*, ne font qu'un avec l'essence divine. La puissance active de Dieu ne s'appelle donc pas *puissance* par rapport à son *acte*, mais par rapport aux effets qu'elle produit. En outre, comme l'essence divine est infinie, la puissance divine doit l'être également, aussi bien dans son extension que dans son intensité. Il n'y a donc pas d'impossibilité pour Dieu, si ce n'est là où il y a contradiction. Dieu peut tout ce qu'il veut, rien ne peut arrêter ou entraver sa volonté; mais ce qui implique contradiction est en soi impossible; Dieu ne peut pas le faire, non par manque de puissance à cet égard, mais parce qu'en réalité ce qui implique contradiction n'est rien, et ne saurait être l'objet de l'opération divine. Dès lors que Dieu peut faire tout ce qui ne renferme pas de contradiction, sa puissance est nécessairement et essentiellement une toute-puissance.

entis nisi non ens. Hoc igitur repugnat rationi possibilis absoluti quod subditur divinæ omnipotentiæ, quod implicat in se esse et non esse simul; hoc enim omnipotentiæ non subditur, non propter defectum divinæ potentiæ, sed quia non potest habere rationem factibilis neque possibilis... Unde convenientius dicitur quod ea non possunt fieri, quam quod Deus ea facere non possit. (Th., 1, q. 25, a. 3. — Pot., q. 1, a. 3. — C. g., l. 2, c. 9 et 10).

129. Relations de Dieu avec les créatures. — Lorsque Dieu produit quelque chose par sa toute-puissance, il entre en relation avec l'objet produit, ce qui fait qu'on peut donner à Dieu des attributs qui ne lui conviennent qu'à cause de ses rapports avec les créatures. Mais ces rapports ne sont pas en Dieu quelque chose de réel, car ce seraient ou des accidents, ou la substance divine elle-même. Ce ne sont pas des accidents, car il n'y en a pas en Dieu. Ce n'est pas la substance divine, car alors l'Etre divin serait quelque chose de relatif, au lieu d'être absolu. Ces relations sont attribuées à Dieu *secundum intelligentiæ modum*, c'est-à-dire en tant que les choses se rapportent à Dieu, ou lui sont rapportées. Quand notre intelligence rapporte une chose à Dieu comme à son auteur, elle lui attribue une certaine relation avec Dieu, et par suite attribue aussi à Dieu cette même relation, sans vouloir dire toutefois que cette relation soit réelle ailleurs que dans notre pensée.

130. Dieu a tiré le monde du néant. — Comment les créatures sont-elles produites par Dieu? S. Thomas répond que Dieu les tire du néant. Dans la création, telle qu'il la conçoit, il distingue trois points importants : il nie d'abord toute matière préexistante, qui aurait servi à Dieu pour produire le monde. Les créa-

---

(129) Hujusmodi relationes quæ sunt ad suos effectus, *realiter* in Deo esse non possunt. Non enim in eo esse possunt sicut accidentia in subjecto, quum in ipso nullum sit accidens. Nec etiam possunt esse ipsa Dei substantia; quum enim relativa sint quæ secundum esse ad aliud quodam modo se habent, oporteret quod Dei substantia hoc ipsum quod est ad aliu diceretur. Quod autem hoc ipsum quod est ad aliud dicitur, quodam modo ab ipso dependet, quum nec esse nec intelligi sine eo possit. Oporteret igitur quod Dei substantia ab alio extrinseco esset dependens; et sic non esset per seipsum necesse. Non sunt igitur hujusmodi relationes *secundum*

tures, qui agissent comme causes pour produire un effet quelconque, le tirent bien d'un certain non-être, puisqu'elles amènent la *matière* à revêtir une *forme* qu'elle n'avait pas auparavant. Mais Dieu tire les choses du non-être absolu, en leur donnant l'être. Le concept de la création suppose, en second lieu, que dans l'ordre logique le non-être précède l'être dans toute créature, que ce qui est créé n'était d'abord rien du tout, n'a pu recevoir l'être que d'une cause distincte de lui, et rentrerait dans le néant si la force créatrice cessait de le soutenir. Le premier point distingue la création de l'activité des causes secondes, et le second la distingue de la génération éternelle du Verbe dans le sein du Père. D'une part, la création ne suppose en dehors de Dieu aucun autre principe, aucune sorte de matière éternelle ; d'autre part, l'être créé ne peut être confondu avec l'être divin, il s'en distingue, il a une existence différente. En troisième lieu, l'idée de création suppose que le néant est antérieur à l'être non seulement d'une priorité de raison, mais d'une priorité de temps. Non seulement Dieu a tout fait de rien, c'est-à-dire sans matière préexistante, mais il a créé après que rien n'existait, *post nihilum*.

131. La création se prouve par la raison. — Le con-

---

rem in Deo... Relinquitur ergo quod hæ relationes Deo attribuantur secundum solum intelligentiæ modum, ex eo quod alia referantur ad ipsum. Intellectus enim noster intelligendo aliquid referri ad alterum, eo intelligit relationem illius ad ipsum, quamvis *secundum rem* quandoque non referatur (C. g., l. 2, c. 12 et 13. — Pot., q. 7, a. 10 et 11).

(131) Creationem esse non solum fides tenet, sed etiam ratio demonstrat. — Sciendum est enim quod ad rationem creationis pertinent duo. Primum est ut nihil præsupponat in re quæ creari dicitur, unde in hoc ab aliis mutationibus differt, quia generatio

cept de la création étant bien déterminé, il s'agit de savoir comment se prouve cette production des êtres *ex nihilo*. S. Thomas enseigne que la création n'est pas seulement établie par la foi, mais aussi par la raison. Toutefois il limite le rôle de la raison à prouver les deux premiers points dont nous avons parlé, à savoir que Dieu n'a pas tiré le monde d'une matière préexistante, ni de sa propre substance. Quant au troisième point, à savoir que Dieu ait créé *post nihilum*, il ne croit pas que la raison puisse l'établir. Le rôle que S. Thomas attribue à la raison, permet donc à cette faculté d'établir la transcendance absolue de Dieu au-dessus du monde, de le reconnaître non seulement comme cause première en général, mais comme cause créatrice. C'est là un point capital dans la doctrine thomiste, nous croyons qu'il sera intéressant de nous y arrêter quelques instants.

præsupponit materiam quæ non generatur, sed per generationem completur, in actum formæ transmutata. In reliquis vero mutationibus præsupponitur subjectum, quod est ens completum, unde causalitas generantis vel alterantis non sic se extendit ad omne illud quod in re invenitur, sed ad formam quæ de potentia in actum educitur; sed causalitas creantis se extendit ad omne id quod est in re : et ideo creatio ex nihilo dicitur esse, quia nihil est quod creationi præexistat, quasi non creatum. Secundum est quod in re quæ creari dicitur prius sit non esse quam esse, non quidem prioritate temporis vel durationis, ut prius non fuerit, et postmodum sit, sed prioritate naturæ : ita ut res creata, si sibi relinquatur, consequatur non esse, cum esse non habeat nisi ex influentia causæ superioris. Prius enim unicuique inest naturaliter quod non ex alio habet, quam quod ab alio habet, et ex hoc differt creatio a generatione æterna; sic enim non potest dici quod Filius Dei, si sibi relinquatur, non habeat esse, cum a Patre recipiat illud idem esse, quod est Patris, quod est absolutum non dependens ab aliquo. Et secundum ista duo creatio dupliciter dicitur ex nihilo. Tum ita quod negatio negat ordinem creationis importare per hanc præpositionem *ex* ad aliquid præexistens, ut dicatur

132. Quatre arguments de S. Thomas. — Tout ce qui est imparfait en son genre, vient de ce qui est le plus parfait dans ce genre, or toutes les choses de ce monde ont l'être, mais seulement par participation, c'est-à-dire à un certain degré, avec certaines imperfections; elles ont donc reçu l'être de la cause première, qui est seule l'Être absolument parfait. Or ce qui a reçu l'être avec tout ce qu'il renferme, de la cause première, a été créé par elle, car créer n'est autre chose que donner à une chose tout son être. — C'est aussi un principe généralement admis, que toute cause efficiente agit d'une manière conforme à sa nature. Une cause, qui est elle-même composée de *matière* et de *forme*, ou plutôt qui n'est en *acte* que par l'union d'une *forme* à la *matière*, ne peut agir à son tour qu'en donnant à la *matière* une certaine *forme*. Son activité se réduit à mettre quelque chose en mouvement, non à créer. Au contraire, la cause efficiente qui est tout en *acte*, agira en mettant en *acte* ce qui était en *puissance*, en donnant aux choses tout leur être, *matière et forme*, ce qui s'appelle

---

esse ex nihilo, quia non est ex aliquo præexistente, et hoc quantum ad primum. Tum ita quod remaneat ordo creationis ad nihil præexistens ut affirmatus, ut dicatur creatio esse ex nihilo, quia res creata naturaliter prius habet non esse quam esse. Et si duo hæc sufficiant ad rationem creationis, sic potest creatio demonstrari : et sic philosophi creationem posuerunt. Si autem accipiamus tertium oportere ad rationem creationis, ut scilicet etiam duratione res creata prius non esse quam esse habeat, ut dicatur ex nihilo quia est tempore *post nihil*, sic creatio demonstrari non potest, nec a philosophis conceditur, sed per fidem supponitur. (S., 2, dist. 1, q. 1, a. 1).

(132) Necesse est dicere omne ens, quod quocumque modo est, a Deo esse. Si enim aliquid invenitur in aliquo per participationem, necesse est quod causetur ab eo cui essentialiter convenit... Ostensum est autem... quod Deus est ipsum esse per se subsistens, et

créer. — Plus l'effet est étendu, plus la cause doit être élevée, mais l'être est ce qu'il y a de plus universel, par conséquent il doit y avoir, au-dessus de la cause qui ne donne que le mouvement, une cause qui a en elle-même le principe de l'être ; cette cause est Dieu, il s'ensuit que Dieu doit être regardé comme principe non seulement du mouvement, mais de tout être. — Enfin, comme la *matière* est ramenée par son union avec la *forme* à une espèce particulière, la production d'une chose par cette union est le fait de causes particulières, qui sont déterminées par leur nature à produire tel ou tel effet ; mais Dieu, cause universelle de tout être, n'agit point comme cause particulière, par conséquent il crée. Telles sont les preuves par lesquelles S. Thomas établit que le monde n'a pu être produit que par création. Toute autre théorie entraîne dans un labyrinthe de contradictions, d'où il est impossible à la raison de sortir.

133. Dieu crée par un acte libre. — L'acte créateur est-il libre ou nécessaire? S. Thomas a déjà résolu cette question en étudiant le mode de l'activité de

quod esse subsistens non potest esse nisi unum. Relinquitur ergo quod omnia alia a Deo non sint suum esse sed participent esse (Th., 1, q. 44, a. 1). — Quanto aliquis effectus est universalior, tanto habet propriam causam altiorem; quia quanto causa est altior, tanto ad plura virtus ejus extenditur. Esse autem est universalius quam moveri, sunt enim quædam entium immobilia.... Oportet ergo quod supra causam, quæ non agit nisi movendo et transmutando, sit illa causa quæ est primum essendi principium... Deus igitur non agit tantummodo movendo et transmutando. Omne autem quod non potest producere res in esse nisi ex materia præjacente, agit solum movendo et transmutando ; facere enim aliquid ex materia est per motum vel mutationem quamdam. Non ergo impossibile est producere res in esse sine materia præjacente. Producit igitur Deus res in esse sine materia præjacente (C. g., l. 2, c. 16).

Dieu *ad extra*. Tout ce que Dieu produit au dehors est l'œuvre de sa volonté guidée par son intelligence, or la volonté divine est libre, donc l'acte créateur est lui-même absolument libre. Dieu pouvait créer ou ne pas créer, créer ceci ou cela, d'une manière ou d'une autre, tout dépend de sa libre volonté.

134. Le pouvoir de créer n'appartient qu'à Dieu. — La puissance créatrice n'appartient qu'à Dieu seul. L'ordre des différentes activités est déterminé par l'ordre des causes ; l'activité de l'ordre le plus élevé doit donc appartenir exclusivement à la cause première. Or, la création est le genre d'activité le plus élevé et le plus parfait, puisqu'il n'en suppose aucun autre avant lui, et est au contraire présupposé à tout autre ; il ne peut donc convenir qu'à Dieu. On peut ajouter à cela que les effets les plus généraux se rattachent aux causes les plus générales, et l'effet le plus général à la cause première. Cet effet le plus général, c'est la production de l'être, par conséquent cette production ne peut être attribuée absolument qu'à Dieu. L'attribuer à une créature serait non seulement une erreur, mais une hérésie. Ce serait attribuer à cette créature l'honneur qui n'est dû qu'à Dieu, ce serait une idolâtrie.

135. Opinion de Pierre Lombard. — Quelques au-

(134) Cum secundum ordinem agentium sit ordo actionum, eo quod nobilioris agentis nobilior est actio, oportet quod prima actio sit primi agentis propria. Creatio autem est prima actio, eo quod nullam aliam præsupponit et omnes aliæ præsupponunt eam. Est igitur creatio propria Dei solius actio, quia est agens primum (C. g., l. 2, c. 21).

(135) Illud quod est proprius effectus Dei creantis est illud quod præsupponitur omnibus aliis, scilicet esse absolute. Unde non potest aliquid aliud operari dispositive et instrumentaliter ad hunc effectum, cum creatio non sit ex aliquo præsupposito, quod possit

teurs ont soutenu que Dieu pouvait communiquer aux créatures la puissance créatrice. Avicenne croit que Dieu a créé seulement la première intelligence, celle-ci la suivante, et ainsi de suite, jusqu'à la création de la matière des choses sublunaires. Le Maître des Sentences a adopté cette doctrine, en admettant qu'il est au moins possible que Dieu agisse de la sorte. Mais, dit S. Thomas, cela ne peut se soutenir. Car la cause instrumentale ne peut mettre en œuvre une faculté reçue de Dieu, que d'une manière conforme à sa propre nature, et par conséquent différente de la manière d'agir de Dieu. Or, supposons que Dieu communique à une créature la faculté de créer en tant que cause instrumentale ; celle-ci en créant devra exercer une activité conforme à sa nature. L'effet de cette activité serait, comme tel, distinct de celui auquel tend la cause principale, et devrait précéder ce dernier qui ne peut être atteint que par l'intermédiaire de la cause instrumentale. Or, que

disponi per actionem instrumentalis agentis (Th., 1, q. 45, a. 5). — Omne agens instrumentale exequitur actionem principalis agentis per aliquam actionem propriam et connaturalem sibi; sicut serra operatur ad perfectionem scamni secando. Si igitur aliqua creatura sit, quæ operetur ad creationem sicut instrumentum primi creantis, oportet quod hoc operetur per aliquam actionem debitam et propriam suæ naturæ. Effectus autem respondens actioni propriæ instrumenti est prior in via generationis, quam effectus respondens principali agenti; ex quo provenit quod primo agenti finis ultimus respondet; prius est enim sectio ligni, quam forma scamni. Oportebit igitur aliquid esse effectum per propriam operationem instrumentalis creantis, quod sit prius in via generationis, quam esse, quod est effectus respondens actioni primi creantis. Hoc autem est impossibile (C. g., l. 2, c. 21). — Successio propria est motui. Creatio autem neque est motus, neque terminus motus, sicut generatio. Igitur nulla est in ipsa successio (C. g., l. 1, c. 19). — Deus autem simul in esse produxit et creaturam et tempus (C. g., l. 2, c. 35. — S. 2, dist. 1, q. 1, a. 3. — Pot. q. 3, a. 4).

pourrait faire la cause instrumentale, quand il s'agit de créer? La création donne l'être, et l'être est nécessairement présupposé à la production de tout effet. L'activité de la cause instrumentale s'exercerait donc sur quelque chose qui n'aurait pas l'être, ce qui est impossible. Il y a donc contradiction flagrante à supposer qu'une cause instrumentale prête son concours à Dieu pour la création. Enfin la création ne peut être conçue comme un changement, un mouvement. Car tout changement suppose une chose capable de changer, tandis que la création ne suppose rien du tout. Les mouvements et les changements viennent après la création, ainsi que toute génération ou corruption, quand la force et la matière ont été produites. Et comme le temps est la forme essentielle du mouvement, il ne peut exister qu'avec lui. Avant la création il n'y a pas de temps, dans l'acte créateur il n'y a pas de succession; la création produit tout son effet *in instanti*.

136. La question de l'éternité du monde. — La dernière partie de la thèse de S. Thomas va maintenant nous occuper. D'après le saint Docteur, avons-nous dit,

---

(136) La question de la possibilité d'un monde éternel, quoique bien secondaire pour les philosophes chrétiens, a un intérêt spécial pour ceux qui ont à répondre aux objections des rationalistes modernes. Saisset, par exemple, dans ses *Méditations*, soutient que le monde créé est *nécessairement* éternel : ses sophismes sont réfutés par S. Thomas. Kant, dans les *Antinomies de la raison pure*, expose les preuves pour et contre l'éternité du monde, afin d'en conclure que la raison ne peut prouver la création. — S. Thomas n'examine pas ici si le monde, *tel qu'il est*, aurait pu exister de toute éternité, mais s'il est possible qu'une créature n'ait pas eu de commencement — an aliqua creatura fuerit ab æterno (Th., 1, q. 46, a. 2, ad 8). — Parmi les scolastiques du moyen âge, Albert le Grand, S. Bonaventure, Henri de Gand et beaucoup d'autres ont enseigné que Dieu n'a rien pu créer de toute éternité; Scot n'a pas osé sur ce

la raison peut bien démontrer la création *ex nihilo*, mais non la création *post nihilum*; elle ne peut prouver rigoureusement que le monde créé ait eu, comme tel, un commencement. Cette théorie comprend les points suivants : il n'est pas nécessaire que le monde, comme tel, soit éternel ; — mais il est possible qu'il n'ait pas eu de commencement ; — si le monde a réellement commencé, nous ne pouvons le savoir que par la révélation.

137. La raison ne peut pas prouver que le monde soit éternel. — Pour établir ces différents points, S. Thomas s'adresse d'abord à ceux qui prétendent que l'éternité du monde est un *postulatum* nécessaire de la raison, et leur prouve le contraire en réfutant leurs arguments. Les preuves de l'éternité du monde, dit-il, s'appuient sur deux suppositions. Les unes supposent que le monde n'a pas été créé, et n'ont par conséquent aucune valeur, puisque cette hypothèse n'est qu'une erreur effrayante aux yeux de la foi et de la raison. Les autres supposent la création, et néanmoins cherchent à appuyer l'éternité du monde sur des prémisses rationnelles. Mais s'il est nécessaire que le monde créé tout entier, ou qu'une

---

point contredire formellement S. Thomas. Parmi les néo-scolastiques, Sanseverino, Liberatore, Gonzalez, Zigliara se rangent à l'avis de S. Thomas; Tongiorgi, Stœckl, Dupont, P. van der Aa, Blanc, sont d'un avis contraire (Voir surtout Sanseverino, Elem. Cosmol., c. 7, n. 4. Blanc, Cosmol., c. 34).

(137) Si universitatem creaturarum vel quamcumque unam creaturam necesse est esse, oportet quod necessitatem istam habeat ex se vel ex alio. Ex se quidem eam habere non potest. Ostensum est enim quod omne ens oportet esse a primo ente... Si autem hæc necessitas est ab alio, oportet quod sit ab aliqua causa quæ sit extrinseca; quia, quidquid accipiatur intrinsecum creaturæ, habet esse ab alio. Causa autem extrinseca est vel efficiens vel finis. Ex

créature quelconque ait toujours existé, cette nécessité d'une existence éternelle vient ou de l'être en question, ou d'un autre. Elle ne peut venir de cet être lui-même, car tout ce qui est créé doit son origine au premier Etre, à Dieu, et ce qui n'a pas l'être par soi ne peut pas avoir en soi la nécessité de son être. La créature ne peut pas davantage recevoir d'une cause extérieure la nécessité d'exister. La cause efficiente ne pourrait produire cette nécessité que si elle agissait nécessairement, mais nous avons vu que la cause créatrice agit avec une liberté absolue. Quant à la cause finale, elle n'entraîne la nécessité de l'être, que si le but pour lequel les choses sont créées ne pouvait être atteint sans cela, comme, par exemple, la nourriture est nécessaire à l'entretien de la vie. Or, nous avons vu que le but de l'activité créatrice est la bonté de Dieu, et que celle-ci est tout aussi parfaite sans la création. La cause finale des choses créées n'entraîne donc aucune nécessité de leur existence. S'il n'y a pas de nécessité que le monde créé existe, on ne saurait soutenir qu'il a toujours *dû* exister, et les preuves qui tendent à cette conclusion sont dépourvues de toute valeur.

efficiente vero sequitur quod effectum necesse sit esse per hoc quod agentem necesse est agere... Si igitur agentem non necesse sit agere ad productionem effectus, nec effectum necesse est esse absolute. Deus autem non agit ex aliqua necessitate ad creaturarum productionem... Similiter nec necessitate dependente a causa finali. Ea enim quæ sunt ad finem, necessitatem a fine non recipiunt, nisi secundum quod finis sine eis vel non potest esse, vel non ita bene esse. Finis autem divinæ voluntatis, ex qua res in esse processerunt, non potest aliud esse quam sua bonitas, quæ quidem a creaturis non dependet... Non est igitur creaturam esse absolute necessarium; nec igitur necessarium est ponere creaturam semper fuisse (C. g., l. 2, c. 31).

138. Réfutation des objections. — Ceci posé, il est facile à S. Thomas de réfuter ses adversaires. « L'effet, disent-ils, est produit par l'activité de la cause, or l'activité de Dieu est éternelle, donc l'effet doit être éternel, le monde n'a pas commencé. » Mais, répond S. Thomas, l'éternité de l'effet ne résulte nullement ici de l'éternité de la cause. Car, Dieu agissant au dehors par son intelligence et sa volonté, l'effet extérieur est produit dans les conditions déterminées par l'intelligence et la volonté divine. Or, l'une de ces conditions est la durée de l'existence, cette durée n'est donc pas nécessairement éternelle, mais entièrement dépendante de la libre détermination de Dieu. — D'autres disent : « Le temps est éternel, par conséquent le monde, qui existe dans le temps, est éternel. » Mais, répond S. Thomas, s'il est vrai de dire que nous pouvons toujours, avant un instant de la durée, en supposer par la pensée un précédent, il ne s'ensuit pas que le temps n'ait pas eu de commencement, car ce moment précédent est quelque chose de purement imaginaire, comme l'espace que nous supposons au delà de celui du monde réel. — On dit enfin : « Ce qui existe a été en *puissance* avant d'être

---

(138) Non oportet quod si primi agentis actio sit æterna, ejus effectus sit æternus. Ostensum est enim quod Deus agit voluntarie in rerum productione, non autem ita quod sit aliqua actio ipsius media, sicut in nobis actio virtutis motivæ est media inter actum voluntatis et effectum; sed oportet quod suum intelligere et velle sit suum facere; effectus autem ab intellectu et voluntate sequitur, secundum determinationem intellectus et imperium voluntatis. Sicut autem per intellectum determinatur rei factio et quæcumque alia conditio, ita et præscribitur ei tempus... Nihil igitur prohibet dicere actionem Dei ab æterno fuisse, effectum autem ejus non ab æterno, sed tunc cum ab æterno disposuit (C. g., l. 2, c. 35). Vide plura in eod. op., c. 32 ad 38.

en *acte*; or, ce qui est en *puissance*, c'est la *matière*; donc la *matière* a été avant le monde. Mais la *matière* ne peut être sans *forme*, et la *matière* avec la *forme*, c'est le monde; donc le monde aurait été avant d'être, s'il avait commencé : ce qui implique contradiction. Le monde n'a donc pas pu commencer. » Toute cette argumentation, dit S. Thomas, repose sur une équivoque. Ce qui précède le monde, c'est la puissance métaphysique et active, non la *puissance* passive, qui est inutile, puisque Dieu tire le monde du néant. Or, la matière n'est que *puissance* passive, elle n'est donc pas antérieure au monde, et tout le raisonnement croule.

139. On peut prouver la possibilité de l'éternité du monde. — Comme on vient de le voir, on ne peut prouver rigoureusement que le monde ait dû être éternel, mais on peut prouver qu'il est possible en soi que le monde n'ait pas eu de commencement. C'est le second point de la thèse de S. Thomas. Ceux, dit-il, qui soutiennent l'impossibilité d'un monde éternel tiré du néant par la création, reconnaissent que cette impossibilité ne vient pas de Dieu. Elle vient donc de la création éternelle prise en elle-même, qui impliquerait contradiction. Or, cette contradiction ne peut

---

(139) Nulla causa producens effectum suum subito, necessario præcedit effectum suum duratione. Sed Deus est causa producens effectum suum non per motum, sed subito. Ergo non est necessarium quod duratione præcedat effectum suum. Primum patet per inductionem in omnibus mutationibus subitis, sicut est illuminatio, et hujusmodi. Nihilominus potest probari per rationem sic. In quocumque instanti ponitur res esse, potest poni principium actionis ejus, ut patet in omnibus generabilibus : quia in illo instanti in quo incipit ignis, incipit esse calefactio. Sed in operatione subita, simul, immo idem est principium et finis ejus, sicut in omnibus indivisibilibus. Ergo in quocumque instanti ponitur agens

être fondée que sur deux raisons : à savoir que la cause efficiente doit être antérieure à son effet, ou que le non-être doit être antérieur à l'être. La première affirmation est juste par rapport aux causes qui produisent leur effet par le mouvement successif, mais non par rapport aux causes dont l'effet est soudain. Ainsi, on ne peut pas dire que le soleil existe avant sa lumière, la cause et l'effet sont absolument simultanés. Il en est de même de la création qui est un effet instantané. Il n'est pas nécessaire de supposer que Dieu soit avant le monde, d'une priorité de temps. — Il n'est pas nécessaire davantage que le néant ait précédé l'être dans la durée; car dire qu'une chose est faite de rien, c'est dire qu'elle n'a pas été faite d'une autre; il ne faut donc pas supposer le rien comme précédent, mais bien plutôt que rien ne précédait dans la durée. Il suffit d'admettre une priorité d'ordre ou de nature, qui est indépendante de la priorité de temps. Il est bien naturel d'attribuer à un être d'abord ce qu'il a de soi, et ensuite ce qu'il reçoit d'un autre. Or, la créature n'est rien d'elle-même et reçoit de Dieu tout son être.

140. Réfutation des objections. — On voit, par ces raisonnements, que l'éternité du monde créé n'en-

producens effectum subito, potest poni terminus actionis suæ. Sed terminus est idem cum ipso facto. Ergo non repugnat intellectui, si ponatur causa, producens effectum suum subito, non præcedere duratione causatum suum (Opusc. de Æternitate mundi).
(140) In causis efficientibus impossibile est procedere in infinitum per se; ut puta, si causæ quæ per se requiruntur ad aliquem effectum multiplicarentur in infinitum; sicut si lapis moveretur a baculo, et baculus a manu, et hoc in infinitum. Sed per accidens in infinitum procedere in causis agentibus non reputatur impossibile; ut puta, si omnes causæ, quæ in infinitum multiplicantur, non teneant ordinem nisi unius causæ, sed earum multiplicatio sit

traîne pas de contradiction, qu'elle est possible. Mais on ne peut se dissimuler que la thèse opposée s'appuie sur des raisons assez fortes pour la rendre au moins vraisemblable. S. Thomas développe ces raisons, pour leur opposer les objections qui leur enlèvent toute force démonstrative. « Si le monde n'a pas eu de commencement, dit-on, la série des générations successives est infinie; or, cela contredit le principe que, dans une série de causes efficientes, on ne peut aller à l'infini. » Cette preuve, dit S. Thomas, confond deux choses différentes : les causes efficientes qui agissent ensemble, et celles qui agissent successivement. Le principe n'est juste que par rapport aux premières : l'action de l'une est une condition de l'action de l'autre; si l'on pouvait procéder à l'infini, il faudrait admettre une série infinie de causes existant simultanément. Mais, quand les causes agissent l'une après l'autre, il n'est pas impossible de procéder à l'infini, il n'y a jamais une série infinie de causes existant actuellement ensemble. — « Mais, ajoute-t-on, si le monde est éternel, au moment où nous sommes, il a déjà existé un nombre infini d'hommes. Et, comme les âmes humaines sont immortelles, il y a un nombre actuellement infini. »

---

per accidens; sicut artifex agit multis martellis per accidens, quia unus post alterum frangitur. Accidit ergo huic martello quod agat post actionem alterius martelli; et similiter accidit huic homini, in quantum generat, quod sit generatus ab alio; generat enim in quantum homo, et non in quantum filius alterius hominis. Omnes enim homines generantes habent gradum unum in causis efficientibus, scilicet gradum particularis generantis. Unde non est impossibile quod homo generetur ab homine in infinitum; esset autem impossibile, si generatio hujus hominis dependeret ab hoc homine, et a corpore elementari, et a sole, et sic in infinitum (Th., 1, q. 46, a. 2).

Pourquoi pas? répond S. Thomas. Est-il prouvé que Dieu ne puisse pas réaliser un nombre infini de créatures? Et si cela est impossible, accordons que la création de l'homme a eu un commencement à un moment déterminé, que le nombre des âmes n'est pas infini, mais il nous suffit que Dieu ait pu donner au reste du monde une existence éternelle. — Il est évident, dit-on encore pour attaquer la thèse, qu'on ne peut traverser l'infini. Or, si le monde est éternel, il y a eu jusqu'à présent un nombre infini de jours, ces jours sont passés, l'infini a été traversé. Le passage, répond S. Thomas, s'entend d'un terme à un autre, d'un point de départ à un point d'arrivée. Or, quel que soit le jour passé qu'on prenne pour point de départ, il n'y a qu'un nombre fini à traverser pour arriver au jour présent. L'argument suppose qu'entre le point de départ et le jour présent, les jours écoulés forment un nombre infini; cela n'est pas, car cette série infinie commencerait au *premier* jour du monde, et, s'il n'y a pas eu de commencement, il n'y a pas eu de *premier* jour.

141. La foi nous enseigne que le monde a eu un commencement. — Quel est le résultat de cette discussion des preuves pour et contre l'éternité du monde? C'est que la raison ne peut démontrer rigou-

---

(141) Mundum non semper fuisse sola fide tenetur, et demonstrative probari non potest. Et hujus ratio est quia novitas mundi non potest demonstrationem recipere ex parte ipsius mundi. Demonstrationis enim principium est *quod quid est*. Unumquodque autem secundum rationem suæ speciei abstrahit ab hic et nunc, propter quod dicitur quod universalia sunt ubique et semper. Unde demonstrari non potest quod homo, aut cœlum, aut lapis non semper fuit. Similiter etiam neque ex parte causæ agentis, quæ agit per voluntatem. Voluntas enim Dei ratione investigari non potest,

reusement que le monde ait commencé ; pour avoir la certitude sur ce point, il faut recourir à la révélation. Que le monde ait pu avoir un commencement, la raison est en état de le démontrer, puisqu'aucune preuve n'établit péremptoirement qu'il doive nécessairement être éternel. Mais cette même raison est impuissante à prouver que le monde ait dû nécessairement avoir un commencement, puisqu'elle se heurte toujours à la possibilité de son éternelle durée. De fait, une preuve rigoureuse du commencement du monde devrait se tirer ou de la nature même du monde, ou de celle de Dieu. On ne peut la tirer de la nature du monde, car une preuve de ce genre est basée sur l'essence de la chose en question ; or les essences sont conçues indépendamment de toute détermination individuelle, et par conséquent de toute durée. On ne peut pas plus la tirer de la nature de Dieu, car la volonté de Dieu ne peut être scrutée par la raison humaine, si ce n'est dans les choses qui en découlent nécessairement. Mais la création n'est imposée à Dieu par aucune loi nécessaire ; elle résulte uniquement de sa libre détermination. Il est donc impossible à la raison de démontrer que le monde a eu un commencement : c'est une vérité de foi, un mystère, aussi bien que la sainte Trinité. On peut

---

nisi circa ea quæ absolute necesse est Deum velle. Talia autem non sunt quæ circa creaturas vult. Potest autem voluntas Dei homini manifestari per revelationem, cui fides innititur. Unde mundum incepisse est credibile, non autem demonstrabile vel scibile. — Et hoc utile est ut consideretur, ne forte aliquis quod fidei est demonstrare præsumens, rationes non necessarias inducat, quæ præbeant materiam irridendi infidelibus existimantibus nos propter hujusmodi rationes credere quæ fidei sunt (Th., 1, q. 46, a. 2. — C. g., l. 2, c. 38. — Quodl., 3, a. 31).

toutefois, comme pour les autres dogmes révélés, trouver ici des preuves de convenance. La principale se tire du but de la création, qui est la manifestation de la bonté de Dieu. Cet attribut éclate d'une manière bien plus manifeste, s'il n'y a pas toujours eu des créatures; on voit mieux qu'elles n'ont reçu l'être que de Dieu, qu'elles le doivent à sa bonté. On comprend mieux aussi la toute-puissance et la liberté absolue du Créateur. — Faisons maintenant un pas en avant, et envisageons la création d'abord dans son ensemble et d'une manière générale.

142. Faux systèmes sur l'origine de la variété des créatures. — Nous savons que la *matière première* ne peut exister un instant seule, puisqu'elle n'est qu'un être en *puissance*, le terme immédiat de la création des corps n'est pas seulement la *matière*, mais le composé de *matière* et de *forme*. Il y a plusieurs espèces de choses matérielles, et plusieurs individus dans ces espèces. La variété des espèces vient de la variété des *formes;* la variété des individus vient de la *matière* qui leur est départie (*materia signata*). Mais quelle est, en dernière analyse, la cause de cette variété? S. Thomas commence par réfuter les anciens philosophes de l'école ionienne, d'après lesquels la variété des êtres dépendait uniquement de la densité ou de la raréfaction d'une même matière, en dehors de toute action d'une cause première; il réfute Anaxa-

---

(142) Materia prima non potest præfuisse per seipsam ante omnia corpora formata, cum non sit nisi in potentia tantum; omne enim esse in actu est ab aliqua forma... Esse non convenit formæ tantum, nec materiæ, sed composito. — Quod ex uno non fiat nisi unum non oportet, nisi quando agens ad unum effectum determinatur. Non oportet igitur dicere quod quia Deus est unus et omnino simplex, ex ipso multitudo provenire non possit nisi median-

gore, qui enseignait que tous les éléments constitutifs des corps, mélangés d'abord ensemble, avaient été séparés par l'intelligence, placée au-dessus d'eux; il réfute Empédocle, qui avait imaginé deux causes de la diversité des êtres : l'amour et la haine ; il réfute Origène, qui faisait dépendre cette diversité des mérites ou des fautes des créatures raisonnables ; il réfute Avicenne, qui expliquait la chose par le plus ou moins grand éloignement des créatures par rapport à Dieu, dans l'échelle de la création. En discutant cette dernière théorie, S. Thomas fait remarquer qu'elle part de l'idée que Dieu ne pourrait créer qu'une seule chose, et que la multiplicité sortirait ensuite de cette unité première. Cette idée est fausse, car plus une force est simple, plus elle peut s'étendre à de nombreux effets. Le principe qu'une seule cause ne produit qu'un effet est vrai, si la cause est nécessairement déterminée à la production de cet effet; mais ce n'est pas le cas pour Dieu. De plus, la multitude et la variété des créatures, avec l'ordre qui y règne, contribuent à la beauté, à la perfection de l'univers; on ne peut donc les expliquer par un éloignement progressif de Dieu, c'est-à-dire par une diminution constante de perfection. Ce qui est perfection dans l'effet doit être rapporté à la perfection de la cause, par conséquent doit être attribué immédiatement à Dieu.

143. La variété des créatures manifeste les perfec-

---

tibus aliquibus ab ejus simplicitate deficientibus. — Specierum distinctio est a forma, singularium autem ejusdem speciei a materia (C. g., l. 2, c. 39, 42, 43. — Pot., q. 4, a. 1).

(143) Cum omne agens intendat suam similitudinem in effectum inducere, secundum quod effectus capere potest, tanto hoc agit

tions de Dieu. — Voici maintenant la réponse directe à la question. C'est en Dieu même qu'il faut chercher la raison de la multitude et de la variété des créatures. Toute cause efficiente tend à produire un effet qui lui ressemble, autant du moins que l'effet en est capable ; et plus la cause sera parfaite, plus devra être grande la ressemblance exprimée par l'effet. Mais Dieu est la plus parfaite des causes, il doit donc tendre à réaliser dans la création la plus parfaite ressemblance de son être, autant que le permet la nature des créatures. Or, les créatures ne peuvent reproduire les perfections divines que par l'immense variété de leurs espèces, car la cause étant infiniment au-dessus de l'effet, ce qui est un en elle ne peut se manifester que par des effets multiples et variés. En outre, la perfection de l'ordre où s'harmonise la variété des êtres, est quelque chose de bien supérieur à la perfection des êtres pris séparément ; pour que l'œuvre de Dieu fût parfaite, il lui fallait donc la multitude et la variété des espèces.

144. Deux grandes divisions : le monde des esprits et le monde des corps. — La perfection de l'œuvre du Créateur exige encore que la création ne se borne

perfectius, quanto agens perfectius est... Deus autem est perfectissimum agens. Suam igitur similitudinem in rebus creatis ad eum pertinebat inducere perfectissime, quantum naturæ creaturæ convenit. Sed perfectam Dei similitudinem non possunt consequi res creatæ secundum unam solam speciem creaturæ, quia, cum causa excedat effectum, quod est in causa simpliciter et unite, in effectu invenitur composite et multipliciter, nisi effectus pertingat ad speciem causæ, quod in proposito dici non potest; non enim creatura potest Deo esse æqualis. Oportuit igitur esse multiplicitatem et varietatem in rebus creatis, ad hoc quod inveniretur in eis similitudo perfecta Dei secundum modum suum (C. g., l. 2. c. 45).

(141) Tunc effectus maxime perfectus est, quando in suum redit

pas aux êtres matériels, mais qu'il y ait aussi des créatures spirituelles, intelligentes. Car la perfection de l'effet est de retourner à son principe. Pour que le monde créé soit parfait, il faut donc qu'il puisse retourner à Dieu comme à son principe. C'est ce qui aura lieu si les choses créées ont dans leur nature même la ressemblance divine. Et comme Dieu est une nature intelligente, il faut qu'il y ait dans l'univers des êtres doués d'intelligence, des esprits. En outre, on sait que l'activité ajoute à l'être une nouvelle perfection; pour que cette perfection ne manque pas au monde, il faut qu'on y trouve des êtres capables de s'élever jusqu'à Dieu par l'exercice de leur activité. Or cette activité ne peut être que celle de l'intelligence et de la volonté, car il n'y a pas en Dieu lui-même d'autre activité immanente. L'intelligence et la volonté ne peuvent appartenir qu'à des êtres spirituels; il faut donc qu'il y ait des esprits dans le monde. Nous avons donc à distinguer dans l'univers le monde des esprits et le monde des corps. Il faut nous demander maintenant quelle est l'organisation intime de chacun d'eux, et dans quelles relations ils se trouvent l'un par rapport à l'autre.

145. Le monde corporel est subordonné à l'homme.

principium; unde et circulus inter omnes figuras, et motus circularis inter omnes motus est maxime perfectus, quia in eis ad principium reditur. Ad hoc igitur quod universum creaturarum ultimam perfectionem consequatur, oportet creaturas ad suum redire principium. Redeunt autem ad suum principium omnes et singulæ creaturæ, in quantum sui principii similitudinem gerunt secundum suum esse et suam naturam, in quibus quamdam perfectionem habent.... Cum igitur intellectus Dei creaturarum productionis principium sit, necesse fuit ad creaturarum perfectionem, quod aliquæ creaturæ essent intelligentes (Ibid., c. 46).

(115) Ultimus generationis totius gradus est anima humana et in

— L'organisation du monde des corps consiste dans la subordination admirable des genres et des espèces, due à la subordination des *formes* respectives. Au bas de l'échelle se trouvent les premiers éléments ou corps simples, puis les corps composés, les plantes, les animaux, et au sommet l'homme. Le but suprême de toutes les énergies de la *matière* est de s'unir à la plus parfaite des *formes,* qui est l'âme humaine ; l'homme est ainsi le but dernier de toute génération, et en tant que les corps célestes, par leurs révolutions autour de la terre comme centre, concourent à la génération dans le monde sublunaire, ils ont aussi l'homme pour but.

146. L'homme est le trait d'union entre l'esprit et la matière. — Il n'en est pas de même de l'organisation du monde spirituel. Tous les êtres spirituels ne forment qu'un même genre, et dans ce genre les espèces ne comprennent pas plusieurs individus, mais chaque individu forme à lui seul son espèce, car on sait que la différence individuelle des êtres de même espèce vient de la *matière*, et les êtres spirituels sont des *formes* qui subsistent sans *matière*. Quelle sera donc l'organisation du monde des esprits?

---

hanc tendit materia sicut in ultimam formam. Sunt ergo elementa propter corpora mixta, hæc propter viventia, in quibus plantæ sunt propter animalia, animalia propter hominem; homo enim est finis totius generationis (C. g., l. 3, c. 22).

(146) Quæcumque sunt idem specie, differentia autem numero, habent materiam. Differentia autem quæ ex forma procedit, inducit diversitatem speciei; quæ autem est ex materia, inducit diversitatem secundum numerum; substantiæ autem separatæ non habent omnino materiam, neque quæ sit pars earum, neque cui uniantur ut formæ. Impossibile est igitur quod sint plures ejusdem speciei (C. g., l. 2, c. 93). — De hierarchiis angelorum, cf. Th., I, q. 108. — De relatione hominis ad alias creaturas, C. g., l. 3, c. 81.

La révélation va nous l'apprendre. Neuf ordres d'anges se succèdent, depuis les séraphins jusqu'aux anges proprement dits, qui sont les moins parfaits, et ces neuf ordres se partagent en trois hiérarchies, composées chacune de trois ordres. Mais la série des êtres spirituels ne s'arrête pas aux anges; il faut un trait d'union entre l'esprit et la matière pour qu'il n'y ait point de lacune dans la création. Il y a, au-dessous de l'ordre inférieur des anges, d'autres esprits, unis immédiatement à la matière : ce sont les âmes humaines. Ainsi les deux mondes, visible et invisible, se réunissent dans l'homme, qui occupe le dernier rang parmi les esprits, et le premier parmi les êtres sensibles : esprit et corps tout ensemble, il rattache l'un à l'autre les deux pôles de la création.

147. Dieu gouverne tout par sa Providence. — Dans quel rapport Dieu se trouve-t-il avec le monde après l'avoir créé? Par sa Providence, il le régit et le gouverne dans son ensemble, et il dirige chaque être à sa fin. Le but de la création est de manifester la bonté de Dieu par le moyen des créatures. Or, tout ce qui est ordonné à un but, est sous la dépendance de celui qui a fixé ce but à atteindre, c'est à lui de tout diriger. C'est précisément là la notion de la Providence. Par rapport au monde, Dieu n'est donc pas seulement créateur, mais moteur, et comme son activité n'est pas nécessitée, mais intelligente et libre, c'est aussi par son intelligence et sa volonté qu'il régit le monde. Jamais les parties du monde ne formeraient un tout et ne réaliseraient dans l'unité de ce tout la fin de leur existence, si elles n'étaient dirigées par Dieu. On ne peut donc pas douter de la Providence.

148. Dieu conserve l'être à chaque créature. — Ce gouvernement suprême du monde suppose que Dieu conserve tous les êtres. En effet, les choses créées concourent à réaliser le plan de Dieu, à manifester sa bonté, non seulement par leur activité, mais encore par leur être, car il y a dans cet être une représentation de la bonté divine. Du reste, la conservation d'une chose n'est autre chose que la continuation de la durée de son être ; or, ce qui est cause de l'être en général est cause de sa durée ; c'est donc à Dieu qu'il appartient de conserver aux créatures l'être qu'il leur a donné.

149. Dieu concourt à l'activité de ses créatures. — Il suit de là que toutes les choses créées, qui agissent pour produire un être substantiel ou accidentel, ne produisent réellement leur effet qu'en vertu de la force qui leur est communiquée par l'activité même de Dieu. Et comme toute activité créée est cause, en un certain sens ; il faut admettre que toute l'activité des créatures se rattache à l'activité de Dieu comme à sa cause efficiente. Les créatures sont dans la main de Dieu comme la cause instrumentale par rapport à la cause principale ; Dieu est plus cause de l'action des créatures que les créatures elles-mêmes.

---

(148) Secundum hoc aliqua regi vel gubernari dicuntur, quod ordinantur in finem. In finem autem ultimum quem Deus intendit, scilicet bonitatem divinam, ordinantur res non solum per hoc quod operantur, sed per hoc quod sunt.. Ad divinam igitur providentiam pertinet quod res conserventur in esse (C. g., l. 3, c. 65). — Th., 1, q. 103, a. 3. — Ver., q. 5, a. 3).

(149) Nihil dat esse nisi in quantum est ens actu. Deus autem conservat res in esse per suam providentiam. Ex virtute igitur divina est, quod aliquid det esse (C. g , l. 3, c. 66). — Quia Deus

150. L'action de Dieu ne détruit pas celle de la créature. — Est-ce à dire qu'il n'y ait plus d'activité propre aux créatures, plus de causalité dans le monde, que la causalité divine? Non. Car, avant tout, il serait contraire à la sagesse du Créateur qu'il y eût dans son œuvre quelque chose d'inutile. Or, si les causes créées n'étaient pour rien dans la production de l'effet qu'on leur attribue, elles n'auraient pas la moindre raison d'être. On ne verrait pas non plus, en ce cas, la diversité des effets se proportionner à la diversité des causes. Enfin les créatures ne seraient plus l'image de Dieu, car Dieu n'a pas seulement l'être, mais l'activité causatrice. Pour apprécier le rapport qu'il y a entre l'action de Dieu et celle de la créature dans la production de l'effet attribué à celle-ci, il faut distinguer entre l'être qui agit et la force en vertu de laquelle il agit. L'être créé agit en vertu d'une force qui est dans sa nature, et cette force est dans la dépendance d'une force plus élevée, qui est l'activité divine ; de même qu'un instrument produit son effet par une force qui lui est propre, et qui cependant est dans la dépendance de celui qui manie l'instrument. L'effet d'une cause créée ne doit donc pas être attribué partie à celle-ci et partie à Dieu, mais tout entier à l'action de la créature et tout entier à l'action de Dieu, quoique d'une manière différente.

est proprie causa ipsius esse universalis in rebus omnibus, quod inter omnia est magis intimum rebus ; sequitur quod Deus in omnibus intime operetur (Th., 1, q. 105, a. 5).

(150) Deum operari in quolibet operante aliqui sic intellexerunt, quod nulla virtus creata aliquid operaretur in rebus... Hoc autem est impossibile... quia virtutes operativæ, quæ in rebus inveniuntur, frustra essent rebus attributæ, si per eas nihil operarentur. (Ibid.).

151. Le concours de Dieu ne détruit pas la liberté de l'homme. — Ce principe est universel et s'applique aussi à l'activité humaine. Il serait faux de dire que Dieu nous donne et nous conserve la faculté de vouloir, mais qu'il n'agit pas comme cause sur l'acte de la volonté. Au contraire, l'homme ne peut vouloir qu'en vertu de l'action de Dieu ; Dieu est cause non seulement de la volonté, mais du vouloir. La liberté n'a rien à y perdre, car Dieu agit, par l'intermédiaire des causes créées, d'une manière conforme à leur nature, et, puisque notre volonté est libre, Dieu produit en nous une détermination libre.

152. La Providence s'étend à chaque chose en particulier. — Revenons à la Providence considérée en général, et voyons comment elle s'étend aussi aux faits particuliers. Comment Dieu pourrait-il tout gouverner en général, s'il ne dirigeait chaque chose en particulier? Le général n'existe que dans le particulier; la Providence ne peut régler l'un sans l'autre.

(151) Deus non solum dat rebus virtutem, sed etiam nulla res potest propria virtute agere, nisi agat in virtute ipsius. Ergo homo non potest virtute voluntatis sibi data uti, nisi in quantum agit virtute Dei.... Deus igitur est causa nobis non solum voluntatis, sed etiam volendi..... Facit nos velle hoc vel illud (C. g., l. 3, c. 89). — Deus operatur in omnibus, ita tamen quod in unoquoque secundum ejus conditionem. Unde in rebus naturalibus operatur sicut ministrans virtutem agendi, et sicut determinans naturam ad talem actionem : in libero autem arbitrio, hoc modo agit ut virtutem agendi sibi ministret, et ipso operante liberum arbitrium agat; sed tamen determinatio rationis et finis in potestate liberi arbitrii constituitur (S. 2, dist. 25, a. 1, ad 2). — Movendo causas voluntarias [Deus] non aufert quin actiones earum sint voluntariæ, sed potius hoc in eis facit, ... sicut naturalibus causis movendo eas non aufert quin actus earum sint naturales (Th., 1, q. 83, a. 1. — C. g., l. 3, c. 148. — S. 1, dist. 39, q. 2, a. 2. — Ver., q. 5, a. 3-7).

(152) Necesse est dicere omnia divinæ providentiæ subjacere, non

Dieu agit positivement avec toutes les causes créées, celles-ci sont donc, toutes en détail, réglées par la Providence divine. Dieu connaît tout en particulier, sa toute-puissance lui permet de s'occuper de tout. S'il ne le faisait pas, c'est qu'il ne le voudrait pas; or il veut réellement que chaque être participe à sa bonté; les soins de sa Providence s'étendent donc à chaque chose en particulier pour les conduire toutes à leur fin. La Providence divine atteint donc chaque être en particulier, non pas médiatement, comme le veut Platon, mais immédiatement. L'ordre des détails secondaires ne vient pas de causes intermédiaires, mais de Dieu lui-même. De même qu'il connaît tout immédiatement, de même il veut l'ordre qui règne partout, puisque c'est pour réaliser cet ordre qu'il a tout créé.

153. Les causes secondes concourent à l'exécution du plan divin. — Mais il y a une distinction à faire entre l'ordre lui-même et l'exécution, la réalisation de cet ordre. L'ordre lui-même est l'œuvre de l'intelligence unie à la volonté, l'exécution est le fait de la puissance, de l'opération divine. Pour ce qui regarde le plan ordonnateur, sa perfection sera d'autant plus grande que tous les détails y seront prévus. Quant

---

in universali tantum, sed etiam in singulari. Cum enim omne agens agat propter finem, tantum se extendit ordinatio effectuum in finem, quantum se extendit causalitas primi agentis.... Causalitas autem Dei se extendit usque ad omnia entia, non solum quantum ad principia speciei, sed etiam quantum ad individualia principia. Unde necesse est omnia quæ habent quocumque modo esse ordinata esse a Deo (Th., 1, q. 22, a. 2. — C. g., l. 3, c. 76).

(153) Ad providentiam duo pertinent, scilicet ratio ordinis rerum provisarum in finem, et executio hujus ordinis, quæ gubernatio dicitur. Quantum igitur ad primum horum, Deus immediate omnibus providet, qui in suo intellectu habet rationem omnium etiam mi-

à l'exécution, la perfection de l'œuvre n'exige pas que tous les effets particuliers, jusqu'aux plus petits, soient produits immédiatement par Dieu; au contraire, c'est une preuve de perfection, que les moindres effets soient produits par des causes subordonnées au principe supérieur de l'ordre, et mises en jeu par lui. On comprend donc que dans le plan divin, tout soit prévu immédiatement par Dieu, mais que, dans l'exécution, les moindres effets soient produits par des forces qui agissent en vertu de la puissance divine, et qui sont conduites par elle. Ainsi le veut la perfection même de la divine Providence. Et pour que l'ordre soit parfait, il faut qu'il y ait entre les causes elles-mêmes une subordination continue, en vertu de laquelle les inférieures obéissent aux supérieures, comme celles-ci obéissent à Dieu.

154. Les intelligences supérieures agissent sur les autres. — Les êtres les plus élevés, et les plus rapprochés de Dieu par leur nature, sont les esprits, les substances intellectuelles. Ce sont donc aussi les causes les plus hautes auxquelles puisse être confiée l'exécution du plan de la Providence, la conduite des créatures inférieures. Elles seules sont actives par elles-mêmes, réglant leurs actes par leurs déterminations libres, et comme ce qui est *par soi* doit être

---

nimorum; et quascumque causas aliquibus effectibus præfecit, dedit illis virtutem ad illos effectus producendos. Unde oportet quod ordinem illorum effectuum in sua ratione præhabuerit. Quantum autem ad secundum, sunt aliqua media divinæ providentiæ, quia inferiora gubernat per superiora, non propter defectum suæ virtutis, sed propter abundantiam suæ bonitatis, ut dignitatem causalitatis etiam creaturis communicet (Th., 1, q. 22, a. 3. — C. g., l. 3, c. 77 et 78).

(154) Th., 1, q. 108. — C. g., l. 3, c. 81 et 82, 88 et 89. — S. 2, dist. 9 et 11.

considéré comme cause de ce qui est *par autrui*, les esprits sont nécessairement les causes motrices et directrices des êtres qui ne peuvent pas se mouvoir par eux-mêmes. Il y a aussi parmi les esprits une subordination de dignité, puisque tous n'ont pas la même perfection d'intelligence ; par conséquent les ordres supérieurs des anges agissent tour à tour sur les inférieurs, jusqu'aux derniers dont l'action s'exerce sur les hommes. Cette action n'est pas de nature à déterminer la volonté de l'homme, elle se borne à éclairer l'intelligence en lui montrant un bien vers lequel la volonté pourra se porter. De même que les anges agissent sur les hommes, ainsi parmi les hommes, ceux qui l'emportent par l'intelligence sont appelés à agir sur ceux qui ont moins d'intelligence et plus de force corporelle. S'il en est autrement, il en résulte dans la société un désordre, que permet la Providence.

155. Les astres agissent sur les corps terrestres. — Si nous descendons de l'homme aux êtres purement corporels, nous voyons encore que les êtres inférieurs subissent l'influence des êtres supérieurs, que le mouvement des corps terrestres subit l'influence des corps célestes. Il n'y a dans le mouvement des corps célestes ni augmentation, ni diminution, ni altération, c'est un mouvement local. Or le mouvement local est le premier des mouvements, celui qui est présupposé à tout autre. Parmi les mouvements de ce genre, le mouvement circulaire est le plus parfait, surtout s'il est régulier et uniforme. C'est aussi le caractère du mouvement du ciel, par conséquent le

---

(155) Ibid., dist. 15.

mouvement du ciel est le premier de tous les mouvements. Mais ce qui est le premier dans un genre est cause de tout ce qui vient après dans ce genre ; le mouvement du ciel est donc cause de tous les autres mouvements dans le monde des corps, tous les corps inférieurs suivent le mouvement du ciel, toute génération et corruption sur la terre est déterminée par le mouvement des corps célestes.

156. Les astres n'agissent qu'indirectement sur l'âme de l'homme. — Toutefois cette influence ne s'exerce que sur les corps, elle ne peut agir directement sur notre intelligence, et moins sur notre volonté. On ne peut admettre ici qu'une action indirecte : les corps célestes, en produisant certaines bonnes dispositions de nos organes, favorisent l'activité intellectuelle, et prédisposent la volonté à se porter vers tel ou tel objet.

157. Le monde pourrait être plus parfait. — Ainsi l'ordre le plus parfait règne dans le monde, car Dieu qui est le souverain bien ne peut agir que parfaitement. Ce n'est pas à dire que Dieu soit tenu de créer le plus parfait absolument de tous les mondes possibles, car alors il ne serait plus en son pouvoir d'en pro-

---

(156) Nihil causatur ab aliquo corpore, nisi in quantum movet dum movetur: nihil autem movetur nisi corpus. Oportet ergo omne id quod recipit impressionem alicujus corporis esse corpus vel aliquam virtutem corpoream. Ostensum est autem quod intellectus neque est corpus neque virtus corporea. Impossibile est igitur quod corpora cœlestia directe imprimant in intellectum (C. g., l. 3, c. 84).

(157) Loquendo de bonitate accidentali, unicuique rei majorem bonitatem Deus conferre potuisset. Loquendo vero de bonitate essentiali, qualibet re creata meliorem aliam rem facere potuisset; non tamen potuit hanc rem facere esse majoris bonitatis, quia si adderetur ad bonitatem essentialem aliquid, non esset eadem res, sed alia (S. 1, dist. 44, q. 1, a. 1).

duire un autre, et S. Thomas enseigne formellement que Dieu pourrait créer d'autres mondes que celui qui existe. Cette affirmation, que l'ordre le plus parfait règne dans le monde, doit s'entendre d'une perfection relative : le monde, tel qu'il est, est parfaitement organisé pour atteindre le but voulu par Dieu. Mais, absolument parlant, Dieu aurait pu créer plus parfaits les êtres pris séparément, et l'univers lui-même. Il n'aurait pas pu créer les mêmes êtres avec une bonté essentielle ou une perfection naturelle plus grande, car dès qu'on ajoute quelque chose à l'essence d'un être, il n'est plus rigoureusement le même; mais il aurait pu les créer meilleurs et plus parfaits quant à leurs qualités accidentelles. Il aurait pu encore à la place de chaque être de ce monde en créer un d'une perfection plus élevée. Dieu aurait pu également créer le monde entier meilleur et plus parfait qu'il n'est, et cela sous deux rapports. La bonté, la perfection du monde consiste en deux choses : dans l'ordre des parties entre elles, dans l'ordre du tout par rapport au but. Sous le premier rapport, Dieu aurait créé le monde plus parfait en y faisant entrer un plus grand nombre d'êtres différents, ou en augmentant la bonté accidentelle de chacun d'eux; dans ces deux cas, l'ordre serait plus merveilleux. Sous le second rapport, le but considéré en lui-même ne saurait être meilleur, puisque c'est la bonté divine; mais si l'on considère la relation de l'ordre universel avec le but de la création, on comprend qu'un monde composé d'éléments plus parfaits réalise aussi d'une manière plus parfaite son but, car il manifeste à un plus haut degré la bonté de Dieu.

158. Le mal est permis comme occasion d'un plus

grand bien. — Malgré cela, il est toujours vrai de dire que le monde, tel qu'il est, est ordonné par Dieu de la manière la plus parfaite. Comment alors expliquer le mal? Si Dieu a tout fait pour le mieux dans le monde qu'il a créé, pourquoi n'en a-t-il pas banni le mal? Est-il possible de concilier la prescience divine avec l'existence du mal dans le monde, et avec la liberté de la volonté qui est cause du mal?

159. S. Thomas répond affirmativement sans hésiter. D'abord, dit-il, la Providence divine n'exige nullement que tout mal soit banni du monde. Car pour faire un monde parfait, il faut que les créatures soient disposées suivant une certaine gradation, qu'il y en ait de plus parfaites et de moins parfaites, sans quoi il ne serait plus possible de distinguer les genres et les espèces d'après leurs qualités respectives. Or, les êtres qui ne peuvent jamais faire le mal sont à un plus haut degré de perfection, et ceux qui peuvent y tomber sont à un degré inférieur. Il faut donc que ces deux degrés se retrouvent dans la création. Mais ce qui peut tomber dans le mal y tombe en réalité de temps en temps, de là l'existence du mal. La perfection de

---

(159) Perfectio universi requirit inæqualitatem esse in rebus ut omnes bonitatis gradus impleantur. Est autem unus gradus bonitatis ut aliquid ita bonum sit quod nunquam deficere possit. Alius autem gradus bonitatis est ut sic aliquid bonum sit quod a bono deficere possit; qui etiam gradus in ipso esse inveniuntur; quædam enim sunt quæ suum esse amittere non possunt, ut incorruptibilia; quædam vero sunt quæ amittere possunt, ut corruptibilia... In hoc autem consistit ratio mali, ut scilicet aliquid deficiat a bono. Unde manifestum est quod in rebus malum invenitur, sicut et corruptio (Th., 1, q. 48, a. 2. — S. 1, dist. 46, q. 1, a. 3). — Ad prudentem gubernatorem pertinet negligere aliquem defectum bonitatis in parte, ut fiat augmentum bonitatis in toto. Sed si malum a quibusdam partibus universi subtraheretur, multum deperiret perfectionis universi, cujus pulchritudo ex ordinata bonorum et ma-

la création laisse donc place à la possibilité du mal et à son existence réelle. En outre le bien du tout l'emporte sur le bien des parties, et il est d'un sage gouvernement de permettre un mal partiel pour le bien et la perfection du tout. Or, en permettant le mal, Dieu en tire un plus grand bien. Beaucoup de vertus morales ne trouveraient pas leur place dans ce monde, par exemple : la patience dans la souffrance, la justice dans la correction, si le mal ne se produisait jamais ; et dans l'ordre de la nature on ne verrait pas la génération des êtres, laquelle suppose la destruction d'une *forme* antérieure.

160. La Providence n'exclut pas la liberté. — Si la Providence n'exclut pas le mal, elle ne supprime pas davantage la liberté humaine. S'il n'y avait pas d'êtres libres, il manquerait au monde ce qu'il renferme de plus beau : la vertu, la justice, la prudence, car tout cela est impossible sans la liberté. Les actions libres de l'homme sont assurément contingentes, mais la prescience divine ne leur enlève pas ce caractère, car elle suppose l'action des causes secondes, et toute cause seconde est contingente. La

lorum adunatione consurgit, dum mala ex bonis deficientibus proveniunt, et tamen ex eis quædam bona consequuntur ex providentia gubernantis. Non igitur per divinam providentiam debuit malum a rebus excludi (C. g., l. 3, c. 71).

(160) Si libertas voluntatis tolleretur, multa bona subtraherentur ; tolleretur enim laus virtutis, quæ nulla est si homo libere non agat, tolleretur etiam justitia præmiantis et punientis, etc. Esset igitur contra Providentiæ rationem si subtraheretur voluntatis libertas. (C. g., l. 3, c. 73). — Manifestum est quod actiones malæ, secundum quod deficientes sunt, non sunt a Deo, sed a causis proximis deficientibus ; quantum autem ad id quod de actione et de entitate habent, oportet quod sint a Deo ; sicut claudicatio est a virtute motiva quantum ad id quod habet de motu, quantum autem ad id quod habet de defectu, est ex curvitate cruris (Ibid., c. 71).

contingence des actes libres n'est pas pour eux un défaut, mais une qualité, puisqu'elle montre qu'ils sont au pouvoir de la volonté, et que rien ne les nécessite. Objectera-t-on que Dieu ne peut pas concourir comme cause à des actes moralement mauvais? Il est facile de répondre que l'acte pris en lui-même a toujours quelque chose de bon ; le mal qui s'y joint est un défaut qui, comme tel, a pour cause le manque de rectitude de la cause seconde, et ne peut être attribué à la causalité divine.

161. Résumé. — S. Thomas a développé l'idée de Dieu et expliqué ses rapports avec le monde d'une manière admirable. Dans son Etre infini, Dieu est incompréhensible et inexprimable, voilà le principe lumineux que le saint Docteur a toujours devant les yeux quand il parle de Dieu. Partant de là, il a plongé sa pensée aussi avant que possible dans les profondeurs de l'Etre divin, assuré que plus il y découvrira de merveilles, plus il lui en restera encore à explorer. Le froid déisme de la philosophie arabe ne pouvait pas tenir contre cette plénitude de vie qui pénètre toute la théodicée de S. Thomas. Semblable à l'abeille qui butine sur les fleurs, S. Thomas avait su tirer des œuvres d'Aristote ce qu'elles contiennent de vérité, et rejeter hardiment comme inutile tout le reste, sans se laisser égarer par aucune autorité humaine, quelque imposante qu'elle parût. Il avait bien conscience du but qu'il fallait poursuivre pour satisfaire aux besoins de son époque. Il a jeté une lumière éclatante sur tous les points de la théodicée spéculative, que les péripatéticiens arabes avaient enveloppés d'erreurs. Personne n'a mieux précisé que lui la distinction entre les différents attributs de Dieu (*distinc-*

tio rationis cum fundamento in re). La science divine est bien pour lui la cause exemplaire des choses, mais la volonté divine en est la cause efficiente. Par là, l'idée de création est nettement déterminée, la complète liberté de l'acte créateur assurée, et le panthéisme idéaliste à jamais écarté. La Providence, comme la science divine, ne sont plus limitées au général, mais s'appliquent à tous les détails particuliers; toutes les créatures sont l'œuvre de Dieu, et sont dignes de ses soins; l'homme au premier rang. Le fatalisme oriental est également évité par la théorie du concours divin. Dieu agit comme cause première dans toutes ses créatures et avec elles, mais il n'agit pas seul, les causes secondes ont une activité réelle, que chacune exerce conformément à sa nature. La théodicée froide et abstraite des philosophes arabes ne pouvait tenir contre un tel système; aussi quelques efforts qu'elle fît pour pénétrer dans les écoles catholiques, elle ne réussit pas à se faire accepter d'une manière durable. Il y avait dans la doctrine de S. Thomas, spécialement dans sa théodicée, une puissance suffisante pour satisfaire pleinement la conscience chrétienne, et répondre aux exigences de la science. Elle pouvait résister aux coups de ses ennemis, elle y a résisté. Rien ne devait l'arrêter : accueillie avec enthousiasme par son siècle, elle a triomphé de tous les obstacles, et a exercé sur l'enseignement chrétien une influence qui devait durer jusqu'à nous.

CHAPITRE V

LES ANGES

162. Il doit exister de purs esprits. — Nous avons jusqu'à présent tracé les grandes lignes du système de S. Thomas; il nous faut entrer dans le détail, et parler d'abord des anges. S. Thomas, comme nous l'avons vu, admet comme un élément de la perfection de l'univers l'existence d'êtres spirituels et intelligents, d'une nature supérieure aux corps. A cette catégorie appartiennent les anges et les âmes des hommes, il y a donc lieu de donner des preuves spéciales de l'existence des anges ou *substances séparées*.

(162) Cum intelligere non sit actus corporis, nec alicujus virtutis corporeæ, habere corpus unitum non est de ratione substantiæ intellectualis in quantum hujusmodi; sed accidit alicui substantiæ intellectuali propter aliquid aliud; sicut humanæ animæ competit uniri corpori, quia est imperfecta et in potentia existens in genere intellectualium substantiarum, non habens in sui natura plenitudinem scientiæ, sed acquirens eam per sensus corporeos a sensibilibus rebus. In quocumque autem genere invenitur aliquid imperfectum, oportet præexistere aliquid perfectum in genere illo. Sunt igitur aliquæ substantiæ perfecte intellectuales in natura intellectuali, non indigentes acquirere scientiam a sensibilibus rebus. Non igitur omnes substantiæ intellectuales sunt unitæ corporibus, sed aliquæ sunt a corporibus separatæ, et has dicimus Angelos (Th., 1, q. 51, a. 1).

Tout ce qui convient à un genre convient aussi aux espèces qui le composent, mais ce qui se dit de chaque espèce ne peut pas toujours se dire du genre. Ainsi, de ce que les âmes humaines subsistent unies à des corps, il ne s'ensuit pas que toute substance intellectuelle soit destinée à la même union. Les âmes se séparent de leur corps à la mort; cette séparation n'est qu'accidentelle, mais ce qui est accidentel présuppose ce qui ne l'est pas, il y a donc des substances pour lesquelles cette séparation du corps est naturelle. L'union au corps est plutôt pour l'âme une imperfection, et cette imperfection suppose un degré plus parfait dans la série des êtres qui composent le genre, une espèce de *formes* complètes en dehors de toute *matière* : ce sont les anges. Il faut aussi se rappeler que la parfaite expression de la ressemblance de Dieu, qui est le but de la création, se réalise surtout dans les substances purement spirituelles, douées de l'activité intelligente et libre, et pouvant l'exercer sans aucune dépendance de la *matière*.

163 Les anges ne sont pas composés de matière et de forme. — Puisque les anges sont des créatures,

---

(163) Impossibile est unam esse materiam spiritualium et corporalium. Non enim est possibile quod forma spiritualis et corporalis recipiatur in una parte materiæ, quia sic una et eadem res numero esset corporalis et spiritualis. Unde relinquitur quod alia pars materiæ sit quæ recipit formam corporalem, et alia quæ recipit formam spiritualem. Materiam autem dividi in partes non convenit, nisi secundum quod intelligitur sub quantitate, qua remota, remanet substantia indivisibilis. Sic igitur remanet quod materia spiritualium sit substantia subjecta quantitati, quod est impossibile (Th., 1, q. 50, a. 2.) — Per applicationem virtutis angelicæ ad aliquem locum qualitercumque dicitur Angelus esse in loco corporeo... non ut contentum, sed ut continens aliquo modo (Ibid., q. 52, a. 1. — Quodl., 1, q. 3, a. 4. — Spir. a. 1).

leur être est distinct de leur essence ; ils participent à l'être, ils ne *sont* pas l'être. Mais ils ne sont pas composés de *matière* et de *forme*. Il est faux de supposer qu'une seule et unique *matière première* doive entrer dans la composition de tous les êtres sans exception. Il est également faux d'admettre deux espèces de *matière*, dont l'une serait destinée aux corps, l'autre aux esprits, car la *matière* ne peut se diviser en parties distinctes qu'autant qu'elle est déterminée par la quantité ; or les esprits ne rentrent pas dans la catégorie de la quantité. Les esprits sont donc de pures *formes* qui subsistent sans *matière*; par conséquent, ils n'ont pas avec l'espace les mêmes relations que les corps. Les anges ne sont pas présents partout, comme Dieu ; ce sont des créatures, des êtres limités, leur existence est restreinte à un lieu ; mais, tandis que le corps, en vertu de la quantité dimensive, est enfermé dans un certain lieu, l'ange contient plutôt, par la quantité virtuelle, le lieu où il se trouve. Un ange ne peut pas être en plusieurs lieux à la fois, plusieurs anges ne peuvent pas occuper en même temps le même lieu. Les anges peuvent passer d'un lieu dans un autre, quoiqu'ils ne se meuvent pas à la manière des corps. Leur mouvement se conçoit comme un contact avec des lieux différents ; il est continu ou non, suivant que ce contact est lui-même continu ou interrompu.

164. Les anges sont immortels. — De la nature purement spirituelle des anges résulte leur incorruptibilité, car toute corruption vient de ce que la *forme* se sépare de la *matière :* une *forme pure* ne peut pas cesser d'exister par une cause naturelle. Les anges ne peuvent pas être unis à un corps par une union naturelle et personnelle; si parfois ils prennent un corps, ils ne lui communiquent pas la vie; ce corps ne vit pas comme le corps de l'homme.

165. La vie des anges est de connaître et d'aimer. — La vie des anges est une vie toute spirituelle, qui ne peut consister qu'à connaître et aimer. La connaissance des anges est la plus parfaite dont un être spirituel soit capable, puisque les anges occupent le premier rang parmi les esprits. Toutefois cette connaissance est distincte de leur être, car en Dieu seul, en tant qu'*acte pur*, être et connaître sont une même chose. Il faut donc admettre, dans les anges, une faculté de connaître distincte de leur essence. Notre intelligence n'est pas toujours en activité; elle n'est d'abord qu'en *puissance* de connaître, puis elle passe à l'*acte*. Il n'en est pas de même de l'ange. Tout être vivant a une activité essentielle qui ne cesse de s'exercer, parce qu'elle constitue sa vie; par conséquent un pur esprit, dont la vie est exclusivement intellectuelle, ne peut vivre sans connaître. Son intelligence est toujours en activité.

166. L'ange se connaît directement par son essence. — Après ces considérations générales, il y a lieu de se demander d'abord comment l'ange se connaît lui-même. Si nous prenons pour terme de comparai-

---

(165) Omnis substantia vivens habet aliquam operationem vitæ in actu ex sua natura, quæ inest ei semper, licet aliæ quandoque insint ei in potentia. Substantiæ autem separatæ sunt substantiæ viventes, nec habent aliam operationem vitæ nisi intelligere. Oportet igitur quod ex natura sua sint intelligentes actu semper (C. g., l. 2, c. 97).

(166) Intellectus angeli non est in potentia respectu essentiæ ejus, sed respectu ejus semper est actu (Ver., q. 8, a. 6). — Unde sequitur quod per suam formam, quæ est sua substantia, seipsum intelligat (Th., 1, q. 56, a. 1).

son la connaissance que nous avons de nous-même, nous savons que si l'âme de l'homme ne se connaît pas par son essence, mais par son activité, c'est parce qu'elle a, outre la connaissance intellectuelle, des facultés sensibles, du jeu desquelles dépend sa science. La connaissance sensible précède la connaissance intellectuelle, et le premier acte de la raison est la connaissance de l'universel, abstrait des données des sens. Or, une faculté qui passe du repos à l'activité à la suite d'une excitation reçue du dehors, ne peut connaître cet objet extérieur ni se connaître elle-même, que par des idées tirées des données sensibles. Pour l'ange, c'est tout différent. Son activité intellectuelle est absolument indépendante des objets sensibles, il ne passe pas de la *puissance* de penser à l'*acte*, mais il est toujours en activité. Par conséquent, il connaît son essence, non par son activité, mais par sa seule présence. En effet, pour qu'une chose soit connue par sa seule présence, il faut qu'elle agisse sur la faculté, comme une *forme* de connaissance; or l'essence de l'ange est une pure *forme*, elle est donc intelligible en *acte*, et l'ange trouve en elle l'*espèce intelligible* par laquelle il se connaît lui-même. D'où il suit qu'il a constamment l'intuition directe de lui-même, qu'il ne peut pas exister sans se connaître.

167. L'ange reçoit directement de Dieu la connais-

---

(167) Ea quæ sunt infra angelum, et ea quæ sunt supra ipsum, sunt quodammodo in substantia ejus, non quidem perfecte, neque secundum propriam rationem, cum angeli essentia finita existens secundum propriam rationem ab aliis distinguatur, sed secundum quamdam rationem communem. In essentia autem Dei sunt omnia perfecte et secundum propriam rationem, sicut in prima et universali virtute operativa, a qua procedit quidquid est in quacumque re proprium vel commune. Et ideo Deus per essentiam suam habet

sance des objets extérieurs. — Si l'ange se connaît lui-même par sa propre substance, qui joue le rôle d'*espèce intelligible*, il n'en est pas de même relativement à la connaissance des autres êtres. Dieu seul connaît tout de cette manière, parce qu'il a en lui la plénitude de l'être, le type premier de toute réalité extérieure. L'ange, qui est une créature bornée, ne connaît par sa propre essence que ce qu'elle peut avoir de commun avec les autres êtres. Pour connaître ceux-ci avec leurs qualités propres, il a besoin d'avoir les idées de ces qualités. D'où lui viennent ces idées ou *espèces?* S'il s'agit des êtres matériels, il est clair que l'ange ne peut recevoir d'eux une impression sensible, puisqu'il n'a pas d'organes; il faut donc qu'il en reçoive directement la connaissance de Dieu. C'est-à-dire que Dieu doit mettre dans la nature angélique l'*espèce habituelle*, qui donne à la faculté intellectuelle le pouvoir de produire en elle-même la connaissance de l'objet. Nous acquérons nos idées petit à petit; l'ange est créé avec ses idées toutes faites. Il n'y a donc pas à distinguer dans l'intelligence angélique un intellect *agent* et un intellect *possible;* on ne fait cette distinction chez l'homme que parce qu'il tire ses connaissances des données sensibles. L'ange ne peut connaître non plus les subs-

propriam cognitionem de rebus omnibus, non autem Angelus, sed solum communem (Th., 1, q. 55, a. 1). — Potentia intellectiva in angelis naturaliter completa est per species intelligibiles connaturales, in quantum habent species intelligibiles connaturales ad omnia intelligenda quæ naturaliter cognoscere possunt... Suam perfectionem intelligibilem consequuntur per intelligibilem effluxum, quo a Deo species rerum cognitarum acceperunt simul cum natura intellectuali (Ibid., a, 2. — C. g., l. 2, c. 96. — Ver., q. 8, a. 9. — S. 2, dist. 3, q. 2. a 1). Cf. Scheeben, Dogmatik., l. 3, § 130.

tances spirituelles que par des idées innées reçues de Dieu. Ainsi, quand les choses ont été créées, elles ont reçu à la fois leur être réel, et un être idéal dans l'intelligence des anges. Quant à l'avenir, et aux déterminations libres des créatures, l'ange ne peut les connaître que par révélation, car cette connaissance n'appartient qu'à Dieu. Il faut en dire autant des mystères de la grâce. La connaissance des anges n'est pas discursive ; ils voient immédiatement, dans les idées que Dieu met en eux, toute l'essence des choses, leurs attributs et tout ce qui s'y rapporte, sans avoir recours au raisonnement. C'est la connaissance *intellectuelle* pure et simple.

168. Comment l'ange connaît Dieu. — Les anges connaissent Dieu, non pas immédiatement, mais par le moyen de leur propre essence. Aucune créature ne peut, par ses forces naturelles, connaître Dieu immédiatement tel qu'il est en lui-même. Mais l'ange, qui voit sa propre essence, la voit avec l'image de Dieu qui y est gravée, et par là s'élève à la connaissance de Dieu. Il se voit dépendant d'un être plus élevé, et il reconnaît l'existence de cet être, duquel il dépend ; puis en considérant plus à fond sa propre nature, il découvre les attributs correspondants de la nature divine.

169. L'ange est doué de volonté. — Avec l'intelligence l'ange a une volonté, il connaît le bien et peut

---

(168) Quia imago Dei est in ipsa natura angeli impressa, per suam essentiam angelus Deum cognoscit, in quantum est similitudo Dei. Non tamen ipsam essentiam Dei videt, quia nulla similitudo creata est sufficiens ad repræsentandam divinam essentiam (Th., I, q. 56, a. 3. — C. g., l. 3, c. 49).

(169) Solum id quod habet intellectum potest agere judicio libero,

y tendre. La volonté de l'ange est libre, car elle procède de l'intelligence, et partout où il y a intelligence il y a liberté. L'ange n'a point d'appétit irascible ni concupiscible, puisqu'il n'a rien de sensible. Mais comme il a volonté et liberté, il a deux tendances, l'une naturelle et nécessaire qui lui fait poursuivre sa fin ou le bonheur, l'autre élective qui lui fait choisir les moyens d'y arriver. Cette tendance a trois objets : l'ange s'aime lui-même, aime les autres créatures raisonnables, et Dieu par dessus tout.

170. Les bons et les mauvais anges. — Telle est la doctrine de S. Thomas relativement à la nature et aux facultés naturelles des anges. Nous ne ferons qu'indiquer ce qui a rapport au surnaturel. Les anges ont été créés dans la grâce, et élevés à l'état surnaturel au moment même de leur création. Mais ils n'ont pas possédé de suite la béatitude surnaturelle, ils ont dû la mériter par un acte d'amour et d'obéissance. Les uns ont fait cet acte, les autres s'y sont refusés : les premiers ont été admis au sein du bonheur éternel, où ils voient Dieu face à face, les seconds ont été condamnés au malheur éternel. Dans le ciel, les bons anges voient toutes choses dans le Verbe divin, où sont renfermées les idées-types de toutes les créatures, et ils aiment Dieu d'un amour surnaturel. Ils ne peuvent perdre leur bonheur, ni le voir augmenter.

in quantum cognoscit universalem rationem boni, ex qua potest, judicare hoc vel illud esse bonum. Unde ubicumque est intellectus, est liberum arbitrium (Th., 1, q. 59, a. 3).
(170) Th., 1, q. 60-62. — Ver., q. 8, a. 4. — Quodl., 9, a. 8.

CHAPITRE VI

L'HOMME

171. Idée de l'âme en général : l'âme est le premier principe de la vie. — Après avoir parlé des purs esprits, nous arrivons aux êtres composés d'un corps et d'une âme, c'est-à-dire à l'homme. La première question à examiner est celle-ci : « Que faut-il entendre, avec S. Thomas, par *âme* en général ? » C'est, répond le saint Docteur, le premier principe de la vie chez tous les êtres organisés de notre monde. Mais qu'est-ce que la vie ? La vie est une activité produite par un principe interne. Deux éléments sont requis pour qu'il y ait vie : là où il n'y a pas d'activité il n'y a pas de vie, et là où l'activité ne vient pas d'une force intérieure, il y a un semblant de vie, un mécanisme, mais ce n'est pas encore la vie véritable. La vie apparaît quand le mouvement vient d'un principe immanent, quand l'être se meut de lui-même. Le principe qui produit cette vie, c'est l'âme. Cependant toute vie n'a pas une âme pour principe : les anges

---

(171) Anima dicitur primum principium vitæ in his quæ apud nos vivunt (Th., 1, q. 75, a. 1). — Illud proprie vivere dicimus quod in se ipso habet principium motus vel oper nis cujuscumque (Ver., q. 4, a. 8. — S. 3, dist. 35, q. 1, a. 1. —   .a. 2, l. 5).

vivent, et on ne dit pas qu'ils ont une âme. De là cette restriction: l'âme est le principe intime de la vie dans les êtres corporels de ce monde, dans les êtres organisés. Mais dans un organisme vivant il y a bien des parties qui agissent comme principes de vie: l'œil est le principe de la vision, le cœur de la circulation du sang, pourquoi ne leur donne-t-on pas le nom d'âme? Parce que, s'ils agissent, ce n'est pas par eux-mêmes, mais par un autre principe; cet autre principe, c'est l'âme. C'est pourquoi nous disons que l'âme est le *premier* principe de la vie.

172. L'âme est l'acte premier du corps. — L'âme étant dans un corps organisé le principe primordial de la vie, on doit la considérer comme l'*acte premier* de ce corps. Pour qu'un corps vive, il faut qu'il soit capable de recevoir la vie; mais pour qu'il soit constitué tel, il faut un principe qu'on appelle l'*acte premier* du corps. L'âme ne peut être le principe fondamental de la vie du corps qu'à condition d'être aussi cet *acte premier*, par opposition à l'*acte second*, qui est l'activité déployée par le corps.

173. Trois degrés dans la vie; trois sortes d'âmes. —

---

(172) Quamvis aliquod corpus possit esse quoddam principium vitæ, sicut cor est principium vitæ in animali, tamen non potest esse primum principium vitæ aliquod corpus. Manifestum est enim quod esse principium vitæ, vel vivens, non convenit corpori ex hoc quod est corpus; alioquin omne corpus esset vivens aut principium vitæ. Convenit igitur alicui corpori quod sit vivens, vel etiam principium vitæ, per hoc quod est tale corpus. Quod autem est actu tale, habet hoc ab aliquo principio quod dicitur actus ejus. Anima igitur, quæ est primum principium vitæ, est corporis actus, non corpus; sicut calor, qui est principium calefactionis, non est corpus, sed quidam corporis actus (Th., 1, q. 75, a. 1, et q. 76, a. 4 et 8). — An., a. 10, ad 1).

(173) Cum vivere dicantur aliqua secundum quod operantur ex

Il y a dans la vie des corps organisés trois degrés. La vie étant une opération produite par un principe interne, plus ce principe agit parfaitement, plus aussi la vie est parfaite. Or, dans la relation du mouvement à son principe, il y a trois choses à considérer : le but du mouvement, la *forme* qui le cause, et son exécution. Le plus bas degré de la vie appartiendra aux êtres qui ne font qu'exécuter par une force propre un mouvement conforme à la loi de leur organisme, mouvement dont le but et la *forme* sont déterminés par la nature : c'est la vie des plantes. A un degré plus élevé on trouvera les bêtes, qui reçoivent de l'extérieur par les sens, les *formes* ou images qui les déterminent au mouvement, et jouissent d'une activité spontanée. Enfin au plus haut degré sera placé l'être doué de la faculté de choisir le but de son activité, de se déterminer lui-même : l'être raisonnable. Si nous nous reportons maintenant à l'idée d'*âme* en général, nous voyons qu'il y a trois sortes d'âmes correspondant aux trois degrés de perfection de la vie. Il faut distinguer entre l'âme végétative, l'âme sensitive et

seipsis, et non quasi ab aliis mota, quanto perfectius contingit hoc alicui, tanto perfectius invenitur in eo vita. Nam primo finis movet agentem, agens vero principale est quod per suam formam agit; et hoc interdum agit per aliquod instrumentum quod non agit ex virtute suæ formæ sed ex virtute principalis agentis, cui instrumento contingit sola executio actionis. Inveniuntur igitur quædam quæ movent seipsa, non habito respectu ad formam vel finem quæ inest eis a natura.... et hujusmodi sunt plantæ.... Quædam vero ulterius movent seipsa, non solum habito respectu ad executionem motus, sed etiam quantum ad formam quæ est principium motus, quam per se acquirunt. Et hujusmodi sunt animalia quorum motus principium est forma non a natura indita sed per sensum accepta... Sed quamvis formam quæ est principium motus per sensum accipiant, non tamen per seipsa præstituunt sibi finem suæ operationis, vel sui motus, sed est inditus eis a natura, cujus instinctu ad aliquid

l'âme intelligente. Ce qui leur est commun, c'est d'être principe immanent de la vie ; ce qui les distingue, c'est le genre d'activité dont elles sont le principe.

174. L'âme n'est pas matérielle. — Ceci posé, entrons plus avant dans l'essence de l'âme. En partant du point de vue où nous nous sommes placés, nous pouvons déjà affirmer qu'aucune de ces âmes ne peut être identique avec le corps organisé qu'elle anime, qu'aucune ne peut être regardée comme matérielle. C'est ce qu'il faut d'abord expliquer.

175. L'âme n'est pas corps, car un organe corporel peut bien être principe intermédiaire de la vie, comme l'œil est principe de la vue, mais non principe premier et fondamental, autrement tous les corps auraient la vie. L'âme n'est pas corps, mais *acte* et *forme* du corps, par conséquent elle ne peut pas être corporelle, car aucun corps n'est l'*acte* ou la *forme* d'un autre. De plus, tout corps est divisible, et tout ce qui est divisible suppose un principe qui tient les parties réunies ; si ce principe est corporel, il en suppose un autre, et ainsi de suite, jusqu'à ce qu'on arrive à un principe immatériel, c'est-à-dire à l'âme.

agendum moventur per formam sensu apprehensam. Unde supra talia animalia sunt illa quæ movent seipsa etiam habito respectu ad finem quem sibi præstituunt. Quod quidem non fit nisi per rationem et intellectum, cujus est cognoscere proportionem finis et ejus quod est ad finem, et unum ordinare in alterum. Unde perfectior modus vivendi est eorum qui habent intellectum : hæc enim perfectius movent seipsa (Th., 1, q. 18, a. 3).

(175) Viventia, cum sint quædam res naturales, sunt composita ex materia et forma. Componuntur autem ex corpore et anima, quæ facit viventia actu. Igitur oportet alterum istorum esse formam, alterum materiam. Corpus autem non potest esse forma, quia corpus non est in altero, sicut in materia et subjecto. Anima igitur erit forma ; ergo non est corpus, cum nullum corpus sit forma (C. g., l. 2, c. 75).

Enfin deux corps ne peuvent pas occuper le même espace en même temps, cependant l'âme est précisément dans l'espace occupé par le corps qu'elle anime, elle n'est donc pas elle-même corporelle.

176. L'âme n'est pas l'harmonie des parties du corps. — L'âme n'est pas le simple résultat du mélange des éléments corporels dans l'être vivant, l'harmonie des parties qui le composent. On ne peut pas même dire cela du principe inférieur de la fonction vitale, de l'âme végétative, bien moins encore du principe de l'activité intellectuelle. La fonction de nutrition dépasse déjà les forces des éléments matériels, comment les facultés sensitives et intellectives seraient-elles des forces de la matière? Toute faculté de connaître est quelque chose d'immatériel, la connaissance sensible elle-même est dans ce cas, puisqu'elle reçoit les *formes* des choses sensibles séparément de la *matière;* à bien plus forte raison la connaissance intellectuelle qui reçoit des *formes* purement intelligibles. La faculté cognitive, qu'elle soit sensible ou intellectuelle, ne peut donc être le résultat d'une harmonie ou d'un tempérament du corps. Et si l'on fait attention à la nature de l'harmonie, on verra qu'elle est susceptible de plus ou de moins, or, qui dira qu'un corps a plus ou moins d'âme?

177. Toutes les âmes ne sont pas des formes sub-

---

(176) Omnis virtus cognoscitiva est immaterialis;.... impossibile est igitur a commixtione elementorum causari aliquam virtutem cognoscitivam (C. g., l. 2, c. 62). — Anima regit corpus et repugnat passionibus quæ complexionem sequuntur; ex complexione enim aliqui sunt magis aliis ad concupiscentias vel iras apti; qui tamen magis ab eis abstinent propter aliquid refrænans.... Hoc autem non facit complexio. Non est igitur anima complexio (Ibid., c. 63).

(177) Aristoteles posuit quod solum intelligere inter opera animæ

sistantes. — L'âme considérée en général est donc essentiellement distincte du corps. Mais toutes les âmes ne sont pas des êtres subsistants, des substances immatérielles douées d'un être propre séparément du corps; c'est là le privilège de l'âme de l'homme, et d'elle seule. L'âme végétative ou sensitive, isolée de l'âme intellective, comme cela arrive dans les végétaux et les animaux, est bien distincte du corps dont elle est la *forme;* mais dans ses fonctions, dans son existence, elle est complètement liée au corps; elle est immatérielle, mais non subsistante. L'âme raisonnable au contraire n'est pas seulement distincte du corps, mais c'est une substance douée d'un être propre, elle est immatérielle et subsistante.

178. Preuves de la spiritualité de l'âme. — Première preuve, tirée de la nature de la pensée. — Analysons la notion d'âme raisonnable considérée comme principe de la pensée dans l'homme. Tandis que les opérations de l'âme végétative et sensitive, liées à un organe comme à leur *substratum* matériel, ne peuvent s'exercer qu'avec cet organe et par lui, l'âme raisonnable jouit au contraire d'un genre d'activité

sine organo corporeo exercetur. Sentire et consequentes operationes animæ sensitivæ manifeste accidunt cum aliqua corporis immutatione... Et sic manifestum est quod anima sensitiva non habet aliquam operationem propriam per seipsam, sed omnis operatio animæ sensitivæ est conjuncti. Ex quo relinquitur quod, cum animæ brutorum animalium per se non operentur, non sint subsistentes. Similiter enim unumquodque habet esse et operationem (Th., I, q. 75, a. 3).
(178) Manifestum est quod homo per intellectum cognoscere potest naturas omnium corporum. Quod autem potest cognoscere aliqua, oportet ut nihil eorum habeat in sua natura, quia illud quod ei inesset naturaliter, impediret cognitionem aliorum : sicut videmus quod lingua infirmi, quæ infecta est amaro humore, non potest percipere aliquid dulce, sed omnia videntur ei amara. Si

qui n'est produit par aucun organe, ni attaché à aucun *substratum* matériel. C'est la faculté de penser. La pensée n'a pas d'organe, l'âme raisonnable pense purement par elle-même. Car notre intelligence peut connaître la nature de tous les corps sans exception, ce qui serait impossible si la pensée était produite par un organe corporel. Ce principe corporel doué d'une nature déterminée, ne pourrait connaître la nature des autres corps que conformément à la sienne propre. C'est ainsi que la langue d'un malade trouve amer tout ce qu'elle goûte. S'il e nécessaire à la vision que la pupille de l'œil soit incolore, il est tout aussi indispensable à la connaissance intellectuelle que la pensée ne soit pas l'acte d'un organe corporel. Si les maladies du corps peuvent quelquefois empêcher ou retarder le mouvement de la pensée, ce n'est pas que la pensée ait un organe corporel, mais c'est que la faculté sensitive ne peut plus, à cause de la mauvaise disposition des organes, fournir convenablement à la pensée les données sur lesquelles s'exerce son activité propre.

179. S'il est prouvé que la pensée est l'acte d'une

---

igitur principium intellectuale haberet in se naturam alicujus corporis, non posset omnia corpora cognoscere. Omne autem corpus habet aliquam naturam determinatam. Impossibile est igitur quod principium intellectuale sit corpus; et similiter impossibile est quod intelligat per organum corporeum, quia natura determinata illius organi corporei prohiberet cognitionem omnium corporum (Th., 1, q. 75, a. 2).

(179) Intellectuale principium, quod dicitur mens vel intellectus, habet operationem per se, cui non communicat corpus. Nihil autem potest per se operari, nisi quod per se subsistit, non enim est operari, nisi entis in actu. Unde eo modo aliquid operatur, quo est; propter quod non dicimus quod calor calefacit, sed calidum. Relinquitur igitur animam humanam esse aliquid incorporeum et subsistens (Ibid.).

faculté incorporelle, inorganique, que l'activité intellectuelle est produite exclusivement par l'âme, il en résulte que l'âme a son existence propre. Car l'être est en rapport avec l'opération, si l'opération de l'âme raisonnable est indépendante des organes, son existence doit l'être aussi. En un mot, l'âme raisonnable est par nature immatérielle, et douée d'une subsistance propre.

180. Tel est le premier moyen par lequel S. Thomas prouve la subsistance de l'âme, sa distinction du corps, et son immatérialité. Il arrive encore au même but en prenant pour point de départ la notion de *substance intelligente* en général. Il suppose évidemment que l'âme de l'homme appartient à la catégorie des substances intelligentes, puisqu'elle est raisonnable, et il prouve qu'aucune substance intelligente ne peut être de nature corporelle. Nous allons résumer cette belle preuve.

181. **Seconde preuve, tirée de la notion de substance intelligente.** — Si la substance douée d'intelligence était corporelle, dans l'acte de la connaissance sensible un corps étendu serait représenté selon son étendue, et alors les différentes parties de la substance intelligente percevraient séparément les parties de ce corps. Mais c'est le contraire qui a lieu :

---

(181) Nullum corpus invenitur aliquid continere, nisi per commensurationem quantitatis; unde et si se toto totum aliquid continet, et parte partem continet.... Intellectus autem non comprehendit rem aliquam intellectam per aliquam quantitatis commensurationem, cum se toto intelligat et comprehendat totum et partem.... Nulla proinde substantia intelligens est corpus. — Nullum corpus potest alterius corporis formam recipere, nisi per corruptionem suam formam amittat. Intellectus autem non corrumpitur, sed perficitur per hoc quod recipit formas omnium corporum....

l'intelligence connaît le corps entier dans son tout aussi bien que dans ses parties; elle n'est donc pas corporelle. De plus, un corps ne peut recevoir la *forme* d'un autre sans perdre la sienne propre; et cependant l'intelligence ne perd rien, elle se perfectionne même, en recevant les différentes *formes* des corps qu'elle connaît; on ne peut donc pas lui attribuer une nature corporelle. C'est ce que l'on voit encore mieux en examinant la connaissance de l'universel. Une *forme* ne peut être reçue dans un sujet matériel qu'en s'y individualisant. Si l'intelligence était corporelle, elle ne serait pas capable de recevoir les formes universelles comme telles, il n'y aurait donc pas de connaissance de l'universel. En outre, aucune activité corporelle ne peut se replier sur elle-même, tandis que l'intelligence se replie sur elle-même pour se connaître. Enfin, comme l'activité d'un être est déterminée par sa *forme*, si l'intelligence était corporelle, elle ne pourrait pas s'élever au dessus de la connaissance des corps. Cependant nous connaissons beaucoup de choses incorporelles, l'intelligence est donc essentiellement incorporelle, et l'âme, qui est une substance intelligente, est aussi une substance incorporelle.

182. **L'âme n'est pas composée de matière et de**

Nulla igitur substantia intellectualis est corpus. — Nihil agit nisi secundum suam speciem, eo quod forma est principium agendi in unoquoque. Si igitur intellectus sit corpus, actio ejus ordinem corporum non excedet; non igitur intelliget, nisi corpora. Hoc autem patet esse falsum, intelligimus enim multa quæ non sunt corpora. Intellectus igitur non est corpus (C. g., l. 2, c. 49).

(182) Omne quod est in aliquo, est in eo per modum recipientis. Si igitur intellectus sit compositus ex materia et forma, formæ rerum erunt in intellectu materialiter, sicut sunt extra animam. Sicut

forme. — Si l'on prend les mots de *matière* et de *forme* dans le sens large, pour signifier *puissance* et *acte*, on peut dire qu'il y a dans l'âme *matière* et *forme*, puisqu'on y trouve, comme dans tous les êtres créés, *puissance* et *acte;* mais si l'on prend les mots de *matière* et de *forme* dans le sens strict, il est impossible de dire que l'âme soit composée de *matière* et de *forme*, puisque tout ce qui est composé de la sorte est corps. De fait, si l'âme avait *matière* et *forme*, elle agirait comme un composé de ces deux éléments, la connaissance se rapporterait à ce composé comme à son principe, et en revêtirait le caractère, c'est-à-dire que l'âme ne connaîtrait pas séparément la *matière* et la *forme* des choses, mais seulement le composé qui en résulte, ce qui est absolument faux. On sait, du reste, que ce qui est connu est reçu dans l'intelligence d'une manière conforme à la nature du principe intelligent; si donc l'âme était matérielle, les *formes* des choses y seraient d'une manière matérielle, comme dans les choses mêmes, et aucune connaissance de l'universel ne serait possible. Enfin si l'âme était composée de *matière* et de *forme*, elle constituerait à elle seule une espèce; alors ce ne serait pas l'âme unie au corps qui formerait l'espèce humaine, mais l'âme seule, ce qui est faux, comme nous le verrons.

183. L'âme humaine est une forme subsistante. —

igitur extra animam non sunt intelligibiles actu, ita nec existentes in intellectu (Ibid., c. 50. — Quodl. 3, q. 13, a. 20).

(183) Formæ secundum se a materia dependentes non ipsæ proprie habent esse, sed composita per ipsas. Si igitur naturæ intellectuales essent hujusmodi formæ, sequeretur quod haberent esse materiale, sicut si essent ex materia et forma compositæ (C. g., l. 2, c. 51).

Être incorporel et immatériel, l'âme n'a pas besoin de la *matière* pour subsister, elle a sa subsistance propre, c'est une *forme* subsistante. Si elle n'avait d'existence que dans la *matière*, elle aurait un être matériel, aussi bien que si elle était composée de *matière* et de *forme*. De plus, les *formes* qui n'ont pas leur subsistance propre ne peuvent pas agir par elles-mêmes, c'est toujours le composé qui agit. Si l'âme n'était pas subsistante, ce ne serait pas elle seule qui agirait en se connaissant elle-même, mais bien le composé, corps et âme; le principe intelligent se trouverait alors composé de *matière* et de *forme*, ce que nous avons démontré impossible. Ainsi nier la subsistance propre de l'âme, c'est nier qu'elle soit immatérielle et incorporelle, puisque l'un ne peut aller sans l'autre.

184. L'âme humaine est une substance simple et individuelle. — En qualité d'être immatériel, incorporel, l'âme humaine est simple, c'est-à-dire qu'elle n'est pas composée de parties physiques. Quant à la simplicité métaphysique, elle ne peut pas plus être attribuée à l'âme qu'à aucun être créé. L'âme est composée d'essence et d'existence, de *puissance* et d'*acte*, comme toutes les autres créatures intelligentes. De plus, l'âme comme toutes les *formes* subsistantes, est nécessairement individuelle; chaque homme a son âme. Ce n'est pas le corps qui individualise l'âme; celle-ci a par elle-même son indivi-

(184) In substantiis intellectualibus, est compositio ex actu et potentia, non quidem ex materia et forma, sed ex forma et esse participato (Th., 1, q. 75. a. 5, ad 4). — Impossibile est plurium numero diversorum esse unam formam, sicut impossibile est quod eorum sit unum esse, nam forma est essendi principium (Ibid., q. 76, a. 2).

dualité, puisqu'elle a son être indépendamment de la *matière*.

185. L'Âme humaine est immortelle. — Des prémisses établies ci-dessus, on peut encore tirer comme conclusion l'incorruptibilité et l'immortalité de l'âme. La corruption d'un être vient de la séparation de la *matière* et de la *forme*, par conséquent, là où il n'y a pas composition de *matière* et de *forme*, il ne peut être question de corruption. De plus, la *forme* est, comme nous l'avons vu, la raison d'être des choses, ce qui leur donne l'être en *acte;* tant qu'elle dure, l'être qu'elle *informe* subsiste : si donc la *forme* a son être propre, c'est-à-dire si elle est subsistante, comme c'est le cas de l'âme humaine, elle ne peut perdre l'existence, elle ne peut se corrompre. De fait, une *forme* ne peut se corrompre que par son contraire, ou par la corruption de son sujet, ou enfin par la cessation de l'action de sa cause. Or aucun de ces cas ne peut se présenter pour l'âme de l'homme : premièrement, elle n'a pas de contraire, puisqu'elle n'est pas matérielle, bien plus elle peut recevoir dans l'intellect possible tous les contraires ; deuxièmement, le corps n'est pas son *sujet*, puisqu'elle a sa subsistance propre, indépendamment du corps ; troisièmement,

---

(185) Ipsa forma per se corrumpi non potest, sed per accidens corrupto composito corrumpitur, in quantum deficit esse compositi, quod est per formam, si forma sit talis quæ non sit habens esse, sed sit solum quo compositum est. Si ergo sit aliqua forma quæ sit habens esse, necesse est illam formam incorruptibilem esse. Non enim separatur esse ab aliquo habente esse nisi per hoc quod forma separatur ab eo. Unde si id quod habet esse sit ipsa forma, impossibile est quod esse separetur ab eo. Manifestum est autem quod principium quo homo intelligit est forma habens esse in se (An., a. 14. — C. g., l. 2, c. 55). — Proprium perfectivum hominis secundum animam est aliquid incorruptibile. Propria

sa cause efficiente n'étant autre que la cause première et éternelle, ne peut cesser. En outre, tout ce qui est reçu dans un sujet, y est reçu conformément à la nature de ce sujet; or les *formes* des choses sont reçues dans l'intellect *possible* comme immatérielles, universelles, par conséquent incorruptibles. Donc la faculté qui les reçoit est elle-même incorruptible, ainsi que l'âme à qui appartient cette faculté. C'est précisément cette faculté de connaître ce qui est universel et incorruptible qui fait la perfection de l'homme; or il y a une proportion nécessaire entre ce qui perfectionne et ce qui est perfectionné, donc l'âme est elle-même incorruptible et immortelle.

186. On arrive au même résultat en considérant la perfection de l'homme au point de vue subjectif. C'est la science et la vertu qui perfectionnent l'homme; or l'une et l'autre supposent un certain éloignement de ce qui est corporel et sensible. Il est donc impossible que la séparation du corps atteigne l'être de l'âme. Enfin la tendance naturelle de l'âme ne peut être sans objet, or l'âme a un désir irrésistible de vivre toujours, donc l'immortalité de l'âme est encore écrite dans la conscience.

187. Tous ces raisonnements établissent nécessai-

enim operatio hominis, in quantum hujusmodi, est intelligere. Intelligere autem est universalium et incorruptibilium in quantum hujusmodi. Perfectiones autem oportet esse perfectibilibus proportionatas. Ergo anima humana est incorruptibilis (C. g., l. 2, c. 79).

(186) Nulla res corrumpitur ex eo in quo consistit sua perfectio. Perfectio autem animæ consistit in quadam abstractione a corpore [in scientia et virtute]. Non ergo corruptio animæ consistit in hoc quod a corpore separetur (Ibid.).

(187) Quæcumque incipiunt esse et desinunt, per eamdem potentiam habent utrumque; eadem enim est potentia ad esse et ad non

rement que l'âme, en tant que substance intelligente, est immortelle. En effet, le commencement et la fin d'un être dépendent de la même cause ; et les substances intelligentes ne peuvent commencer à exister que par la puissance de la cause première, puisqu'elles ne sont pas formées d'une matière préalablement existante, elles ne peuvent donc cesser d'exister que par l'influence de la même cause. Mais le Créateur ne peut pas retirer aux choses ce qui est conforme à leur nature, et nous avons vu que par nature les substances intelligentes sont incorruptibles. L'âme humaine est donc immortelle.

188. L'âme peut exister et agir, quoique séparée du corps. — Il suit de là que l'âme peut exister sans le corps, penser et vouloir quoique séparée du corps. En ce cas, sa connaissance diffère de ce qu'elle est actuellement ; elle est *præter naturam*, puisque par nature l'âme est destinée à être unie au corps et à connaître d'une manière qui réponde à cette union. L'âme séparée du corps ne connaît plus par des *espèces intelligibles* acquises par l'intermédiaire des données des sens, mais, comme les anges, par des *espèces intelligibles* fournies directement par l'impression de la lumière divine. En soi, cette connais-

esse. Sed substantiæ intellectuales non potuerunt incipere esse nisi per potentiam primi agentis. Igitur nec est aliqua potentia ad non esse earum, nisi in primo agente, secundum quod potest non influere eis esse. Sed ex hac sola potentia nihil potest dici corruptibile... Sunt igitur substantiæ intellectuales ex omni parte incorruptibiles (C. g., l. 2, c. 55).

(188) Habet anima alium modum essendi cum unitur corpori, et cum fuerit a corpore separata, manente tamen eadem animæ natura.... animæ igitur, secundum istum modum essendi quo corpori est unita, competit modus intelligendi per conversionem ad phantasmata corporum, quæ in corporeis organis sunt ; cum autem

sance est plus parfaite que celle qui est obtenue par l'abstraction, mais par rapport à l'âme humaine en particulier, c'est tout différent. Car l'âme humaine occupe le dernier degré parmi les substances spirituelles; et par rapport aux purs esprits, son intelligence est beaucoup moins parfaite. Elle a besoin, pour connaître distinctement les choses, de *formes* intelligibles beaucoup plus nombreuses et beaucoup moins universelles. Elle est unie au corps pour que ces *espèces*, nécessaires à la connaissance, lui soient fournies au moyen des sens. Au contraire, les anges doués d'une faculté plus puissante n'ont besoin que d'*espèces intelligibles* moins nombreuses et plus universelles. Donc, si l'âme séparée du corps se comporte comme les purs esprits, les *formes* de connaissance qui suffisent à ceux-ci ne peuvent pas lui donner une connaissance aussi distincte des choses. C'est pourquoi il faut reconnaître que le mode de connaissance propre aux anges, quoique plus parfait en lui-même, est pour l'âme séparée du corps moins parfait que la connaissance obtenue à l'aide des données des sens. Nous ne parlons ici que de la connaissance naturelle ; la connaissance surnaturelle est soumise à d'autres lois.

189. L'âme séparée du corps se connaît d'abord elle-même, non plus par son activité, mais immédia-

---

fuerit a corpore separata, competit ei modus intelligendi per conversionem ad ea quæ sunt intelligibilia simpliciter, sicut et aliis substantiis a corpore separatis ((Th., 1, q. 89, a. 1. — Ver., q. 19, a. 1. — An., n. 15).

(189) Est commune omni substantiæ separatæ quod intelligat id quod est supra se et id quod est infra se per modum suæ substantiæ.... modus autem animæ separatæ est infra modum substantiæ angelicæ, sed est conformis modo aliarum animarum separatarum;

tement, comme les anges se connaissent. Ensuite elle connaît les autres substances séparées : à savoir les autres âmes d'une manière parfaite, les anges d'une manière imparfaite, parce qu'elle leur est de beaucoup inférieure. Elle connaît aussi toutes les choses de la nature, par les *espèces intelligibles* qui lui sont communiquées par Dieu, mais elle n'en a qu'une idée confuse. Elle peut, au moyen de ces *espèces*, connaître les êtres de ce monde, soit parce qu'elle les a connus auparavant, soit parce qu'elle a une inclination particulière pour eux, soit enfin parce que Dieu l'a ainsi ordonné. Mais elle ne connaît pas ce qui se passe sur la terre, puisque, par une disposition spéciale de la divine Providence, elle a été séparée de la conversation du monde, et réunie à la société des esprits. Ce qu'elle a su ici-bas ne sort pas de sa mémoire, parce que les *espèces intelligibles* qui ont servi à acquérir la science restent dans l'intelligence, et que l'âme peut toujours s'en servir. Remarquons encore une fois qu'il ne s'agit que de la connaissance naturelle; surnaturellement l'âme voit en Dieu ce qu'elle ne pourrait atteindre par les moyens naturels.

190. Union de l'âme et du corps. Opinion de Platon. — L'âme a donc une existence propre qu'elle ne peut perdre. D'autre part, elle est unie au corps. Quelle

---

et ideo de aliis animabus separatis perfectam cognitionem habet, de angelis autem imperfectam et deficientem, loquendo de cognitione naturali animæ separatæ (Th., 1, q. 89, a. 2). — Animæ separatæ de omnibus naturalibus cognitionem habent non certam et propriam, sed communem et confusam (Ibid., a. 3). — Habebunt animæ separatæ determinatam cognitionem eorum quæ prius hic sciverunt, quorum species intelligibiles conservantur in eis (An., a 15).

est la nature de cette union? On a déjà répondu à cette question par la définition de l'âme donnée plus haut, mais il faut approfondir cette réponse, d'après les développements de S. Thomas.

191. Platon a expliqué l'union de l'âme au corps, en admettant que l'âme est simplement dans le corps comme principe de mouvement. Elle est unie au corps, dit-il, comme l'habitant à sa demeure, comme le pilote à son vaisseau. Cette union est purement dynamique, c'est-à-dire effectuée par l'application d'une force, *per contactum virtutis*. Mais cette théorie ne supporte pas l'examen. Il est vrai qu'une union de ce genre, *per contactum virtutis*, peut bien exister entre une âme et un corps; mais elle constituerait seulement l'unité des deux forces pour agir ou souffrir, non pas l'unité d'être. Et, comme c'est l'union de l'âme et du corps qui fait l'homme, il résulterait de l'hypothèse de Platon que l'homme n'est pas *un*, par conséquent qu'il n'est pas *ens simpliciter*, mais seulement *ens per accidens*.

192. L'homme n'est pas une intelligence servie par des organes. — Pour échapper à cette conséquence, Platon a soutenu que l'homme n'est pas essentielle-

---

(191) Plato posuit quod anima intellectualis non unitur corpori sicut forma materiæ, sed solum sicut motor mobili, dicens animam esse in corpore sicut nauta est in navi; et sic unio animæ et corporis non esset nisi per contactum virtutis. Hoc autem videtur inconveniens. Secundum enim prædictum contactum non fit aliquid unum simpliciter. Ex unione autem animæ et corporis fit homo. Relinquitur igitur quod homo non sit unum simpliciter, et per consequens nec ens simpliciter, sed ens per accidens. Ad hoc evitandum Plato posuit quod homo non sit aliquid compositum ex anima et corpore, et quod ipsa anima utens corpore sit homo (C. g., l. 2, c. 57. — Pot., q. 3, a. 10 et q. 5, a. 10).

(192) Impossibile est quod corum quæ sunt diversa secundum

ment un être composé de corps et d'âme, mais que c'est plutôt une âme qui se sert du corps comme d'instrument. L'essence de l'homme serait toute dans son âme, et le corps ne serait plus que le vêtement qui la couvre. Mais cette thèse est aussi insoutenable que la précédente. L'homme appartient par sa nature à la catégorie des êtres sensibles (c'est-à-dire capables d'éprouver des sensations). Or cela ne serait pas, si le corps n'appartenait pas à son essence, car l'âme toute seule n'est pas capable de sensations. De plus, si l'union de l'âme et du corps n'était pas de l'essence même de l'homme, l'une et l'autre ne pourraient pas être le principe d'une action commune à tous deux, car deux choses qui ne sont unies que par accident ne peuvent pas former un seul principe d'action. Or il y a des actes, comme la joie, la tristesse, la crainte, etc., qui sont certainement communs à l'âme et au corps, parce qu'ils se produisent toujours avec des modifications déterminées de certains organes. Il faut donc que le corps et l'âme soient unis non pas accidentellement, mais essentiellement; il faut que le corps appartienne, aussi bien que l'âme, à l'essence de l'homme. La conscience n'atteste-t-elle

---

esse sit operatio una; dico autem operationem unam non ex parte ejus in quod terminatur actus, sed secundum quod egreditur ab agente.... Quamvis autem sit animæ aliqua operatio propria in qua non communicat corpus, sicut intelligere, sunt tamen aliquæ operationes communes sibi et corpori, ut timere et irasci, et sentire et hujusmodi: hæc enim accidunt secundum aliquam transmutationem alicujus determinatæ partis corporis; ex quo patet quod simul sunt animæ et corporis operationes. Oportet igitur ex anima et corpore unum fieri, et quod non sint secundum esse diversa (C. g., l. 2, c. 57). — Idem ipse homo est, qui percipit se intelligere et sentire. Sentire autem non est sine corpore; unde oportet corpus esse aliquam hominis partem (Th., 1, q. 76, a. 1).

pas que sentir et penser sont des opérations du même sujet, du même *moi*?

193. L'âme n'est pas unie au corps comme le moteur au mobile. — On peut bien objecter là-contre, en se plaçant au point de vue de Platon, que l'âme et le corps peuvent concourir à un seul et même acte, en tant que l'âme est *ce qui* imprime le mouvement, et le corps *ce en quoi* le mouvement s'exécute. Mais cela ne mène à rien. Car dans la sensation, le mouvement ne part pas de l'âme, mais bien de l'objet extérieur qui est perçu. C'est le sens qui se comporte d'une manière passive par rapport à l'impression reçue. Dès lors l'âme sensitive n'est pas principe moteur, mais plutôt ce qui met le sens en état d'être impressionné par l'objet extérieur et de recevoir passivement cette impression. Cela étant, il est impossible que l'*être* de l'âme sensitive soit différent de l'*être* du corps organisé qui reçoit l'impression sensible, du moins dans le sens où Platon explique cette différence. Mais à supposer que l'âme se comporte activement et le corps passivement dans la sensation, que s'ensuivrait-il? C'est que l'âme sensitive aurait une activité propre, et par conséquent une subsis-

---

(193) Nihil inconveniens est [ait Plato] moventis et moti, quamvis secundum esse diversorum, esse cumdem actum ; nam motus est idem quod actus moventis, sicut *a quo* est, moti autem sicut *in quo* est.... Sed hoc esse non potest, quia sentire accidit in ipso moveri a sensibilibus exterioribus, unde non potest homo sentire absque exteriori sensibili, sicut non potest aliquid moveri absque movente. Illud autem quod patitur est sensus... Sensus est igitur virtus passiva ipsius organi. Anima igitur sensitiva non habet se in sentiendo sicut movens et agens, sed sicut quo patiens patitur, quod impossibile est esse diversum secundum esse a patiente. Non est igitur anima sensibilis secundum esse diversa a corpore animato (C. g., l. 2, c. 57. — Th., 1, q. 75, a. 3).

CHAP. VI. — L'HOMME.

tance distincte, et que les âmes des bêtes seraient incorruptibles et immortelles, ce qu'on ne saurait admettre.

194. Conséquence absurde de la théorie de Platon. — Voici un autre inconvénient de la théorie de Platon. Si l'âme et le corps sont dans le rapport du moteur au mobile, comme ce n'est pas le moteur qui donne au mobile son espèce, son être propre; le corps, séparé de l'âme devra conserver son espèce, sa nature humaine, et sera encore un vrai corps humain; les membres séparés seront de vrais membres humains, ce qui est inexact, car après le départ de l'âme, la chair, les bras, etc., ne portent plus le nom d'humain que dans un sens large, *équivoque*, car ils ne remplissent plus aucune fonction naturelle. De même, on ne peut plus expliquer la génération et la corruption, car on ne peut pas dire que le mobile soit engendré par son union avec le moteur, et que leur séparation soit une corruption. Bien plus, d'après Platon, l'âme meut le corps parce qu'elle se meut elle-même. Mais l'âme est libre de se mouvoir ou de ne pas se mouvoir; donc elle serait libre de s'unir au corps ou de s'en séparer, ce qui est absurde.

195. L'âme est unie au corps comme la forme à la matière. — Il est donc bien établi que l'âme n'est pas seulement unie au corps comme le moteur au mobile, et par conséquent que l'homme n'est pas l'âme

---

(194) Omne movens seipsum ita se habet, quod in ipso est moveri et non moveri, movere et non movere. Sed anima secundum Platonis opinionem movet corpus sicut movens seipsum. Est ergo in potestate animæ movere corpus et non movere. Si ergo non unitur ei nisi sicut motor mobili, erit in potestate animæ separari a corpore cum voluerit, et iterum uniri ei cum voluerit : quod patet esse falsum (C. g., l. 2, c. 57. — Au., a. 1. — Spir. cr., a. 2).

seule. Il faut que l'âme et le corps soient unis d'une union essentielle, pour constituer l'homme comme tel ; que le corps, aussi bien que l'âme, appartienne à l'essence de l'homme, ce qui n'est possible qu'à condition que l'âme soit par rapport au corps ce qu'est la *forme* par rapport à la *matière*. Telle est la thèse de S. Thomas : l'âme est la *forme*, et le corps la *matière* de l'être humain.

196. Cette thèse, il ne craint pas de l'établir par des preuves directes et positives. L'âme intelligente, dit-il, doit nécessairement être regardée comme la *forme* du corps humain. Ce qui fait, en dernière analyse, qu'un être agit, est bien la *forme* de l'être auquel l'opération est attribuée, car ce qui fait qu'un être agit, c'est ce qui fait qu'il est *en acte*. Or, ce qui fait que le corps est *en acte*, qu'il vit, c'est l'âme. La vie se manifeste par différents actes aux différents degrés de l'échelle de la création ; dans l'homme en particulier, elle se manifeste par la nutrition, le mouvement, la pensée. C'est donc l'âme qui est le premier principe de ces différents actes. Par conséquent, d'après ce que nous avons dit, que le premier prin-

---

(196) Necesse est dicere quod intellectus, qui est intellectualis operationis principium, sit humani corporis forma. Illud enim quo primo aliquid operatur, est forma ejus cui operatio attribuitur.... Et hujus ratio est quia nihil agit nisi secundum quod est actu. Unde quo aliquid est actu, eo agit. Manifestum est autem quod primum quo corpus vivit est anima. Et cum vita manifestetur secundum diversas operationes in diversis gradibus viventium, id quo primo operamur unumquodque horum operum vitæ est anima. Anima enim est primum quo nutrimur, et sentimus, et movemur secundum locum, et similiter quo primo intelligimus. Hoc ergo principium quo primo intelligimus, sive dicatur intellectus, sive anima intellectiva, est forma corporis (Th., 1, q. 76, a. 1. — C. g., l. 2, c. 57. — Au., q. 1, a. 1 et 2).

cipe qui fait qu'un être agit est sa *forme*, l'âme qui fait que l'homme grandit, se meut, pense, l'âme intellectuelle, est la *forme* du corps.

197. On arrive à la même conclusion en considérant la nature spécifique de l'homme. La nature d'un être se manifeste par sa manière d'agir : un être agit selon ce qu'il est. Or, l'activité propre de l'homme est la pensée, c'est par là qu'il se distingue de tous les autres êtres animés et les domine, c'est donc par là qu'est caractérisée sa nature spécifique. Mais ce qui spécifie un être, est sa *forme;* par conséquent, l'âme intelligente, principe de la pensée, est la *forme* de l'homme.

198. L'âme est la forme substantielle du corps. — Tel est donc le rapport de l'âme au corps, telle est la manière dont elle lui est unie. Nous avons à peine besoin de dire que le mot *forme* doit s'entendre non d'une *forme* accidentelle, mais d'une *forme* substantielle. L'âme est le principe substantiel de l'être humain ; ce n'est pas le principe efficient du corps, mais le principe formel en vertu duquel l'homme est réellement et doit être appelé un être

(197) Illud quo aliquid fit de potentia ente actu ens, est et forma et actus ipsius. Corpus autem per animam actu fit ens de potentia existente; vivere enim est esse viventis; semen autem ante animationem est vivens solum in potentia, per animam autem fit vivens actu. Est igitur anima forma corporis animati (C. g., l. 2, c. 57).

(198) Anima illud esse, in quo subsistit, communicat materiæ corporali, ex qua et anima intellectiva fit unum, ita quod illud esse, quod est totius compositi, est etiam ipsius animæ (Th., 1, q. 76, a. 1, ad 5). — Hoc ipsum esse, quod est animæ per se, fit esse conjuncti; esse enim conjuncti non est nisi esse ipsius formæ. (S. 1, dist. 8, q. 5, a. 2, ad 2, et dist. 15, q. 5, a. 3. — Spir. cr., a. 2, ad 3. — C. g., l. 2, c. 68). — Licet anima sit forma corporis secundum essentiam animæ intellectualis, non tamen secundum opera-

déterminé. Comme *forme* susbtantielle, l'âme constitue avec le corps un seul être, une substance composée, dont l'essence consiste à résulter de l'union de deux éléments qui se comportent comme *matière* et *forme*. L'âme, *forme* substantielle, communique au corps l'être dans lequel elle-même subsiste ; de l'âme et du corps il se fait un seul composé dont l'être est aussi celui de l'âme, et *vice versa*. De l'union de l'âme et du corps résulte dans l'homme l'unité de nature, aussi bien que l'unité de personne. Toutefois il faut bien remarquer que si l'âme intelligente (et c'est toujours d'elle qu'il est ici question) est appelée *forme* substantielle du corps, elle ne remplit pas cet office par sa puissance ou son activité intellective, car la pensée accomplit un acte sans organe corporel, mais bien par sa substance ou son essence même. Il est essentiel à l'âme d'être *forme* du corps, il lui est naturel de communiquer son être au corps, de lui être unie ; c'est là ce qui distingue l'âme humaine des purs esprits.

199. L'âme séparée du corps en est toujours la forme.
— L'âme ne peut perdre sa qualité essentielle de *forme* du corps. Elle peut être séparée de lui, mais alors encore elle en est la *forme*, non en *acte*,

tionem intellectualem (An., a. 9, ad 11). — Ex anima et corpore constituitur in unoquoque nostrum duplex unitas, naturæ et personæ. Naturæ quidem, secundum quod anima unitur corpori, formaliter perficiens ipsum, ut ex duobus fiat natura una, sicut ex actu et potentia, vel materia et forma. Unitas vero personæ constituitur ex eis, in quantum est unus subsistens in carne et anima (Th., 3, q. 2, a. 1, ad 2). — Corpus non est de essentia animæ, sed anima ex natura suæ essentiæ habet quod sit corpori unibilis (Th., 1, q. 75, a. 7, ad 3. — S. 1, dist. 1, q. 2, a. 4).

(199) Sicut corpus leve manet quidem leve, cum a loco proprio fuerit separatum, cum aptitudine tamen et inclinatione ad pro-

mais en *puissance*, et conserve toujours une certaine relation avec lui. Aussi, quoiqu'il faille reconnaître à l'âme intelligente une subsistance propre, ce n'est pas à dire qu'elle forme à elle seule un être spécifique complet; car alors on retomberait dans la théorie de Platon. En attribuant à l'âme une subsistance propre, on veut dire que son être ne dépend pas du corps, comme cela a lieu pour les *formes* des êtres matériels, qu'elle a son être à elle, et qu'elle peut exister sans le corps. Mais comme elle ne forme pas à elle seule une espèce complète, elle a besoin du corps pour recevoir ce complément. L'espèce à laquelle appartient l'âme est l'espèce humaine, or l'homme n'est un être complet que par l'union de l'âme et du corps. L'âme est donc à la fois subsistante, et immanente au corps dont elle est la *forme;* les deux qualités de subsistance et d'immanence ne se détruisent pas en elle l'une par l'autre : l'homme est corps et âme sans que la matière devienne esprit, ni l'esprit matière, par conséquent, c'est une nature ou une substance composée d'un corps et d'une âme, où l'être de l'âme, comme *forme*, est à la fois l'être du corps et du composé tout entier.

200. Réponse à une objection. — On peut objecter à

prium locum, ita anima humana manet in suo esse, cum fuerit separata a corpore, habens aptitudinem et inclinationem naturalem ad corporis unionem (Th., 1, q. 76, a. 1, ad 6. — An., a. 1, ad 10).
— Anima aliquam dependentiam habet ad corpus, in quantum sine corpore non pertingit ad complementum suæ speciei, non tamen sic dependet a corpore, quin sine corpore esse non possit (An., a. 1, ad 12). — Nulla pars habet perfectionem naturæ separata a toto; unde anima, cum sit pars humanæ naturæ, non habet perfectionem suæ naturæ, nisi in unione ad corpus (Spir. cr., a. 2, ad 4. — Pot., q. 5, a. 10).

(200) Non impeditur substantia intellectualis, per hoc quod est sub-

cela que le corps et l'âme, appartenant à des genres tout différents, sont par nature diamétralement opposés l'un à l'autre, et par conséquent ne peuvent avoir un être commun. Cette objection serait concluante si cet être appartenait de la même manière au corps et à l'âme, mais ce n'est pas ce qui a lieu. L'âme le possède en premier lieu et en qualité de principe, le corps le reçoit en communication pour en être perfectionné. On peut ajouter une autre raison tirée de la considération de l'enchaînement des diverses espèces d'êtres, et de la dépendance merveilleuse des uns par rapport aux autres. C'est un fait constaté journellement, que le degré inférieur des êtres d'un ordre plus élevé se rattache au degré supérieur de ceux qui sont au-dessous; ainsi, les derniers embranchements du règne animal s'élèvent à peine au-dessus des plantes. D'après cela, on doit admettre dans le monde matériel l'existence d'un corps disposé de manière à atteindre les confins du monde spirituel, à s'unir à l'esprit le moins parfait. Or, cet esprit moins parfait que les autres, c'est l'âme humaine, comme le prouve sa faculté de connaître au moyen d'images sensibles. Il faut donc admettre la possibilité et la réalité de l'union de l'âme et du corps pour former un seul être. Ainsi, l'âme humaine est vraiment le trait d'union entre le monde matériel et le monde

---

sistens, esse formale principium essendi materiæ, quasi esse suum communicans materiæ; non est enim inconveniens quod idem sit esse in quo subsistit compositum et forma ipsa, cum compositum non sit nisi per formam, nec seorsim utrumque subsistat (C. g., l. 2, c. 68). — Quia ipsum intelligere animæ humanæ indiget potentiis quæ per quædam organa corporalia operantur..., ex hoc ipso declaratur quod naturaliter unitur corpori ad complendam speciem humanam (Ibid.)

spirituel ; ainsi se vérifie la loi de continuité qui règne dans l'univers.

201. Supériorité de l'âme sur la matière qu'elle informe. — Quoiqu'unie avec le corps dans un même être, l'âme n'est pas absorbée dans la *matière* comme les *formes* inférieures, car alors elle ne serait plus subsistante. Au contraire, plus sa nature intellectuelle la rend parfaite ; plus elle s'élève au-dessus de la *matière*, au point même de produire un acte, celui de la pensée, dans lequel elle est indépendante du corps. L'âme est dans la *matière*, mais elle n'est pas matérielle ; elle est l'être de la *matière*, mais son être n'est pas matériel ; elle pénètre la *matière*, mais n'y est point absorbée. Tandis que dans les autres composés naturels, la *forme* est complètement plongée dans la *matière*, dans l'homme elle s'y unit en lui restant supérieure. Elle ne peut, à cause de sa perfection propre, lui communiquer tout l'être qu'elle a ; et la *matière*, de son côté, ne pourrait recevoir tout l'être du principe qui l'*informe*. L'âme renferme une puissance bien supérieure à toute l'énergie de la *matière*, la puissance intellectuelle, et elle exerce son activité propre,

---

(201) Quanto forma est nobilior, tanto magis dominatur materiæ corporali, et minus ei immergitur, et magis sua operatione vel virtute excedit eam. Unde videmus quod forma mixti corporis habet aliquam operationem quæ non causatur ex qualitatibus elementaribus. Et quanto magis proceditur in nobilitate formarum, tanto magis invenitur virtus formæ materiam excedere ; sicut anima vegetabilis plus quam forma elementaris, et anima sensibilis plus quam anima vegetabilis. Anima autem humana est ultima in nobilitate formarum. Unde in tantum sua virtute excedit materiam corporalem, quod habet aliquam operationem et virtutem in qua nullo modo communicat materia corporalis. Et hæc virtus dicitur intellectus (Th., 1, q. 76, a. 1).

l'acte de la pensée et de la volonté, sans le concours des organes.

202. Union intime de l'âme et du corps. — De cette élévation de l'âme au-dessus de la *matière* il ne s'ensuit pas que l'union de l'âme avec le corps soit moins étroite que celle de la *forme* et de la *matière* dans les autres êtres de la nature. Au contraire, elle est plus intime. Car plus une *forme* est élevée au-dessus de la *matière*, plus elle se l'approprie, mieux elle met en *acte* ce que celle-ci avait en *puissance*, par conséquent, plus elle se l'unit étroitement. Et comme l'âme intelligente est ce qu'il y a de plus élevé au-dessus de la *matière*, il y a dans l'homme, entre la *matière* et la *forme*, une union plus parfaite que dans tous les autres êtres.

203. La pensée est un acte du composé humain. — Il ne faut pas croire non plus que l'activité intellectuelle, parce qu'elle a l'âme pour principe, ne soit pas une faculté de l'*homme*. Car la pensée est indépendante des organes sous le rapport du principe qui la produit, mais elle est liée au jeu des organes par son objet, qui est atteint à l'aide de la perception sensible. Le corps participe donc à l'activité intellectuelle ; la

---

(202) Non minus est aliquid unum ex substantia intellectuali et materia corporali, quam ex forma ignis et ejus materia, sed forte magis : quia quanto forma magis vincit materiam, tanto ex ea et materia magis efficitur unum (C. g., l. 2, c. 68).

(203) Intelligere est operatio animæ humanæ secundum quod superexcedit proportionem materiæ corporalis, et ideo non fit per aliquod organum corporale. Potest tamen dici quod ipsum conjunctum, id est homo, intelligit, in quantum anima, quæ est pars ejus formalis, habet hanc operationem propriam, sicut operatio cujuslibet partis attribuitur toti. Homo enim videt oculo, ambulat pede, et similiter intelligit per animam (Spir. cr., a. 2, ad 2. — C. g., l. 2, c. 62. — An., a. 1, ad 11).

pensée implique le double travail de l'âme et du corps, comme deux éléments nécessaires, quoique de genre différent. De plus, il y a dans l'homme unité de nature et de personne, or l'activité se dit de la personne, donc la pensée appartient à l'homme, et non à une partie de son être. Rigoureusement parlant, il ne faut donc pas dire : l'âme pense, mais : l'homme pense par son âme.

204. L'âme est principe moteur du corps par ses facultés. — L'examen que nous venons de faire nous montre que l'âme est, par son essence, la *forme* substantielle du corps, et qu'elle ne lui est pas seulement unie comme principe moteur. Nous avons ainsi établi le rapport fondamental de l'âme avec le corps. Mais nous ne voulons pas dire que l'âme ne soit pas aussi principe moteur du corps; nous disons au contraire que c'est d'elle que vient tout mouvement du corps et tout mouvement dans le corps. Il y a donc un second rapport de l'âme avec le corps, c'est celui du moteur avec le mobile, mais ce rapport a sa base non plus dans l'essence de l'âme, mais dans ses facultés. Pour exprimer complètement la relation de l'âme au corps, il faut donc dire que par son essence elle en est la *forme*, et le moteur par ses facultés.

205. Il n'y a qu'une seule âme dans chaque homme.

---

(204) Anima unitur corpori dupliciter, uno modo ut forma, in quantum dat esse corpori, vivificans ipsum ; alio modo ut motor, in quantum per corpus suas operationes exercet (Ver., q. 26, a. 2). — Th., 3, q. 8, a. 2. — C. g., l. 4, c. 41. — S. 4, dist. 44, q. 1, a. 2).

(205) Animal non esset simpliciter unum, cujus essent animæ plures, nihil enim est simpliciter unum, nisi per formam unam, per quam habet res esse, ab eodem enim habet res quod sit ens, et quod sit una, et ideo ea quæ denominantur a diversis formis, non sunt unum simpliciter, sicut homo albus (Th., 1, q. 76, a. 3).

— De ces principes psychologiques découlent les conséquences suivantes. L'âme est la *forme* et l'*acte* premier du corps, celui-ci n'est ce qu'il est, sous tout rapport, que par l'âme, toute activité exercée par lui vient de l'âme. Par conséquent il ne peut y avoir plusieurs âmes dans l'homme, il n'y en a qu'une seule, qui est à la fois âme végétative, sensitive et intelligente. Il n'y aurait plus d'unité dans l'homme s'il y avait plusieurs âmes. Car, ce qui fait qu'une chose a l'être, fait qu'elle est une ; or c'est la *forme* qui donne l'être, donc elle donne l'unité. Si l'homme a plusieurs âmes, il n'a plus *une* essence, il n'est qu'un agrégat de plusieurs essences différentes. Dira-t-on que l'unité est sauvegardée dans l'homme par la subordination de ces âmes l'une à l'autre? Mais l'unité qui résulte de l'ordre et de l'harmonie n'est pas l'unité proprement dite, l'unité parfaite. Il faudrait alors un principe supérieur, qui réunît ces éléments divers pour constituer une véritable unité. Ce principe ne peut être le corps, car ce n'est pas le corps qui met l'unité dans l'âme, mais l'âme qui met l'unité dans le corps. Ce serait donc une *forme* supérieure, et cette

— Si in homine ponantur plures animæ sicut diversæ formæ, homo non erit unum ens, sed plura ; nec ad unitatem hominis ordo formarum sufficiet, quia esse unum secundum ordinem non est esse unum simpliciter, cum unitas ordinis sit minima unitatum (C. g., l. 2, c. 58). — Anima intellectiva habet virtutem ut conferat corpori humano quidquid confert sensitiva in brutis, quidquid nutritiva in plantis, et adhuc amplius (Quodl. 1, q. 4, a. 6). — Diversæ vires, quæ non radicantur in uno principio, non impediunt se invicem in agendo, nisi forte earum actiones essent contrariæ, quod in proposito non contingit. Videmus autem quod diversæ operationes animæ impediunt se : cum enim una est intensa, altera remittitur. Oportet igitur quod istæ actiones, et vires quæ sunt earum proxima principia, reducantur in unum principium (C. g., l. 2, c. 58).

forme supérieure serait alors vraiment l'âme de l'homme ; et si elle n'était pas une, la même difficulté reviendrait indéfiniment. Et comment les opérations des différentes facultés de l'homme se gêneraient-elles mutuellement, si ces facultés n'étaient pas toutes issues d'un même principe ? Qu'on ne dise pas que l'âme intelligente ne peut pas remplir les fonctions de l'âme sensitive et de l'âme végétative. Partout dans la nature, les *formes* supérieures renferment en puissance les inférieures, comme les plus grands nombres renferment les plus petits. Pourquoi l'homme ferait-il exception à cette règle générale ? Chez lui aussi la *forme* supérieure, qui est l'âme intelligente, doit contenir virtuellement les inférieures, c'est-à-dire l'âme végétative et l'âme sensitive ; et alors les fonctions végétatives et sensitives appartiennent aussi bien à l'âme intelligente que les actes de l'intelligence et de la volonté.

206. L'homme n'a pas d'autre forme substantielle que son âme. — Une autre conséquence de ce principe fondamental, que l'âme est la *forme* substantielle du corps, c'est qu'il n'y a dans l'homme en dehors d'elle aucune autre *forme*. Car, s'il y a plusieurs formes substantielles dans une chose, il faut absolu-

(206) Si anima intellectiva unitur corpori ut forma substantialis, impossibile est quod aliqua alia forma substantialis præter eam inveniatur in homine (Th., 1, q. 76, a. 4). — Una et eadem forma est per essentiam, per quam homo est ens actu, et per quam est corpus, et per quam est vivum, et per quam est animal, et per quam est homo (Ibid.). — Malgré cette affirmation si explicite, le P. Palmieri (Anthrop., c. 3, th. 13) prétend, que S. Thomas n'a pas enseigné que l'âme intelligente donne au corps l'être corporel. V. la réfutation dans Zigliara (Psych., l. 2, c, 2, a. 2). — Pour la discussion des deux opinions, vitaliste et animiste, v. Sanseverino (Elem. Anthrop., c. 3); Kleutgen (Traité 8); Frédault (Traité d'An-

ment que la première donne l'être ou ne le donne pas. Si elle ne le donne pas, elle n'est pas *forme* substantielle ; si elle le donne, les autres ne peuvent être *formes* substantielles. Donc s'il y avait dans le corps de l'homme une *forme* antérieure à l'âme intelligente, donnant à ce corps son être en *acte*, cette dernière ne serait plus principe d'être d'une manière absolue, par conséquent ne serait plus *forme* essentielle du corps ; son union avec la *matière* ne constituerait plus la génération, ni sa séparation la corruption du corps humain, ce qui est évidemment faux. Il n'y aurait plus d'unité dans l'homme. Du reste aucun corps n'a plus d'une *forme* substantielle ; il doit en être de même du corps humain. Il faut donc admettre que l'âme intelligente renferme en *puissance* non seulement l'âme végétative et l'âme sensitive, mais les autres *formes* inférieures, et remplit à elle seule toutes les fonctions que ces *formes* moins parfaites sont appelées à exercer dans la nature. Ame unique dans l'homme, elle est aussi *forme* substantielle unique.

207. Influence de l'âme sur le corps et du corps sur l'âme. — En partant de là pour expliquer l'influence

---

throp., l. 2, c. 1) ; Liberatore (Del comp. umano) ; Zigliara (De mente conc. Vienn.). — Duns Scot enseigne que le corps humain a son être propre avant d'être uni à l'âme, et le P. Tongiorgi défend cette opinion. — Le concile général de Vienne (1311), condamne toute doctrine qui affirmerait que l'âme raisonnable n'est pas vraiment et par elle-même la forme du corps humain. Pie IX, dans une lettre écrite à l'archevêque de Cologne pour condamner les erreurs de Gunther, déclare que d'après l'enseignement catholique, l'âme raisonnable est vraiment, par elle-même, la forme immédiate du corps.

(207) Secundum naturæ ordinem, propter colligationem virium animæ in una essentia, et animæ et corporis in uno esse compositi,

réciproque de l'âme sur le corps et du corps sur l'âme, il faut bien comprendre que ce n'est pas le corps qui par lui-même agit sur l'âme, ni l'âme qui par elle-même agit sur le corps. Le corps n'a par lui-même aucune *forme* substantielle, ni par conséquent aucune activité propre, qui lui permette d'exercer une influence sur l'âme. L'âme agit sur le corps, en communiquant aux membres la vie qui fait de ceux-ci ses organes. Le corps agit sur l'âme, comme faisant partie de l'homme, en union avec l'âme, de laquelle il reçoit la vie et l'activité. Les facultés supérieures de l'âme agissent sur les inférieures, et celles-ci sur les premières, parce que les unes et les autres sont unies dans une même essence spirituelle. Il n'y a donc pas réciprocité d'action entre deux êtres, mais entre deux parties constitutives d'un même être, entre les différentes énergies d'une même substance. L'âme agit dans le corps par les organes qu'elle anime ; le corps réagit sur l'âme par les puissances à l'action desquelles il concourt.

vires superiores et etiam corpus invicem, in se effluunt quod in aliquo eorum superabundat : et inde est quod ex apprehensione animæ transmutatur corpus secundum calorem et frigus, et quandoque usque ad sanitatem et ægritudinem, et usque ad mortem. Contingit enim aliquem ex gaudio vel tristitia vel amore mortem incurrere. Et similiter est e converso, quod transmutatio corporis in animam redundat. Anima enim conjuncta corpori ejus complexiones imitatur secundum amentiam, vel docilitatem, vel hujusmodi. Similiter ex viribus superioribus fit redundantia in inferiores, ut cum ad motum voluntatis intensum, sequitur passio in sensuali appetitu, et ex intensa contemplatione retrahuntur vel impediuntur vires animales a suis actibus; et e converso ex viribus inferioribus fit redundantia in superiores, ut cum ex vehementia passionum in sensuali appetitu existentium obtenebratur ratio, ut judicet quasi simpliciter bonum id circa quod homo per passionem afficitur (Ver., q. 26, a. 10).

208. L'âme est unie au corps sans intermédiaire. — Si l'âme est la forme substantielle du corps, elle lui est unie sans le secours d'aucun intermédiaire. Car ce qui est absolument le premier partout, ce qui est présupposé à tout le reste, ce qui sert de base et de condition préalable à toute autre chose, c'est l'être; par conséquent le principe qui donne l'être à une chose doit lui être uni avant tout autre, c'est-à-dire immédiatement, et de la manière la plus intime. Or ce principe qui donne l'être à l'homme, c'est l'âme, par conséquent l'union du corps à l'âme comme à sa *forme* est absolument immédiate; elle ne se fait par aucune sorte d'*esprit corporel*, de *corps incorruptible*, de *substance éthérée*, ou d'intermédiaire quelconque. Ceci s'entend de l'union de l'âme avec le corps en tant qu'elle en est la *forme*, car en tant que motrice elle se sert d'intermédiaires, elle meut le corps par ses puissances, elle meut un organe par un autre, et tous les membres en général par le fluide nerveux.

209. L'âme est dans tout le corps et dans chaque partie. — Il résulte enfin du rôle de *forme* que l'âme remplit dans l'homme, qu'elle n'est pas unie à telle ou telle partie du corps, à tel ou tel organe, mais qu'elle est tout entière dans tout l'organisme et dans

---

(208) Inter omnia, esse est illud quod immediatius et intimius convenit rebus. Unde oportet quod cum materia habeat esse actu per formam, forma dans esse materiæ ante omnia intelligatur advenire materiæ, et immediatius ceteris sibi inesse. Est autem hoc proprium formæ substantialis, quod det materiæ esse simpliciter. Unde cum forma secundum seipsam det esse materiæ, secundum seipsam unitur materiæ primæ, et non per aliquod ligamentum (An., a. 9). — Anima immediate corpori unitur, nec oportet ponere aliquod medium, quasi animam corpori uniens (Th., 1, q. 76, a. 7. — C. g., l. 2, c. 71).

(209) Si consideretur anima prout est forma et essentia, est in

chacune de ses parties. Car la *forme* substantielle est aussi bien la *forme* du tout que des parties, puisqu'elle donne l'être à celles-ci aussi bien qu'à celui-là. Or la *forme* est, par sa nature, dans ce à quoi elle donne l'être ; la *forme* substantielle est donc dans le tout comme dans les parties ; l'âme humaine est donc dans tout le corps comme dans toutes les parties du corps. Elle ne peut être présente aux différents organes par ses différentes parties, puisqu'elle n'en a pas, il faut donc qu'elle soit tout entière dans tout le corps et tout entière dans chaque partie. Toutefois cela n'est vrai que de l'âme considérée comme *forme* du corps. Or, comme elle est *forme* du corps par son essence, c'est par son essence qu'elle est présente dans tout le corps. Elle n'est pas partout par ses puissances, car chacune des puissances inférieures (végétative et sensitive), a des organes spéciaux auxquels elle est unie, et auxquels sa présence est limitée. Sous ce rapport, et sous celui-là seulement, on peut dire que la présence de l'âme est limitée à certaines parties du corps. La puissance végétative siège dans le cœur, la puissance sensitive dans le cerveau ; quant à la puissance intellective, elle n'est, comme nous l'avons vu, unie à aucun organe.

210. Il n'y a pas de raison impersonnelle : réfutation

qualibet parte corporis tota. Si autem prout est motor secundum potentias suas, sic est tota in toto, et in diversis partibus secundum diversas potentias (S. 1, dist. 8, q. 5, a. 3 ; et 2. dist. 31, q. 11, a. 1. — C. g., l. 2, c. 72. — Quodl. 4, q. 2, a. 3, ad 1), Cf. Morgott, Geist und Natur im Menschen, p. 16. — Vallet, La Tête et le Cœur.

(210) Substantia intellectus unitur corpori humano ut forma. Impossibile est autem unam formam esse nisi unius materiæ, quia proprius actus in propria potentia fit ; sunt enim ad invicem proportionata. Non est igitur intellectus unus omnium hominum (C.

d'Averroès. — Après avoir ainsi expliqué dans ses points essentiels l'union de l'âme au corps, nous jetterons un coup d'œil sur la réfutation que fait S. Thomas des erreurs d'Averroès et d'Avicenne, d'après lesquels il n'y aurait qu'une seule intelligence commune à tous les hommes. D'abord, pour ce qui regarde l'opinion d'Averroès sur l'unité de l'intellect *possible*, on peut dire qu'elle contredit cette vérité fondamentale que nous venons de prouver, que l'âme intelligente est la *forme* substantielle du corps. Car une *forme* ne peut être *forme* que d'une *matière* déterminée, il faut qu'il y ait proportion entre l'une et l'autre. Cette opinion contredit également ce que nous avons établi sur le rapport de l'âme au corps comme principe moteur. A chaque moteur correspond un instrument différent auquel il applique son activité. De fait, partout où l'on découvre dans un être un degré plus élevé d'activité, on trouve aussi un genre de vie plus relevé répondant à cette activité. Or on découvre dans l'homme une activité essentiellement plus élevée que dans l'animal et la plante : la pensée ; l'homme possède donc un genre de vie plus noble. Mais le principe de cette vie, c'est l'âme, l'homme a donc une âme plus noble que l'âme

---

g., l. 2, c. 73). — Propria operatio cujuslibet rei consequitur et demonstrat speciem ejus. Sicut autem animalis propria operatio est sentire, ita propria operatio hominis est intelligere. Unde oportet quod, sicut hoc individuum est animal propter sensum, ita sit homo propter id quod intelligit. Id autem quo intelligit anima vel homo per animam est intellectus possibilis. Est igitur hoc individuum homo per intellectum possibilem. Si igitur hic homo habet aliam animam sensitivam cum alio homine, non autem alium intellectum possibilem, sed unum et eumdem, sequitur quod sint duo animalia, sed non duo homines quod patet esse impossibile (Ibid., — Spir. cr. a. 9. — An., a. 2).

sensitive de la bête. Ce qui fait cette noblesse, c'est la faculté de penser qui lui est essentielle; si on lui enlève la pensée, il redescend au rang des bêtes et n'a plus rien qui l'en distingue. En outre, l'être spécifique de chaque individu se manifeste par l'activité qui lui est propre, celui de l'homme se reconnaît donc à la pensée; l'homme est homme parce qu'il pense. Et comme la pensée dépend de l'intellect *possible*, l'homme n'est ce qu'il est que par cette faculté. Si donc différents individus, doués d'âmes sensitives différentes, n'ont qu'un seul et même intellect *possible*, ils forment bien plusieurs animaux, mais non plusieurs hommes, ce qui est absurde. En somme, le système d'Averroès fait disparaître toute différence spécifique entre l'homme et la brute. Ce qu'il appelle *vis cogitativa* ne suffit pas à marquer cette différence, car cette puissance appartient proprement à l'âme sensitive, et suppose simplement des facultés sensibles plus parfaites, mais rien qui différencie essentiellement l'homme de la brute. Enfin, la manière dont Averroès explique à son point de vue la connaissance est absolument insoutenable. Il suppose que l'intellect *possible* s'unit à l'homme par l'*espèce intelligible actuelle*, qui est sa *forme*, et que cette union est produite au moyen de l'*espèce sensible*, qui est aussi le sujet de cette *forme*. Mais alors l'*espèce intelligible actuelle* serait avec l'*espèce sensible* dans le même rapport que celle-ci avec l'objet extérieur; or il résulte de ce rapport que l'objet extérieur est perçu et non qu'il perçoit. Il en serait donc ainsi de l'union de l'intellect *possible* avec nous, il résulterait de cette union que nous serions connus et non que nous connaîtrions. De quelque côté qu'on envisage le système d'Averroès on n'y trouve que contradictions.

211. Réfutation d'Avicenne. — Il faut en dire autant de la doctrine d'Avicenne qui sépare l'intellect *agent* de l'âme individuelle, pour en faire une faculté universelle élevée au dessus de tous les hommes. En général, le principe actif et le principe réceptif doivent être proportionnés l'un à l'autre : toute réceptivité suppose une spontanéité, toute passivité une activité correspondante. Or l'intellect *agent* se comporte à l'égard de l'intellect *possible* comme le principe actif à l'égard du passif, comme la spontanéité à l'égard de la réceptivité. Si donc l'intellect *possible* est une faculté de l'âme individuelle, il doit en être de même de l'intellect *agent*, autrement il n'y aurait entre eux aucune proportion possible. Et, dans cette hypothèse, il ne serait plus en notre pouvoir de penser ou de ne pas penser. Car si l'intellect *agent* est une faculté complètement séparée de notre âme, elle doit être considérée comme agissant constamment sur nous, par conséquent il ne dépendrait pas de nous de penser ou de ne pas penser. Ajoutons que la pensée est une activité naturelle de l'homme, que le principe de cette activité doit résider tout entier dans la nature humaine, que par conséquent l'intellect *agent* doit appartenir à l'âme individuelle aussi bien que l'intellect *possible*. Si on suppose que l'intellect *agent* soit quelque chose de supérieur à l'âme, alors la pensée

(211) Sicut operatio intellectus possibilis est recipere intelligibilia, ita propria operatio intellectus agentis est abstrahere ea.... Oportet autem in uno quoque operante esse aliquod formale principium, quo formaliter operetur ; non enim potest aliquis formaliter operari per id quod est secundum esse separatum ab ipso : sed etsi id quod est separatum, est principium motivum ad operan-

n'est plus un acte naturel, propre à l'homme; ce qu'on ne peut soutenir sans renverser la nature humaine. Si on insiste, avec Avicenne, en disant que l'âme ne peut pas être à la fois active et passive, ce qui arrive si l'intellect *agent* et l'intellect *possible* sont deux facultés de l'âme individuelle, nous ferons remarquer qu'il n'y a aucune contradiction à soutenir que le même être est actif sous un rapport et passif sous un autre, et c'est précisément ici le cas. Enfin c'est un dogme non seulement de la foi, mais aussi de la raison, que le plus grand bonheur de l'homme consiste dans l'exercice de sa plus noble faculté, c'est-à-dire de l'intelligence. Mais la perfection de cette faculté résulte de son union avec son principe d'action; alors, si l'intellect *agent* est un principe distinct de l'âme, la perfection de l'intelligence consistera dans l'union de l'intellect *possible* avec l'intellect *agent*, ou dans la connaissance immédiate de l'intellect *agent*, ce qui est contraire à la foi chrétienne, qui nous enseigne que le parfait bonheur consiste uniquement dans la connaissance de Dieu. Aussi quelques docteurs chrétiens, voulant conserver la théorie de l'intellect *agent* impersonnel, et ne pas se mettre en contradiction avec le dogme, ont soutenu que l'intellect *agent* n'était autre que Dieu lui-même, mais cela est faux. A la vérité, Dieu, comme cause première et universelle, concourt à l'œuvre de toute activité créée, mais les causes secondes n'ont pas moins en elles-mêmes le

---

dum, nihilominus oportet esse aliquid intrinsecum quo formaliter operetur, sive illud sit forma, sive qualiscumque impressio. Oportet igitur esse in nobis aliquod principium formale quo recipiamus intelligibilia, et aliud quo abstrahimus ea. Et hujusmodi principia nominantur intellectus possibilis et agens (An., a. 5. — Spir. cr., a. 10. — C. g., l. 2, c. 77).

principe formel de leur activité, de manière à agir d'elles-mêmes et par elles-mêmes sous l'influence du concours divin. Ce principe général doit s'appliquer à la pensée. L'intelligence humaine reçoit de Dieu une lumière qui est comme une participation à la lumière divine, mais il ne s'ensuit pas que la lumière reçue ainsi soit identique à la lumière divine ; au contraire, elle en est nécessairement distincte, et l'homme a en lui-même le principe formel de la pensée, il pense de lui-même et par lui-même à l'aide de la lumière reçue de Dieu. Or cela n'est possible que si l'intellect *agent*, distinct de Dieu, est une faculté de l'âme individuelle.

212. Il n'y a donc point de doute que l'intellect *agent* et l'intellect *possible* n'appartiennent à l'âme comme facultés essentielles, et il est faux qu'Aristote ait enseigné cette prétendue séparation. Il appelle expressément l'intelligence *pars animæ, qua anima cognoscit et sapit*, il représente l'intellect *possible* comme ce par quoi l'âme connaît, *id quo intelligit anima*. Cela n'aurait pas de sens si l'intelligence était un principe distinct de l'âme. S'il l'appelle quelquefois séparée, c'est en ce sens que l'intelligence n'exerce pas son activité par un organe sen-

(212) In omni natura in qua invenitur potentia et actus, est aliquid quasi materia, quod est in potentia ad ea quæ sunt illius generis, et aliquid quasi agens, quod reducit potentiam in actum ; sicut in artificialibus est ars in materia ; sed anima intellectiva est quædam natura in qua invenitur potentia et actus, cum quandoque sit intelligens et quandoque in potentia ; est igitur in natura animæ intellectivæ aliquid quasi materia, quod est in potentia ad omnia intelligibilia, quod dicitur intellectus possibilis, et aliquid quasi causa efficiens, quod facit intelligibilia in actu, et dicitur intellectus agens. Uterque igitur intellectus, secundum demonstrationem Aristotelis, est in natura animæ, et non aliquid separatum secundum

sible, mais qu'elle est élevée au-dessus des organes.

213. Par cette réfutation des philosophes arabes, l'individualité de l'âme humaine est plus solidement établie, et l'hypothèse d'une intelligence impersonnelle complètement écartée. L'individualité de l'âme est, comme nous l'avons vu, une suite de sa nature spirituelle, mais rien ne s'oppose à ce qu'on l'établisse encore par d'autres preuves. C'est ce qu'on vient de faire. Si l'intelligence n'est pas séparée de l'âme, elle n'est pas numériquement une, il y a autant d'âmes que de corps et autant d'intelligences individuelles que d'hommes. L'âme intelligente est par sa nature capable de constituer avec le corps une seule essence. C'est pourquoi les âmes se multiplient selon le nombre des individus, comme toutes les autres *formes*. Il n'y a qu'une différence : c'est que l'âme humaine ne dépend pas du corps dans son existence, comme les autres *formes ;* l'individualité ne lui vient pas du corps, mais de sa propre nature. La multiplicité des âmes individuelles *dans une même espèce* vient de leur capacité d'union avec les corps respectifs. Il résulte de là, comme nous l'avons vu, que les êtres spirituels qui, par nature, ne sont pas capables d'être unis à des corps ne sont pas plusieurs dans la même

esse a corpore cujus anima est actus (C. g., l. 2, c. 78. — Th., 1, q. 79, a. 4).

(213) De ratione animæ humanæ est quod corpori humano sit unibilis, cum non habeat in se speciem completam, sed speciei complementum sit in ipso composito. Unde quod sit unibilis huic aut illi corpori multiplicat animam secundum numerum, non autem secundum speciem.... Sed in hoc differt anima humana ab aliis formis quod esse suum non dependet a corpore. Unde nec esse individuatum ejus dependet a corpore. Unumquodque enim in quantum est unum, est in se indivisum et ab aliis distinctum (An., a. 3. — Pot., q. 3, a. 10. — S. 2, dist. 17, q. 2, a. 2).

espèce, mais constituent chacun leur espèce. Il n'y aurait donc pas plusieurs âmes individuelles dans une espèce, si elles ne devaient pas être unies à des corps.

214. Origine de l'âme : réfutation de l'émanatisme. — Le développement de notre plan nous amène à la question de l'origine des âmes individuelles. L'âme, dit S. Thomas, n'est pas une émanation de la substance divine, par la seule raison que l'être de Dieu est absolument simple et indivisible. Si l'âme appartenait à la substance divine, elle n'en serait pas une partie, elle serait cette substance tout entière. Et comme la substance divine est essentiellement une, il n'y aurait pas plusieurs âme humaines, mais une seule, et nous retomberions dans l'erreur des philosophes arabes que nous venons de réfuter.

215. L'âme est immédiatement créée par Dieu. — Il suit de là que l'âme doit être originairement tirée du néant par Dieu, aussi bien que les autres êtres, corporels ou spirituels. L'âme est une *forme* subsistante, elle ne pourrait pas être formée d'une *matière* corporelle. Quant à une *matière* spirituelle, il ne saurait en être question, car s'il en existait une, les êtres spirituels pourraient se changer l'un en l'autre, comme les choses matérielles, ce qui est impossible.

(214) Cum divina substantia sit omnino impartibilis, non potest aliquid substantiæ ejus esse anima, nisi sit tota substantia ejus. Substantiam autem divinam impossibile est esse nisi unam. Sequitur igitur quod omnium hominum sit tantum una anima quantum ad intellectum, et hoc supra improbatum est. Non est igitur anima de substantia divina (C. g., l. 2, c. 85).

(215) Anima rationalis est forma subsistens... unde ipsi competit esse et fieri. Et quia non potest fieri ex materia præjacente, neque corporali..., neque spirituali..., necesse est dicere quod non fiat nisi per creationem (Th., 1, q. 90, a. 2).

De plus, on a déjà prouvé que l'âme est dépourvue de toute *matière*, elle ne peut donc être formée de *matière*.

216. L'âme est unie au corps au moment de sa création. — La création de l'âme et son union avec le corps ne peuvent pas être deux actes successifs, c'est-à-dire que l'âme ne peut pas exister d'abord indépendamment du corps, pour lui être unie ensuite. La doctrine de la préexistence des âmes est insoutenable, car l'âme étant la *forme* essentielle du corps entre, comme élément constitutif, dans la nature humaine, et ne peut avoir son être spécifique complet sans le corps. Or Dieu ne pouvait créer les natures à l'état d'imperfection, il a dû unir l'âme au corps à l'instant de sa création, pour lui donner son être complet. De fait, il est naturel à l'âme d'être unie au corps, dont elle est la *forme.* Or ce qui est conforme à la nature précède toujours ce qui est *præter naturam*, comme le serait ici la séparation du corps. Par conséquent l'âme ne peut exister séparément avant d'être unie au corps. La partie d'un tout reste à l'état imparfait tant qu'elle est isolée, et ne trouve sa perfection que dans l'union avec ce tout. Or l'âme appartient à la nature humaine comme la partie au tout, et par le fait même sa perfection dépend de son

---

(216) Si animæ sunt creatæ absque corporibus, quærendum est quomodo corporibus sint unitæ. Aut enim hoc fuit violenter, aut per naturam. Si autem violenter, unio igitur animæ ad corpus est præter naturam ; homo igitur qui ex utroque componitur est quid innaturale, quod patet esse falsum. Si autem naturaliter animæ corporibus sunt unitæ, naturaliter igitur animæ in sui creatione appetierunt corporibus uniri. Appetitus autem naturalis statim prodit in actum, nisi sit aliquid impediens. Statim igitur a principio suæ creationis fuissent animæ corporibus unitæ, nisi aliquid esset impediens. Sed omne impediens executionem naturalis appetitus est

union au corps. Et puisque dans l'ordre de la nature le parfait est toujours avant l'imparfait, l'union de l'âme avec le corps est antérieure à l'existence isolée. De plus, cette séparation de l'âme et du corps serait un état contre nature, un état violent. Or ce qui est violent et contre nature, comme ce qui est imparfait, ne saurait être l'état primitif d'un être. Enfin, comme nous l'avons vu, la pluralité des âmes individuelles dans une même espèce vient de ce qu'elles sont par nature destinées à être unies à des corps. Si l'on admet que les âmes existent à l'origine séparées des corps, pour leur être unies accidentellement plus tard, il suit de là, ou que chaque âme et par conséquent chaque homme constitue une espèce, ou qu'il n'y a pas à l'origine plusieurs âmes individuelles, mais une seule âme universelle qui s'individualise dans les corps respectifs auxquels elle s'unit. Ces deux conséquences sont également fausses. Les âmes ne peuvent donc à l'origine exister sans corps ; la création de l'âme et son union au corps ont lieu en même temps.

217. L'âme n'est pas produite par génération. — Ceci posé, il faut résoudre cette autre question : Comment sont produites les âmes individuelles, au fur et à mesure de la propagation du genre humain sur la terre ? Nous savons déjà que l'âme du premier homme n'a pu être produite que par une création qui

violentiam inferens. Per violentiam igitur fuit quod animæ essent aliquo tempore a corporibus separatæ ; quod est inconveniens, quia violentum et quod est contra naturam, cum sit per accidens, non potest esse prius eo quod est secundum naturam, neque totam speciem consequens (C. g., l. 2, c. 83. — Th., 1, q. 118, a. 3. — S. 2, dist. 17, q. 2, a. 2. — Pot., q. 3, a. 10).

(217) Impossibile est virtutem activam quæ est in materia exten-

est l'œuvre de Dieu, mais que se passe-t-il pour les autres âmes ? On a répondu en disant que les âmes étaient produites par génération, comme les corps. Mais cela est faux. Les *formes* produites par génération sont celles qui dépendent totalement du corps, et dont toute l'activité est liée à des organes corporels, comme l'âme sensitive et l'âme végétative. Il en est tout autrement des *formes* qui ont un être propre, et une activité supérieure, indépendante des organes. Elles ne peuvent se produire par génération ; ce sont des êtres immatériels, subsistants en eux-mêmes, et la génération est une fonction matérielle, déterminée par la condition des organes corporels. Or il est impossible que cette fonction matérielle produise un effet immatériel, car l'effet serait d'une nature plus élevée que la cause. Puisque l'âme humaine est une de ces *formes* immatérielles, il n'est donc pas possible qu'elle soit produite par génération. La théorie de la génération des âmes supposerait que l'âme humaine est sur le même rang que celles des bêtes, qu'elle n'a pas sa subsistance propre, et qu'elle périt avec le corps. Cette théorie n'est donc pas seulement fausse, mais hérétique. On dit bien que l'âme pourrait engendrer l'âme comme le corps engendre le corps. Mais l'âme génératrice produirait l'âme engendrée, ou immédiatement, ou par la vertu de la puissance de génération. La dernière hypothèse, nous

---

dere suam actionem ad producendum immaterialem effectum. Manifestum est autem quod principium intellectivum in homine est principium transcendens materiam ; habet enim operationem in qua non communicat corpus. Et ideo impossibile est quod virtus quæ est in semine sit productiva intellectivi principii (Th., 1, q. 118, a. 2. — C. g., l. 2, c. 86. — S. 2, dist. 15, q. 2, a. 1. — Quodl., 12, a. 10).

venons de le voir, est insoutenable. La première l'est aussi. Car il y a deux sortes de causes efficientes : la cause qui agit pour produire toute une espèce, et celle qui agit pour produire seulement un individu de l'espèce. L'âme intelligente ne peut agir d'aucune de ces deux manières pour produire une autre âme. La cause qui produit toute une espèce n'est pas de même nature que les individus de cette espèce, mais elle est placée en dehors et au-dessus de l'espèce. Si l'âme du père produisait ainsi l'âme du fils, ces deux âmes ne seraient pas de même espèce, ce qui est absurde. L'âme génératrice ne peut pas non plus agir à la manière de la cause productrice d'un individu dans l'espèce, car un individu ne peut en engendrer un autre de même espèce qu'en unissant la *matière* à la *forme*, par conséquent en tirant la *forme* de la *puissance* de la *matière*. Mais l'âme humaine ne peut pas être tirée de la *puissance* de la *matière*, puisque c'est une *forme* immatérielle. De quelque côté qu'on envisage la question, l'origine des âmes par voie de génération est donc absolument impossible.

218. L'âme de l'embryon. — Il n'y a par conséquent qu'une solution vraie : c'est que toutes les âmes sont créées par Dieu, comme celle du premier homme, et unies à leurs corps respectifs au moment même de

---

(218) Anima vegetabilis quæ primo inest, cum embryo vivit vita plantæ, corrumpitur, et succedit anima perfectior, quæ est nutritiva et sensitiva simul, et tunc embryo vivit vita animalis; hac autem corrupta, succedit anima rationalis ab extrinseco immissa, licet præcedentes fuerint virtute seminis. . Sic homo sibi simile in specie generat, in quantum virtus seminis ejus dispositive operatur ad ultimam formam, ex qua homo speciem sortitur (C. g., l. 2, c. 89. — Quodl., 1, a. 6).

CHAP. VI. — L'HOMME. 217

leur création. Cette création a lieu lorsque l'embryon a déjà atteint un certain développement, car l'âme est l'*acte* d'un corps organisé, elle n'est donc qu'en *puissance*, et non en réalité, dans l'embryon qui n'a pas encore une certaine conformation organique. Cet embryon n'a dans le principe qu'une vie végétative, et par conséquent une âme végétative. Dans le progrès de son développement, cette âme végétative disparaît pour faire place à une âme sensitive que la première contient en *puissance*. Enfin, après un développement plus parfait, l'âme sensitive disparaît à son tour pour faire place à l'âme intelligente, qui reste seule *forme* du corps, et remplit les fonctions des âmes inférieures dont elle renferme les propriétés. Ainsi l'homme engendre son semblable, en tant que la puissance génératrice prépare peu à peu la *matière* du corps, à l'aide de l'âme végétative, et de l'âme sensitive, à recevoir la *forme* dernière par laquelle le sujet reçoit sa nature spécifique.

219. Les facultés sont distinctes de l'essence de l'âme. — Après avoir considéré l'homme dans ce qui fait l'essence de son être, nous allons passer à l'étude

---

(219) Impossibile est dicere quod essentia animæ sit ejus potentia.... quia, cum potentia et actus dividant ens et quodlibet genus entis, oportet quod ad idem genus referatur potentia et actus, et ideo si actus non est in genere substantiæ, potentia quæ dicitur ad illum actum non potest esse in genere substantiæ. Operatio autem animæ non est in genere substantiæ, sed in solo Deo operatio est ejus substantia; unde Dei potentia, quæ est operationis principium, est ipsa Dei essentia : quod non potest esse verum neque in anima, neque in aliqua creatura (Th., 1, q. 77, a. 1, et q. 54, a. 1). — [Actiones animæ] sunt genere diversæ, et non possunt reduci ad unum principium immediatum, cum quædam earum sint actiones et quædam passiones, et aliis hujusmodi differentiis different, quæ oportet attribui diversis principiis. Et ita cum essentia animæ sit

des facultés de l'âme. S. Thomas pose d'abord ce principe, que les facultés de l'âme ne se confondent pas du tout avec son essence, mais en sont réellement distinctes. Ce n'est qu'en Dieu qu'il peut y avoir identité absolue de l'essence, des attributs et de l'activité. L'âme est essentiellement un être en *acte*. Par conséquent si l'essence de l'âme était immédiatement par elle-même principe de son activité, l'homme exercerait continuellement son activité dans toutes les directions où elle peut s'exercer. Ce n'est pas ce qui a lieu. L'âme n'est donc par essence que l'*acte premier;* pour qu'elle passe à l'*acte second*, il faut qu'elle y soit déterminée par certaines forces ou puissances distinctes de son essence, et ces puissances sont les principes immédiats de l'activité de l'âme. Cette conséquence résulte encore des différentes sortes d'activité que possède l'âme, lesquelles ne peuvent pas se réduire à un seul et même principe. Sans doute c'est la même âme qui est le principe dernier de toute activité, mais pour produire des actes tout différents, il lui faut des facultés différentes les unes des autres, et distinctes de son essence.

220. En quel sens les facultés sont des accidents. —

unum principium, non potest esse immediatum principium omnium suarum actionum, sed oportet quod habeat plures et diversas potentias correspondentes diversitati suarum actionum (An., a. 12. — Quodl., 10, q. 3, a. 5).

(220) *Proprium* non est de essentia rei, sed ex principiis essentialibus speciei causatur : unde medium est inter essentiam et accidens. Et hoc modo potentiæ animæ dici possunt mediæ inter substantiam et accidens, quasi proprietates animæ essentiales (Th., 1, q. 77, a. 1. ad 5. — Spir. cr., a. 11). — Affirmat Sanseverino (Elem. Dynam., c. 1, a. 2) sententiam, quæ facultates animæ ab ejus essentia realiter distingui negat, cum pantheismi placitis consentire.

Si les facultés de l'âme sont réellement différentes de son essence, elles jouent le rôle d'*accidents* par rapport à la substance de l'âme, mais ce sont des *accidents* qui découlent nécessairement des principes constitutifs de l'être. Si on leur applique la théorie des cinq universaux, il faut les rapporter au *Propre*, et les regarder comme intermédiaires entre l'essence et les *accidents* pris dans le sens strict, c'est-à-dire ceux qu'on peut concevoir comme unis à la substance ou séparés d'elle.

221. Les facultés sont spécifiées par leurs objets. — Les facultés de l'âme se distinguent les unes des autres par leur activité propre, et par l'objet de cette activité. Toute faculté est déterminée par elle-même à un genre d'activité, par conséquent la notion de chaque faculté se tire de la nature de cette activité, et c'est par là que cette faculté se distingue des autres. Or la nature de l'activité est déterminée par l'objet auquel elle se rapporte. Toute activité appartient à une puissance passive ou active : dans le premier cas l'objet est le principe de l'acte ; dans le second, il en est le terme. Ces deux choses, le principe et le terme, donnent à l'activité sa nature spécifique. Par conséquent les facultés tirent leur différence essentielle, d'abord de leur genre d'activité, et en dernière instance de l'objet auquel se rapporte cette activité.

(221) Oportet rationem potentiæ accipi ex actu ad quem ordinatur... Ratio autem actus diversificatur secundum diversam rationem objecti; omnis enim actio vel est potentiæ activæ, vel passivæ. Objectum autem comparatur ad actum potentiæ passivæ sicut principium et causa movens... Ad actum autem potentiæ activæ comparatur objectum ut terminus et finis. Ex his autem duobus actio speciem recipit, scilicet ex principio, vel ex fine, seu termino (Th., 1, q. 77, a. 3. — An., a. 13).

222. Relations des facultés entre elles. — Les facultés ainsi distinguées les unes des autres sont dans un certain ordre de subordination. Il y a les facultés supérieures et inférieures. La faculté supérieure se rapporte à l'inférieure comme but de celle-ci, car ce qui est moins élevé a pour but ce qui l'est davantage. Or, comme le moyen dépend du but, on doit dire sous ce rapport que la faculté supérieure est le principe, et que l'autre en découle. D'autre part, la faculté inférieure se rapporte à la supérieure comme *principium susceptivum*, car elle doit précéder pour que l'autre soit possible. Sans le sens, par exemple, il n'y aurait pas d'intelligence chez l'homme. Envisagée à ce point de vue, la faculté inférieure est le principe et la condition *sine qua non* de la supérieure. Il suit de là qu'une puissance de l'âme découle d'une autre, ou plutôt que l'une vient de l'essence de l'âme par le moyen de l'autre, et cela dans les deux sens indiqués ci-dessus. La faculté supérieure a comme but de l'inférieure une priorité de nature, la faculté inférieure a la priorité d'existence, elle doit se développer d'a-

---

(222) Quia essentia animæ comparatur ad potentias sicut principium activum et finale, et sicut principium susceptivum, vel seorsum per se, vel simul cum corpore; agens autem et finis est perfectius, susceptivum autem principium, in quantum hujusmodi, est minus perfectum : consequens est quod potentiæ animæ, quæ sunt priores secundum ordinem perfectionis et naturæ, sint principia aliarum per modum finis et activi principii. Videmus enim quod sensus est propter intellectum, et non e converso. Sensus etiam est quædam deficiens participatio intellectus; unde secundum naturalem originem quodam modo est ab intellectu, sicut imperfectum a perfecto. Sed secundum viam susceptivi principii e converso potentiæ imperfectiores inveniuntur principia respectu aliarum ; sicut anima, secundum quod habet potentiam sensitivam, consideratur sicut subjectum et materiale quoddam respectu intellectus. Et propter hoc imperfectiores potentiæ sunt priores in via

bord pour permettre le développement de l'autre, dont le sien est la condition. La supérieure vient de l'inférieure, et l'inférieure vient de la supérieure, mais dans des sens différents.

223. Classification des facultés de l'âme. — Les facultés de l'âme doivent se classer d'après leurs objets. Plus une faculté est élevée, plus son objet est universel. Or on peut considérer l'extension de l'objet à trois degrés successifs. Certaines puissances de l'âme n'ont pour objet que le corps auquel l'âme est unie, on les appelle *végétatives*. D'autres se rapportent à un objet plus universel, à tout corps sensible, d'autres à quelque chose de plus universel encore, à tout être en général. Mais comme il faut que l'agent soit uni de quelque manière à l'objet de son opération, il est nécessaire d'établir le rapport entre l'objet extérieur et l'âme à un double point de vue. D'une part, l'objet est fait pour être uni à l'âme et y pénétrer par son *image*; et sous ce point de vue il y a deux genres de puissances : la puissance *sensitive* qui a pour objet les êtres sensibles, et la puissance

---

generationis; prius enim generatur animal quam homo (Th., I, q. 77, a. 7).

(223) Genera potentiarum animæ distinguuntur secundum objecta. — Quanto enim potentia est altior, tanto respicit universalius objectum. Objectum autem operationis animæ in triplici ordine potest considerari. Alicujus enim potentiæ animæ objectum est solum corpus animæ unitum; et hoc genus dicitur *vegetativum*... Est autem aliud genus potentiarum animæ quod respicit adhuc universalius objectum, scilicet omne corpus sensibile... Est autem aliud genus quod respicit adhuc universalius objectum, scilicet non solum corpus sensibile, sed etiam universaliter omne ens. Ex quo patet quod ista duo secunda genera potentiarum animæ habent operationem non solum respectu rei conjunctæ, sed etiam respectu rei extrinsecæ. Cum autem oporteat operans aliquo modo conjungi suo objecto circa quod operatur, necesse est extrinse-

intellective, qui a pour objet l'être en général. D'autre part, l'âme, par une inclination propre, tend vers l'objet extérieur; et sous ce point de vue il y a encore deux genres de puissances dans l'âme : la puissance *appétitive*, par laquelle l'âme se porte vers l'objet extérieur comme vers sa fin, et la puissance *locomotrice* par laquelle l'âme atteint l'objet au moyen des mouvements du corps. Les facultés *végétatives* sont celles de génération, d'accroissement et de nutrition; les facultés *sensitives* comprennent les cinq sens extérieurs, et quatre sens intérieurs (le *sens commun*, l'*imagination*, l'*estimative* et la *mémoire*) ; les facultés *intellectives* sont l'*intellect agent*, l'*intellect possible* et la *mémoire intellective*. Quant aux facultés *appétitives*, elles relèvent des sens ou de la raison : à la partie inférieure de l'âme se rapportent l'*appétit concupiscible* et l'*appétit irascible* avec les *passions* qu'ils engendrent. L'appétit rationnel n'est autre que la *volonté*.

224. Différence radicale entre les facultés intellectuelles et les autres. — Entre les facultés végétatives

cam rem, quæ est objectum operationis animæ, secundum duplicem rationem ad animam comparari. Uno modo secundum quod nata est animæ conjungi, et in anima esse per suam similitudinem et quantum ad hoc sunt duo genera potentiarum, scilicet *sensitivum* respectu objecti minus communis, quod est corpus sensibile, et *intellectivum* respectu objecti communissimi, quod est ens universale. Alio vero modo secundum quod ipsa anima inclinatur et tendit in rem exteriorem ; et secundum hanc etiam comparationem sunt duo genera potentiarum animæ : unum quidem scilicet *appetitivum*, secundum quod anima comparatur ad rem extrinsecam ut ad finem, qui est primum in intentione; aliud autem *motivum secundum locum*, prout anima comparatur ad rem exteriorem sicut ad terminum operationis et motus (Th., 1, q. 78, a. 1. — An., a. 13). Cf. Goudin. 4ᵉ p. Phys. de An., q. 1, a. 5.

(224) Oportet quod ejus sit potentia sicut subjecti, cujus est ope

et sensitives d'une part, et les facultés intellectuelles de l'autre, il y a une différence radicale non seulement de nature, mais de manière d'agir. Les actes intellectuels, comprendre et vouloir, s'exécutent sans organes corporels, c'est pourquoi la puissance intellectuelle est dans l'âme non seulement comme dans son principe, mais comme dans son sujet. Les facultés végétatives et sensitives sont organiques, l'âme en est le principe, mais non le sujet; elles ont pour sujet le composé humain, l'homme comme tel. Ainsi toutes les puissances de l'âme découlent de son essence comme de leur principe, mais leur sujet n'est pas toujours l'âme seule. Il résulte de là que les puissances qui n'ont pas l'âme seule pour sujet, ne restent en elle que virtuellement après qu'elle est séparée du corps, tandis que les facultés intellectuelles y restent réellement et conservent leur activité.

225. Facultés végétatives et sensitives. — Si nous considérons maintenant les différentes facultés végétatives, sensitives et intellectuelles, nous verrons

---

ratio. Manifestum est autem quod quædam operationes sunt animæ quæ exercentur sine organo corporali, ut intelligere et velle. Unde potentiæ quæ sunt harum operationum principia sunt in anima sicut in subjecto. Quædam vero operationes sunt animæ quæ exercentur per organa corporalia, sicut visio per oculum..... Et ideo potentiæ quæ sunt talium operationum principia sunt in conjuncto sicut in subjecto, et non in anima sola (Th., 1, q. 77, a. 5. — An., a. 19).

(225) Potentia vegetativa habet pro objecto corpus in quo est, ad quod corpus tria sunt necessaria. Unum est quod habeat esse, et ad hoc ordinatur *generativa*. Aliud est quod habeat esse perfectum, et ad hoc ordinatur *augmentativa*. Aliud est quod in statu debito conservetur, et ad hoc ordinatur *nutritiva* (P. an., c. 2). — Est *sensus communis* a quo omnes sensus proprii derivantur, et ad quem omnis impressio eorum renuntiatur, et in quo omnes conjungun-

d'abord dans l'âme végétative trois forces distinctes : celle de nourrir le corps, celle de le faire croître, et enfin la force génératrice. Son organe central et son siège central est le cœur. Dans l'âme sensitive, nous rencontrons deux groupes de forces : les forces *appréhensives* et les forces *motrices*. Les forces *appréhensives* comprennent les sens extérieurs et intérieurs : ceux-là saisissent l'objet tel qu'il se présente à eux, ceux-ci ne sont pas limités dans leur activité par l'influence actuelle de l'objet. Il y a quatre sens intérieurs : *le sens commun, l'imagination, la faculté appréciative et la mémoire*. Le sens commun est la racine commune de tous les sens extérieurs, c'est en lui que se concentrent les résultats de toutes les impressions reçues du dehors. Il peut distinguer ces différentes impressions, les comparer, ce que ne peuvent pas faire les sens extérieurs, puisque chacun d'eux ne se rapporte qu'à un seul objet. Le *sens commun* a pour organe et pour siège la partie antérieure du cerveau, d'où sortent les nerfs sensitifs. L'*imagination*, qui se rattache au *sens commun*, a pour fonction de conserver les *espèces sensibles* en l'absence des objets. Son siège et son organe est encore la partie antérieure du cerveau, derrière le *sens*

---

tur... Non enim potest animal judicare album esse dulce, vel non esse, nisi sit aliquis sensus qui cognoscat omnia sensata propria, et hic est sensus communis... Secunda vis interior est *phantasia*... Tertia est *æstimativa*, et hujus necessitas sic patet : Animal enim non movetur solum propter delectabile... sed aliquando quærit vel fugit aliqua propter diversas alias commoditates... sicut... avis colligit paleam, non quia delectat sensum, sed quia utilis est ad nidificandum. Oportet ergo ponere in animali aliquod principium perceptionis hujusmodi intentionum aliud quam phantasiam, cujus immutatio est a forma sensibili... Quarta vis sensitiva interior est *memorativa* (Ibid., c. 4. — Th., 1, q. 78, a. 4).

commun. Vient ensuite la faculté *estimative*, qui juge de l'utile et du nuisible, non pas d'après l'impression du moment, mais d'après certaines données générales. Elle a pour siège et pour organe le milieu du cerveau. Dans les brutes elle n'agit que par instinct, mais dans l'homme c'est une activité réfléchie, aussi prend-elle le nom de *vis cogitativa*. Après elle se trouve la *mémoire* dont la fonction est de conserver ces données générales d'après lesquelles agit la faculté *estimative;* elle est située dans la partie postérieure du cerveau. Instinctive dans la brute, elle devient chez l'homme une faculté de se rappeler quelque chose, en s'y reportant librement à l'aide de l'association des idées.

226. Les facultés *motrices* se relient aux facultés *appréhensives;* on les appelle naturelles ou animales, suivant que leur action est déterminée par la nature même (comme dans les mouvements du cœur, la circulation du sang), ou par une *appréhension* préalable. Ces dernières seulement appartiennent à l'âme sensitive ; les autres rentrent dans la sphère de l'âme végétative. Ces différentes forces *motrices* dirigent, commandent, exécutent les mouvements. L'*imagination* dirige en montrant l'objet, l'*appétit sensitif* commande en portant l'âme à atteindre ou à fuir l'objet, la *faculté de locomotion* exécute par l'action des nerfs et des muscles.

(226) Motiva [virtus] sensitiva dividitur, quia quædam est naturalis et quædam animalis. Naturalis est quæ non movet per apprehensionem, nec est subjecta imperio rationis, et talis est... pulsativa quæ movet arterias... Motiva animalis est quæ movet per apprehensionem et hæc dividitur, quia quædam movet per modum dirigentis, quædam per modum imperantis, quædam per modum exequentis (P. au., c. 5).

227. L'appétit sensitif : les passions. — Nous nous occuperons spécialement de *l'appétit sensitif* qui commande les mouvements. Son action est déterminée par un bien ou un mal de l'ordre sensible, qui lui est présenté par la perception externe. Le bien sensible peut être représenté à *l'appétit* par le *sens*, ou sans aucune circonstance accessoire, ou bien au milieu de circonstances qui le rendent difficile à atteindre. Dans le premier cas, *l'appétit* se porte directement à la recherche du bien sensible ; dans le second, il se roidit contre les obstacles pour les surmonter. Dans le premier cas, on a le mouvement appétitif proprement dit, dans le second, la colère. Il y a donc deux forces différentes à distinguer dans *l'appétit sensitif :* l'*appétit concupiscible* et l'*irascible*. Ces deux appétits se tiennent étroitement, car on ne se roidit contre l'obstacle qu'autant qu'on recherche le bien ou qu'on fuit le mal ; le but de la colère est de renverser cet obstacle et d'atteindre le bien, d'éviter le mal. Elle prépare les voies à l'*appétit concupiscible*, elle se rattache de plus près à la raison et à la volonté.

228. L'*appétit sensitif* produit les *passions*. Ces vio-

(227) Necesse est quod in parte sensitiva sint duæ appetitivæ potentiæ. Una per quam anima simpliciter inclinatur ad prosequendum ea quæ sunt convenientia secundum sensum et ad refugiendum nociva, et hæc dicitur *concupiscibilis;* alia vero per quam animal resistit impugnantibus, quæ convenientia impugnant et nociva inferunt, et hæc vis vocatur *irascibilis* : unde dicitur quod ejus objectum est arduum... Hæ autem duæ inclinationes non reducuntur in unum principium, quia interdum anima se ingerit tristibus contra inclinationem concupiscibilis, ut secundum inclinationem irascibilis impugnet contraria : unde etiam passiones *irascibilis*, repugnare videntur passionibus *concupiscibilis* (Th., 1, q. 81, a. 2. — Ver., q. 25, a. 2).

(228) Secundum quod ad idem objectum vis concupiscibilis ordinatur, secundum diversos gradus consideratos in processu appeti-

lents mouvements imprimés à l'âme sont vraiment des *passions* (*passio*, souffrance), parce qu'elles lui font subir un changement de disposition. Les *passions* sont différentes suivant qu'elles appartiennent à l'*appétit concupiscible* ou à l'*irascible*. Les passions fondamentales de l'*appétit concupiscible* sont l'amour et la haine, suivant que le mouvement de l'âme a pour objet le bien ou le mal. De l'amour et de la haine naissent les sentiments de désir et d'aversion, de joie ou de tristesse, suivant que le bien est atteint ou non, le mal repoussé ou non. Les *passions* fondamentales de l'*appétit irascible* sont l'espérance et le désespoir, d'où naissent l'audace et la crainte, et enfin la colère qui n'a pas de contraire. Nous ne suivrons pas S. Thomas dans l'étude détaillée des *passions*, cela nous entraînerait trop loin.

tivi motus distinguuntur passiones. Ipsum enim delectabile primo appetenti conjungitur aliqualiter secundum quod apprehenditur ut simile et conveniens, et ex hoc sequitur passio *amoris*, qui nihil est aliud quam informatio quædam appetitus ab ipso appetibili. Unde amor dicitur esse quædam unio amantis et amati. Id autem quod sic aliqualiter conjunctum est, quæritur ulterius ut realiter conjungatur, ut amans scilicet perfruitur amato, et sic nascitur passio *desiderii*. Quod quidem cum adeptum fuerit in re, generat *gaudium*... Et per contrarium istis sunt accipiendæ passiones quæ ordinantur in malum, ut *odium* contra amorem, *fuga* contra desiderium, *tristitia* contra gaudium (Ver., q. 26, a. 4). — Potest esse passio in irascibili vel respectu boni, vel respectu mali. Si respectu boni, vel habiti vel non habiti. Respectu boni habiti nulla passio potest esse in irascibili, quia bonum, ex quo jam possidetur, nullam difficultatem ingerit possidenti, unde non salvatur ibi ratio ardui. Respectu autem boni nondum habiti, in quo ratio ardui salvari potest propter difficultatem consequendi, si quidem illud bonum existimetur ut excedens facultatem, facit *desperationem*, si vero ut non excedens, facit *spem*. Si vero consideretur motus irascibilis in malum, hoc erit dupliciter, scilicet in malum nondum habitum, quod quidem existimatur ut arduum, in quantum difficile est vitari, vel ut jam habitum sive conjunctum, quod item ra-

229. Rapports entre l'appétit sensitif et la raison. — Nous voyons que dans l'homme les forces végétatives sont complètement soustraites à l'empire de la raison. Il n'en est pas de même des facultés sensitives, qui sont gouvernées et conduites par la raison ; ce qui est vrai en particulier des passions. L'*appétit sensitif* dépend de la raison sous trois rapports. Premièrement, sous le rapport de la connaissance : nous avons vu que l'*appétit* est mis en mouvement par l'imagination, et par la faculté appelée *vis cogitativa*. Comme un même objet peut être envisagé sous différents rapports comme bon ou mauvais, la raison peut le représenter à l'*appétit sensitif* sous ces deux aspects par le moyen de l'imagination, et produire des passions différentes. L'*appétit sensitif* est encore sous la dépendance de la raison du côté de la volonté ; car lorsque plusieurs forces sont, les unes par rapport aux autres, dans un ordre de subordination, le mouvement des supérieures agit sur celui des inférieures. C'est ce qui arrive dans l'action de la volonté par rapport à celle de l'*appétit sensitif*. Enfin l'*appétit* dépend de la raison pour l'exécution de l'acte :

tionem ardui habet, in quantum existimatur difficile repelli. Si autem respectu mali nondum præsentis, si quidem illud malum existimatur ut excedens facultatem, sic facit passionem *timoris*, si autem non ut excedens, sic facit passionem *audaciæ*. Si autem malum sit præsens, aut existimatur ut non excedens facultatem, et sic facit passionem iræ : aut ut excedens, et sic nullam passionem facit in irascibili, sed in sola concupiscibili manet passio tristitiæ (Ver., q. 26, a. 4. — Th., 1, 2, qq. 25 à 49). — Cf. Bossuet, Connais. de Dieu et de soi-même, ch. 1, n° 6. — Morgott, Die Theorie der Gefühle im Systema des H. Thomas (Eichstaett, 1864).

(229) Subduntur appetitivæ vires inferiores rationi tripliciter. Primo quidem ex parte ipsius rationis. Cum enim eadem res sub diversis conditionibus considerata possit et delectabilis et horribilis reddi, ratio apponit sensualitati mediante imaginatione rem

l'homme ne suit pas machinalement, comme la brute, l'impulsion de l'*appétit*, c'est de la volonté qu'il dépend d'exécuter ou de ne pas exécuter le mouvement pour atteindre l'objet désiré. — Nous nous sommes assez étendus sur les facultés sensitives ; passons aux facultés essentielles de l'âme intelligente.

230. La raison spéculative et la raison pratique. — On distingue dans l'âme raisonnable deux facultés fondamentales : l'*intelligence* et la *volonté*. En ce qui concerne l'intelligence, nous avons déjà vu l'essentiel en étudiant la théorie de la connaissance ; nous pouvons nous borner à y ajouter les remarques suivantes. Il faut distinguer la raison *spéculative* et la raison *pratique*. Ce qui les différencie, c'est leur but : l'une se borne à la contemplation de la vérité, l'autre se sert de la vérité connue pour diriger la conduite. Cette distinction est donc purement rationnelle. La raison, sous ces deux formes, jouit de la mémoire dite *intellective* (pour la distinguer de la sensitive) ; car l'intelligence conserve les notions rationnelles, comme la mémoire sensitive les notions sensibles. Toutefois le rôle de cette mémoire se borne à con-

aliquam sub ratione delectabilis vel tristabilis secundum quod ei videtur, et sic sensualitas movetur ad gaudium vel tristitiam... Secundo, ex parte voluntatis : in viribus enim ordinatis ad invicem et connexis ita se habet quod motus intensus in una earum, et præcipue in superiori, redundat in aliam. Unde cum motus voluntatis per electionem intenditur circa aliquid, irascibilis et concupiscibilis sequitur motum voluntatis... Tertio ex parte motivæ exequentis : sicut enim in exercitu progredi ad bellum pendet ex imperio ducis, ita in nobis vis motiva non movet membra, nisi ad imperium ejus quod in nobis principatur, id est, rationis, qualiscumque motus fiat in inferioribus viribus (Ver., q. 25, a. 4. — Th., 1, q. 81, a. 3).

(230) Si memoria accipitur pro vi conservativa specierum, oportet dicere memoriam esse in intellectiva parte. Si vero de ratione memoriæ sit quod ejus objectum sit præteritum ut præteritum, me-

server; elle ne se souvient pas des choses comme passées, parce que la raison n'a pour objet que l'universel et l'éternel.

231. La raison supérieure et la raison inférieure. — Il faut distinguer encore la raison *supérieure* et la raison *inférieure*. L'une, à l'aide du raisonnement, se meut exclusivement dans la sphère de la vérité abstraite; l'autre s'occupe de l'ordre qui règne dans la création, et des choses temporelles. Ici encore, la différence est toute rationnelle.

232. La syndérèse et la conscience. — L'activité de la raison est réglée par l'*habitude* des premiers principes (*habitus principiorum*), et suivant que ces principes sont théoriques ou pratiques, la raison se meut dans l'une ou l'autre de ces directions. De là les notions de *syndérèse* et de *conscience*. — La *syndérèse* est l'*habitude* des premiers principes pratiques. Ce n'est pas une faculté à part, mais une *habitude* ou disposition naturelle à formuler ces principes. Ce n'est pas encore la *conscience* morale, mais la condition de son existence. La *conscience* morale n'est pas davantage une faculté à part, ce n'est pas non plus

---

moria in parte intellectiva non erit, sed in sensitiva tantum, quæ est apprehensiva particularium. Præteritum enim, ut præteritum, cum significet esse sub determinato tempore, ad conditionem particularis pertinet (Th., 1, q. 79, a. 6).

(231) Una et eadem potentia rationis est ratio superior et inferior, sed distinguuntur per officia actuum (Th., 1, q. 79, a. 9).

(232) Conscientia, proprie loquendo, non est potentia, sed actus... Id... apparet ex ais quæ conscientiæ attribuuntur. Dicitur enim conscientia testificari, ligare, vel instigare, vel etiam accusare, vel etiam remordere, sive reprehendere. Et hæc omnia consequuntur applicationem alicujus nostræ cognitionis, vel scientiæ, ad ea quæ agimus (Ibid., a. 13. — Ver., q. 17, a. 1. — S., 2, dist. 24, q. 2, a. 4).

une *habitude*, c'est l'application des principes pratiques aux détails de la conduite. C'est comme un raisonnement dans lequel la *syndérèse* fournit la majeure, la *raison* donne la mineure en rangeant telle action dans le cas prévu par la loi générale, et la *conscience* tire la conclusion. Toutes les autres manifestations de la *conscience* ne sont que les conséquences de la fonction que nous venons d'analyser et peuvent s'y ramener.

233. Nature de la volonté. — La seconde faculté essentielle de l'âme intelligente, c'est la *volonté*. Toute faculté appétitive est la conséquence naturelle d'une faculté cognitive, car partout où il y a connaissance, il doit y avoir appétition. Toute *forme* produit dans le sujet auquel elle s'applique une inclination vers l'objet correspondant. De là viennent les tendances naturelles (*appetitus naturalis*) de tous les êtres. Mais quand il y a connaissance, le sujet connaissant n'a pas seulement sa *forme* naturelle, il reçoit en lui la *forme* des objets connus; de là l'*appétit*, suite nécessaire de la connaissance. C'est celle-ci qui détermine celui-là. La brute, qui n'a que l'*appréhension* des sens, ne peut avoir que l'*appétit sensitif;* l'homme, au contraire, qui connaît le suprasensible au moyen de l'intelligence, doit avoir aussi

(233) Appetitus est inclinatio rei et ordo ad aliquam rem sibi convenientem (Ver., q. 25, a. 1). — Appetitus non est nisi boni quod sibi per vim cognitivam proponitur (Ibid., q. 24, a. 2). — Necesse est dicere appetitum intellectivum esse aliam potentiam a sensitivo. Potentia enim appetitiva est potentia passiva, quæ nata est moveri ab apprehenso..., oportet [autem] motivum esse proportionatum mobili, et activum passivo.... Quia igitur est alterius generis apprehensum per intellectum, et apprehensum per sensum, consequens est quod appetitus intellectivus sit alia potentia a sensitivo (Th., 1, q. 80, a. 2. — Ver., q. 22, a. 1).

un *appétit rationnel* (*appetitus rationalis*), différent du premier : c'est la *volonté*.

234. La volonté a pour objet le bien en général. — De même que l'intelligence se distingue des sens en ce qu'elle a pour objet l'universel et ceux-ci le particulier, ainsi la volonté l'emporte sur l'appétit sensitif, qui est limité aux biens particuliers et sensibles, en ce qu'elle a pour objet le bien en général (*bonum sub communi ratione boni*). Dès lors il ne peut y avoir de différence à établir ici entre appétit concupiscible et irascible, car les facultés supérieures, qui ont pour objet l'universel, ne se multiplient pas suivant les différences que présente l'universel. Il n'y a pas différentes espèces d'intelligence pour différentes espèces d'universel; de même il n'y a pas différentes espèces de volonté.

235. La volonté se détermine librement. — La volonté se distingue de l'appétit sensitif, non seulement par son objet formel, mais encore par son mode d'action. Plus une nature se rapproche de Dieu, plus l'image des perfections divines s'y reflète parfaitement. Or, c'est le propre de Dieu de tout mouvoir et

---

(234) Concupiscibilis respicit propriam rationem boni in quantum est delectabile secundum sensum et conveniens naturæ. Irascibilis autem respicit rationem boni, secundum quod est repulsivum, et impugnativum ejus quod affert nocumentum. Sed voluntas respicit bonum sub communi ratione boni, et ideo non diversificantur in ipsa... potentiæ (Th., 1, q. 82, a. 5. — P. an., c. 7. — Ver., q. 25, a. 3).

(235) Natura insensibilis, quæ ratione suæ materialitatis est maxime a Deo remota, inclinatur quidem ad aliquem finem, non tamen est in ea aliquid inclinans, sed solummodo inclinationis principium. Natura autem sensitiva, ut Deo propinquior, in seipsa habet aliquid inclinans, scilicet appetibile apprehensum : sed tamen inclinatio ipsa non est in potestate animalis ipsius quod inclinatur, sed est ei aliunde determinata.... Sed natura rationalis, quæ

de tout diriger sans être mû ni dirigé par rien. Donc plus un être se rapproche de Dieu, plus il doit être capable de se mouvoir lui-même, moins il est soumis à l'influence des autres. C'est pourquoi les êtres placés au-dessous des animaux ne se meuvent pas eux-mêmes; les animaux peuvent se mouvoir, mais ce mouvement est déterminé par une cause extérieure, par l'*appréhension* d'un objet sensible. L'être raisonnable, placé comme tel plus près de Dieu, se meut lui-même, mais il dépend de lui de se mouvoir ou de ne pas se mouvoir. La volonté n'est pas déterminée par l'objet de la connaissance, mais se détermine elle-même. La volonté est essentiellement une faculté qui se détermine elle-même, parce qu'elle n'est pas comme l'appétit sensitif, attachée à un organe matériel.

236. Action de l'intelligence sur la volonté. — Ceci posé, quel rapport y a-t-il entre la connaissance intellectuelle et l'action de la volonté? Evidemment la volonté ne peut pas entrer en activité si le bien, objet de cette activité, ne lui est présenté par l'intelligence. En ce sens, il faut reconnaître à l'intelligence,

---

est Deo vicinissima, non solum habet inclinationem in aliquid, sicut habent inanimata, nec solum movens hanc inclinationem quasi aliunde determinatam, sicut natura sensibilis; sed ultra hoc habet in potestate ipsam inclinationem, ut non sit ei necessarium inclinari ad appetibile apprehensum, sed possit inclinari vel non inclinari, et sic ipsa inclinatio non determinatur ei ab alio, sed a seipsa. Et hoc quidem competit ei in quantum non utitur organo corporali, et sic recedens a natura mobilis accedit ad naturam moventis et agentis (Ver., q. 22, a. 4).

(236) Intellectus non secundum modum causæ efficientis, sed secundum modum causæ finalis movet voluntatem, proponendo sibi suum objectum, quod est finis (C. g., l. 1, c. 72. — Th., 1, 2, qq. 8. 1).

ou au bien connu par elle, une influence sur la volonté. S. Thomas dit : *Intellectus movet voluntatem*, et : *Bonum intellectum movet voluntatem*. Mais il a soin de préciser la nature de cette influence. L'intelligence n'agit pas sur l'acte de la volonté comme cause efficiente ou nécessitante, mais le bien connu agit comme cause finale. La connaissance du bien, objet de la volonté, n'est que la condition *sine qua non* de son acte, car l'âme ne peut tendre à l'inconnu ; la détermination à agir ne vient pas de cet objet, mais de la volonté seule.

237. Action de la volonté sur l'intelligence. — A son tour la volonté agit sur l'intelligence et sur les facultés sensitives pour les mouvoir. C'est elle qui détermine l'intelligence à agir, ainsi que les puissances appréhensives ou motrices, ou qui les empêche d'agir, ou qui leur donne telle ou telle direction. Seules les forces végétatives échappent à son influence. La volonté envisagée à ce point de vue est principe moteur de toute l'activité consciente de l'âme, *primus motor in regno animæ*.

238. Rôle prééminent de l'intelligence. — Il ne faut

---

(237) Dicitur aliquid movere per modum agentis, sicut impellens movet impulsum ; et hoc modo voluntas movet intellectum et omnes animæ vires. Cujus ratio est quia in omnibus potentiis activis ordinatis, illa potentia quæ respicit finem universalem movet potentias quæ respiciunt fines particulares (Th., 1, q. 82, a. 4. — Ver., q. 22, a. 12. — Mal., q. 6, a. 1).

(238) Si intellectus et voluntas considerentur secundum se, sic intellectus eminentior invenitur.... Objectum enim intellectus est simplicius et magis absolutum quam objectum voluntatis ; nam objectum intellectus est ipsa ratio boni appetibilis ; bonum autem appetibile, cujus ratio est in intellectu est objectum voluntatis.... Et ideo objectum intellectus est altius quam objectum voluntatis. Secundum quid autem et per comparationem ad alterum, voluntas invenitur interdum altior intellectu, ex eo scilicet quod objectum

CHAP. VI. — L'HOMME. 235

pas conclure de là que la volonté soit supérieure en dignité à l'intelligence. Sur cette question de la prééminence relative des deux facultés, S. Thomas donne le premier rang à l'intelligence. L'objet de l'intelligence est plus simple et plus absolu que celui de la volonté, c'est l'idée du bien; l'objet de la volonté, c'est ce bien tel qu'il apparaît à l'intelligence. Plus un objet est simple et abstrait, plus il est élevé en dignité. L'objet de l'intelligence est donc plus élevé que celui de la volonté; et comme le caractère d'une faculté se détermine par son objet, l'intelligence considérée en elle-même a la prééminence sur la volonté. Mais à un point de vue relatif, on peut soutenir la prééminence de la volonté sur l'intelligence; par exemple, quand l'objet dans lequel se rencontre le bien auquel tend la volonté est d'une nature plus noble que l'âme où se trouve la notion de cet objet. Ainsi l'amour de Dieu est quelque chose de plus grand que la connaissance de Dieu.

239. La volonté ne peut subir aucune contrainte. — Avançons avec S. Thomas. Si la volonté, comme nous l'avons vu, se détermine elle-même à agir, peut-elle subir quelque nécessité? Il y a différentes sortes

---

voluntatis, in altiori re invenitur quam objectum intellectus.... Quando igitur res in qua est bonum est nobilior ipsa anima in qua est ratio intellecta, per comparationem ad talem rem voluntas est altior intellectu.... Simpliciter tamen intellectus est nobilior quam voluntas (Th., 1, q. 82, a. 3. — Ver., q. 22, a. 11).

(239) Necessitas naturalis non repugnat voluntati; quin immo necesse est quod sicut intellectus ex necessitate inhæret primis principiis, ita voluntas ex necessitate inhæreat ultimo fini, qui est beatitudo. Finis enim se habet in operativis sicut principium in speculativis. Oportet enim quod illud quod naturaliter alicui convenit et immobiliter, sit fundamentum et principium omnium aliorum (Th., 1, q. 82, a. 1. — Ver., q. 22, a. 5. — Mal., q. 6, a. 1).

de nécessité : celle qui vient de la nature même, celle qui vient du but, celle qui vient d'une contrainte. La contrainte est imposée à une faculté par un agent extérieur qui ne lui permet pas de se déterminer autrement que de telle manière. Elle répugne essentiellement à la nature de la volonté : être contraint et se déterminer soi-même sont deux choses radicalement opposées. La nécessité venant du but consiste en ce que la volonté, supposé qu'elle se détermine à un but, *doit* vouloir certains moyens, sans lesquels ce but ne peut être atteint. Cette nécessité n'est pas en contradiction avec la nature de la volonté, pas plus que la nécessité qui vient de la nature même. La nécessité naturelle consiste essentiellement en ce qu'un être est par le fait de sa nature ordonné à une fin déterminée. Il doit en être ainsi de la volonté : elle doit avoir une fin pour agir, comme l'intelligence doit nécessairement se guider d'après les premiers principes.

240. La volonté tend nécessairement au bonheur. — Il est facile de dire maintenant dans quel sens la nécessité s'impose à la volonté, dans quel sens elle y répugne, et de quel genre est cette nécessité. La volonté humaine tend nécessairement au bonheur, comme à sa fin dernière : c'est une nécessité de nature, l'homme

---

(240) Sunt quædam particularia bona, quæ non habent necessariam conne[xi]onem ad beatitudinem, quia sine his potest aliquis esse beatus [e]t hujusmodi bonis non de necessitate voluntas inhæret. Sunt autem quædam habentia necessariam connexionem ad beatitudinem, quibus scilicet homo Deo inhæret, in quo solo vera beatitudo consistit. Sed tamen, antequam per certitudinem divinæ visionis necessitas hujusmodi connexionis demonstretur, voluntas non ex necessitate Deo inhæret, nec his quæ Dei sunt. Sed voluntas videntis Deum per essentiam de necessitate Deo in-

ne peut pas s'y soustraire. Quant aux moyens qui conduisent à ce bonheur, il y en a qui ne sont pas absolument nécessaires pour y arriver, d'autres qui sont indispensables. Ce sont ces derniers seulement que la volonté embrassera nécessairement, pourvu que l'intelligence voie bien leur liaison nécessaire avec le bonheur comme fin dernière. Mais cette connaissance parfaite ne peut se réaliser que par la vue immédiate de l'essence divine, qui ne nous sera donnée que dans l'autre vie, par conséquent la nécessité qui en résulte ne peut atteindre la volonté ici-bas. Nous pouvons bien dans la vie présente connaître que notre bonheur consiste dans la possession de Dieu, et que tous nos efforts doivent tendre à ce qui nous mène à Dieu; mais comme nous ne voyons pas parfaitement, par une intuition immédiate, la relation nécessaire de la possession de Dieu avec notre bonheur, notre volonté n'est jamais ici-bas nécessitée à tendre à Dieu et aux moyens de nous unir à lui. Il faut donc dire que la volonté humaine tend nécessairement au bonheur, comme au but suprême de l'existence, mais qu'aucune nécessité ne lui est imposée relativement aux moyens d'arriver à ce but. Nous mettons le pied sur le terrain de la *liberté de l'homme.*

241. L'homme est libre parce qu'il est raisonnable. —

---

hæret, sicut nunc ex necessitate volumus esse beati. Patet ergo quod voluntas non ex necessitate vult quæcumque vult (Th., 1, q. 82, a. 2). — Potest homo... in omnibus particularibus bonis considerare rationem boni alicujus, et defectum alicujus boni, quod habet rationem mali, et secundum hoc potest unumquodque hujusmodi bonorum apprehendere ut eligibile vel fugibile (Th., 1, 2, q. 10, a. 2, et q. 13, a. 6).

(241) Omnia intellectualia liberam voluntatem habent ex judicio intellectus venientem (Ver., q. 24, a. 2). — Ex hoc enim voluntas

Que l'homme soit libre, c'est là une conséquence de sa nature raisonnable. Il y a des êtres qui agissent sans jugement, comme les créatures inanimées ; il y en a d'autres qui agissent conformément à un jugement, sans que ce jugement soit réfléchi, ils agissent par instinct, ce sont les brutes. Mais l'homme agit avec conscience, après s'être prononcé par un jugement réfléchi sur ce qu'il va faire ou ne pas faire. Il peut se déterminer à ceci ou à cela, il n'est pas nécessité à une chose plutôt qu'à une autre ; en un mot, il est libre, parce qu'il est raisonnable. De plus, la liberté nous est garantie par la conscience, et par cette considération, que sans elle il ne pourrait y avoir ni mérite ni faute, ni châtiment ni récompense.

242. En quoi consiste l'indifférence de la volonté. — S'il s'agit de préciser la notion de liberté, il faut y distinguer deux éléments : l'un positif, l'autre négatif. Commençons par celui-ci. La liberté exclut son contraire, la nécessité : nécessité de contrainte et nécessité de nature ; la volonté libre n'est déterminée à agir ni par une cause extérieure sans sa coopéra-

---

potest in diversa ferri, quia ratio potest habere diversas conceptiones boni ; et ideo philosophi definiunt liberum arbitrium quod sit liberum de ratione judicium, quasi ratio sit causa libertatis (Th., 1, 2, q. 17, a. 1, ad 2). — Quidquid ratio potest apprehendere ut bonum, in hoc voluntas tendere potest. Potest autem ratio apprehendere ut bonum non solum hoc quod est velle aut agere, sed hoc etiam quod est non velle et non agere.... Et ideo homo non ex necessitate, sed libere eligit (Ibid., q. 13, a. 6).

(242) Dominium quod habet voluntas supra suos actus, per quod in ejus potestate est velle et non velle, excludit et determinationem virtutis ad unum, et violentiam causæ agentis (C. g., l. 1, c. 68). — Voluntas est activum principium non determinatum ad unum sed indifferenter se habens ad multa (Th., 1, 2, q. 10, a. 4). — Invenitur autem indeterminatio voluntatis respectu trium : scilicet respectu objecti, respectu actûs, et respectu ordinis in finem. Res-

tion, ni par sa propre nature; elle est indifférente. Nous avons déjà vu que la volonté, déterminée par nature à la recherche du bonheur comme but suprême, est indifférente à tout le reste. Si nous envisageons la liberté au point de vue positif, nous verrons que c'est précisément cette indifférence dont nous parlons, qui est la racine de tout ce qu'il y a de positif dans la liberté. La volonté peut choisir entre deux objets parce qu'elle est indifférente par rapport à chacun d'eux. Ce choix porte sur trois choses. La volonté est indéterminée par rapport aux différents moyens d'atteindre le but, elle peut choisir tel ou tel. Elle est également indéterminée par rapport à l'exercice de son activité, elle peut se porter vers un objet ou ne pas s'y porter. Enfin, elle peut suivre l'ordre tracé par la raison pour arriver au bonheur ou ne pas le suivre, rechercher de vrais ou de faux biens, faire le bien ou le mal. Ce dernier point suppose un état de la nature humaine où il est possible de s'écarter de l'ordre, et par conséquent un défaut de connaissance. Si la nature humaine se trouvait dans une si-

pectu objecti quidem est indeterminata voluntas quantum ad ea quæ sunt ad finem.... Secundo est voluntas indeterminata respectu actus, quia circa objectum determinatum potest uti actu suo cum voluerit, vel non uti.... Tertio est indeterminatio voluntatis respectu ordinis ad finem, in quantum voluntas potest appetere id quod secundum veritatem in finem debitum ordinatur, vel secundum apparentiam tantum.... Et ex hoc sequitur indeterminatio voluntatis qua bonum potest vel malum appetere (Ver., q. 22, a. 6). — Quod liberum arbitrium diversa eligere possit, servato ordine finis, hoc pertinet ad perfectionem libertatis ejus; sed quod eligat aliquid divertendo ab ordine finis, hoc pertinet ad defectum libertatis; unde major libertas arbitrii est in angelis, qui peccare non possunt, quam in nobis qui peccare possumus (Th., 1, q. 62, a. 8, ad 3). — Velle malum, nec est libertas, nec pars libertatis, quamvis sit quoddam libertatis signum (Ver., q. 22, a. 6).

tuation telle que ce défaut disparût, comme cela arrive pour les saints dans le ciel, il ne pourrait plus être question de choix entre le bien et le mal. Aussi a-t-on raison de dire que la faculté de choisir entre le bien et le mal n'appartient pas proprement à l'essence de la liberté, c'est plutôt un signe auquel on la reconnaît.

243. Le libre arbitre. — La liberté de la volonté humaine étant ainsi conçue, il est facile de voir ce que l'on entend par *libre arbitre*. Ce n'est pas une habitude, car toute habitude se rapporte à un objet bon ou mauvais, tandis que le libre arbitre est indifférent. C'est plutôt une puissance; mais il reste à savoir de quelle nature. On a dit que le libre arbitre appartient autant à l'intelligence qu'à la volonté, parce que ces deux facultés concourent au choix libre. Mais c'est à tort, car si le choix présuppose le jugement de la raison, cet acte n'en est pas moins le propre de la volonté exclusivement. Le libre arbitre appartient donc à la volonté, il ne fait qu'un avec elle; il s'en distingue pourtant, en ce que la volonté, quand on l'appelle libre arbitre, est considérée spécialement dans un acte déterminé qui est le choix libre : il appartient à la volonté comme la raison à l'intelligence. L'intelligence perçoit les premiers prin-

---

(243) Proprium liberi arbitrii est electio. Ex hoc enim liberi arbitrii esse dicimur quod possumus unum recipere alio recusato, quod est eligere (Th., 1, q. 83, a. 3). — Unde liberum arbitrium est ipsa voluntas; nominat autem eam non absolute, sed in ordine ad aliquem actum ejus qui est eligere (Ver., q. 24, a. 6. — P. an., c. 7). — Electio substantialiter non est a* is rationis sed voluntatis : perficitur enim electio in motu quodam animæ in bonum quod eligitur. Unde manifeste actus est appetitivæ potentiæ (Th., 1, 2, q. 13, a. 1).

cipes, et la raison en déduit les conséquences qui mènent aux vérités particulières. Ainsi la volonté se porte vers le souverain bien, le libre arbitre choisit les moyens qui y conduisent.

244. Dieu et la liberté de l'homme. — La liberté humaine, considérée dans son essence, ne peut être ni augmentée, ni diminuée, ni perdue. De même qu'elle n'est pas atténuée par le concours divin, elle n'est pas détruite par la prescience divine. Dieu prévoit les actions libres telles qu'elles sont, c'est-à-dire comme libres, il ne les rend pas nécessaires. Ce que Dieu prévoit arrive infailliblement, mais non nécessairement de la part de l'homme. Ce n'est pas la prescience de Dieu qui cause les déterminations de l'homme, elle laisse à la volonté sa liberté. Et comme la volonté est cause efficiente dans toute la sphère de l'activité consciente de l'homme, puisque c'est elle qui dirige toutes les facultés qui sont du domaine de la conscience, il s'ensuit que toutes ces puissances de l'âme se meuvent dans la sphère de la liberté. La volonté fait de toute la vie consciente de l'homme

---

(244) Per imperium voluntatis et liberi arbitrii moventur etiam aliæ potentiæ in suos actus... et per modum istum omnes actus humani sunt liberi arbitrii, quia ab ipso imperati, sed non eliciti (S. 2, dist. 25, q. 1, n. 3). — Est naturale et essentiale libero arbitrio ut sufficienter non cogatur coactione compellente, et hoc sequitur in quolibet statu, unde non augetur talis libertas, nec diminuitur per se, sed per accidens tantum (Ibid., n. 4). — Effectus sequitur causam, non tantum secundum id quod fit, sed etiam secundum modum fiendi, vel essendi.... Cum igitur voluntas divina sit efficacissima, non solum sequitur quod fiant ea quæ Deus vult fieri, sed et quod eo modo fiant quo Deus ea fieri vult. Vult autem quædam Deus necessario, quædam contingenter, ut sit ordo in rebus ad complementum universi. Et ideo quibusdam rebus aptavit causas necessarias, ex quibus effectus de necessitate proveniunt; quibusdam autem aptavit causas contingentes defectibiles,

une vie libre, que les actes de cette vie soient accomplis par la volonté seule, ou commandés par elle aux puissances qu'elle dirige.

245. Conclusion. — Tel est en résumé le système psychologique de S. Thomas. Le Docteur angélique a exploré à fond toute la nature et la vie de l'homme. Rien d'important ne lui a échappé; il nous montre la nature humaine dans toute sa grandeur et sa dignité, et tandis que les philosophes arabes mutilaient l'âme en lui enlevant ses plus belles facultés pour en faire des principes transcendantaux, le saint docteur a rendu à notre nature, avec sa pleine intégrité, le rang supérieur qu'elle doit occuper parmi les êtres qui l'entourent. Dans la doctrine de S. Thomas on voit se justifier parfaitement cette assertion, que l'homme est comme l'horizon et le lien des deux mondes, matériel et spirituel, puisque la nature humaine leur emprunte les deux éléments qui la constituent dans son unité. Si on admet le rapport intime que S. Thomas a établi entre l'âme et le corps, on trouve l'explication

---

ex quibus effectus contingenter proveniant (Th., 1ª, q. 19, a. 8). — Comment la prescience divine se concilie-t-elle avec la liberté humaine ? Comment l'efficacité du concours divin ne détruit-elle pas notre responsabilité ? S. Thomas se contente d'établir les principes indiscutables, il ne pénètre pas plus avant dans le mystère. — Dubium movetur, *dit le Dr Egger*, quomodo Deus causam liberam ad agendum applicet. Thomistæ hoc explicant per concursum prævium, quem etiam præmotionem, seu prædeterminationem appellant; alii existimant libertatem creaturæ cum hac præmotione consistere non posse. Utraque sententia habet suam probabilitatem, utraque suam difficultatem. Prior laborat in concilianda libertate creaturæ cum concursu divino, nec satis explicat cur Deus causa peccati dici nequeat. Posterior angitur in salvanda absoluta dependentia causæ secundæ a causa prima (Propædeutica. Theol. natur., S. 3, c. 3). Cf. Bossuet, Traité du libre arbitre, ch. 5 à 8.

(245) Cf. Morgott. Geist und Natur im Menschen, p. 5.

de tous les phénomènes complexes de la vie à la fois corporelle et spirituelle de l'homme, sans être exposé à trop donner à l'un ou à l'autre élément. La vie de l'homme apparaît parfaitement une, et on comprend sans peine comment s'harmonisent en lui d'une manière si admirable les activités vitales avec leurs différentes propriétés, comment le corps est le miroir de l'âme. Le système psychologique de S. Thomas n'est donc pas moins remarquable, ni moins profond que les autres parties de sa doctrine, et on peut souscrire au jugement qu'en a porté de nos jours un savant profondément versé dans la connaissance de la psychologie thomiste. « La psychologie du Docteur angélique, dit Morgott, est l'âme de son système, la partie dans laquelle brillent du plus vif éclat les principes fondamentaux de sa philosophie. Tout ce que l'Eglise croit et enseigne sur la nature de l'homme, sur l'âme, le corps et leur union, tout ce que les plus grands docteurs, S. Augustin en particulier, ont laissé de développements scientifiques sur ces points de doctrine; d'autre part, tout ce que les plus grands représentants de la philosophie rationnelle ont soupçonné plutôt que prouvé avec les seules ressources de la raison : tout cela est comme la matière de la psychologie thomiste, la masse informe sur laquelle l'esprit systématique du grand docteur plane pour l'ordonner, non par un choix éclectique, mais par une création de génie. »

TABLEAU DES FACULTÉS DE L'AME

D'APRÈS SAINT THOMAS

1º Facultas vegetativa *dividitur in* . .
- generativam.
- augmentativam.
- nutritivam.

2º Facultas sensitiva *habet*
- quinque sensus exteriores
  - tactum.
  - visum.
  - auditum.
  - odoratum.
  - gustum.
- quatuor sensus interiores
  - sensum communem.
  - phantasiam.
  - æstimativam.
  - memoriam.

3º Facultas intellectiva *constat* . . . .
- intellectu agente.
- intellectu possibili.
- memoria intellectiva.

4º Facultas appetitiva
- sensitiva
  - concupiscibilis *ad quam pertinent*
    - amor — odium.
    - desiderium — fuga.
    - gaudium — tristitia.
  - irascibilis *ad quam pertinent*
    - spes — desperatio.
    - audacia — timor.
    - ira.
- rationalis *seu voluntas*
  - necessitata ad finem.
  - libera in electione mediorum.

5º Facultas locomotiva agit per nervos et musculos.

CHAPITRE VII

LA MORALE

---

246. L'idée de fin dernière en morale. — S. Thomas fait reposer toute la morale sur l'idée de *fin*. Il examine d'abord ce qu'est la fin en général, pour arriver ensuite à la fin de l'homme en particulier, et déduire de là toutes les lois morales. Nous allons suivre le même ordre. — Tout ce qui agit, dit S. Thomas, agit nécessairement pour une fin, il n'y a pas d'activité sans rapport à un but final. Cette fin est de deux sortes : elle peut consister en quelque chose de distinct de l'activité elle-même, en un effet produit par l'exercice de cette activité; ou bien la fin n'est autre que l'exercice de l'activité, comme cela a lieu

---

(246) Omnis agentis impetus ad aliquid certum tendit; non enim ex quacumque virtute quævis actio procedit, sed a calore quidem calefactio, a frigore autem infrigidatio; unde et actiones secundum diversitatem activorum specie differunt. Actio vero quandoque quidem terminatur ad aliquod factum, sicut ædificatio ad domum, et sanatio ad sanitatem; quandoque autem non, sicut intelligere et sentire. Et si quidem actio terminatur ad aliquod factum, impetus agentis per actionem tendit in illud factum; si autem non terminatur ad aliquod factum, impetus agentis tendit in ipsam actionem. Oportet igitur quod omne agens in agendo intendat finem; quandoque quidem actionem ipsam, quandoque aliquid per actionem factum (C. g., l. 3, c. 2).

dans l'acte de l'intelligence et des sens. Dans tous les cas, il y a toujours entre l'activité et la fin le lien le plus étroit.

247. La fin d'un être est aussi son bien. — Si tout ce qui agit, agit en vue d'une fin, la notion de fin se confond avec celle de bien, et l'on peut dire également que tout ce qui agit, agit en vue d'un bien à atteindre. En effet, lorsqu'un être se porte vers un objet comme but final de son activité, c'est que cet objet lui convient, le perfectionne de quelque manière. Or, c'est précisément là l'idée du bien : ce qui nous convient, ce qui nous perfectionne. Toute activité est donc dirigée vers le bien. Le bien, dit Aristote, c'est ce que tous les êtres recherchent, ce qui répond à leurs tendances, ce qui satisfait leurs aspirations, le terme où se reposent leurs efforts. On peut en dire autant de la fin, on y retrouve les mêmes caractères; par conséquent dans l'axiome : *Toute activité se rapporte essentiellement à une fin*, on peut parfaitement substituer l'idée de bien à celle de fin dernière. Ces considérations préliminaires nous amènent à formuler le principe dont S. Thomas fait la base de toute sa morale : « La fin dernière de tout être est le bien. » Car si tout être tend à sa fin par son activité, et ne peut l'atteindre que par elle; si d'autre

---

(247) Omne id, quod invenitur habere rationem finis, habet et rationem boni (Ver., q. 21, a. 2). — Id ad quod agens determinate tendit, oportet esse conveniens ei; non enim tenderet in ipsum, nisi propter aliquam convenientiam ad ipsum. Quod autem conveniens est alicui, est illi bonum. Ergo omne agens agit propter bonum.... Finis est, in quo quiescit appetitus agentis, vel moventis et ejus quod movetur. Hoc autem est de ratione boni, ut terminet appetitum; nam, *bonum est, quod omnia appetunt*. Omnis ergo actio et motus est propter bonum (C. g., l. 3, c. 3).

part toute activité, qu'elle ait sa fin en elle-même ou hors d'elle-même tend nécessairement au bien, il s'ensuit rigoureusement que le bien est la fin de tout ce qui existe.

248. Dieu est la fin dernière de toutes les créatures. — Ceci posé, il est facile de répondre à la question : L'univers entier est-il ordonné à une fin, et quelle est cette fin? Le bien, comme tel, est, nous le savons, la fin de toutes choses. Le souverain bien doit donc être la fin dernière de tout. Mais Dieu seul est le souverain bien, par conséquent Dieu seul est aussi la fin dernière de toutes choses. De fait, lorsqu'on rencontre une série de fins subordonnées les unes aux autres, comme cela a lieu pour les créatures, il faut une fin dernière à laquelle se rapportent toutes les autres, car on ne peut pas continuer à l'infini, pas plus que dans la série des causes efficientes. Cette fin dernière ne peut être que le souverain bien — Dieu, puisque les notions de bien et de fin se confondent, et que par conséquent la fin suprême et le souverain bien sont une seule et même chose. De plus, l'être qui agit exerce son activité en vue de lui-même. Cela doit être vrai de Dieu en tant que cause efficiente de toutes choses, il doit tout créer pour lui. Par conséquent toutes les créatures doivent tendre à Dieu comme à leur fin suprême.

249. Les créatures manifestent les perfections de

(248) Si nihil tendit in aliquid sicut in finem, nisi in quantum ipsum est bonum, oportet quod bonum in quantum bonum sit finis. Quod igitur est summum bonum, est maxime omnium finis. Sed summum bonum est unum tantum, quod est Deus. Omnia igitur ordinantur sicut in finem in unum bonum quod est Deus (C. g., l. 3, c. 17. — Th., 1, 2, q. 1, a. 4. — Mal., q. 1, a. 1).

(249) Oportet quod eo modo effectus tendat in finem, quo agens

Dieu. — On se demande maintenant comment et en quel sens Dieu est la fin dernière de toutes choses. Il va de soi que l'être de Dieu étant antérieur à celui des choses créées, Dieu ne peut être la fin dernière des créatures que dans ce sens, que chacune d'elles, à sa manière, cherche à arriver à Dieu. Quand on dit que Dieu crée tout pour lui, cela ne veut pas dire qu'il cherche à acquérir par les créatures un bien qu'il ne posséderait pas; mais cela veut dire qu'il leur communique sa bonté, qu'il manifeste en elles et par elles ses perfections. Donc, le rapport de finalité qui existe entre Dieu et les créatures consiste en ce que celles-ci manifestent la bonté de Dieu qui leur est communiquée, et non pas en ce qu'elles communiqueraient à Dieu une perfection nouvelle.

250. Toute créature doit être une image de Dieu. — Dès lors il n'est pas difficile de déterminer de quelle manière Dieu est la fin dernière de toutes choses, et dans quel sens toutes les créatures tendent à Dieu. Les créatures deviennent semblables à Dieu en recevant communication de sa bonté, pour la manifester en elles-mêmes. Si la fin de toutes les créatures, et par conséquent le but de toutes leurs tendances est

---

propter finem agit. Deus autem, qui est primum agens omnium rerum, non sic agit, quasi sua actione aliquid acquirat, sed quasi sua actione aliquid largiatur; quia non est in potentia ut aliquid acquirere possit, sed solum in actu perfecto, ex quo potest aliquid elargiri. Res igitur non ordinantur in Deum sicut in finem cui aliquid acquiratur, sed ut ab ipso ipsummet suo modo consequantur, quum ipsemet sit finis (C. g., l. 3, c. 18).

(250) Omnis res per suam motum vel actionem tendit in aliquod bonum sicut in finem. In tantum autem aliquid de bono participat in quantum assimilatur primæ bonitati, quæ Deus est. Omnia igitur per motus suos et actiones tendunt in divinam similitudinem sicut in ultimum finem (C. g., l. 3, c. 19. — Ver., q. 21, a. 2 et 4).

de manifester en elles la bonté divine, il s'ensuit que tous les êtres créés tendent à ressembler à Dieu, et que leur destinée suprême consiste à réaliser cette ressemblance. De fait, un être ne participe réellement au bien que par sa ressemblance avec le souverain bien. Si donc toutes les créatures, comme nous l'avons fait voir, tendent à participer au bien comme à leur fin dernière, il en résulte comme conséquence que la plus grande ressemblance possible avec Dieu est la fin de toute la création. En réalité, tout tend à l'être, car toute créature est faite pour résister à la corruption. Mais une créature n'a l'être que par sa ressemblance avec Dieu, qui est l'être subsistant par essence. Sa fin dernière, le but de ses tendances, consiste donc dans cette ressemblance.

251. La perfection des créatures consiste dans leur ressemblance avec Dieu. — C'est en cela aussi que consiste la perfection de chaque chose ; plus un être se rapproche de Dieu, plus il est parfait, et *vice versa*. Le degré de perfection d'un être est aussi le degré de sa ressemblance avec Dieu. A ce point de vue on peut dire que la fin dernière, le but où il doit tendre, est la plus grande perfection possible, parce que cette perfection implique la plus grande ressemblance possible avec Dieu.

252. Deux sortes de perfection dans les créatures.

---

(251) Finis uniuscujusque rei est ejus perfectio (C. g., l. 3, c. 16).
(252) Deus in ipso suo esse summam perfectionem obtinet bonitatis; res autem creata suam perfectionem non possidet in uno, sed in multis. Quod enim est in supremo unitum, multiplex in infimis invenitur; unde Deus secundum idem dicitur esse virtuosus, sapiens et operans; creatura vero secundum diversa; tantoque perfecta bonitas alicujus creaturæ majorem multiplicitatem requirit, quanto magis a prima bonitate distans invenitur; si vero perfectam

— Ceci une fois établi, il est facile de comprendre de quelle manière s'entend cette ressemblance des créatures avec Dieu, qui constitue leur destination finale. En Dieu l'essence, l'être et les attributs ne font qu'un. La bonté et la perfection de Dieu est quelque chose d'absolument simple, d'absolument identique à Dieu lui-même. Les créatures, au contraire, ont bien certaine bonté et perfection par cela seul qu'elles ont l'être, mais ce n'est pas là toute leur perfection; elles peuvent, à un autre point de vue, être mauvaises et imparfaites, comme cela arrive dans un homme vicieux. Pour qu'elles atteignent toute leur perfection, il faut qu'elles fassent usage de leur activité. Et comme l'activité et la substance sont dans les créatures deux choses différentes, il y a en elles deux sortes de perfection : celle qui résulte de l'être, et celle qui résulte du déploiement de l'activité conforme

bonitatem non possit attingere, imperfectam retinebit in paucis. Et inde est, quod licet primum et summum bonum sit omnino simplex, substantiæque ei propinquæ in bonitate sint pariter et quantum ad simplicitatem vicinæ, infimæ tamen substantiæ inveniuntur simpliciores quibusdam superioribus eis, sicut elementa animalibus et hominibus, quia non possunt pertingere ad perfectionem cognitionis et intellectus quam consequuntur animalia et homines. Manifestum est ergo ex dictis, quod licet Deus secundum suum simplex esse perfectam et totam suam bonitatem habeat, creaturæ tamen ad perfectionem suæ bonitatis non pertingunt per solum suum esse, sed per plura. Unde licet quælibet earum sit bona in quantum est, non tamen potest simpliciter bona dici, si aliis careat, quæ ad ipsius bonitatem requiruntur; sicut homo, qui virtute spoliatus vitiis est subjectus, dicitur quidem bonus secundum quid, scilicet in quantum est ens et in quantum est homo, non tamen bonus simpliciter, sed magis malus. Non igitur cuilibet creaturarum idem est esse et bonum esse simpliciter, licet quælibet earum bona sit, in quantum est; Deo vero simpliciter idem est esse et esse bonum simpliciter (C. g., l. 3, c. 20). — Omnis res propter suam operationem esse videtur; operatio enim est ultima rei perfectio (ibid., c. 113).

CHAP. VII. — LA MORALE. 281

à leur nature. Mais cette activité est différente dans les différentes sortes d'êtres. Pour les uns, elle consiste dans le mouvement qu'ils reçoivent de causes étrangères, étant par eux-mêmes dans l'impossibilité d'agir comme causes. Pour d'autres, elle vient encore d'une impulsion reçue, mais il s'y ajoute une causalité propre, pour produire un nouvel effet. D'autres enfin, sans recevoir le mouvement du dehors, développent une activité spontanée, qui leur est immanente, et qui ne tend pas à transformer une matière extérieure.

253. **Différents degrés de ressemblance avec Dieu dans les créatures.** — Ces différentes sortes d'activité étant données, il est facile de voir que la première appartient aux corps sublunaires, dont la perfection, ou la ressemblance avec Dieu, consiste en ce qu'ils ont leur forme propre et occupent la place qui leur convient. La seconde espèce d'activité est celle des corps célestes : ils sont mus et meuvent à leur tour les corps inférieurs. Ils atteignent leur perfection en ce que, parfaits en eux-mêmes, ils imitent par leur activité l'action causatrice de Dieu. La troisième espèce d'activité est celle de l'intelligence et de la volonté. Elle appartient aux êtres raisonnables qui

---

(253) Quædam operatio est rei ut aliud moventis; quædam vero est operatio rei ut ab alio motæ; quædam vero operatio est perfectio operantis actu existentis, in aliud transmutandum non tendens, quorum primo differt a passione et motu, secundo vero ab actione transmutativa exterioris materiæ. Corpora inferiora, secundum quod moventur motibus naturalibus, considerantur ut mota tantum, non autem ut moventia, nisi per accidens; accidit enim lapidi quod descendens aliquod obvians impellat; et similiter est in alteratione et aliis motibus. Unde finis motus eorum est ut consequantur divinam similitudinem quantum ad hoc quod sint in seipsis perfecta utpote habentia propriam formam et proprium *ubi* (C. g., l. 3, c. 22).

arrivent à leur fin, c'est-à-dire à leur ressemblance avec Dieu, d'une manière bien plus parfaite que les autres créatures, comme nous le verrons.

254. Les créatures raisonnables se dirigent elles-mêmes à leur fin. — Il résulte de ce que nous avons dit jusqu'à présent que tous les êtres ont une même fin, mais qu'ils y arrivent par des voies différentes. Ces différences sont encore plus sensibles, si l'on considère à un autre point de vue l'activité par laquelle les êtres atteignent leur fin. Les uns ne peuvent pas s'y diriger eux-mêmes, ils y sont dirigés et conduits par une autre cause : ce sont les êtres privés de raison. Cette cause n'est autre que Dieu même, créateur de la nature. C'est Dieu qui dirige à leur fin les êtres privés de raison, soit par les tendances naturelles, inhérentes à toute créature, soit par l'instinct qui suppose la connaissance sensible de l'objet qui est le but de l'appétit sensible, comme cela a lieu chez les brutes. D'autres êtres se dirigent eux-mêmes avec conscience et liberté à leur fin dernière : ce sont les êtres raisonnables, et en particulier l'homme. Et, si on prend le mot *agir* dans son sens strict, on peut dire que, parmi tous les êtres visibles, c'est le propre de l'homme d'agir pour une fin.

255. La perfection des créatures est de ressembler à Dieu. — De là une autre conséquence qui mérite notre attention. Puisque la fin suprême de toutes choses consiste dans la ressemblance avec Dieu, on voit que pour préciser cette idée de fin dernière, il faut distinguer entre fin *objective* et fin *subjective*. La fin dernière *objective* est Dieu, la fin *subjective* est la ressemblance avec Dieu. Et comme la fin dernière est en même temps le bien suprême, il y aura lieu de faire à propos du souverain bien la même distinction. Objectivement, le souverain bien de toutes les créatures est Dieu; subjectivement, c'est la ressemblance avec Dieu, ou la perfection qui la réalise. Suivons maintenant S. Thomas dans ses considérations sur la fin de l'homme.

256. La fin de l'homme, c'est le bonheur. — Si la fin dernière de toute créature est, au point de vue subjectif, la perfection; cela doit être vrai de l'homme. Mais pour l'homme, comme pour toute créature raisonnable, la perfection ne fait qu'un avec le bonheur. Perfection et bonheur sont réalisés quand l'être raisonnable s'est uni au souverain bien. Le souverain bien de l'homme, au point de vue subjectif, c'est donc le bonheur. L'homme recherche le bonheur pour lui-même, et tout le reste pour arriver au bonheur. Ceci posé, en quoi consiste le souverain bonheur de l'homme?

257. Le vrai bonheur n'est pas dans les créatures. — S. Thomas commence par exclure tout ce qui ne peut pas procurer la vraie félicité. Le bonheur ne peut pas consister dans la possession des richesses; car nous ne les recherchons pas pour elles-mêmes, mais pour la conservation de notre vie ou dans d'autres buts. Il ne consiste pas davantage dans les plaisirs des sens, car le bonheur proprement dit est un bien exclusif de l'homme (ce n'est que par abus des termes qu'on dit que les bêtes sont heureuses); or les jouissances des sens nous sont communes

---

(256) Ultimus autem finis hominis et cujuslibet intellectualis substantiæ felicitas sive beatitudo nominatur; hoc enim est, quod omnis substantia intellectualis desiderat tanquam ultimum finem, et propter se tantum (C. g., l. 3, c. 25).

avec les bêtes, par conséquent elles ne peuvent constituer la vraie félicité. Le souverain bonheur serait-il dans la gloire et la réputation? Non, car il doit être certain et durable, or rien n'est plus incertain et plus changeant que l'estime des hommes. Il ne consiste même pas dans la pratique des vertus morales; car le bonheur suprême n'est pas un moyen ordonné à un but ultérieur, or tous les actes que prescrivent les vertus morales sont destinés à faire atteindre un but plus élevé.

258. Le souverain bonheur n'est pas essentiellement dans l'acte de la volonté. — S. Thomas répond ensuite directement à la question. Le souverain bonheur de l'homme s'identifie avec la plus haute perfection qu'il puisse atteindre. Or, la perfection suprême d'un être consiste dans le développement de l'activité qui lui est propre, et l'activité propre à l'homme comme tel est l'activité intellectuelle. C'est donc dans cette activité que consiste la suprême perfection de l'homme, et par suite son souverain bonheur. Mais l'âme intelligente a deux sortes d'activité : penser et vouloir. Quel est, de ces deux actes, celui qu'il faut placer en première ligne? Ce n'est pas l'acte de la volonté. Le bonheur, dit S. Thomas, est le bien propre de la na-

---

(258) Est enim beatitudo ultima hominis perfectio. Unumquodque autem in tantum perfectum est, in quantum est actu; nam potentia sine actu imperfecta est. Oportet ergo beatitudinem in ultimo actu hominis consistere. Manifestum est autem, quod operatio est ultimus actus operantis unde et actus secundus a Philosopho nominatur.... Necesse est ergo, beatitudinem hominis operationem esse (Th., 1, 2, q. 3, a. 2). — Felicitas non est secundum habitum, sed secundum actum (C. g., l. 3, c. 60). — Quum enim beatitudo sit proprium bonum intellectualis naturæ, oportet quod secundum id intellectuali naturæ conveniat, quod est sibi proprium. Appetitus autem non est proprium intellectualis naturæ,

ture intelligente, il doit donc lui convenir à raison de ce qui lui est exclusivement propre. La volonté n'a pas ce caractère : c'est une puissance *appétitive* qui appartient à d'autres êtres, quoique d'une manière différente. Tous les êtres obéissent à un *appétit*, à une impulsion propre à leur nature ; les bêtes ont de plus *l'appétit sensitif*. La volonté n'est donc pas exclusivement propre à l'homme en tant que puissance *appétitive*, mais seulement en tant que puissance subordonnée à l'intelligence et dirigée par elle. La félicité de l'homme ne consiste donc pas, du moins essentiellement et principalement, dans l'acte de la volonté.

259. Si quelque acte de la volonté avait droit à ce rôle, ce serait ou le désir, ou l'amour, ou la jouissance ; or aucun de ces actes ne peut constituer le souverain bonheur. Ce n'est pas le désir, car nous ne possédons pas ce que nous désirons ; or si nous ne possédons pas ce qui fait l'objet du bonheur, nous ne pouvons pas dire que nous sommes arrivés au but suprême de la félicité. Ce n'est pas l'amour, car on n'aime pas seulement le bien quand on le possède, mais encore quand on ne le possède pas, c'est même de cet amour que naît le désir de le posséder. Autre

---

sed omnibus rebus inest, licet sit diversimode in diversis.... Voluntas igitur, secundum quod est appetitus, non est proprium intellectualis naturæ, sed solum secundum quod ab intellectu dependet ; intellectus autem secundum se proprius est intellectuali naturæ. Beatitudo igitur vel felicitas in actu intellectus consistit substantialiter et principaliter magis, quam in actu voluntatis (C. g., l. 3, c. 26).

(259) Si aliquis actus voluntatis esset ipsa felicitas, hic actus esset aut desiderare, aut amare, aut delectari. Impossibile est autem quod desiderare sit ultimus finis ; est enim desiderium secundum quod voluntas tendit in id quod nondum habet ; hoc

chose est posséder le souverain bien, autre chose l'aimer; on peut aimer avant de posséder : la possession perfectionne l'amour, mais n'en change pas la nature. Ce n'est pas non plus la jouissance, car la possession du souverain bien, qui constitue la félicité, est précisément la cause de cette jouissance, or ce qui est produit par la félicité ne peut être la félicité elle-même. Chez tous les êtres, d'après les lois de la nature, ce n'est pas l'activité qui a pour but la jouissance, mais la jouissance qui a pour but l'activité. Ne voyons-nous pas que partout un certain plaisir est attaché à l'exercice des fonctions naturelles, afin d'exciter à les remplir? Or ce que la nature a voulu d'une manière générale comme moyen d'atteindre une fin ne peut être la fin dernière elle-même. Par conséquent la félicité considérée comme fin dernière de l'homme ne peut consister dans le plaisir ou la jouissance. Le plaisir résulte dans la volonté de ce que la fin dernière lui est présente, mais on ne peut pas dire *vice versa* que la fin dernière est présente parce que la volonté s'en réjouit. Il faut donc autre chose que l'acte de la volonté pour que la fin dernière soit atteinte : c'est dire que l'essence de la

autem contrariatur rationi ultimi finis. Amare etiam non potest esse ultimus finis; amatur enim bonum, non solum, quando habetur, sed etiam quando non habetur; ex amore enim est, quod non habitum desiderio quæratur; et si amor jam habiti perfectior sit, hoc causatur ex hoc quod bonum amatum habetur; aliud est igitur habere bonum quod est finis, quam amare, quod ante habere est imperfectum, post habere perfectum (C. g., l. 3, c. 26). — Delectatio advenit voluntati ex hoc quod finis est præsens; non autem e converso ex hoc aliquid fit præsens, quia voluntas delectatur in ipso. Oportet igitur aliquid aliud esse, quam actum voluntatis, per quod fit finis ipse præsens voluntati (Th., 1, 2, q. 3, n. 4. — S. 4, dist. 49, q. 1, a. 1).

félicité ne peut consister dans un acte de la volonté.

260. Le souverain bonheur est dans l'acte de l'intelligence. — Puisque la félicité suprême ne consiste pas dans l'acte de la volonté, elle ne peut consister que dans l'acte de l'intelligence. Et de fait, c'est l'intelligence, comme telle, qui distingue l'homme de tous les autres êtres, elle lui est exclusivement propre, il faut donc nécessairement que le bonheur de l'homme consiste en premier lieu et essentiellement dans l'exercice de cette faculté. Et cette prérogative devra revenir à la plus noble fonction de l'intelligence, non pas à l'intellect pratique, mais à l'intellect spéculatif. L'intellect pratique s'exerce pour rapporter nos actions à un but plus élevé, ce n'est pas la plus noble fonction de l'intelligence; cette dignité appartient à l'intellect spéculatif ou contemplatif. C'est donc dans l'acte de la contemplation que consistera le souverain bonheur. Il reste à chercher quel doit être l'objet de cette contemplation.

261. Le souverain bonheur est dans la connaissance de Dieu. — Cette question est facile à résoudre si l'on se souvient de ce principe général, que la fin dernière

(261) Propria operatio cujuslibet rei est finis ejus; est enim secunda perfectio ipsius; unde quod ad operationem propriam bene se habet, dicitur virtuosum et bonum. Intelligere autem est propria operatio substantiæ intellectualis. Ipsa igitur est finis ejus. Quod igitur est perfectissimum in hac operatione, hoc est ultimus finis, et præcipue in operationibus quæ non ordinantur ad aliqua operata, sicut est intelligere et sentire. Quum autem hujusmodi operationes ex objectis speciem recipiant, per quæ etiam cognoscuntur, oportet, quod tanto sit perfectior aliqua istarum operationum, quanto ejus objectum est perfectius; et sic, intelligere perfectissimum intelligibile, quod Deus est, est perfectissimum in genere hujus operationis, quæ est intelligere. Cognoscere igitur Deum intelligendo est ultimus finis cujuslibet intellectualis substantiæ (C. g., l. 3, c. 25. — S. loc. cit., n. 2).

objective de tous les êtres, de l'homme par conséquent, n'est autre que Dieu. Etant donné que l'homme est fait pour le bonheur, que ce bonheur consiste dans l'acte de la contemplation, l'objet de cette contemplation ne pourra être que Dieu même. Le résultat de nos recherches peut donc se formuler ainsi : Le bonheur, comme fin dernière de l'homme, consiste essentiellement dans la connaissance de Dieu. De fait, si les divers genres d'activité sont différenciés par les objets auxquels ils se rapportent, une activité est d'autant plus élevée que son objet est plus noble. Mais Dieu est assurément l'objet le plus noble de notre connaissance intellectuelle, la connaissance de Dieu est donc l'acte le plus élevé de l'intelligence. Et puisque la félicité suprême de l'homme doit consister dans l'acte le plus élevé et le plus noble de son intelligence, c'est la connaissance de Dieu qui peut seule faire le souverain bonheur de l'homme.

262. Connaître Dieu, c'est lui ressembler. — Ainsi l'homme arrive à sa fin dernière d'une manière toute particulière, et se distingue par là de tout le reste de la nature. La fin de tous les êtres étant la ressemblance avec Dieu, les êtres intelligents sont d'abord semblables à Dieu d'une manière toute spéciale par leur nature intellectuelle ; ils se rendent plus semblables à lui par l'*acte* de la connaissance, puisque l'intelligence divine est par essence toujours *en acte*. Enfin, ils s'élèvent au plus haut degré de ressemblance parce qu'ils connaissent *Dieu ;* puisque Dieu aussi se connaît avant tout lui-même, et ne connaît qu'ensuite les autres êtres par la connaissance qu'il a de lui-même. Les êtres intelligents, et l'homme en particulier, arrivent donc de la manière la plus parfaite à la ressemblance avec Dieu, et atteignent ainsi la fin de toute créature d'une façon bien supérieure à tous les autres êtres.

263. Mais il y a pour l'homme différentes sortes de connaissance de Dieu, par conséquent différents degrés de perfection dans cette connaissance. L'homme reçoit déjà de la nature une certaine notion de Dieu, en ce sens que sa nature le porte immédiatement, sans aucun travail de la réflexion, à conclure de l'ordre qui existe dans le monde à l'existence d'un ordonnateur. Il y a ensuite une connaissance de Dieu acquise par la démonstration, une autre obtenue par la foi, et enfin la vision intuitive de l'essence divine. De là naît cette nouvelle question : quelle est celle de ces connaissances qui fait l'essence de la félicité de l'homme ?

264. S. Thomas prouve d'abord que la félicité ne peut pas consister dans la première espèce de connaissance mentionnée ci-dessus. La raison fondamentale qu'il en donne est que l'idée de félicité exclut toute imperfection de l'acte qui la constitue. Or la connaissance naturelle que nous avons de Dieu, outre qu'elle est souvent mêlée d'erreur, n'est qu'une connaissance vague et imparfaite, qui ne renferme aucune donnée précise sur les attributs de l'objet

---

(264) Felicitas autem est finis humanæ speciei, quum omnes homines ipsam naturaliter desiderent. Felicitas igitur est quoddam commune bonum possibile provenire omnibus hominibus, nisi accidat aliquibus impedimentum quo sint orbati. Ad prædictam autem cognitionem de Deo habendam per viam demonstrationis pauci perveniunt, propter impedimenta hujus cognitionis, quæ tetigimus. Non est igitur talis cognitio essentialiter ipsa humana felicitas (C. g., l. 3, c. 39). — Ostensum est supra quod ultima felicitas non consistit principaliter in actu voluntatis. In cognitione autem fidei principalitatem habet voluntas ; intellectus enim assen-

connu. — On ne peut pas davantage faire consister la félicité de l'homme dans la connaissance scientifique de Dieu. Car le souverain bonheur doit être accessible à tout le monde; or peu d'hommes arrivent à cette connaissance obtenue par voie de démonstration. De plus, la félicité doit consister dans un acte parfait, et l'acte de la connaissance, pour être parfait, suppose la certitude. Mais il y a toujours dans la connaissance démonstrative quelque chance d'erreur, de là viennent les divergences des opinions philosophiques sur la notion de Dieu. Enfin, ce n'est pas la connaissance de Dieu par la foi qui peut faire le souverain bonheur de l'homme. C'est une connaissance plus parfaite que la précédente, quant à son objet, mais subjectivement elle lui est inférieure, puisqu'elle n'aboutit pas à l'évidence. De plus, la félicité consiste principalement dans l'acte de l'intelligence, et la foi dépend principalement de la volonté, puisque c'est celle-ci qui commande l'assentiment.

265. Puisqu'aucune de ces espèces inférieures de connaissance de Dieu ne peut procurer à l'homme le bonheur parfait, il reste que ce bonheur consiste essentiellement dans l'intuition immédiate de Dieu. En effet, la connaissance intellectuelle ne peut être parfaite, qu'autant qu'elle atteint l'essence de l'objet

tit per fidem his quæ sibi proponuntur, quia vult, non autem ex ipsa veritatis evidentia necessario tractus. Non est igitur in hac cognitione ultima hominis felicitas (C. g., l. 3, c. 40).

(265) Objectum intellectus est *quod quid est*, id est; essentia rei. Unde in tantum procedit perfectio intellectus, in quantum cognoscit essentiam alicujus rei. Si ergo intellectus aliquis cognoscat essentiam alicujus effectus, per quam non possit cognosci essentia causæ, ut scilicet cognoscatur de causa *quid est*, non dicitur intellectus attingere ad causam simpliciter, quamvis per effectum cognoscere possit de causa *an sit*. Et ideo remanet naturaliter ho-

connu. Tant que nous ne connaissons Dieu que par les effets de sa puissance créatrice, sans nous élever à une connaissance directe de ce qu'il est en lui-même, notre connaissance de Dieu est imparfaite, et nous sentons le besoin de la compléter ; nous ne sommes donc pas parfaitement heureux. Nous ne le serons qu'en arrivant à l'intuition directe de l'essence divine, car alors notre connaissance sera parfaite. Nous avons déjà dit pourquoi et comment cette intuition immédiate de Dieu ne peut être réalisée que par un moyen surnaturel. Dans cette manière de connaître, c'est l'essence divine elle-même qui nous sert d'*espèce intelligible* pour voir Dieu ; il faut donc d'une part que Dieu nous dispose par un principe surnaturel, appelé *lumière de gloire*, à recevoir cette *espèce intelligible*, et d'autre part qu'il se communique à nous lui-même comme *espèce intelligible*. Nous sommes alors complètement dans la sphère surnaturelle ; le souverain bonheur de l'homme consiste donc dans une connaissance surnaturelle de Dieu.

266. Le souverain bonheur ne peut être atteint dans cette vie. — D'après cela il est facile de voir que nous ne pouvons pas arriver au souverain bonheur dans la vie présente. Car tant que l'âme est unie au corps,

---

inini desiderium, cum cognoscit effectum, et scit eum habere causam, ut etiam sciat de causa *quid est;* et illud desiderium est admirationis et causat inquisitionem.... Si igitur intellectus humanus cognoscens essentiam alicujus effectus creati non cognoscat de Deo nisi *an est*, nondum perfectio ejus attingit simpliciter ad causam primam, sed remanet et adhuc naturale desiderium inquirendi causam, unde nondum est perfecte beatus. Ad perfectam igitur beatitudinem requiritur, quod intellectus pertingat ad ipsam essentiam primæ causæ (Th., 1, 2, q. 3, a. 8). — Beatitudo hominis consistit in quadam supernaturali Dei visione (Th., 2, 2, q. 2, a. 3).

l'activité intellectuelle s'exerce sur les données des sens, et l'esprit est incapable de voir immédiatement l'essence divine. En outre, la félicité comme fin dernière de l'homme doit être quelque chose de stable ; notre besoin de bonheur n'est satisfait que quand nous sommes sûrs de ne plus pouvoir la perdre. Or peut-il y avoir un bonheur stable en ce monde où nous sommes exposés à toute sorte d'accidents et de maladies qui arrêtent l'essor de notre activité? Plus on désire, plus on aime une chose, plus on souffre de la perdre. Si donc la félicité était réalisée dans cette vie, nous serions sûrs de nous la voir enlevée par la mort, et même incertains de la posséder jusque-là. Nous serions donc d'autant plus à plaindre, que nous serions plus heureux.

267. En quoi peut consister le bonheur de la vie présente. — N'est-il donc pas possible de goûter quelque bonheur dans la vie présente? Distinguons entre un bonheur quelconque et le bonheur parfait. Ce dernier seul se réalisera dans la vie future ; ici bas nous pouvons goûter un bonheur imparfait, mais nous devons bien nous garder de le prendre pour notre fin dernière. Ce bonheur imparfait consiste essentiellement dans la connaissance et la contemplation des grandes vérités que nous découvrent les sciences spéculatives. C'est une participation à la félicité suprême. Comme conditions de ce bonheur imparfait, certaines autres choses sont requises, comme la santé du corps, les biens extérieurs nécessaires pour l'entretenir, la société d'amis, etc.

---

(267) Indiget homo ad bene operandum auxilio amicorum, tam in operibus vitæ activæ, quam in operibus vitæ contemplativæ (Th., 1, 2, q. 4, a. 8).

268. L'amour de Dieu est une conséquence de la vision intuitive. — Quand on dit que la félicité souveraine consiste essentiellement dans la vue de Dieu, on n'en exclut pas la jouissance, mais on donne à entendre que la jouissance n'est qu'une conséquence de la félicité. La jouissance en effet résulte de ce que la volonté se repose dans le souverain bien à la possession duquel l'esprit est parvenu. Et comme la félicité n'est autre chose que la possession assurée du souverain bien, elle doit nécessairement être accompagnée de jouissance. Il en faut dire autant de l'amour; en voyant le souverain bien dans son essence, on ne peut pas ne pas l'aimer. L'amour de Dieu est donc nécessairement lié à la félicité; il n'en constitue pas l'essence, mais il l'accompagne inévitablement.

269. Le souverain bonheur est éternel. — Le bonheur ne peut être parfait, comme nous l'avons déjà dit, que s'il est éternel. La notion de félicité souveraine renferme nécessairement l'idée de durée sans fin. Nous n'avons atteint notre fin dernière que si

---

(268) Delectatio causatur ex hoc, quod appetitus requiescit in bono adepto. Unde cum beatitudo nihil aliud sit, quam adeptio summi boni, non potest esse beatitudo sine delectatione concomitante (Th., 1, 2, q. 4, a. 1). — Beatitudo, quæ est ultimus finis hominis, in intellectu consistit; tamen id quod est ex parte voluntatis, scilicet quietatio ipsius in fine, quod potest dici delectatio, est quasi formaliter complens rationem beatitudinis, sicut superveniens visioni, in qua substantia beatitudinis consistit (S. 4, dist. 49, q. 1, a. 1). — Ce point est un de ceux sur lesquels Duns Scot contredit formellement S. Thomas : Dico igitur ad quæstionem, quod beatitudo simpliciter est essentialiter et formaliter in actu voluntatis, quo simpliciter et solum attingitur bonum optimum, quo perfruatur (Scoti Report. in 4 sent. dist. 49, q. 2, 20).

(269) Naturaliter creatura rationalis appetit esse beata; potest tamen deflecti per voluntatem ab eo, in quo vera beatitudo consistit, quod est voluntatem esse perversam : et hoc quidem contingit,

notre désir naturel du bonheur est pleinement satisfait ; mais ce n'est pas seulement le bonheur que nous désirons, c'est surtout la durée éternelle de ce bonheur. La félicité ne nous apporterait donc pas la satisfaction de tous nos désirs si elle n'était pas éternelle. De plus, l'amour de Dieu produit par la vision intuitive est un amour nécessaire, nous ne pouvons donc pas y renoncer. Si nous pouvions en être privés malgré nous, l'appréhension de cette privation nous jetterait dans la plus grande tristesse, et nous cesserions par conséquent d'être heureux. Du reste, cette privation ne pourrait être motivée que par une faute de notre part, et si nous aimons Dieu nécessairement, il nous est impossible de l'offenser. — C'est ainsi que S. Thomas, partant de l'idée de fin dernière et des principes téléologiques développés plus haut, conçoit la théorie du bonheur de l'homme.

270. Dans quel sens le mal est la privation d'un bien. — Maintenant que nous avons vu comment et pourquoi toutes les créatures tendent au souverain bien

---

quia id, in quo vera beatitudo est, non apprehenditur sub ratione beatitudinis, sed aliquid aliud, in quod voluntas inordinata deflectitur sicut in finem.... Sed illi, qui jam beati sunt, apprehendunt id in quo vere beatitudo est, sub ratione beatitudinis et ultimi finis; alias in hoc non quiesceret appetitus, et per consequens non essent beati. Quicumque igitur beati sunt, voluntatem deflectere non possunt ab eo in quo est vera beatitudo (C. g., l. 4, c. 92). — Omne illud, quod cum amore possidetur, si sciatur, quod quandoque amittatur, tristitiam infert. Visio autem prædicta, quæ beatos facit, cum sit maxime delectabilis et maxime desiderata, a possidentibus eam maxime amatur. Ergo impossibile est eos non tristari si scirent se quandoque eam amissuros. Si autem non esset perpetua, hoc scirent.... Non ergo talis visio adesset sine tristitia : et ita non esset vera felicitas (C. g., l. 3, c. 62. — Th., 1, 2, q. 5, a. 4).

(270) Malum nihil aliud est quam privatio ejus quod quis natus est et debet habere; sic enim apud omnes est usus hujus nominis

comme à leur dernière fin, et quel est le véritable bien de l'homme, considérons le contraire du bien, le mal, pour apprendre à connaître sur ce point les principes généraux de la doctrine de S. Thomas. — Nous savons que l'idée du bien peut être envisagée au point de vue subjectif ou objectif. Dans le sens objectif, le bien est tout ce qui peut perfectionner un être, et par conséquent être recherché par lui comme fin dernière. Dans le sens subjectif, le bien est la même chose que la perfection. Un être qui possède toute la perfection qui lui convient mérite l'attribut de bon. Si le mal est le contraire du bien, il peut aussi être envisagé sous ces deux points de vue. Subjectivement, le mal c'est l'imperfection, non pas absolument, mais dans certaines limites. L'imperfection est un mal toutes les fois qu'elle est contraire à l'ordre, qu'elle se trouve attachée à un être chez qui on ne devrait pas la rencontrer. Le mal, au point de vue subjectif, est donc proprement la privation, la spoliation d'une perfection que régulièrement l'être devrait posséder; d'où il suit que la notion de mal présuppose la notion d'ordre.

271. Au point de vue objectif, un mal, c'est tout ce qui peut déposséder un être, totalement ou partiellement, d'une perfection dont sa nature a besoin pour rester dans l'ordre. Tout ce qui concourt à produire

---

malum. — Omnis privatio, si proprie et stricte accipiatur, est ejus quod quis natus est et debet habere. In privatione igitur sic accepta est ratio mali (C. g., l. 3, c. 6 et 7).

(271) Quod dicitur malum ut causa mali, in se quidem consideratum est aliquid, sed in ordine ad effectum, ratione cujus malum dicitur, etiam privative dicitur. Dicitur enim malum ex hoc quod privationem inducit, et sic etiam ratio non entis in ipsum redundat causaliter, sicut et ratio mali (S. 2, dist. 34, q. 1, a. 2).

cette privation dans un être, est sous ce rapport un mal objectif. On peut distinguer le mal *per accidens*, c'est-à-dire la cause du mal, de la privation elle-même qui est le mal *per se ;* et cela, de plusieurs manières. La cause de la privation de perfection peut être ou dans la *matière* qui n'est pas apte à recevoir l'influence d'un agent, ou dans l'agent lui-même, soit qu'il produise une influence contraire à l'ordre (comme lorsque le feu réduit en cendres), soit qu'il paralyse la cause qui produirait le bien (comme lorsque les nuages arrêtent les rayons du soleil). De quelque manière que le mal se produise, l'effet en est toujours la privation d'une perfection due à l'être ; et quoique le mal *per accidens* soit quelque chose de positif, l'idée de non-être et de privation lui convient, en tant qu'il prive d'une perfection.

272. Enfin, de même que nous appelons *bon* un être qui possède la perfection qui lui convient, nous appelons *mauvais* un être qui en est privé. Par cet attribut de mauvais, nous ne voulons pas dire qu'il ne soit pas un être réel et positif, mais simplement qu'il lui manque quelque chose. Ici encore, l'idée de mal se ramène à celle de privation.

273. Le mal de nature et le mal d'action. — Si nous

---

(272) Malum quod est subjectum privationis est aliquid positive, sed non ex eo quod malum est, sicut oculus [cæci] est aliquid, sed non ex eo quod cæcus est, quia cæcitas non est in eo nisi ut negatio visionis (Ibid.).

(273) Malum est privatio boni quod in perfectione et actu consistit principaliter et per se. Actus autem est duplex : primus et secundus. Actus quidem primus est forma et integritas rei, actus autem secundus est operatio. Contingit ergo malum esse dupliciter. Uno modo per subtractionem formæ, aut alicujus partis quæ requiritur ad integritatem rei : sicut cæcitas malum est, et carere membro. Alio modo per subtractionem debitæ operationis, vel

nous reportons au mal *per se*, dans le sens subjectif, nous en distinguerons deux sortes : le mal de nature et le mal d'action. Il y a dans chaque être, comme nous l'avons déjà remarqué, une double perfection. La perfection première, ou *acte* premier, est la réalité même de la chose, l'être constitué dans sa *forme* et dans l'intégrité de sa nature. La perfection seconde, ou *acte* second, consiste en ce qu'un être constitué dans sa nature déploie régulièrement l'activité propre à cette nature. La privation de la première perfection est le mal de nature, la privation de la seconde est le mal d'action. Si un être est privé de la *forme* qui lui convient, ou d'une partie intégrante de sa nature, ou d'une manière d'être répondant à cette nature, exigée par elle, c'est pour lui un mal de nature. Si au contraire il ne peut déployer son activité propre, ou si en l'exerçant il va contre l'ordre général, c'est un mal d'action.

274. Le mal dans les créatures raisonnables. — On voit facilement par là que le mal peut atteindre tous les êtres de la création. Mais comme le mal est la privation du bien comme tel, il doit trouver sa place d'une manière toute spéciale dans les créatures raisonnables dont la volonté a précisément pour fin le bien comme tel. Ici le mal d'action a le caractère de faute, et le mal de nature a, du moins en général, le caractère de châtiment.

275. Aucun être n'est mauvais en soi. — La consé-

quia omnino non est, vel quia debitum modum et ordinem non habet (Th., 1, q. 48, a. 5. — C. g., l. 3, c. 6).

(274) Quia bonum simpliciter est objectum voluntatis, malum, quod est privatio boni, secundum specialem rationem invenitur in creaturis rationalibus habentibus voluntatem (Th., 1, q. 48, a. 5).

(275) Omnis essentia est alicui rei naturalis ; si enim est in ge-

quence de ce qui a été dit jusqu'ici, c'est que le mal n'est pas quelque chose de positif, c'est proprement une privation : ce n'est pas une nature, une essence. Toute nature, toute essence est en soi quelque chose de bon, il est impossible d'imaginer une substance à qui le mal serait essentiel. Tout ce qui a une essence est *forme*, ou au moins a une *forme*, or la *forme* a le caractère de bonté et de perfection, puisque l'*acte* premier de la chose est le principe de l'*acte* second ou de l'activité de cette chose; il est donc impossible qu'un être soit mauvais en soi. Si rien n'est mauvais en soi, il faut en conclure que le mal n'a racine que dans le bien, en d'autres termes, que le bien est cause du mal. Voyons en quel sens.

276. Comment le bien est cause du mal. — Il est clair que tant qu'un être agit selon l'ordre, et comme l'exige sa nature, il ne peut aucunement être cause de mal. Par rapport au mal, le bien n'est donc pas cause *per se*. Si le bien est cause du mal, c'est toujours *per accidens*. Quand il s'agit d'un mal de nature, l'accident d'où résulte le mal peut tenir à l'agent ou à l'effet. Il tient à l'agent, quand ce dernier ne pos-

nere substantiæ, est ipsa natura rei, si vero sit in genere accidentis, oportet quod ex principiis alicujus substantiæ causetur.... Quod autem est secundum se malum non potest esse alicui naturale; de ratione enim mali est privatio ejus quod est alicui natum inesse et debitum ei. Malum igitur, cum sit ejus quod est naturale privatio, non potest esse alicui naturale; unde quidquid naturaliter inest alicui est ei bonum, et malum si ei desit. Nulla igitur essentia est secundum se mala (C. g., l. 3, c. 7).
(276) [Bonum potest per accidens esse causa mali] ex parte agentis, sicut cum agens patitur defectum virtutis, ex quo sequitur quod actio sit defectiva, et effectus deficiens.... Ex parte vero effectus, malum ex bono causatur per accidens, tum ex parte materiæ effectus, tum ex parte ipsius formæ. Si enim materia sit indisposita ad recipiendam impressionem agentis, necesse est

sède pas une force suffisante pour que l'effet soit parfaitement réalisé. Ce manque de force est cause d'une activité défectueuse, et de cette activité défectueuse il ne peut résulter qu'un effet défectueux. C'est dans ce sens que l'on dit à juste titre que le mal n'a pas une cause *efficiente*, mais une cause *déficiente*. L'accident d'où résulte le mal tient à l'effet, quand la *matière* n'a pas la disposition requise pour se prêter à l'action de la cause efficiente, ou quand une *matière* déjà revêtue d'une *forme* doit la perdre pour en revêtir une autre. Dans ce cas, la privation de la *forme* précédente est nécessairement un mal pour l'être qui la perd.

277. Quant au mal d'action dans les créatures intelligentes et libres, là encore il faut maintenir le principe, que le bien n'est cause du mal que par accident. Le mal n'est produit que par suite d'un défaut qui tient non plus à l'effet, mais au sujet qui agit. Il reste à savoir en quoi consiste ce défaut. Assurément on ne peut le faire consister dans une impuissance de la force agissante, car le mal moral ne vient pas de la faiblesse de la nature; il est voulu. Le défaut en ques-

defectum sequi in effectu.... Ex parte autem formæ, in quantum formæ alicui de necessitate adjungitur privatio alterius formæ; unde simul cum generatione unius rei, necesse est alterius rei sequi corruptionem (Ibid., c. 10. — Mal., q. 1. a. 3. — Th., 1, q. 49, a. 1).

(277) Cum inordinatio peccati et quodlibet malum non sit simplex negatio, sed privatio ejus quod aliquid natum est et debet habere, necesse est quod talis inordinatio habeat causam agentem per accidens. Quod enim natum est et debet inesse nunquam abesset nisi propter causam aliquam impedientem. Et secundum hoc consuevit dici quod malum, quod in quadam privatione consistit, habet causam deficientem vel agentem per accidens. Omnis autem causa per accidens reducitur ad causam per se. Cum igitur peccatum ex parte inordinationis habeat causam agentem per

tion doit donc venir de la volonté. Il consiste en ce que la volonté ne se conforme pas, dans l'exercice de son activité, à l'ordre moral qui est sa règle : *Voluntas deficit ab ordine*, dit S. Thomas. La volonté ne veut pas donner à son activité la bonne direction; elle agit mal, elle fait une action qui revêt le caractère du mal à cause de cette direction qui lui manque. Ici encore le mal a une cause non pas *efficiente*, mais *déficiente*; le bien est cause du mal non pas *per se*, mais *per accidens*. Remarquons toutefois que si nous attribuons au mal une cause déficiente et accidentelle, nous ne parlons que du mal comme tel, ou du désordre qu'il implique. Quant à l'acte physique, il est bon en lui-même et a sa cause efficiente, sa cause *per se*.

278. Le bien est le sujet du mal. — Si d'une part, le bien, qui est déjà cause du bien, est aussi, mais d'une autre manière, cause du mal; d'autre part le bien est encore le sujet du mal, c'est-à-dire que le mal ne peut se rencontrer que dans un sujet qui de lui-même est bon. En effet, le mal n'ayant pas d'essence ne peut exister en lui-même et par lui-même; il ne peut se rencontrer que dans un sujet déjà réellement

---

accidens, ex parte autem actus habeat causam agentem per se, sequitur quod inordinatio peccati consequatur ex ipsa causa actus. Sic igitur voluntas carens directione regulæ rationis et legis divinæ, intendens aliquod bonum commutabile, causat actum quidem peccati per se, sed inordinationem actus per accidens et præter intentionem; provenit enim defectus ordinis in actu ex defectu directionis in voluntate (Th., 1, 2, q. 75, a. 1. — S. 2, dist. 37, q. 1, a. 1. — C. g., l. 3, c. 10).

(278) Quantumcumque multiplicetur malum, nunquam potest totum bonum consumere. Semper enim oportet quod remaneat mali subjectum.... Subjectum autem mali est bonum (C. g., l. 3, c. 12). — Si aliquid est summe malum, oportet quod per essen-

existant, et comme tout être est bon en tant qu'être, le sujet du mal est toujours le bien. Par conséquent, le bien ne saurait être complètement anéanti par le mal. Le mal, il est vrai, est la privation, la corruption du bien, mais cette corruption ne peut arriver à une destruction complète, à quelque degré que le mal progresse, par cette seule raison que le mal n'aurait alors plus de sujet où il puisse exister. Le mal disparaîtrait avec le bien. Il est donc absurde d'imaginer un souverain mal, *summum malum*, qui serait comme tel principe de tous les autres maux. Ce souverain mal ne pourrait exister, car le sujet auquel il devrait être inhérent serait quelque chose de bon ; ainsi le mal serait mêlé au bien, ce ne serait pas le mal absolu.

279. Le mal, comme tel, ne peut être la fin d'un acte. — Si nous résumons tout ce que nous avons dit du mal en général, nous verrons facilement que le mal comme tel n'est jamais recherché comme fin, mais qu'il se produit accidentellement. Cela est clair par rapport aux êtres doués de raison et de liberté. Car ils recherchent toujours ce qu'ils croient être un bien pour eux. Si cet objet est réellement mauvais,

---

tiam suam sit malum, sicut et summe bonum est quod per suam essentiam bonum est. Hoc autem impossibile est, cum malum non habeat aliquam essentiam. Impossibile est igitur ponere summum malum quod sit malorum principium (Ibid., c. 15).

(279) Quod ex actione consequitur diversum ab eo quod erat in intentione, sive intentum ab agente, manifestum est præter intentionem accidere. Malum autem diversum est a bono quod intendit omne agens. Est igitur malum præter intentionem eveniens.... Quod quidem maxime in generatione et corruptione apparet.... Transmutatio materiæ in generatione et corruptione per se ordinatur ad formam; privatio vero consequitur præter intentionem (C. g., l. 3, c. 4).

quoiqu'ils le jugent bon, ce n'est pas comme un mal qu'ils le recherchent, mais au contraire comme un bien; le mal comme tel n'est pas leur but. De même dans toute génération, le but poursuivi est l'acquisition d'une *forme* nouvelle pour une *matière* donnée, la perte ou corruption de la *forme* que revêtait auparavant cette *matière* est une condition nécessaire à la génération de la *forme* nouvelle, mais ce n'est pas là le but de la nature : cette privation, ce mal est *præter intentionem*.

280. Le bien et le mal moral. — Après avoir envisagé le point de vue général sous lequel le bien et le mal se présentent à nous dans la doctrine de S. Thomas, passons au bien et au mal moral en nous appuyant toujours sur les principes que nous avons établis. — Le bien et le mal moral se rapportent au mal d'action; les créatures intelligentes et libres en sont seules capables, et dans ce monde visible, l'homme seul peut faire un acte moral. Même chez l'homme, toutes les actions ne sont pas susceptibles de moralité; il faut qu'elles procèdent du libre arbitre, de la réflexion, de la détermination libre. C'est alors seu-

---

(280) Actus nostri dicuntur morales secundum quod procedunt a ratione, et in quantum sunt liberi (Mal., q. 2, a. 6). — Actionum quæ ab homine aguntur, illæ solæ proprie dicuntur *humanæ* quæ sunt propriæ hominis in quantum est homo. Differt autem homo ab aliis irrationabilibus creaturis in hoc quod est suorum actuum dominus. Unde illæ solæ actiones vocantur proprie *humanæ* quarum homo est dominus. Est autem homo dominus suorum actuum per rationem et voluntatem; unde et liberum arbitrium dicitur esse facultas rationis et voluntatis. Illæ ergo actiones proprie humanæ dicuntur quæ ex voluntate deliberata procedunt. Si quæ autem aliæ actiones homini conveniant, possunt quidem dici actiones *hominis*, sed non proprie *humanæ* cum non sint hominis in quantum est homo (Th., 1, 2, q. 1, a. 1. — S. 2, dist. 24, q. 3, a. 2).

lement qu'on les appelle proprement *actes humains*. Il s'agit donc de savoir en quoi consiste dans de telles actions l'essence de la moralité, du bien et du mal moral.

281. La moralité se tire de l'objet, des circonstances et du but. — C'est une loi générale que nos actions sont spécifiées par leur objet. Cette loi s'applique aussi à la morale. L'objet se rapporte à l'action comme la *forme* à la *matière :* si l'objet est bon, l'action est bonne, s'il n'est pas bon, l'action ne l'est pas davantage. Mais d'autres éléments concourent en seconde ligne à spécifier une action morale : ce sont les circonstances et le but. D'abord les circonstances, car les choses ne reçoivent pas seulement leur perfection de leur *forme* substantielle, mais de plusieurs causes accidentelles. Il en est de même de nos actions. L'objet donne à l'action son espèce, mais la perfection de cette action dépend encore de certaines circonstances qui y concourent, et qui se comportent comme autant d'accidents. Si ces circonstances ne sont pas ce qu'elles devraient être, le caractère moral de l'action est nécessairement modifié. Il faut en dire

---

(281) Sicut res naturalis habet speciem ex sua forma, ita actio habet speciem ex objecto. Et ideo, sicut prima bonitas rei naturalis attenditur ex sua forma, quæ dat speciem ei, ita et prima bonitas actus moralis attenditur ex objecto convenienti.... Plenitudo bonitatis actionis non tota consistit in sua specie, sed aliquid additur ex his quæ adveniunt tanquam accidentia quædam : et hujusmodi sunt circumstantiæ debitæ. Unde si aliquid desit, quod requiritur ad debitas circumstantias, erit actio mala.... Sicut autem esse rei dependet ab agente et forma, sic bonitas rei dependet a fine.... Actiones humanæ, et alia quorum bonitas dependet ab alio, habent rationem bonitatis ex fine a quo dependent, præter bonitatem absolutam quæ in eis existit (Th., 1, 2, q. 18, a. 2, 3, 4. — Mal., q. 2, a. 6).

autant du but que se propose l'agent. Car la bonté des actions humaines n'est que relative, or tout ce qui est relatif prend son caractère de bonté du but que l'on poursuit.

282. L'objet, les circonstances et le but doivent être conformes à la raison. — Voyons maintenant sous quel rapport il faut envisager l'objet, les circonstances et le but, pour déterminer le caractère moral de l'action. Évidemment il ne faut pas les considérer en eux-mêmes, mais dans leur relation avec le principe qui doit régler l'activité de l'homme. La raison présente à la volonté l'objet de ses tendances, mais en même temps elle règle son activité, elle lui trace le chemin qu'elle doit suivre. Suivant donc que l'objet d'une action, les circonstances où elle s'accomplit, le but auquel elle tend sont en harmonie ou en opposition avec la règle de la raison, cette action est dite bonne ou mauvaise. Il peut se faire que dans l'ordre purement physique un acte soit bon, parce que son objet est bon en lui-même, tandis qu'il sera mauvais dans l'ordre moral, parce que cet objet est contraire à la règle de la raison. Il en est de même des circonstances et du but. Il faut donc envisager l'objet, les circonstances et le but par rapport à la raison, *in ordine ad rationem*, pour apprécier la moralité de l'ac-

(282) Bonum per rationem repræsentatur voluntati ut objectum; et in quantum cadit sub ordine rationis, pertinet ad genus moris, et causat bonitatem moralem in actu voluntatis. Ratio enim est principium humanorum et moralium actuum (Th., 1, 2, q. 19, a. 1, ad 3). — Actus humanus, in quantum actus, nondum habet rationem boni vel mali moralis, nisi aliquid addatur ad speciem contrahens, licet etiam ex hoc ipso quod est actus humanus, et ulterius ex hoc quod est ens, habeat aliquam rationem boni, sed non hujus boni moralis, quod est secundum rationem (Mal., q. 2, a. 4). — Cum actus moralis sit actus qui est a ratione procedens volunta-

tion, puisque la raison est le principe prochain de toute moralité.

283. La règle supérieure de toute moralité est la loi divine. — Il ne faut pas s'arrêter là. Nous disons que la raison est le principe *prochain* de la moralité, c'est à elle qu'il faut *d'abord* rapporter nos actions pour juger si l'objet, les circonstances, le but sont conformes à la loi qu'elle trace. Mais cette loi, la raison ne la tire pas d'elle-même, elle la reçoit d'ailleurs. Le principe souverain qui régit toute activité, c'est la loi divine. Il faut que la raison reçoive cette loi, qu'elle la reconnaisse, qu'elle l'applique à notre conduite, pour en être la règle. Si la raison est le principe régulateur de la vie dans l'ordre moral, elle le doit à la loi divine dont la connaissance lui a été communiquée d'une manière ou d'une autre par Dieu. D'où il suit que le caractère moral d'une action de l'homme est déterminé en dernière analyse par la loi divine, en tant que connue par la raison. Il y a ainsi deux règles de morale : l'une inférieure et immédiate, qui est la raison, l'autre supérieure et médiate, qui est la loi divine. La distinction entre le bien et le mal moral vient donc finalement du rapport que l'objet, les circonstances et le but, ont avec la raison en tant que celle-ci est *informée* par la loi divine.

rius, oportet quod actus moralis speciem habeat secundum aliquid in objecto consideratum, quod ordinem habeat ad rationem (Ibid., q. 2, a. 6).

(283) Regula voluntatis humanæ est duplex; una proxima et homogenea, scilicet ipsa humana ratio; alia vero est prima regula, scilicet lex æterna, quæ est quasi ratio Dei (Th., 1, 2, q. 71, a. 6. — Virt., q. 5, a. 2). — Bonum et malum in actibus humanis consideratur secundum quod actus concordat rationi informatæ lege divina vel naturali, vel per doctrinam, vel per infusionem (Mal., q. 2, a. 4. — Th., 1, 2, q. 19, a. 4 et 6).

284. Rôle de chacun des éléments de la moralité. — Il est à remarquer que les trois éléments en question : objet, circonstances, but, ont une part différente à la bonté ou à la malice de l'action. Pour qu'une action soit dite bonne, il faut que l'objet, les circonstances et le but soient conformes à la règle de la raison, c'est-à-dire à la loi divine. S'il manque une seule de ces conditions, l'action n'est plus moralement bonne. Au contraire une action est dite moralement mauvaise dès qu'un seul des éléments de la moralité est en contradiction avec la loi divine, quand même les autres y seraient conformes. *Bonum ex integra causa, malum ex singularibus defectibus.* Ainsi, nous pouvons distinguer dans les actions morales quatre genres de bonté : celle de l'acte physique considéré en lui-même, celle de l'espèce déterminée par l'objet dans son rapport avec la loi, celle des circonstances et celle du but. L'action moralement mauvaise au contraire est toujours bonne sous le rapport de l'entité physique de l'acte, mais il lui manque quelqu'une des autres espèces de bonté, c'est pour cela qu'elle est mauvaise.

285. Les circonstances ne peuvent rien sur l'acte

(284) In actione humana bonitas quadruplex considerari potest : una quidem secundum genus, prout scilicet est actio, quia quantum habet de actione et entitate, tantum habet de bonitate; alia vero secundum speciem, quæ accipitur secundum objectum conveniens : tertia secundum circumstantias, quasi secundum accidentia quædam, quarta autem secundum finem.... Nihil prohibet actioni habenti unam prædictarum bonitatum deesse aliam; et secundum hoc contingit actionem quæ est bona secundum speciem suam, vel secundum circumstantias, ordinari ad finem malum.... Non tamen est actio bona simpliciter, nisi omnes bonitates concurrant, quia quilibet singularis defectus causat malum ; bonum autem causatur ex integra causa (Th., 1, 2, q. 18, a. 4).

(285) Bonitas voluntatis ex solo uno illo dependet quod per se

interne. — Telles sont les conditions générales de la moralité. Mais il y a une distinction à faire entre l'acte interne de la volonté et les actions extérieures. L'acte intérieur tire son caractère moral de l'objet en tant que conforme ou non à la loi, parce que d'une part l'objet et le but ne font ici qu'une même chose (l'objet de la volonté est le bien qui comme tel en est aussi le but), et que d'autre part les circonstances extérieures ne peuvent rien par elles-mêmes pour changer la nature de l'acte interne de la volonté. Quant aux actes extérieurs, il faut la réunion des trois éléments indiqués, pour leur donner un caractère moral.

286. Rapport de l'acte interne à l'acte externe. — Mais comme l'acte externe a toujours pour condition préalable l'acte interne, il y a lieu de rechercher quel est le rapport de l'un à l'autre dans le domaine moral. Le caractère de moralité appartient-il d'abord à l'acte interne pour passer ensuite à l'acte externe, ou bien est-ce le contraire qui a lieu? Pour répondre à cette question, il faut faire attention que l'acte extérieur

---

facit bonitatem in actu, scilicet ex objecto, et non ex circumstantiis, quæ sunt quædam accidentia actus.... Supposito quod voluntas sit boni, nulla circumstantia potest eam facere malam (Ibid., q. 19, a. 2).

(286) Aliqui actus exteriores possunt dici boni vel mali dupliciter. Uno modo secundum genus suum, et secundum circumstantias in ipsis consideratas : sicut dare eleemosynam, servatis debitis circumstantiis, dicitur esse bonum. Alio modo dicitur aliquid esse bonum vel malum ex ordine ad finem : sicut dare eleemosynam propter vanam gloriam dicitur esse malum. Cum autem finis sit proprium objectum voluntatis, manifestum est quod ista ratio boni vel mali, quam habet actus exterior ex ordine ad finem, per prius invenitur in actu voluntatis, et ex eo derivatur ad actum exteriorem. Bonitas autem vel malitia, quam habet actus exterior secundum se, propter debitam materiam et debitas circumstantias, non

peut être bon ou mauvais en raison de l'objet, des circonstances, et aussi du but auquel il tend. Le caractère moral tiré du but dépend tout entier de l'acte interne, parce que le but est l'objet propre de la volonté. Au contraire, la bonté ou la malice tirée de l'objet et des circonstances dépend de la conformité de ces deux éléments avec la règle de la raison ; elle est indépendante de l'acte interne et lui est antérieure. Il suit de là que l'immoralité d'une action extérieure ne peut venir que de la volonté, car celle-ci seule peut faire tendre à un but mauvais une action bonne en elle-même ; et alors l'action est purement et simplement mauvaise en vertu de l'axiome : *Malum ex quocumque defectu*, et elle ne peut nullement devenir bonne. Au contraire, la volonté ne peut jamais rendre bonne une action extérieure qui est mauvaise à raison de l'objet ou des circonstances, car cette action, quoique dirigée vers un bon but, ne cesse pas pour autant d'être mauvaise. La fin ne justifie pas les moyens. La bonté d'une action dépend uniquement de la volonté lors-

---

derivatur a voluntate, sed magis a ratione. Unde si consideretur bonitas exterioris actus secundum quod est in apprehensione rationis, prior est quam bonitas actus voluntatis. Sed si consideretur secundum quod est in executione operis, sequitur bonitatem voluntatis, quæ est principium ejus (Th., 1, 2, q. 20, a. 1 et 2. — Mal., q. 2, a. 3. — S. 2, dist., 40, q. 1, a. 2). — Si objectum actus includat aliquid quod convenit ordini rationis, erit actus bonus secundum suam speciem, sicut dare eleemosynam indigenti ; si autem includat aliquid quod repugnat ordini rationis, erit malus actus secundum speciem, sicut furari, quod est tollere aliena. Contingit autem quod objectum actus non includat aliquid pertinens ad ordinem rationis, sicut levare festucam de terra, et ire ad campum, et hujusmodi ; et tales actus secundum speciem suam sunt indifferentes (Th., 1, 2, q. 18, a. 8. — Mal., q. 2, a. 5. — S. 2, dist. 40, q. 1, a. 5).

que cette action est d'elle-même indifférente, c'est-à-dire lorsque son objet ne renferme rien qui implique un rapport avec la loi de la raison. Il y a de ces actions indifférentes, et leur moralité dépend de l'intention de la volonté, c'est-à-dire du but où on les fait tendre. Mais comme la volonté ne peut jamais agir sans but, ces actions, indifférentes en elles-mêmes, rentrent dans le domaine de la morale aussitôt que l'individu qui agit les dirige vers un but bon ou mauvais.

287. L'acte externe influe aussi sur le degré de bonté ou de malice de l'acte interne. S'il s'agit du caractère de moralité que l'action tire de sa fin, l'acte externe ne peut augmenter le mérite ou le démérite de l'acte interne qu'autant qu'il en occasionne la répétition ou en prolonge la durée, ou le rend plus intense. Mais s'il s'agit de la moralité due à l'objet ou aux circonstances, l'acte externe se présente à la volonté comme terme et but de son activité; par conséquent il augmente d'une manière directe et absolue la bonté ou la malice de l'acte interne, parce que tout mouvement de la volonté n'a son parfait développement qu'en atteignant son but. L'acte de la volonté n'est donc parfait, au point de vue moral, que si, au moment donné, il réalise le but voulu. Toutefois, si la possibilité d'agir est enlevée, l'acte

---

(287) Non est perfecta voluntas, nisi sit talis quæ, opportunitate data operetur. Si vero possibilitas desit, voluntate existente perfecta ut operaretur, si posset, defectus perfectionis quæ est ex actu exteriori, est simpliciter involuntarius. Involuntarium autem, sicut non meretur pœnam vel præmium in operando bonum aut malum, ita non tollit aliquid de præmio vel pœna, si homo involuntarie simpliciter deficiat ad faciendum bonum vel malum (Th., 1, 2, q. 20, a. 4. — S. 2, dist. 40, q. 1, a. 3, ad 6).

intérieur n'en conserve pas moins sa valeur morale.

288. Mérite et démérite. — Il est clair, par tout ce que nous venons de voir, que l'acte moralement bon a toujours le caractère de justice, et l'acte mauvais le caractère d'injustice, de péché. Car l'acte bon est conforme à l'ordre prescrit par la droite raison, par la loi rationnelle, tandis que l'acte mauvais s'en éloigne. Il est clair également que toute bonne action est louable, toute mauvaise action blâmable. Car il n'y a de réellement bonnes ou mauvaises que les actions *humaines* proprement dites, c'est-à-dire celles dont l'accomplissement ou le non-accomplissement sont entièrement au pouvoir de la volonté. Or de telles actions sont imputables à l'homme, elles sont dignes de louange ou de blâme. Enfin toute action morale a le caractère de mérite ou de démérite. Car le mérite et le démérite se disent des actions humaines en tant qu'elles ont droit à une récompense ou à un châtiment, suivant qu'elles sont faites à l'avantage ou au désavantage d'un individu ou de la société. Or toutes les actions, bonnes ou mauvaises, ont cette relation non seulement par rapport aux hommes, mais aussi par rapport à Dieu. En ce qui regarde

---

(283) Actus alicujus hominis habet rationem meriti vel demeriti, secundum quod ordinatur ad alterum vel ratione ejus, vel ratione communitatis. Utroque autem modo actus nostri boni vel mali habent rationem meriti vel demeriti apud Deum. Ratione quidem ipsius, in quantum est ultimus hominis finis; est autem debitum, ut ad finem ultimum omnes actus referantur : unde qui facit actum malum non servat honorem Dei, qui ultimo fini debetur. Ex parte vero totius communitatis universi, quia in qualibet communitate, ille qui regit communitatem, præcipue habet curam boni communis; unde ad eum pertinet retribuere pro his quæ bene vel male fiunt in communitate. Est autem Deus gubernator et rector totius universi, et specialiter rationalium creaturarum. Unde mani-

CHAP. VII. — LA MORALE. 281

Dieu, sa justice exige qu'il y ait une sanction pour toutes nos actions, d'abord parce que toutes nos actions doivent être rapportées à lui comme à notre fin dernière, et ensuite parce que Dieu, souverain Seigneur de toute la société, doit châtiment ou récompense à tout ce qui se fait de mal ou de bien dans cette société.

289. Moralité des passions. — Il reste à examiner si les passions ont un caractère moral, ou bien si elles restent en dehors de la sphère de la moralité. S. Thomas, comme on devait s'y attendre, se prononce pour la première alternative. En effet, les mouvements de l'appétit concupiscible et irascible peuvent être considérés en eux-mêmes, ou en tant qu'ils sont gouvernés par la raison et la volonté. Considérés en eux-mêmes, comme mouvements de l'appétit irrationnel, ils n'ont aucun caractère moral, ils ne sont ni bons ni mauvais. Considérés en tant que régis par la raison et la volonté libre, ils appartiennent aux déterminations volontaires, puisqu'ils sont commandés par la volonté libre, ou ne sont pas empêchés par elle, quoiqu'elle en ait le pouvoir. Par conséquent ils revêtent le caractère d'actes moraux, comme tous les autres actes libres de l'homme, en

---

festum est quod actus humani habent rationem meriti vel demeriti per comparationem ad ipsum (Th., 1, 2, q. 21, a. 4).

(289) Propinquior est appetitus sensitivus ipsi rationi et voluntati quam membra exteriora, quorum tamen motus et actus sunt boni vel mali moraliter, secundum quod sunt voluntarii; unde multo magis et ipsæ passiones, secundum quod sunt voluntariæ, possunt dici bonæ vel malæ moraliter.... Ad perfectionem boni moralis pertinet, quod homo ad bonum moveatur, non solum secundum voluntatem sed etiam secundum appetitum sensitivum... et quod ipsæ passiones sint moderatæ per rationem (Th., 1, 2, q. 24, a. 1, 3, 4).

tant que conformes ou contraires à la règle de la raison. Il n'est donc pas vrai, comme le veulent les stoïciens, que toutes les passions soient mauvaises ; elles le sont seulement quand elles franchissent les bornes fixées par la raison. Il est faux également que la bonté d'une action soit diminuée, quand elle est accompagnée d'un mouvement de la passion. Au contraire, de même que la bonté d'une action augmente quand l'acte extérieur s'y ajoute, il en est de même quand l'homme se porte au bien non seulement avec sa volonté, mais avec l'impulsion de *l'appétit sensitif*. Il appartient à la perfection de la vie morale de l'homme que ses passions mêmes soient réglées par la raison, et si les deux rapports de conformité ou de non-conformité de l'objet avec la loi de la raison constituent la différence fondamentale entre les actions bonnes ou mauvaises, on peut en dire autant de l'objet des passions, et distinguer des mouvements bons et des mouvements mauvais de *l'appétit sensitif*.

290. La vertu et le vice. — Après ces développements sur la nature et les conditions du bien et du mal moral, S. Thomas étudie ce qui fait la perfection ou la dépravation morale de l'homme : la vertu et le vice. C'est là que nous allons le suivre. — La vertu,

(290) Habitus est quædam dispositio alicujus subjecti existentis in potentia vel ad formam, vel ad operationem (Ibid., q. 50, a. 1). — Convenit omni habitui aliquo modo habere ordinem ad actum ; est enim de ratione habitus ut importet habitudinem quamdam in ordine ad naturam rei, secundum quod convenit vel non convenit. Sed natura rei... ulterius ordinatur ad alium finem, qui est vel operatio, vel aliquod operatum, ad quod quis pervenit per operationem. Unde habitus non solum importat ordinem ad ipsam naturam rei, sed etiam consequenter ad operationem, in quantum est fluis naturæ, vel perducens ad finem (Ibid., q. 49,

d'après S. Thomas, rentre dans la catégorie de l'*habitude*. L'*habitude* en général n'est essentiellement autre chose qu'une disposition d'un sujet qui se trouve en *puissance* d'acquérir une certaine *forme* ou d'exercer une certaine activité. Il faut donc distinguer deux sortes d'*habitude :* l'une est la disposition à acquérir une certaine *forme* par laquelle le sujet s'élève à une nature déterminée ; l'autre est la disposition à exercer une certaine activité que le sujet possède en *puissance*. Et comme tout être réel a pour but une certaine activité à exercer, la première espèce d'*habitude* se rapporte aussi à un *acte*. Mais ne nous occupons que de la dernière espèce d'*habitude*. Elle suppose la *puissance*, et a pour but l'*acte*, elle est donc intermédiaire entre la *puissance* et l'*acte*. Les seules facultés capables d'*habitude* sont celles dont l'activité n'est pas déterminée à une seule chose, mais applicable à plusieurs fins. Cette puissance, flexible dans plusieurs sens différents, peut recevoir une qualité nouvelle par laquelle cette flexibilité est comme supprimée, pour que la faculté agisse d'une manière plus stable, plus permanente et enfin invariable. C'est cette qualité stable par laquelle s'obtient une plus grande régularité d'action dans un sens déterminé, qu'on nomme *habitude*.

291. Les habitudes chez l'homme. — On voit d'après

---

a. 3). — Si aliquid sit in potentia ad alterum, ita tamen quod non sit in potentia nisi ad ipsum, ibi dispositio et habitus locum non habet, quia tale subjectum ex sua natura habet debitam habitudinem ad talem actum (Ibid., a. 4).

(291) Quia anima est principium operationum per suas potentias, ideo secundum hoc habitus sunt in anima secundùm suas potentias (Th., 1, 2, q. 50, a. 2). — Secundum quod [vires sensitivæ] operantur ex imperio rationis, sic ad diversa ordinari

cela sous quels rapports l'homme en particulier est capable d'*habitude*. Dans l'ordre naturel, l'âme considérée dans son essence ne peut être le sujet d'une *habitude ;* car son essence est d'être la *forme* ou l'*acte* du corps, elle n'est donc pas en puissance d'acquérir une autre *forme*. C'est seulement dans l'ordre surnaturel que l'essence ou la substance de l'âme peut devenir le sujet d'une *habitude* (surnaturelle). Car l'âme peut, selon les paroles de l'Apôtre, entrer en participation de la nature divine; il lui faut pour cela, comme on le verra plus tard, une *habitude* surnaturelle dont le sujet est la substance, l'essence de l'âme, puisque cette participation à la nature divine comporte une élévation de l'âme à une nature supérieure. En dehors de cela, l'âme n'est susceptible d'*habitude* que dans ses facultés, en tant que ces facultés sont elles-mêmes applicables à des objets différents. Les puissances végétatives ne peuvent donc point recevoir d'*habitude ;* celles de l'appétit sensitif ne peuvent en avoir qu'autant qu'elles agissent non plus en vertu de l'instinct, mais sous l'impulsion de la raison et de la volonté, car alors elles peuvent s'appliquer à des objets différents. Absolument parlant, la raison et la volonté peuvent seules avoir des habitudes, parce que seules elles ont par elles-mêmes la faculté de se porter vers tel ou tel objet, d'agir dans tel ou tel sens différent.

292. En ce qui concerne la cause des *habitudes* chez

---

possunt; et sic possunt in eis esse aliqui habitus, quibus bene aut male ad aliquid disponuntur (Ibid., a. 3). — Voluntas, cum sit potentia rationalis, diversimode potest ad agendum ordinari; et ideo oportet in voluntate aliquem habitum ponere, quo bene disponatur ad actum suum (Ibid., a. 5. — Virt., q. 1, a. 3).

(292) Th., 1, 2, q. 51-54.

l'homme, il y en a qui viennent de la nature, ce sont les *habitudes* ou dispositions naturelles, comme l'*habitude* des premiers principes; d'autres sont engendrées par la répétition constante de certains actes; d'autres enfin peuvent être communiquées par Dieu pour disposer l'âme à des actes surnaturels, dont elle n'est pas capable par sa seule nature. Les *habitudes* sont susceptibles d'augmentation et de diminution, parce que toute disposition d'une puissance à exercer une certaine activité peut devenir plus parfaite ou s'amoindrir. Le développement de l'*habitude* est dû à l'exercice répété de l'acte. Toute *habitude* qui porte à un acte conforme à la nature de l'être est bonne; dans le cas contraire, elle est mauvaise.

293. La vertu est une disposition à faire le bien. — La vertu rentre dans les *habitudes*. Cela résulte de la signification même du mot *virtus*, qui exprime le perfectionnement d'une puissance, or la puissance est perfectionnée par l'*habitude* qui la dispose précisément à agir. La vertu humaine appartient à ce genre d'*habitudes* qui ont immédiatement l'*acte* pour but, c'est un *habitus operativus*. Cependant toute *habitude* qui dispose à un acte n'est pas par le fait même une

---

(293) Virtus nominat quemdam potentiæ perfectionem. Uniuscujusque perfectio enim præcipue consideratur in ordine ad suum finem; finis autem potentiæ actus est : unde potentia dicitur esse perfecta, secundum quod determinatur ad actum suum. Sunt autem quædam potentiæ, quæ secundum seipsas sunt determinatæ ad suos actus, sicut potentiæ naturales activæ, et ideo hujusmodi potentiæ naturales secundum seipsas dicuntur virtutes. Potentiæ autem rationales, quæ sunt propriæ hominis, non sunt determinatæ ad unum, sed se habent indeterminate ad multa; determinantur autem ad actus per habitus... et ideo virtutes humanæ habitus sunt (Th., 1, 2, q. 55, a. 1, — S. 3, dist. 23, q. 1, a. 3. — Virt., q. 1, a. 1).

vertu. La vertu est une *habitude* qui dispose l'homme à un acte en rapport avec sa nature, ce n'est pas une *habitude* quelconque, c'est une *bonne habitude*, une disposition à bien agir.

294. De là une distinction qu'il importe de ne pas négliger. Il y a des *habitudes* qui donnent la disposition à bien agir, sans que pour autant la faculté agisse réellement. Ainsi l'*habitude* de la grammaire permet à l'homme de parler correctement, mais ne le fait pas parler. Il y a au contraire d'autres *habitudes* qui non seulement nous donnent la possibilité de bien agir, mais encore nous font bien agir. Ces deux sortes d'*habitudes* peuvent bien s'appeler vertus, parce qu'elles ont également le bien pour but ; mais les dernières seules méritent le nom de vertus dans le sens absolu, les autres ne sont des vertus que sous un certain rapport. La notion de vertu implique celle de perfection, et la perfection est dans l'action ; par conséquent on ne peut appeler vertu dans le sens complet du mot qu'une *habitude* qui fait faire le bien à l'homme, qui le rend bon absolument et non sous un rapport seulement.

(294) Virtus est habitus quo aliquis bene utitur. Dupliciter autem ordinatur habitus ad bonum actum : uno modo in quantum per hujusmodi habitum acquiritur homini facultas ad bonum actum, sicut per habitum grammaticæ habet homo facultatem recte loquendi, non tamen grammatica facit ut homo semper recte loquatur... Alio modo aliquis habitus non solum facit facultatem bene agendi, sed etiam facit ut aliquis recte facultate utatur, sicut justitia non solum facit quod homo sit promptæ voluntatis ad juste operandum, sed etiam facit ut juste operetur. Et quia bonum, sicut ens, non dicitur simpliciter aliquid secundum id quod est in potentia, sed secundum id quod est in actu, ideo ab hujusmodi habitibus dicitur simpliciter homo bonum operari et bonus esse.... Et quia virtus est quæ bonum facit habentem et opus ejus bonum reddit, hujusmodi habitus simpliciter dicuntur virtutes, quia red-

295. Il est facile maintenant de définir la vertu d'une manière précise. S. Thomas reproduit la définition de S. Augustin : La vertu est une bonne qualité de l'âme, avec laquelle on fait le bien et dont on ne peut mal se servir. Au lieu du terme générique *qualité*, on aurait pu employer le mot spécifique *habitude*. La vertu est une bonne qualité, qui donne la possibilité de faire le bien et le fait accomplir : *Bona qualitas mentis, qua recte vivitur, qua nemo male utitur*.

296. Division des vertus. — Pour arriver à une division exacte des vertus, il faut d'abord chercher quel est le sujet propre de la vertu. Ce que nous avons déjà dit du sujet des *habitudes* en général suffit pour faire comprendre que c'est l'âme considérée dans ses facultés qui est le sujet des vertus. Mais quelles facultés de l'âme peuvent jouer ce rôle? Voici la réponse de S. Thomas. Le sujet des vertus *secundum quid*, qui ne méritent ce nom que sous un certain rapport, est l'intelligence prise en elle-même. Au contraire, c'est la volonté seule qui est le sujet des vertus proprement dites. Les autres puissances de

---

dunt bonum opus in actu, et simpliciter faciunt bonum habentem (Th., 1, 2, q. 56, a. 3).

(295) Th., 1, 2, q. 55, a. 4. — S. 2, dist. 27, q. 1, a. 2. — Virt., q. 1, a. 2.

(296) Subjectum habitus qui simpliciter dicitur virtus non potest esse nisi voluntas, vel aliqua potentia secundum quod mota est a voluntate. Cujus ratio est quia voluntas movet omnes alias potentias, quæ aliqualiter sunt rationales, ad suos actus. — Et ideo, quod homo actu bene agat contingit ex hoc quod homo habet bonam voluntatem. Unde virtus quæ bene facit agere in actu, non solum in facultate, oportet quod vel sit in ipsa voluntate, vel in aliqua potentia, secundum quod est a voluntate mota (Th., 1, 2, q. 56, a. 3. — Virt., q. 1, a. 4-7).

l'âme peuvent aussi être considérées comme sujet de ces vertus, mais seulement en tant qu'elles sont dirigées par la volonté. Car ces vertus donnent non seulement la possibilité de bien faire, mais nous font réellement agir, or l'homme agit bien quand sa volonté est droite. C'est donc à la volonté, et aux puissances régies par elle, que conviennent les vertus dans le sens strict.

297. Vertus intellectuelles. — De là découle la division fondamentale des vertus. Distinguons d'abord les vertus qui ont leur siège dans l'intelligence, et celles qui résident dans la volonté ou dans une puissance régie par elle. Les premières sont les vertus *intellectuelles,* les autres les vertus *morales;* ces dernières seules sont des vertus dans le sens strict et parfait du mot, puisque ce sont elles qui nous font faire le bien. Pour juger de ce bien que la vertu nous fait faire, il faut employer la même règle que pour le bien moral en général : la raison, et au-dessus d'elle la loi divine. Ainsi, de même que la vertu en général est la perfection de la puissance à laquelle elle appartient, la vertu morale est aussi la perfection morale de l'homme. C'est elle qui dispose l'homme aux actions qui se rapportent à sa béatitude finale et l'y font tendre. Les vertus morales et les actes qui y

---

(297) Habitus intellectuales speculativi... possunt quidem dici virtutes in quantum faciunt facultatem bonæ operationis, quæ est consideratio veri : hoc enim est bonum opus intellectus; non tamen dicuntur virtutes secundo modo, quasi facientes bene uti potentia seu habitu (Th., 1, 2, q. 57, a. 1 et q. 58, a. 3. — Virt., q. 1, a. 12. — S. 3, dist. 23, q. 1, a. 4). — Per virtutem perficitur homo ad actus quibus in beatitudinem ordinatur (Th., 1, 2, q. 62, a. 1. — 2, 2, q. 145, a. 3). — Virtutes nihil aliud sunt quam perfectiones quædam quibus ratio ordinatur in Deum, et inferiores vires disponuntur secundum regulam rationis (Th., 1, q. 95, a. 3).

correspondent sont pour l'homme les moyens d'arriver au bonheur éternel. C'est par les vertus morales que la raison est dirigée vers Dieu, et que les puissances inférieures de l'âme sont régies conformément à la raison.

298. Les vertus intellectuelles se rapportent à la raison spéculative ou à la raison pratique. A la première appartiennent la sagesse, la science et l'intelligence ou *habitude* des premiers principes. La science a pour objet l'étude des vérités particulières qui reposent sur les premiers principes, la sagesse s'élève à la contemplation spéculative de la vérité absolue. Les vertus de la raison pratique sont l'art et la prudence. L'art consiste dans l'habileté à produire certains ouvrages, la prudence dans le soin de diriger sa vie conformément à la loi de la raison. La prudence est aussi une vertu morale, non par son essence, mais par la matière sur laquelle elle s'exerce, puisqu'elle règle l'exercice de la volonté et de ses opérations conformément à la droite raison, ce qui est l'affaire de la vertu morale.

299. Vertus morales; leur rapport avec les autres. — Les vertus morales ne seraient point nécessaires pour bien agir, si les puissances appétitives étaient

---

(298) Virt., q. 1, a. 12. — Th., 1, 2, q. 57, aa. 1-4.
(299) Sine prudentia esse non potest moralis virtus, quia moralis virtus est habitus electivus, id est, faciens bonam electionem. Ad hoc autem quod electio sit bona, duo requiruntur : primo ut sit debita intentio finis..., secundo, ut homo recte accipiat ea quæ sunt ad finem, et hoc non potest esse nisi per rationem recte consiliantem, judicantem et præcipientem, quod pertinet ad prudentiam et ad virtutes ei annexas.... Unde virtus moralis sine prudentia esse non potest, et per consequens nec sine intellectu ; per intellectum enim cognoscuntur principia naturaliter nota, tam in speculativis quam in operativis (Th., 1, 2, q. 58, a. 4).

aussi bien soumises à la volonté que les membres extérieurs. Mais il n'en est pas ainsi, et Socrate a eu tort de prétendre que celui qui connaît parfaitement le bien ne peut mal agir. Outre les vertus intellectuelles il faut des vertus morales pour que l'homme soit complètement en état de faire le bien. Quant au rapport à établir entre les vertus intellectuelles et les vertus morales, les dernières peuvent bien exister sans la sagesse, la science et l'art, mais non sans la prudence et l'intelligence. Car la vertu morale est par elle-même une *habitude* élective, une disposition à choisir le juste, le bien. Or pour faire un bon choix, il faut la maturité de la réflexion, la justesse du jugement, ce qui est le propre de la prudence. Celle-ci à son tour suppose l'intelligence ou *habitude* des principes pratiques, sur lesquels est basée toute réflexion, tout jugement pratique. D'un autre côté, toutes les vertus intellectuelles peuvent exister sans les vertus morales, sauf la prudence. Car pour juger avec prudence sur ce que nous avons à faire ou à omettre, il faut que nous soyons disposés d'ailleurs par les autres vertus morales à demander à la prudence une décision.

300. Rapport des vertus avec les passions. — Les ver-

(300) Circa omne id quod contingit ratione ordinari et moderari, contingit esse virtutem moralem. Ratio autem ordinat non solum passiones appetitus sensitivi, sed etiam ordinat operationes appetitus intellectivi qui est voluntas. Et ideo non omnis virtus moralis est circa passiones, sed quædam circa passiones, quædam circa operationes (Th., 1, 2, q. 59, a. 4). — Omnes hujusmodi virtutes quæ sunt circa operationes habent aliquo modo rationem justitiæ. Sed debitum non est unius rationis in omnibus : aliter enim debetur aliquid æquali, aliter superiori, aliter minori... et secundum has diversas rationes debiti sumuntur diversæ virtutes (Ibid., q. 60, a. 3).

tus morales n'excluent pas les mouvements des passions. Celles-ci ne sont incompatibles avec la vertu, que quand elles contredisent la raison et se révoltent contre sa loi. La vertu n'a pas à étouffer tous ces mouvements, comme le veulent les stoïciens, mais à les contenir dans les limites de la droite raison. — Aussi devons-nous distinguer deux classes de vertus morales : celles qui ont pour but de contenir les passions dans le devoir, et celles qui se rapportent directement à l'action. La première classe renferme plusieurs vertus différentes, qui se rapportent aux différentes passions. Au contraire, toutes les vertus de la seconde classe se ramènent à une seule, qui est la justice.

301. Les quatre vertus cardinales. — Parlons maintenant des vertus dites cardinales. Evidemment, on ne peut reconnaître comme vertus cardinales que celles qui répondent à l'idée de vertu parfaite, c'est-à-dire les vertus morales. Parmi les vertus intellectuelles, la prudence seule pourrait appartenir à cette catégorie, parce que, comme nous l'avons dit, elle rentre dans les vertus morales sous le rapport de la matière où s'exerce son action. Quelles sont donc les

---

(301) Virtus humana secundum perfectam rationem virtutis dicitur, quæ requirit rectitudinem appetitus : hujusmodi enim virtus non solum facit facultatem bene agendi, sed ipsum etiam usum boni operis causat. — Sed secundum imperfectam rationem virtutis dicitur virtus quæ non requirit rectitudinem appetitus, quia solum facit facultatem bene agendi, non autem causat boni operis usum. Constat autem quod perfectum est principalius imperfecto. Et ideo virtutes quæ continent rectitudinem appetitus dicuntur principales. Hujusmodi autem sunt virtutes morales, et inter intellectuales, sola prudentia, quæ etiam quodammodo moralis est secundum materiam (Ibid., q. 61, a. 1 et 2. — Virt., q. 5, a. 1. — S. 3, dist. 33, q. 2, a. 1). — Cf. Goudin, Moralis, q. 5, a. 1.

vertus cardinales? Soit que l'on considère le principe formel de la vertu morale, ou son sujet, il y a lieu de distinguer quatre vertus cardinales : la prudence, la justice, la tempérance et la force. Le principe formel de la vertu morale est le bien auquel la raison prescrit de tendre. Ce principe peut être envisagé de deux manières : en tant que connu et examiné par la raison, — c'est le rôle de la *prudence;* — et en tant qu'appliqué à tel ou tel ordre de choses. Il peut s'appliquer d'abord à l'activité volontaire considérée en elle-même, — c'est le rôle de la *justice.* Il peut s'appliquer ensuite aux passions, pour les contenir dans le devoir. La lutte des passions contre la raison peut avoir deux phases : la passion pousse à une choses défendue, ou bien elle recule devant un précepte. Dans le premier cas elle est réprimée par la *tempérance,* dans le second elle est aiguillonnée par la *force.* Même division au point de vue du sujet. Le sujet de la vertu est la raison, la volonté, l'appétit concupiscible et l'irascible. La raison est perfectionnée par la prudence, la volonté par la justice, l'appétit concupiscible par la tempérance et l'irascible par la force. Il n'y a donc que quatre vertus cardinales auxquelles se rapportent toutes les autres.

302. Comment la vertu tient le milieu entre deux

(302) Omnes virtutes morales in medio constitutæ sunt. Virtutes enim morales sunt circa passiones et operationes, quas oportet dirigere secundum regulam rationis. In omnibus autem regulatis consistit rectum secundum quod regulæ æquantur; æqualitas autem media est inter majus et minus : et ideo oportet quod rectum virtutis consistat in medio ejus quod superabundat, et ejus quod deficit a mensura rationis recta (Th., 1, 2, q. 64, a. 1. — Ver., q. 1, a. 13. — S. 1, dist. 1, q. 1, a. 3). — Medium virtutis non accipitur secundum quantitatem exteriorum quæ in usum ve-

extrêmes. — Toute vertu morale tient le milieu entre deux extrêmes : l'excès et le défaut; *virtus consistit in medio*. C'est-à-dire que la vertu tend à produire une action conforme à la règle de la raison. Or on peut enfreindre cette règle, ou en dépassant la limite prescrite, ou en restant en deçà. C'est entre ces deux extrêmes que la vertu doit tenir le milieu. Ce n'est pas le milieu mathématique, mais le milieu rationnel. Seule la justice observe le milieu mathématique, parce qu'elle consiste à rendre à chacun ce qui lui est dû, ni plus ni moins.

303. **Vertus acquises et vertus infuses.** — Aucune vertu ne nous est innée; nous les acquérons par la répétition des actes. C'est pourquoi les vertus morales s'appellent vertus *acquises*. Elles nous font arriver à cette félicité imparfaite dont nous avons parlé, la seule qui nous soit accessible en ce monde. Mais quel rapport la vertu a-t-elle avec la félicité éternelle? Le bonheur éternel est, comme nous l'avons vu, quelque chose d'essentiellement surnaturel; notre nature ne peut y atteindre par ses seules forces, elle est par elle-même en dehors de toute proportion avec une destinée surnaturelle. Il faut, pour l'y élever, un principe surnaturel, la grâce, *gratum faciens*, dont le sujet est l'âme considérée non plus dans ses

---

niunt, sed secundum regulam rationis (C. g., l. 3, c. 134). — In justitia est non solum medium rationis, sed etiam rei : cujus ratio est quia justitia est circa operationes, et secundum ordinem ad alterum, unde illum ad quem sunt operationes justitiæ accipiunt quasi regulam (Th., 1, 2, q. 64, a. 2).

(303) Aliquæ virtutes morales et intellectuales possunt causari in nobis ex nostris actibus ; tamen illæ non sunt proportionatæ virtutibus theologicis, et ideo oportet alias eis proportionatas immediate a Deo causari (Th., 1, 2, q. 63, a. 2. — Virt., q. 1, a. 8. —

facultés, mais dans son essence. C'est pour l'âme une *forme* plus élevée, qui détermine en elle une perfection nouvelle, une manière d'être surnaturelle. Car si la fin de chaque chose est déterminée par sa *forme*, l'âme ne peut être élevée par la grâce à une fin surnaturelle que si la grâce est pour elle comme une *forme* surnaturelle. Mais il ne suffit pas que l'âme soit élevée à l'ordre surnaturel seulement dans son essence, il faut qu'elle le soit dans ses facultés; car c'est par leurs actes qu'elle doit atteindre sa fin surnaturelle. Ce n'est donc pas assez des vertus *acquises*, il faut des vertus surnaturelles *infuses* par Dieu, pour que les facultés de l'âme soient mises en rapport avec la fin surnaturelle, et deviennent capables d'agir de manière à l'atteindre. Ces vertus *infuses* ne sont pas communiquées à l'homme par un acte différent de l'infusion de la grâce; elles sont au contraire comprises dans la grâce *gratum faciens*, et données avec elles. Sans être identiques avec cette grâce, elles en découlent dans les facultés de l'âme.

304. La foi, l'espérance, la charité. — Les vertus infuses sont en premier lieu les vertus théologales : la foi, l'espérance et la charité. Elles sont la base de notre vie surnaturelle, dont le but ne pourrait être atteint sans elles. Mais elles ne sont pas les seules vertus *infuses*. Comme les vertus morales servent également à la vie surnaturelle, elles doivent nous

---

S. 3, dist. 33, q. 1, a. 2). — Finis in quem homo dirigitur per auxilium divinæ gratiæ est supra naturam humanam. Ergo oportet quod homini superaddatur aliqua supernaturalis forma et perfectio, per quam convenienter ordinetur in finem prædictum (C. g., l. 3, c. 150. — Virt., q. 1, a. 10. — S. 3, dist. 23, q. 1, a. 4).

(304) Th., 1, 2, q. 63, a. 3; 2, 2, q. 23, a. 8. — Virt., q. 2, a. 3 — S. 4, dist. 27, q. 2, a. 4.

être aussi communiquées par Dieu pour être en harmonie avec notre fin surnaturelle. Elles ne nous y mèneraient pas comme vertus *acquises*. Les vertus morales, basées sur les théologales, découlent comme elles de la grâce *gratum faciens*, et sont surnaturelles comme elles. La charité occupe le premier rang parmi les vertus *infuses*, elle est la *forme* qui les rend parfaites.

305. La vie contemplative; l'extase. — Toute la vie de l'homme doit se développer au moyen de ces vertus, pour tendre à la fin surnaturelle. Mais cela peut se faire par deux voies différentes : l'homme peut consacrer sa vie à la contemplation de la vérité ou à l'exercice de l'activité extérieure dans les relations sociales. La vie contemplative ne suppose les vertus morales que comme disposition à l'étude de la vérité ; elle consiste essentiellement dans l'exercice de l'intelligence. On peut y distinguer trois choses. L'âme doit d'abord connaître les premiers principes pour pouvoir en tirer une vérité, ensuite se servir du procédé déductif pour arriver à connaître cette vérité, enfin se reposer dans la pure contemplation. Ces trois actes ont été désignés par l'école de S. Victor sous les noms de *cogitatio, meditatio et contemplatio ;* les deux premiers ne sont que des conditions préliminaires de la contemplation proprement dite, qui est l'acte essentiel, le but final.

(303) Homo quodam processu ex multis pertingit ad intuitum simplicis veritatis. Sic ergo contemplativa vita unum quidem actum habet in quo finaliter perficitur, scilicet contemplationem veritatis, a quo habet unitatem; habet autem multos actus quibus pervenit ad hunc actum finalem : quorum quidam pertinent ad acceptionem principiorum ex quibus procedit ad contemplationem veritatis; alii autem pertinent ad deductionem principiorum in

306. Quant à la sphère des vérités qui font l'objet de la contemplation intellectuelle, il faut distinguer le principal et l'accessoire. L'objet principal de la contemplation est la vérité divine, car c'est en cela, nous l'avons vu, que consiste la fin dernière de l'homme. Mais comme nous ne pouvons parvenir à la connaissance de la vérité divine que par les créatures, les vérités relatives à la création forment l'objet secondaire de la contemplation, en tant qu'elles mènent à Dieu. Cette contemplation procure à l'homme un bonheur supérieur à toutes les jouissances humaines, un avant-goût de l'éternelle vue de Dieu dans l'autre vie. Il est possible qu'ici-bas déjà cette contemplation monte jusqu'à l'intuition immédiate de l'essence divine. Toutefois cela ne peut avoir lieu dans les conditions ordinaires de notre vie intellectuelle ; cela se passe dans l'extase, alors que l'âme, sans cesser d'*informer* le corps, est dégagée par une action surnaturelle de toute influence du corps et de ses organes, et n'agit que par elle-même.

veritatem ejus cujus cognitio inquiritur; ultimus autem completivus actus est ipsa contemplatio veritatis... *Cogitatio* videtur pertinere ad multorum inspectionem ex quibus aliquis colligere intendit unam simplicem veritatem.... *Meditatio* vero pertinere videtur ad processum rationis ex principiis aliquibus pertingentibus ad veritatis alicujus contemplationem.... *Contemplatio* pertinet ad ipsum simplicem intuitum veritatis (Th., 2, 2, q. 180, a. 3. — S. 3, dist. 35, q. 1, a. 2).

(306) In hac vita potest aliquis esse dupliciter : uno modo secundum actum, in quantum scilicet actualiter utitur sensibus corporis, et sic nullo modo contemplatio præsentis vitæ potest pertingere ad videndum Dei essentiam. Alio modo potest aliquis esse in hac vita potentialiter, et non secundum actum, in quantum scilicet anima ejus est corpori mortali conjuncta ut forma, ita tamen ut non utatur corporeis sensibus aut etiam imaginatione, sicut accidit in raptu, et sic potest contemplatio hujus vitæ pertin-

307. La vie active; son importance. — Si la vie contemplative se développe dans la sphère de la connaissance, la vie active, au contraire, relève de la volonté. Par conséquent, elle est basée sur les vertus morales, qui règlent l'activité extérieure d'une manière conforme à la vocation sociale de chacun. Si on compare ces deux genres de vie, et qu'on se demande lequel l'emporte sur l'autre, la réponse ne peut guère être douteuse. Prise en elle-même, la vie contemplative est au-dessus de la vie active; c'est la vie de l'intelligence, et l'intelligence est la plus élevée de nos facultés. La vie contemplative se meut dans la sphère des vérités intelligibles, tandis que la vie active roule dans le cercle des choses extérieures. La première nous donne des jouissances bien plus parfaites que la seconde; car, comme nous l'avons déjà dit, rien n'est supérieur au plaisir que procure la contemplation de la vérité. On recherche la vie contemplative pour elle-même; la vie active a son but au dehors. L'activité extérieure est commune à l'homme et à beaucoup d'autres créatures, la contemplation est le privilège de l'homme. La vie contemplative a donc l'avantage; et si l'autre est préférable dans certains cas particuliers, à cause de certaines circonstances, il n'en est pas moins vrai que, prise en elle-

---

gere ad visionem divinæ essentiæ. Unde supremus gradus contemplationis præsentis vitæ est qualem habuit Paulus in raptu, secundum quem fuit medio modo se habens inter statum præsentis vitæ et futuræ (Th., 2, 2, q. 180, a. 5. — Ver., q. 13, a. 3 et 4).

(307) Nihil prohibet aliquid secundum se esse excellentius, quod tamen secundum quid ab alio superatur. Dicendum est ergo quod vita contemplativa simpliciter melior est quam activa.... Secundum quid tamen, et in casu, est magis eligenda vita activa propter necessitatem præsentis vitæ (Th., 2, 2, q. 182, a. 1. — S. 3, dist. 35, q. 1, a. 3 et 4).

même, la première est la plus noble. Elle est aussi la plus méritoire par elle-même, car elle repose sur l'amour de Dieu, et l'autre sur l'amour du prochain. Ce n'est pas à dire que la vie active ne soit d'aucune utilité pour la vie contemplative. On peut considérer la vie active sous deux faces : en tant qu'elle exerce notre activité à l'extérieur, et en tant qu'elle modère nos passions. Sous le premier rapport, elle est certainement un obstacle à la contemplation; sous le dernier, au contraire, elle sert à nous y préparer; aussi de fait, *in ordine generationis*, elle est d'abord requise pour que la vie contemplative puisse commencer.

308. La mystique; son rôle dans la vie chrétienne. — Nous touchons à l'élément mystique. En effet, il était impossible que S. Thomas, dans sa vaste synthèse, laissât de côté le mysticisme. La mystique tient de trop près à la perfection du développement de la vie chrétienne, pour qu'on puisse la négliger dans une étude scientifique de la morale surnaturelle. C'est pourquoi S. Thomas donne une si grande importance à la vie contemplative comparée à la vie active. Tout d'abord il ne fait entrer que la connaissance scientifique dans sa théorie de la contemplation, mais il ne s'en tient pas là; il fait atteindre à l'intelligence les sommets de l'intuition immédiate dans l'extase. Ce ravissement intellectuel est quelque chose de purement surnaturel. S. Thomas n'hésite pas à le dire, et par là il ferme la porte aux dangereuses exaltations d'un faux mysticisme, et sauvegarde les droits de la science. La connaissance raisonnée reste la voie ordinaire pour arriver à la vérité divine; l'extase est un fait extraordinaire, une exception dont il n'y a pas à tenir compte dans le développement ordinaire de la connaissance.

309. Supériorité de la Morale de S. Thomas. — Nous ne suivrons pas plus loin l'étude détaillée que S. Thomas consacre à la vie morale. Notre but était d'exposer les idées et les thèses fondamentales de la Morale du Docteur angélique; pour présenter dans tous ses détails une science si vaste, il faudrait un ouvrage spécial. Ce que nous avons dit suffira pour faire voir combien cette Morale est solidement établie. S. Thomas s'y élève à la même hauteur que dans les autres parties de son œuvre. Tout système spéculatif se fait juger en dernière analyse par ses conséquences morales. Une théorie aboutissant en pratique à des enseignements qui détruisent ou compromettent la vraie vie morale, ou qui sont incapables de la soutenir et de la perfectionner, porte en elle-même sa condamnation. Au contraire, un système d'où l'on tire des enseignements aussi élevés et à la fois aussi utiles que ceux que nous venons d'exposer avec S. Thomas, se présente aux regards de l'intelligence dans tout l'éclat de la parfaite vérité. De fait, quelle différence entre la Morale des péripatéticiens arabes ou juifs, et celle du Docteur angélique! Les Arabes ne purent arriver à s'élever au-dessus du point de vue d'Aristote; comme lui ils renfermaient toute la destinée de la vie morale dans les limites de la vie présente. C'est là que l'homme devait trouver son suprême bonheur dans la spéculation scientifique, qui

---

(309) Cf. Plassmann. Die Schule des heil. Thomas, vol. 4, consacré entièrement à la Morale de S. Thomas (Soest., 1857). — Friedhoff, Allgemeine und spezielle Moraltheologie (2 in 8°, Ratisb., 1865), Prisco, Metafisica della morale (Naples, 1865).

le faisait arriver à la connaissance immédiate des esprits. Tel était le but de la vie morale, elle n'attendait rien au-delà du tombeau. D'après S. Thomas, au contraire, la fin dernière de l'homme est dans l'autre vie, le terme de toute vie morale n'est autre que la vue immédiate de Dieu dans l'éternité. Dès lors le tombeau n'est plus le fatal dénouement de la lutte morale ; au contraire, il nous découvre enfin ce but vers lequel ont dû tendre tous les efforts de notre vie. Dès lors la vertu a sa vraie signification : elle nous apparaît désirable par elle-même, parce qu'elle nous ouvre le chemin qui mène à la brillante région du bonheur éternel. Toutefois la vertu morale naturelle n'est pas sans utilité pour cette vie. Par les efforts que nous faisons pour pratiquer cette vertu, nous arrivons déjà ici-bas à un certain degré de bonheur, et il est très légitime d'y tendre. La science, la vie contemplative, est ce qu'il y a de plus noble en ce monde. Mais ce but n'est pas quelque chose d'absolu, comme le veulent les philosophes arabes ; il y a par delà quelque chose de plus élevé, la vue de Dieu dans l'éternité ; et c'est à ce but final que doit se rapporter le bonheur que nous cherchons sur la terre. C'est pourquoi les vertus naturelles, ou *acquises*, ne sont pas la fin de la vie morale ; il y a quelque chose de plus, ce sont les vertus surnaturelles, ou *infuses*, qui découlent de la grâce sanctifiante, et rattachent l'homme à sa destinée éternelle, en imprimant à toutes ses œuvres le cachet du surnaturel. Ainsi l'homme marche ici-bas à la clarté d'une lumière divine, et grâce à elle, il arrive à cette sublime perfection que nous admirons dans les Saints, et en particulier dans S. Thomas. L'auréole du surnaturel entoure toute la vie intérieure et extérieure de l'homme, et l'élève à un idéal inconnu à la nature. En introduisant ces idées dans sa Morale, S. Thomas a pu définir exactement le mal, et éviter de dangereuses erreurs. Il n'a pas eu besoin de recourir, comme Maimonide, à une lutte entre la *matière* et la *forme*, pour expliquer l'origine du mal à peu près comme les manichéens. Pour lui, le mal moral ne pouvait être autre chose que la révolte de la volonté contre la loi divine. De même que la vertu est pour l'homme le comble de la perfection, le vice est le comble de la dégradation. C'est ainsi que la spéculation chrétienne triomphe avec S. Thomas dans le domaine de la morale, et nous prouve que l'esprit chrétien du moyen âge a été assez puissant pour confondre, à l'aide de la foi, dans toutes les régions de la science, les égarements d'une philosophie orgueilleuse et ennemie de nos dogmes. — Nous avons suivi l'enseignement de S. Thomas jusqu'au point où commence le surnaturel. Mais dans l'état actuel, tout surnaturel est fondé sur la rédemption opérée par le Christ. Cela nous amène à la Christologie de S. Thomas; nous en exposerons l'essentiel, autant que cela rentre dans notre plan.

CHAPITRE VIII

LA RÉDEMPTION

310. L'état de justice originelle. — La justice originelle du premier homme consistait en ce que la raison était soumise à Dieu, les puissances inférieures à la raison, le corps à l'âme. L'âme étant parfaitement ordonnée à Dieu, il en résultait que tout, dans la nature humaine, était dans l'ordre, que les facultés supérieures étaient obéies par les inférieures. Ainsi, dans le premier homme, la nature était intègre, *integra*, aucun désaccord n'en troublait l'harmonie, la justice originelle était en même temps l'intégrité de la nature. Dans cet état d'intégrité, l'homme était capable d'observer, par les seules forces de sa

---

(310) Sic natura humana fuit instituta in sui primordio, quod inferiores vires perfecte rationi subjicerentur, ratio Deo, et animæ corpus (C. g., l. 4, c. 52). — In statu naturæ integræ, quantum ad sufficientiam operativæ virtutis, poterat homo per sua naturalia velle et operari bonum suæ naturæ proportionatum (Th., 1, 2, q. 109, a. 2). — Ex perfectione gratiæ hoc habebat homo in statu innocentiæ, ut Deum cognosceret per inspirationem internam ex irradiatione divinæ sapientiæ, per quem modum Deum cognoscebat non ex visibilibus creaturis, sed ex quadam spirituali similitudine suæ menti impressa (Ver., q. 18, a. 2. — Th., 1, q. 94, a. 1. — S. 2, dist. 24, q. 1, a. 4. — Quodl., 1, a. 8).

nature, les commandements de Dieu dans ce qu'ils ont d'essentiel, et d'éviter tous les péchés, d'aimer Dieu par-dessus toutes choses comme son créateur, et comme but suprême de sa félicité naturelle. Il lui fallait pour cela le concours de Dieu, mais non une grâce ou une *habitude* surnaturelle. A cet état de justice et d'intégrité se joignaient d'autres avantages qui en découlaient, et qui concernaient l'âme et le corps. D'autre part, l'homme possédait une connaissance bien plus parfaite qu'aujourd'hui. Il ne jouissait pas de l'intuition de Dieu, car alors il n'aurait pas pu pécher, mais il connaissait Dieu d'une manière plus parfaite et plus immédiate que la connaissance démonstrative. D'autre part, le corps n'était sujet ni à la mort ni aux infirmités.

311. La justice originelle n'était pas due à la nature. — Toutefois la justice originelle du premier homme, avec les privilèges qui s'y rattachaient, n'était pas quelque chose de naturel, mais bien un don surnaturel, un effet de la grâce divine. La subordination des puissances inférieures à la raison et du corps à l'âme n'est pas essentielle à la nature de l'homme, sans quoi elle serait restée après le péché. C'était l'effet de la soumission de la raison à Dieu; donc

---

(311) Erat hæc rectitudo [naturæ in statu innocentiæ] secundum hoc quod ratio subdebatur Deo, rationi vero inferiores vires, et animæ corpus. Prima autem subjectio erat causa et secundæ et tertiæ. Quamdiu enim ratio manebat Deo subjecta, inferiora ei subdebantur. Manifestum est autem quod illa subjectio corporis ad animam et inferiorum virium ad rationem non erat naturalis; alioquin post peccatum mansisset... Unde manifestum est quod et illa prima subjectio, qua ratio Deo subdebatur, non erat solum secundum naturam, sed secundum supernaturale donum gratiæ : non enim potest esse quod effectus sit potior quam causa (Th., 1, q. 95, a. 1 ; 1, 2. q. 85, a. 6. — S. 2, dist. 29, q. 1, a. 2). — Homo

celle-ci n'était pas non plus purement naturelle, car alors l'effet aurait été d'une nature plus élevée que la cause. La soumission de la raison à Dieu avait donc un caractère surnaturel. Par conséquent, tous les privilèges de l'état de justice originelle provenaient de la grâce divine. Ainsi le premier homme fut créé dans un état de grâce surnaturelle qui le rendait agréable à Dieu. Par là il était à même d'agir méritoirement et d'acquérir la félicité surnaturelle. Il reçut avec cette grâce toutes les vertus *infuses* par lesquelles ses facultés devaient être ordonnées à la fin surnaturelle : les habitudes de foi, d'espérance et de charité, et toutes les vertus morales. Il était donc orné de tous les dons de la vie surnaturelle.

312. Corruption de la nature par le péché originel. — Ceci posé, il est facile de comprendre en quoi consiste essentiellement le péché originel. Le premier homme perdit par le péché la grâce surnaturelle et la justice originelle. La raison cessa d'être dans le rapport de légitime subordination à Dieu. Par suite de cela, l'ordre qui régnait dans la nature humaine fut troublé : la raison perdit son empire sur les puissances inférieures, l'âme son empire sur le corps; la rébellion succéda à l'obéissance. La nature perdit son

---

in statu innocentiæ aliqualiter omnes habuit virtutes. Dictum est enim supra quod talis erat rectitudo primi status, quod ratio erat Deo subjecta, inferiores autem vires rationi. Virtutes autem nihil aliud sunt quam perfectiones quædam, quibus ratio ordinatur in Deum, et inferiores vires disponuntur secundum regulam rationis. Unde rectitudo primi status exigebat ut homo aliqualiter haberet omnes virtutes (Th., 1, q. 95, a. 3).

(312) Per justitiam originalem perfecte ratio continebat inferiores animæ vires, et ipsa ratio a Deo perficiebatur ei subjecta. Hæc autem originalis justitia subtracta est per peccatum... Et ideo omnes vires animæ remanent quodammodo destitutæ proprio or-

intégrité, elle fut corrompue ; à l'état d'intégrité succéda celui de corruption, *status naturæ corruptæ*. Les autres privilèges cessèrent, dès lors que leur racine était coupée. La tache et la punition du péché du premier homme passèrent à ses descendants ; de là le péché originel.

313. Matériel et formel dans le péché originel. — Il y a d'après cela deux choses à distinguer dans le péché originel : le matériel et le formel. Le formel consiste dans la privation de la justice originelle produite par la grâce ; le matériel dans le désordre causé par la révolte des puissances inférieures contre la raison. C'est ce qu'on appelle la concupiscence. La concupiscence est naturelle à l'homme en tant qu'elle reste soumise à la raison, mais en tant qu'elle se révolte contre la raison et méconnaît ses lois, elle répugne à l'état de nature intègre, et forme l'élément matériel du péché originel. Ce péché n'est donc pas simplement une privation, c'est une habitude viciée, *habitus corruptus*, c'est-à-dire qu'il implique non seulement la privation de la justice originelle, mais un désordre dans l'organisme de la nature humaine. Ce désordre toutefois, qui n'est qu'élément matériel, n'est plus un péché quand le formel a disparu, c'est-

---

dine quo naturaliter ordinantur in virtutem, et ipa destitutio *vulneratio naturæ* dicitur (Th., 1, 2, q. 85, a. 3. — Mal., q. 4, a. 2).

(313) Ex aversione voluntatis a Deo [per peccatum causata] consecuta est inordinatio in omnibus aliis animæ viribus. Sic ergo privatio originalis justitiæ, per quam voluntas subdebatur Deo, est formale in originali peccato, omnis autem alia inordinatio virium animæ se habet in peccato originali sicut quiddam materiale. Inordinatio autem aliarum virium animæ præcipue attenditur in hoc quod inordinate convertuntur ad bonum commutabile ; quæ quidem inordinatio communi nomine potest dici concupiscentia. Et ita peccatum originale materialiter quidem est concupiscentia,

à-dire quand la justice surnaturelle a été recouvrée par le baptême. L'élément formel constitue le *reatus* propre du péché originel, c'est-à-dire que la privation de la justice originelle revêt dans chaque individu le caractère de culpabilité, en tant qu'elle dérive du péché du premier homme. Le péché originel est donc un vice de nature, dérivé du péché personnel du premier homme.

314. Propagation du péché originel. — La propagation du péché originel se fait par l'acte de la génération, en tant que celui-ci se rattache à la concupiscence, élément matériel du péché originel. C'est pourquoi il est propagé même par les parents qui ont reçu le baptême; l'embryon, en recevant la nature humaine, reçoit le péché. Le sujet dans lequel est reçu le péché n'est pas le corps, mais l'âme, c'est-à-dire l'essence de l'âme, d'où il passe dans les facultés.

315. Le péché originel n'a pas détruit la liberté. — Le terme de corruption ne signifie pas que la nature soit totalement viciée par le péché originel; elle n'est pas dépouillée de tous ses biens naturels. Cette corruption est plutôt une blessure; le désordre a

---

formaliter vero est defectus originalis justitiæ (Th., 1, 2, q. 82, a. 3). — Sicut ægritudo corporalis habet aliquid de privatione, in quantum tollitur æqualitas sanitatis, et aliquid habet positive, scilicet ipsos humores inordinate dispositos, ita etiam peccatum originale habet privationem originalis justitiæ, et cum hoc inordinatam dispositionem partium animæ. Unde non est privatio pura, sed est quidam habitus corruptus (Ibid., a. 1, ad 1).

(314) Etsi anima non traducatur, quia virtus seminis non potest causare animam rationalem, movet tamen ad eam dispositive; unde per virtutem seminis traducitur humana natura a parente in prolem, et simul cum natura, naturæ infectio (Th., 1, 2, q. 81, a. 1, ad 2. — Mal., q. 4, a. 3. — Quodl. 12, a. 32).

(315) Quia natura humana per peccatum non est totaliter cor-

remplacé la subordination, mais ce qu'il y a d'essentiel dans la constitution de la nature humaine a demeuré. L'homme peut encore par ses propres forces faire quelque bien et éviter quelque mal, toutes ses actions ne sont pas des péchés. Mais assurément ses forces naturelles ne vont pas aussi loin que dans l'état de nature intègre. Elles ne suffisent plus pour accomplir toute la loi divine, pour éviter tous les péchés, pour aimer Dieu par dessus toutes choses. L'homme peut bien pendant quelque temps éviter le péché, mais abandonné à lui-même il ne restera pas longtemps sans y tomber. Et comme il lui est toujours possible d'éviter tel ou tel péché en particulier, l'homme reste responsable du mal qu'il fait.

316. L'humanité dans le Christ. — L'Homme-Dieu, Jésus-Christ, a racheté l'homme perdu par le péché. En Jésus-Christ, la nature humaine s'est élevée à la plus haute perfection, à la plus grande dignité qu'elle pût atteindre. Le fondement de cette perfection est l'union hypostatique. Puisqu'en Jésus-Christ la nature humaine subsistait dans une personne divine, elle devait nécessairement être aussi parfaite que possible sous le rapport de l'intelligence et de la vo-

---

rupta, ut scilicet toto naturæ bono privetur, potest quidem etiam in statu naturæ corruptæ per virtutem suæ naturæ aliquod bonum particulare agere, sicut ædificare domos, plantare vineam, et alia hujusmodi (Th., 1, 2, q. 109, a. 2. — S., 2, dist. 28, q. 1, a. 1, 2, 3). — Licet ille qui est in peccato non habeat in potestate quod omnino vitet peccatum, habet tamen potestatem nunc vitare hoc vel illud peccatum (C. g., l. 3, c. 160).

(316) Decebat ut natura humana assumpta a Verbo Dei imperfecta non esset.... Et ideo oportet in Christo ponere scientiam inditam, in quantum per Verbum Dei, animæ Christi sibi personaliter unitæ, impressæ sunt species intelligibiles ad omnia ad quæ intellectus possibilis est in potentia (Th., 3, q. 9, a. 3).

lonté. L'âme de Jésus-Christ jouissait donc, dès le premier instant de son existence, de la vision béatifique de Dieu, voyait en lui toute la création, participait ainsi à l'omniscience divine. A cela se joignait dans le Christ une science infuse et une science acquise. En ce qui concerne la volonté, la nature humaine du Christ possédait la plénitude de la grâce divine, d'où découlaient dans la volonté elle-même et dans les puissances inférieures toutes les vertus surnaturelles. Jésus-Christ comme homme était exempt du péché originel, et incapable de tout péché actuel, il était impeccable. Enfin la nature humaine du Christ participait à la toute-puissance divine, aussi bien qu'à sa sainteté et à son omniscience, en tant qu'elle servait d'instrument au Verbe divin pour opérer les miracles nécessaires au but de l'incarnation. La nature humaine du Christ jouissait de tous ces privilèges sans sortir des bornes d'une nature créée; elle n'était pas sainte, omnisciente, toute-puissante par essence, comme Dieu, mais participait au plus haut degré possible à ces attributs divins.

317. Les imperfections de la nature dans le Christ. — Toutefois l'humanité de Jésus-Christ n'était point encore ici-bas dans l'état glorieux, cela même était impossible, car alors l'œuvre de la satisfaction n'aurait pu s'accomplir. Afin de pouvoir remplir cette tâche,

---

(317) Illos defectus Christus assumere debuit qui consequuntur ex peccato communi totius naturæ, nec tamen repugnant perfectioni scientiæ et gratiæ. Sic igitur non fuit conveniens ut omnes defectus seu infirmitates humanas assumeret (Th., 3. q. 14, a. 3). — Secundum necessitatem [naturalem], corpus Christi subjectum fuit necessitati mortis et aliorum hujusmodi defectuum. Si autem loquamur de necessitate coactionis, secundum quidem quod repugnat naturæ corporali, sic iterum corpus Christi secundum propriæ

le Christ prit aussi les défauts de la nature humaine dans ce qu'ils n'avaient pas de contraire à l'union hypostatique et à ses privilèges. Ces défauts se rapportaient en partie à l'âme et en partie au corps. A l'âme se rattachaient les passions, comme la tristesse, la crainte, l'admiration, la colère; au corps, les souffrances et la mort. Mais ces défauts de la nature humaine étaient en Jésus-Christ d'une tout autre manière qu'en nous; ils y étaient sous l'empire de la raison et de la volonté libre. Les passions obéissaient parfaitement aux commandements de la raison, elles ne se révoltaient jamais. Quant aux souffrances et à la mort, celles-ci n'auraient jamais atteint le corps du Christ, s'il ne l'eût pas voulu. Sans doute la souffrance et la mort devaient nécessairement se produire dans le corps de Jésus-Christ comme dans le nôtre si les causes et les conditions de ces accidents étaient posées. Mais dans le Christ, cette nécessité était librement voulue et de sa volonté divine, et de sa volonté humaine. Si le Christ n'avait pas voulu souffrir, il n'aurait rien souffert, il ne serait pas mort, quand même toutes les conditions de souffrances et de mort auraient été posées. C'est sur cette liberté absolue de l'œuvre du Christ qu'on insiste quand on veut faire ressortir son rôle de médiateur pour les péchés des hommes.

naturæ conditionem necessitati subjacuit et clavi perforantis, et flagelli percutientis. Secundum vero quod necessitas talis repugnat voluntati, manifestum est quod in Christo non fuit necessitas horum defectuum, neque per respectum ad divinam voluntatem, neque per respectum ad voluntatem humanam Christi absolute, prout sequitur rationem deliberantem; sed solum secundum naturalem motum voluntatis, prout scilicet naturaliter refugit mortem et etiam corporis nocumenta (Th., 3, q. 14, a. 2).

318. La passion et la mort du Christ. — Jésus-Christ médiateur entre Dieu et les hommes doit restaurer ce qui a été détruit par le péché. Il est le chef de l'humanité, et comme tel il a satisfait pour tous les péchés et mérité à tous les hommes la grâce du pardon. C'est par sa passion et sa mort qu'il a accompli cette œuvre. On peut envisager la passion du Christ par rapport à sa divinité, à sa volonté humaine, et à son corps. Sous le premier rapport, elle a eu l'efficacité de produire le salut des hommes comme cause efficiente, parce que c'était une personne divine qui opérait la rédemption dans la nature humaine et par elle; sous le second rapport, la passion et la mort du Christ, en tant que voulues par sa volonté humaine, ont été la cause méritoire du salut; sous le dernier rapport enfin, la passion du Christ dans sa chair mortelle a été d'abord efficace comme satisfaction pour expier la peine encourue par le péché, comme rédemption pour effacer la faute, et comme sacrifice pour nous réconcilier avec Dieu. Tous ces effets de la passion et de la mort de Jésus-Christ nous sont appliqués par la grâce, qui découle de Dieu sur nous par la nature humaine du Christ, comme par un canal.

(318) Passio Christi secundum quod comparatur ad divinitatem ejus, agit per modum efficientiæ; in quantum vero comparatur ad voluntatem animæ Christi, agit per modum meriti; secundum vero quod consideratur in ipsa carne Christi, agit per modum satisfactionis, in quantum per eam liberamur a reatu pœnæ; per modum vero redemptionis in quantum per eam liberamur a servitute culpæ; per modum autem sacrificii, in quantum per eam reconciliamur Deo (Th., 3, q. 48, a. 6, ad 3. — S., 3, dist. 18 et 19). — In Christo non solum fuit gratia sicut in quodam homine singulari, sed sicut in capite totius Ecclesiæ.... Et exinde est quod meritum Christi se extendit ad alios in quantum sunt membra ejus (Th., 3, q. 19, a. 4).

319. La grâce du Christ. — S. Thomas distingue trois sortes de grâces : la grâce *motrice*, la grâce *habituelle*, et la grâce *gratis data*. La grâce *habituelle* est celle par laquelle la nature humaine guérie de sa corruption est élevée à l'état surnaturel, pour pouvoir produire des œuvres méritoires qui dépassent les forces de la nature. La grâce *motrice*, au contraire, est celle qui pousse l'homme à faire une bonne œuvre, et l'aide à la faire. Il faut que cette grâce *motrice* se joigne à la grâce *habituelle*, car d'une part aucune créature ne peut agir sans le concours de Dieu, d'autre part la grâce sanctifiante en guérissant les blessures de l'âme n'a pas enlevé la concupiscence, et l'homme a besoin de l'aide de Dieu pour surmonter les obstacles que met la concupiscence à la pratique du bien. Enfin la grâce *gratis data* est donnée de temps en temps à un homme au profit des autres, par exemple pour ramener les pécheurs à Dieu par les merveilles qu'elle fait opérer. Par opposition à cette grâce *gratis data*, la grâce *habituelle* et la grâce *motrice* reçoivent le nom de *gratum faciens*, parce qu'elles ont pour but de rendre agréable à Dieu celui à qui elles sont données, ce qui n'est pas le cas de la grâce *gratis data*.

(319) Gratia dicitur dupliciter : quandoque quidem ipsum *habituale donum* Dei; quandoque autem *auxilium* Dei moventis animam ad bonum (Th., 1, 2, q. 112, a. 2). — Homo ad recte vivendum dupliciter auxilio Dei indiget : uno quidem modo quantum ad aliquod habituale donum, per quod natura humana corrupta sanetur, et etiam sanata elevetur ad operanda opera meritoria vitæ æternæ, quæ excedunt proportionem naturæ : alio modo indiget homo auxilio gratiæ, ut a Deo moveatur ad agendum... propter hoc quod nulla res creata potest in quemcumque actum prodire, nisi virtute motionis divinæ (Ibid., q. 109, a. 9). — Duplex est gratia, una quidem per quam ipse homo Deo conjungitur, quæ vocatur *gratia gra-*

320. Mode d'action de la grâce. Les sacrements. — La grâce qui nous rend agréables à Dieu (*gratum faciens*) opère dans l'homme et coopère à ses actes, aussi bien la grâce *motrice* que la grâce *habituelle*. La grâce *motrice* est dite opérante en tant qu'elle a l'initiative de l'acte surnaturellement bon, et coopérante en tant qu'elle aide la volonté. De son côté, la grâce *habituelle* est dite opérante en tant qu'elle justifie et sanctifie l'âme, et coopérante en tant que principe de l'acte méritoire, qui, comme acte, est le fait de la volonté. L'homme peut se préparer à la grâce *habituelle* par le moyen de la grâce *motrice*, et cette préparation aboutit infailliblement à la réception de la grâce *habituelle*, vu l'ordre établi par Dieu. Il n'en est pas de même de la grâce *motrice*. Aucune préparation ni disposition à la recevoir n'est possible de la part de l'homme, puisque cette grâce est elle-même la condition première de toute préparation ou disposition à un acte surnaturel. L'infusion de la grâce *habituelle* se fait par les sacrements, qui

---

gratum faciens, alia vero per quam unus homo cooperatur alteri ad hoc quod ad Deum reducatur; hujusmodi autem donum vocatur *gratia gratis data*.... Gratia *gratum faciens* ordinat hominem immediate ad conjunctionem ultimi finis; gratiæ autem *gratis datæ* ordinant hominem ad quædam præparatoria finis ultimi.... Et ideo gratia *gratum faciens* est multo excellentior quam gratia gratis data (Th., 1, 2, q. 111, a. 1 et 5).

(320) Si accipiatur gratia pro habituali dono, sic est duplex gratiæ effectus, sicut et cujuslibet alterius formæ; quorum primus est esse, secundus est operatio.... Sic igitur habitualis gratia, in quantum animam sanat vel justificat, sive gratam Deo facit, dicitur gratia operans; in quantum vero est principium operis meritorii; quod ex libero arbitrio procedit, dicitur cooperans (Th., 1, 2, q. 111, a. 2. — S. 2, dist. 26, q. 1, a. 5). — Secundum quod gratia accipitur ut habituale donum Dei, præexigitur ad eam aliqua gratiæ præparatio, quia nulla forma potest esse, nisi in materia disposita..... Si loqua-

sont les sources d'où nous arrive la grâce divine. Si l'humanité du Christ joue le rôle d'instrument uni à la divinité, les sacrements ont celui d'instruments séparés par lesquels nous est communiquée la grâce. Ce ne sont donc pas seulement des signes de la grâce, mais des causes instrumentales qui la produisent. C'est à l'homme à ne mettre aucun obstacle à la grâce produite par les sacrements.

321. La justification opérée par la grâce. — L'effet opéré par la grâce dans l'homme est la justification, qui est impossible sans elle. Le pardon de la faute n'est pas possible sans l'infusion de la grâce *habituelle ;* car le pardon est l'œuvre de l'amour miséricordieux du Seigneur, cet amour en se portant sur nous y produit son effet, et cet effet est la grâce *habituelle*. Or la justification renferme essentiellement le pardon du péché, par conséquent elle suppose l'infusion de la grâce *habituelle*. Mais cette infusion de la grâce n'est qu'un des éléments de la justification. Car Dieu doit justifier l'homme confor-

mur de gratia, secundum quod significat auxilium Dei moventis ad bonum, sic nulla præparatio requiritur ex parte hominis, quasi præveniens divinum auxilium; sed potius quæcumque præparatio in homine esse potest, est ex auxilio Dei moventis animam ad bonum. Et secundum hoc ipse bonus motus liberi arbitrii, quo quis præparatur ad donum gratiæ suscipiendum, est actus liberi arbitrii moti a Deo (Th., 1, 2, q. 112, a. 2. — S., 2, dist. 28, q. 1, a. 4. — Quodl., 1, a. 7).

(321) Deus hominem ad justitiam movet secundum conditionem naturæ humanæ. Homo autem, secundum propriam naturam, habet ut sit liberi arbitrii. Et ideo in eo qui habet usum liberi arbitrii, non fit motio a Deo ad justitiam absque motu liberi arbitrii, sed ita infundit donum gratiæ justificantis, quod etiam simul cum hoc movet liberum arbitrium ad donum gratiæ acceptandum in his qui sunt hujus motionis capaces (Th., 1, 2, q. 113, a. 3. — Ver., q. 28, a. 4. — C. g., l. 4, c. 57).

mément à ce qu'exige la liberté de la créature. La volonté libre doit donc être préparée à recevoir librement la grâce. Cette réception de la grâce suppose deux dispositions préalables : conversion de la volonté à Dieu par la foi et le désir, aversion du péché par le repentir et la pénitence. Il y a donc dans la justification quatre éléments essentiels, à savoir : l'infusion de la grâce *habituelle*, le retour de la volonté libre à Dieu par la foi et le désir, l'éloignement du péché par la pénitence, et enfin le pardon du péché qui achève la justification. Tout cela se fait en un seul et même instant. Le point capital est l'infusion de la grâce *habituelle*, condition préalable de tout le reste. L'homme recouvre ainsi la justice qu'il avait perdue par le péché. Son esprit rentre dans l'ordre par la soumission à Dieu, et ses puissances inférieures par la subordination à l'âme, en ce sens que l'homme reçoit la grâce de maintenir ses passions sous l'empire de la raison.

322. Prédestination et réprobation. — De toute éternité Dieu a élu ceux qu'il veut conduire au salut par sa grâce, et il leur donne la grâce par laquelle ils peuvent arriver à ce but et y arrivent réellement. C'est la prédestination. Elle ne nuit pas plus à la liberté que la grâce. Outre que l'homme ne peut ja-

(322) Quia ostensum est quod divina operatione aliqui diriguntur in ultimum finem per gratiam adjuti, aliqui vero eodem auxilio gratiæ deserti ab ultimo fine decidunt, omnia autem quæ a Deo aguntur, ab æterno per ejus sapientiam provisa et ordinata sunt, necesse est prædictam hominum distinctionem ab æterno a Deo esse ordinatam. Secundum ergo quod quosdam ab æterno præordinavit ut dirigendos in ultimum finem, dicitur eos prædestinasse.... Illos autem quibus ab æterno disposuit se gratiam non daturum dicitur reprobasse vel odio habuisse (C. g., l. 3, c. 163). — Et cum hoc sit in potestate liberi arbitrii, impedire divinæ gratiæ recep-

mais savoir s'il est élu ou non, la grâce, conséquence de la prédestination, ne peut être efficace dans l'homme sans le concours de la volonté libre ; celle-ci a toujours sa part à l'œuvre du salut. Il n'en est pas de la réprobation comme de la prédestination, elle est simplement permise. Dieu prévoit que certains hommes abuseront de leur liberté pour faire le mal ; il les laisse faire, et les réprouve en conséquence de la prévision de leurs fautes. Dieu n'est donc pas responsable de la damnation d'un homme ; celui-ci ne doit l'attribuer qu'à lui-même, car c'est lui-même qui, par sa mauvaise volonté, rejette la grâce de Dieu et la rend inutile. Le développement de la vie chrétienne a donc pour fondement la rédemption opérée par le Christ et la grâce qui en découle. Quant au terme final où doit aboutir le le genre humain, c'est la résurrection générale.

323. La résurrection des corps ; ses causes. — La résurrection de la chair est, d'après S. Thomas, une vérité de l'ordre surnaturel, c'est une œuvre miraculeuse ; toutefois on peut d'après lui en fournir des preuves de raison. Toutes les difficultés qu'on rencontre se résolvent par l'idée de la toute-puissance divine, qui n'a pas plus de peine à ressusciter les corps qu' les créer. Les principales preuves de

tionem, vel non impedire, non immerito in culpam imputatur ei qui impedimentum præstat gratiæ receptioni ; Deus enim quantum in se est, paratus est omnibus gratiam dare.... Sed illi soli gratia privantur qui in seipsis gratiæ impedimentum præstant (Ibid, c. 159). — Cf. Th., 1, q. 23. — S. 1, dist. 40. — Ver., q. 6. — L'ouvrage le plus remarquable et le plus étendu sur cette question capitale de la doctrine de S. Thomas est celui du P. Ruiz de Montoya, *De prædestinatione ac reprobatione hominum ac angelorum* (1 vol. in-folio, Lyon 1629).

(323) Naturale desiderium hominis ad felicitatem tendit. Felicitas

S. Thomas sont les suivantes. — Comme l'âme est par essence la *forme* du corps humain, il est contraire à sa nature de vivre séparée de ce corps, or rien de contraire à la nature ne peut être éternel; puisque l'âme est immortelle, elle doit donc être un jour réunie au corps : c'est la résurrection. — De plus, l'homme est naturellement porté à rechercher la plus parfaite félicité, qui est en même temps, comme nous l'avons vu, la plus grande perfection. Par conséquent le bonheur de l'homme n'est pas complet, son désir n'est pas satisfait, tant qu'il manque quelque chose à la perfection de sa nature. Mais l'âme séparée du corps est dans un état d'imperfection relative, comme la partie d'un tout est imparfaite tant qu'elle reste en dehors de ce tout. L'homme n'arriverait donc jamais à la suprême félicité, si l'âme ne devait pas être réunie au corps. — En outre, une récompense et un châtiment sont dus à celui qui a bien ou mal vécu. Le sujet moral qui vit ici bas n'est pas l'âme seule, mais l'âme unie au corps. Il faut donc que tous deux reçoivent, unis l'un à l'autre dans la vie future, le châtiment ou la récompense, ce qui n'est possible que dans l'hypothèse de la résurrection. Il va de soi que la condition des corps ressuscités sera bien différente pour les justes et pour les pé-

---

autem ultima est felicis perfectio. Cuicumque igitur aliquid deest ad perfectionem, nondum habet felicitatem perfectam, quia nondum ejus desiderium totaliter quietatur; omne enim imperfectum perfectionem consequi naturaliter cupit. Anima autem a corpore separata est aliquo modo imperfecta, sicut omnis pars extra suum totum existens; anima enim naturaliter est pars humanæ naturæ. Non igitur homo potest ultimam felicitatem consequi, nisi anima iterato corpori jungatur, præsertim cum ostensum sit quod homo in hac vita non potest ad felicitatem ultimam pervenire (C. g., l. 4, c. 79. — S. 4, dist. 43, q. 1).

cheurs : ceux-là brilleront dans la gloire d'une chair transfigurée, ceux-ci resteront dans l'horreur de la réprobation.

324. Rénovation universelle du monde. — Mais le monde n'existe qu'en vue de l'homme, car toutes les *formes* de la nature ne sont que des degrés aboutissant à la *forme* qui peut se réfléchir sur elle-même et prendre conscience d'elle-même, c'est-à-dire à l'âme humaine. Le monde sert à l'homme de deux manières : pour l'entretien de sa vie, et pour l'acquisition de la connaissance de Dieu ; c'est à cela qu'il est destiné. Dès lors le monde doit aussi prendre part à la résurrection de l'humanité. La génération et la corruption, aussi bien que le mouvement des corps célestes qui les produisent devront donc cesser ; tous les corps corruptibles, animaux, végétaux, minéraux périront, seuls les corps incorruptibles seront conservés et transfigurés avec l'homme.

325. Conclusion. — Ces quelques points de la doctrine de S. Thomas sur la rédemption suffisent pour montrer de quelle manière il procède sur ce terrain. Il serait ici hors de propos de suivre ses théories, plus riches, s'il se peut, en développements magnifiques, que les parties purement philosophiques de son enseignement. Tout l'édifice de la science spéculative, d'après S. Thomas, ne peut recevoir son cou-

---

(324) Peracto finali judicio, natura humana totaliter in suo termino constituetur. Quia vero omnia corporalia facta sunt quodammodo propter hominem, tunc etiam totius creaturæ corporeæ conveniens est ut status immutetur, ut congruat statui hominum qui tunc erunt.... Quia autem homines [tunc] non solum a corruptione liberabuntur, sed etiam gloria induentur, oportebit quod etiam creatura corporalis quamdam claritatis gloriam suo modo consequatur (C. g., l. 4, c. 97. — S. 4, dist. 48, q. 2).

ronnement que de la théologie. Partant de cette idée, il se plonge avec toute la pénétration et la profondeur de son génie dans l'étude de la vérité révélée, il l'envisage sous toutes ses faces, et l'éclaire de toutes parts de la lumière de la foi. Il s'est acquitté de cette tâche d'une telle manière que nous devons dire que c'est là surtout qu'il a moissonné ses plus beaux lauriers. C'est avec le ravissement de l'enthousiasme qu'il explore la sphère de la vérité révélée; et le vif intérêt qu'il y trouve ne lui laisse rien oublier de ce qui a quelque importance pour la science chrétienne et la vie surnaturelle. Aussi celui qui se voue à l'étude de la doctrine de S. Thomas se sent bientôt comme fasciné et enchaîné par une force mystérieuse. La source vive de lumière qui y jaillit, le trésor de science qui s'y trouve accumulé, font vaincre sans peine les difficultés inhérentes à une pareille étude. Il serait du plus haut intérêt de faire un exposé complet de la théologie de S. Thomas, de découvrir les trésors qui y sont cachés, et de les faire entrer dans le domaine public plus complètement qu'on ne l'a fait jusqu'ici. Les grandes ressources de notre siècle nous permettent d'espérer que ce vœu ne tardera pas d'être rempli. — Terminons notre étude en jetant un regard rapide sur la Politique de S. Thomas.

CHAPITRE IX

LA POLITIQUE

---

326. **L'homme est fait pour vivre en société.** —
S. Thomas enseigne d'une manière générale que
partout où il y a subordination d'êtres par rapport à
une fin, il faut reconnaître un principe qui les dirige
et les conduit à cette fin. Cela doit s'appliquer à
l'homme. La première chose qui dirige l'homme au
but de son existence, c'est la lumière de sa raison ;
et comme celle-ci n'est qu'une communication de la
raison divine, c'est Dieu même, en dernière analyse,
qui conduit l'homme à sa fin par la raison qu'il lui a
départie. Si chaque homme vivait isolé, sans rapports
avec ses semblables, il n'y aurait pas d'autre principe
dirigeant ; chacun serait son propre roi, sous l'autorité de Dieu, roi suprême, puisque par la lumière de
la raison reçue de Dieu, il dirigerait lui-même ses

---

(326) In omnibus quæ ad finem aliquem ordinantur, in quibus
contingit sic et aliter procedere, opus est aliquo dirigente, per
quod directe debitum perveniatur ad finem.... Est autem unicuique hominum naturaliter insitum rationis lumen, quo in suis
actibus dirigatur in finem. Et si quidem homini conveniret singulariter vivere, sicut multis animalium, nullo alio dirigente indigeret ad finem, sed ipse sibi unusquisque esset rex sub Deo summo
rege.... Naturale autem est homini ut sit animal sociale et poli-

actions à sa fin dernière. Mais l'homme est par sa nature un être social et politique, c'est-à-dire qu'il est destiné par sa nature même à vivre en société avec ses semblables, et que sans cette vie sociale il ne peut répondre aux exigences de sa nature. Tandis que tous les autres êtres reçoivent dès leur naissance tout ce qui leur est nécessaire pour vivre, il n'en est pas de même pour l'homme. La raison lui est donnée pour arriver à se procurer ce qui lui est nécessaire pour vivre, et pour atteindre le but de son existence. Mais l'homme isolé ne se suffit pas ; il faut que plusieurs agissent de concert, les uns d'une manière, les autres d'une autre, pour que chacun arrive à son but. De plus, les bêtes sont dirigées infailliblement par leur instinct à distinguer l'utile du nuisible, tandis que l'homme ne connaît qu'en général l'utile et le nuisible ; pour distinguer l'un de l'autre sûrement dans le détail, le concours des autres hommes lui est nécessaire. L'homme est donc destiné par la nature à vivre en société ; c'est pourquoi il possède le langage, au moyen duquel il peut communiquer ses pensées, et entretenir les relations de la vie sociale.

327. Toute société a besoin d'un chef. — Si la société

---

ticum, in multitudine vivens.... Aliis enim animalibus natura præparavit cibum, tegumenta pilorum.... Homo autem institutus est nullo horum sibi a natura præparato, sed loco omnium data est ei ratio per quam sibi hæc omnia officio manuum posset præparare, ad quæ omnia præparanda unus homo non sufficit... Est igitur homini naturale quod in societate multorum vivat.... Hoc etiam evidentissime declaratur per hoc quod est proprium hominis locutione uti, per quam unus homo aliis suum conceptum totaliter potest exprimere (De regimine principum, ad regem Cypri. Opusc. 20, l. 1, c. 1).

(327) Si ergo naturale est homini quod in societate vivat mul-

est fondée sur la nature même, si les hommes ne peuvent atteindre le but de leur existence qu'à la condition d'être unis entre eux par les liens sociaux, il faut un chef par qui la société tout entière soit gouvernée et dirigée à la fin où doit tendre naturellement l'organisation sociale. Car, comme dans la société, chaque membre pris isolément n'a en vue que son intérêt propre, tout le corps social se disloquerait bientôt s'il n'y avait pas un chef qui prît soin du bien général. De même que dans le corps de l'homme tout l'organisme se décomposerait, si un principe de vie, l'âme, n'y maintenait l'unité et ne veillait au bien-être général; ainsi en serait-il de la société humaine. Par le fait même de sa nature, la société a besoin d'un chef qui sauvegarde ses intérêts en face des intérêts particuliers de chacun de ses membres.

328. Le chef de la famille, de la tribu, de l'Etat. — Originairement la société se réduit à la famille. Mais comme les familles isolées ne peuvent pas atteindre complètement le but de la vie sociale, elles se réunissent naturellement pour former la tribu, et les tribus pour former l'Etat, dont l'étendue peut être plus ou moins grande, selon les conditions de sa formation. Si la famille a un chef, qui est le père; à bien

---

torum, necesse est in hominibus esse per quod multitudo regatur. Multis enim existentibus hominibus, et unoquoque id quod est sibi congruum providente, multitudo in diversa dispergeretur, nisi etiam esset aliquis de eo quod ab bonum multitudinis pertinet curam habens, sicut et corpus hominis deflueret, nisi esset aliqua vis regitiva communis in corpore quæ ad bonum commune omnium membrorum intenderet (Ibid.).

(328) Cum autem homini competat in multitudine vivere, quia sibi non sufficit ad necessaria vitæ si solitarius maneat, oportet quod tanto sit perfectior multitudinis societas, quanto magis per se sufficiens erit ad necessaria vitæ. Habetur siquidem aliqua vitæ

plus forte raison la tribu et l'Etat devront-ils avoir un chef, dont les relations avec les sujets auront quelque analogie avec l'autorité paternelle, sans toutefois lui ressembler complètement.

329. Monarchie, aristocratie, république. — Si le chef de l'Etat agit réellement en vue du bien général, son gouvernement est juste; si au contraire il recherche ses intérêts, son avantage personnel, son gouvernement est injuste. Le gouvernement peut être exercé par une seule personne, par plusieurs, par la multitude elle-même. Si c'est un gouvernement juste, on l'appelle monarchie, aristocratie, république. Si c'est un gouvernement injuste, on l'appelle tyrannie, oligarchie, démocratie : termes qui désignent non plus des formes de gouvernement, mais la corruption des formes normales. La monarchie dégénère en tyrannie, l'aristocratie en oligarchie, la république en démocratie.

sufficientia in una familia domus unius, quantum scilicet ad naturales actus nutritionis, etc... in uno autem vico, quantum ad ea quæ ad unum artificium pertinent, in civitate vero quæ est perfecta communitas, quantum ad omnia necessaria vitæ (Ibid.).

(329) Si non ad bonum commune multitudinis, sed ad bonum privatum regentis regimen ordinetur, erit regimen injustum atque perversum.... Si per unum fiat..., talis recte tyrannus vocatur, nomine a fortitudine derivato, quia scilicet per potentiam opprimit.... Si vero injustum regimen non per unum fiat, sed per plures, siquidem, per paucos, oligarchia vocatur, id est, principatus paucorum quando scilicet pauci propter divitias opprimunt plebem, sola pluralitate a tyranno differentes. Si vero iniquum regimen exerceatur per multos, democratia nuncupatur, id est, potentatus populi, quando scilicet populus plebeiorum per potentiam multitudinis opprimit divites. Sic enim et populus totus erit quasi unus tyrannus. Similiter autem et justum regimen distingui oportet. Si enim administretur per aliquam multitudinem communi nomine politia vocatur.... Si vero administretur per paucos, virtuosos autem, hujusmodi regimen aristocratia vocatur, id est potentatus

330. Le gouvernement a pour but le maintien de la paix. — Ceci posé, il est facile de voir en quoi consiste la fonction du chef de l'Etat chargé de veiller au bien général. Le bien de la société consiste dans le maintien de l'union à l'intérieur, c'est ce qu'on appelle la paix. La société perd tout en perdant la paix; une société travaillée par les divisions intestines est à charge à elle-même. L'objet immédiat de l'exercice du pouvoir dans une société est donc la consolidation et le maintien de la paix; par là est atteint le but ultérieur, le bien général de la société. On demandera maintenant quelles sont les conditions de la paix sociale. Le sentiment de S. Thomas est que cette paix sera assurée si le gouvernement respecte et protège les droits de tous les membres de la société, et si la justice est rendue conformément aux intérêts de tous. On voit par là que le maintien de la paix s'identifie avec le respect du droit et de la justice, et que la fin prochaine de la société peut se déterminer aussi bien par rapport à l'une que par rapport à l'autre.

331. La monarchie est la meilleure forme de gouvernement. — Ces principes servent ensuite à S. Tho-

---

optimus, vel optimorum, qui propterea optimates dicuntur. Si vero justum regimen ad unum tantum pertineat, ille proprie rex vocatur (Ibid.).

(330) Ad hoc cujuslibet regentis ferri debet intentio, ut ejus quod regendum suscepit salutem procuret. Gubernatoris enim est navem, contra maris pericula servando, illæsam perducere ad portum salutis. Bonum autem et salus consociatæ multitudinis est ut ejus unitas conservetur, quæ dicitur pax, qua remota socialis vitæ perit utilitas, quinimmo multitudo dissentiens sibi ipsi fit onerosa. Hoc igitur est ad quod maxime rector multitudinis intercedere debet, ut pacis unitatem procuret (Ibid., c. 2).

(331) Quanto regimen efficacius fuerit ad unitatem pacis servan-

mas à trancher cette autre question. Quelle est celle des trois formes de gouvernement qui l'emporte sur les autres? Il est clair qu'une forme de gouvernement doit être préférée aux autres suivant qu'elle est plus propre par sa nature à réaliser le but de la société en y assurant l'unité et la paix. Or, un gouvernement réussira d'autant mieux à établir l'unité qu'il sera lui-même plus un. Et comme c'est dans la monarchie que l'unité est la plus parfaite, c'est la monarchie qu'on doit préférer aux autres formes de gouvernement. Quand plusieurs gouvernent, ils ne peuvent le faire qu'à condition qu'il y ait entre eux une certaine unité, et plus cette unité est parfaite, mieux ils gouvernent. Si donc le degré de prééminence d'une forme de gouvernement est une conséquence de son unité, il faut en conclure que la monarchie, qui offre la plus parfaite unité, est aussi la forme la plus parfaite. Ajoutez à cela que ce qui se rapproche le plus de la nature est le plus parfait. Or nous voyons dans tous les règnes de la nature que les organismes compliqués sont régis par un principe unique. Une seule âme gouverne tous les organes du corps, la raison toutes les puissances de l'âme, une seule reine toutes les abeilles d'une ruche, et si nous levons les yeux plus haut, un seul Dieu gouverne tout l'univers. Par conséquent, dans la société aussi, la plus parfaite des formes de gouver-

---

dam, tanto erit utilius. Hoc enim utilius dicimus, quod magis perducit ad finem. Manifestum est autem quod unitatem magis efficere potest quod est per se unum, quam plures... Utilius igitur est regimen unius quam plurium... In membrorum multitudine unum est quod omnia movet, scilicet cor; et in partibus animæ, una vis principaliter præsidet, scilicet ratio. Est etiam apibus unus rex; et in toto universo unus Deus factor omnium et rector (Ibid.).

nement est celle qui imite le mieux la nature : la monarchie.

332. Dangers de la tyrannie. — C'est ici surtout que se vérifie l'adage : *Corruptio optimi pessima.* Si la monarchie est la forme de gouvernement la plus parfaite, lorsqu'elle dégénère en tyrannie elle devient le plus terrible fléau qui puisse affliger un Etat. Quand c'est l'aristocratie ou la république qui dégénèrent, le bien particulier, dont la recherche est substituée à celle du bien général, est celui de plusieurs individus ; tandis que dans le cas de la tyrannie, c'est l'intérêt d'un seul qui absorbe à son profit les intérêts de tous ; ce qui est bien plus monstrueux. De plus, dans l'oligarchie et la démocratie, la violence n'est pas si puissante, parce qu'elle est moins concentrée ; elle fait moins de mal. Dans la tyrannie au contraire, la violence, servant les caprices d'un seul homme, arrive au plus haut degré ; elle ne connaît point d'obstacles quand il s'agit de satisfaire l'intérêt du tyran au détriment du bien général. La tyrannie est donc ce qu'il y a de plus affreux. Toutefois, cela n'enlève pas à la monarchie sa prééminence sur les

(332) Sicut autem regimen regis est optimum, ita regimen tyranni est pessimum. Opponitur autem politiæ quidem democratia... oligarchiæ vero aristocratia... regnum autem tyrannidi. Quod autem regnum sit optimum regimen ostensum est prius. Si igitur optimo opponitur pessimum, necesse est quod tyrannis sit pessimum... Amplius, per hoc regimen fit injustum, quod spreto bono communi multitudinis, quærit bonum privatum regentis. Quanto igitur magis receditur a bono communi, tanto est regimen magis injustum : plus autem receditur a bono communi in oligarchia in qua quæritur bonum paucorum, quam in democratia in qua quæritur bonum multorum : et adhuc plus receditur a bono communi in tyrannide, in qua quæritur tantum bonum unius (Ibid., c. 3). — Ex monarchia autem, si in tyrannidem convertatur, minus malum sequitur quam ex regimine plurium optimatum, quando corrumpitur. Dis-

autres formes de gouvernement, car il faut remarquer qu'elle est beaucoup moins exposée que celles-ci à dégénérer. Dans une aristocratie ou une république, le moindre dissentiment entre les gouvernants a son retentissement dans la société, et la paix est bouleversée; tandis que dans la tyrannie l'unité sociale n'est pas brisée, les conséquences fâcheuses n'atteignent que des individus isolés. Du reste, ce n'est pas seulement de la monarchie que naît la tyrannie. Quand un gouvernement aristocratique ou républicain est en désarroi, il arrive ordinairement qu'un homme, le plus fort ou le plus habile, s'arroge le pouvoir et l'exerce en tyran. En somme, il vaut donc mieux vivre sous un seul roi que sous l'autorité de plusieurs chefs.

333. Monarchie constitutionnelle; résistance à la tyrannie. — Puisque la monarchie est la meilleure forme de gouvernement, et la tyrannie la plus mauvaise, il faut faire en sorte d'empêcher par tous les moyens possibles le roi de devenir tyran. Si le roi est élu, c'est aux électeurs à désigner une personne qui offre toutes les qualités désirables. Il faut ensuite

sensio enim quæ plurimum sequitur ex regimine plurium, contrariatur bono pacis, quod est præcipuum in multitudine sociali.... Magis igitur præoptandum est unius regimen quam multorum, quamvis ex utroque sequantur pericula. Adhuc illud magis fugiendum videtur, ex quo pluries sequi possunt magna pericula : frequentius autem sequuntur maxima pericula multitudinis, ex multorum regimine, quam ex regimine unius. Plerumque enim contingit ut ex pluribus aliquis ab intentione communis boni deficiat, quam quod unus tantum (Ibid., c. 5).

(333) Curandum est, si rex in tyrannidem diverteret, qualiter posset occurri. Et quidem si non fuerit excessus tyrannidis, utilius est remissam tyrannidem tolerare, quam tyrannum agendo multis implicari periculis, quæ sunt graviora ipsa tyrannide... Contingit etiam ut interdum, dum alicujus auxilio multitudo expellit tyran-

qu'une constitution tempère la puissance royale pour
l'empêcher de dégénérer en tyrannie. Si malgré
toutes ces précautions la monarchie dégénère en
tyrannie, on se demande quelle sera la situation des
sujets vis-à-vis du tyran. Il faut remarquer d'abord
que si la tyrannie n'est pas excessive, il vaut toujours
mieux la supporter que de lui résister à force
ouverte. Ce dernier moyen ne fait ordinairement
qu'aggraver le mal. Si ceux qui veulent renverser le
tyran sont vaincus, la tyrannie deviendra plus écrasante ;
car il est de l'intérêt du tyran de serrer les
rênes. S'ils sont victorieux, il en résultera généralement
dans la société des divisions, on ne pourra pas
se mettre d'accord sur la nouvelle forme de gouvernement ;
au milieu de ces dissensions, quelqu'un
s'emparera du pouvoir, et instruit par l'exemple de
son prédécesseur, il fera peser sur ses sujets un joug
bien plus pesant. Il vaut donc mieux supporter une
tyrannie qui n'est pas poussée à l'excès. Que si elle
devient absolument intolérable, ce n'est pas aux individus
qu'il appartient de prendre des mesures violentes
contre le tyran. Jamais un individu n'a le droit

num, ille potestate accepta tyrannidem arripiat, et timens pati ab
alio quod ipse in alium fecit, graviori servitute subditos opprimat...
Esset hoc multitudini periculosum et ejus rectoribus, si privata
præsumptione aliqui attentarent præsidentium necem, etiam tyrannorum...
Videtur autem magis contra tyrannorum sævitiam non
privata præsumptione aliquorum, sed auctoritate publica procedendum.
Primo quidem, si ad jus multitudinis alicujus pertineat sibi
providere de rege, non injuste ab eadem rex institutus potest destrui,
vel refrænari ejus potestas, si potestate regia tyrannice abutatur.
Nec putanda est talis multitudo infideliter agere tyrannum
destituens, etiamsi eidem in perpetuum se ante subjecerat : quia
hoc ipse meruit in multitudinis regimine se non fideliter gerens,
ut exigit regis officium, quod ei pactum a subditis non reservetur...
Quod si omnino contra tyrannum auxilium humanum

de tuer l'oppresseur, jamais la multitude n'a le droit de se révolter. Il faut qu'un pouvoir public prenne l'initiative des moyens légaux qui peuvent être employés pour affranchir la société de la tyrannie. Si, d'après la constitution, c'est le peuple qui choisit son chef et lui impose les conditions du gouvernement, ces conditions n'étant pas remplies, le pacte social est brisé ; le peuple peut légalement enlever le pouvoir au tyran, ou lui en limiter l'exercice, quand même il aurait choisi ce chef à vie, car le tyran a mérité d'être ainsi traité. Si la constitution de la société repose sur d'autres bases, si le roi tient son pouvoir d'une autorité supérieure, c'est à cette autorité qu'il faut avoir recours pour se défaire du tyran. Cela est-il impossible, n'y a-t-il aucun secours humain à attendre, ni le meurtre ni la rébellion ne deviennent légitimes ; il faut remettre l'affaire entre les mains de Dieu, roi des rois, qui enverra en temps opportun le secours dont le peuple a besoin.

334. Quelle gloire doit rechercher un bon prince. — Tant que le prince gouverne, il est le ministre de Dieu, selon les paroles de l'Apôtre : *Omnis potestas a*

haberi non potest, recurrendum est ad regem omnium Deum... Non enim abbreviata manus ejus est, ut populum suum a tyrannis liberare non possit (Ibid., c. 6). — Circa bonam ordinationem principum in aliqua civitate vel gente, duo sunt attendenda, quorum unum est, ut omnes aliquam partem habeant in principatu; per hoc enim conservatur pax populi, et omnes talem ordinationem amant et custodiunt (Th., 1, 2, q. 105, a. 1). — Sic disponenda est regni gubernatio, ut regi jam instituto tyrannidis subtrahatur occasio. Similiter etiam sic ejus temperetur potestas, ut in tyrannidem de facili declinare non possit (Reg. pr., l. 1, c. 6).

(334) Nihil principem, qui ad bona peragenda instituitur, magis decet quam animi magnitudo. Est igitur incompetens regis officio humanæ gloriæ præmium... Eripit enim animi libertatem, pro qua

Deo, et Dei minister est, vindex in iram ei qui male agit (Rom., XIII, 1, 4). Aussi n'est-ce pas le motif d'acquérir l'honneur et la gloire, qui doit le porter à bien user de son pouvoir. Tout homme vertueux doit être prêt à mépriser l'honneur et la gloire, plutôt que de les regarder comme une digne récompense de ses travaux. A plus forte raison un prince ne doit-il pas, au milieu des labeurs et des préoccupations de toute sorte que lui impose sa charge, se contenter d'une récompense aussi vaine que la gloire. Sa véritable récompense, il doit l'attendre de Celui dont il est le représentant dans la charge qu'il exerce, de Dieu. Dieu récompense souvent dès cette vie par des biens terrestres ; mais ces biens, qui sont aussi le partage des méchants, ne sont pas une récompense vraiment équivalente aux mérites. Cette vraie récompense ne peut se rencontrer que dans la félicité éternelle que Dieu a promise à ses fidèles serviteurs, et à laquelle doivent tendre les efforts de l'activité naturelle de l'homme, dans quelque sens qu'elle s'exerce. La félicité éternelle doit donc être le mobile qui détermine le souverain à faire un bon usage de

---

magnanimis viris omnis debet esse contentio... Est etiam multitudini nocivum si tale præmium statuatur principibus, pertinet enim ad boni viri officium ut contemnat gloriam sicut alia temporalia bona... Multi, dum immoderate gloriam in rebus bellicis quærunt, se ac suos perdiderunt (Reg. pr., l. 1, c. 7). — Neque terrenum aliquod beatum facere potest, ut possit esse regis conveniens præmium (Ibid., c. 8). — Eminentem obtinebunt cœlestis beatitudinis gradum, qui officium regium digne et laudabiliter exequuntur. Si enim beatitudo virtutis est præmium, consequens est ut majori virtuti major gradus beatitudinis debeatur... Est igitur excellentis virtutis bene regium officium exercere; debetur igitur ei excellens in beatitudine præmium... Si virtutis est ut per eam opus hominis bonum reddatur, majoris virtutis esse videtur quod majus bonum per eam aliquis operetur. Majus autem et divinius est bonum mul-

son pouvoir, à l'exercer conformément à la volonté de Dieu. S'il s'acquitte de son devoir selon ses forces, sa récompense sera d'autant plus grande dans l'autre vie que sa position aura été plus élevée dans celle-ci et ses obligations plus étendues. Plus la vertu est grande, plus elle est récompensée. C'est dans un prince une vertu sublime que d'exercer le pouvoir sans aucun motif d'intérêt personnel; il a donc droit à une magnifique récompense. Si le tyran mérite un plus grand châtiment parce que le mal qu'il fait retombe sur toute la société, et a des conséquences bien plus graves que la faute d'un particulier, un bon prince mérite aussi une plus grande récompense, parce que le bien qu'il fait tourne au profit non seulement de quelques individus, mais de toute la société, et par conséquent l'emporte de beaucoup sur les vertus privées.

335. Devoirs d'un chef d'Etat. — Après avoir considéré en général la position faite au prince dans l'organisation sociale, nous pouvons en conclure les devoirs que lui impose cette situation. Dieu étant le roi de tout l'univers, le prince est, comme tel, dans le rôle qui lui est dévolu, une image créée de la divinité; les

---

titudinis quam bonum unius, unde interdum malum unius sustinetur, si in bonum multitudinis cedat... Pertinet autem ad regis officium ut bonum multitudinis studiose procuret. Majus igitur præmium debetur regi pro bono regimine quam subdito pro bona actione (Ibid., c. 9).

(335) Oportet considerare quid Deus in mundo faciat, sic enim manifestum erit quid immineat regi faciendum. Sunt autem duo opera Dei in mundo : unum quo mundum instituit, alterum quo mundum institutum gubernat... Ad omnes reges pertinet gubernatio... primum autem opus non omnibus regibus convenit, non enim omnes regnum aut civitatem instituunt, in quo regnant (Ibid., c. 13).

fonctions qu'il remplit ont quelque chose d'analogue aux actes par lesquels Dieu exerce sa puissance sur le monde. Or Dieu, d'une part, a créé et organisé le monde ; d'autre part, il le gouverne et le conserve dans l'ordre qu'il a établi. Par conséquent, le prince a aussi deux fonctions à remplir : d'une part, il doit organiser la société, y a établir l'ordre ; d'autre part, il doit la gouverner et y maintenir l'ordre établi. La première de ces fonctions n'incombe pas à tous les princes, mais seulement à ceux qui prennent en main le gouvernail de l'État quand la société est en voie de formation. Ces princes doivent prendre pour modèle la conduite du Créateur à l'origine des choses. De même que Dieu, en créant le monde, a mis chaque être à sa place respective, et a établi ainsi entre toutes les parties une harmonieuse unité ; ainsi les premiers organisateurs d'une société doivent assigner à tous les membres la place qui leur convient, mettre à leur portée les moyens d'existence conformes à leurs besoins, placer à la tête de chaque groupe social les administrations chargées de veiller aux intérêts communs, en un mot tout ordonner de manière qu'il en résulte une parfaite unité. C'est là le rôle d'un petit nombre de princes ; la plupart trouvent, quand ils arrivent au pouvoir, une société déjà organisée : leur rôle se borne à maintenir l'ordre établi, à gouverner conformément aux lois et diriger la société vers le but auquel tend son organisation. Ici encore le souverain doit se régler sur l'exemple de Dieu. De même que Dieu, dans le gouvernement du monde, dispose tout pour conduire les hommes à leur fin dernière, ainsi le prince doit se proposer en tout de rendre possible et facile à ses sujets l'obtention de cette fin. Et comme ils ne peuvent y arriver que par la vertu, tout le but du gouvernement doit être de faciliter aux sujets la pratique de la vertu, et de les mener à la félicité suprême. Si on pouvait atteindre ce but par la seule vertu naturelle, il n'y aurait pas besoin d'autre gouvernement que de celui des princes terrestres. Mais comme la fin de l'homme est surnaturelle et que, par suite de cela, la vertu qui y conduit est aussi surnaturelle, il faut au genre humain un autre gouvernement.

336. La royauté du Christ et de son Vicaire. — Cette domination suprême est celle du Christ, et de ceux qu'il a établis ses représentants en ce monde, à savoir les prêtres et surtout le souverain Pontife, Vicaire du Christ. L'autorité religieuse a pour but de guider les hommes, par la pratique de la vertu surnaturelle, vers leur fin surnaturelle. Les princes séculiers sont chargés du gouvernement extérieur qui met les hommes sur le chemin des vertus civiles, ils s'occupent de procurer à leurs sujets le bien être qui leur permet de jouir honnêtement de la vie. Aussi sont-ils soumis au pape, comme au représentant de Dieu, et doivent-ils prendre pour règle de leur con-

---

(336) Gubernare est id quod gubernatur convenienter ad debitum finem perducere... Videtur autem ultimus finis esse multitudinis congregatæ, vivere secundum virtutem. Sed quia homo vivendo secundum virtutem ad ulteriorem finem ordinatur, qui consistit in fruitione divina, oportet eumdem finem esse multitudinis humanæ, qui est hominis unius. Non est ergo ultimus finis multitudinis congregatæ vivere secundum virtutem, sed per virtuosam vitam pervenire ad fruitionem divinam... Sed quia finem fruitionis divinæ non consequitur homo per virtutem humanam, sed virtute divina, ,... perducere ad illum finem non humani erit sed divini regiminis. Ad illum igitur regem hujusmodi regimen pertinet, qui non est solum homo, sed etiam Deus... Hujus ergo regni ministerium, ut a

duite dans le gouvernement des peuples la loi du Christ et de son Eglise. Le prince séculier doit donc, dans le rôle qui lui est attribué conformément à cette idée, travailler par tous les moyens humains à faire pratiquer la vertu par ses sujets. Et comme les biens extérieurs sont nécessaires à la vie de l'homme vertueux, le prince doit aussi procurer à son peuple le bien-être extérieur. Tout cela n'est possible que par le maintien de l'unité et de la paix au sein de la société. Le prince a donc trois grands devoirs : maintenir la paix, guider dans le chemin de la vertu les peuples unis par le lien de la paix, veiller à ce que ses sujets puissent se procurer suffisamment les biens extérieurs pour mener une vie vertueuse. En cela consiste le bien public que le prince doit défendre et développer. Il doit le défendre contre les obstacles qu'il rencontre. Il doit veiller à ce que les pouvoirs publics qui administrent en son nom, fonctionnent toujours régulièrement, il doit porter des lois salutaires qui répriment les crimes et portent au bien, édicter des récompenses et des châtiments pour ceux qui observent ou transgressent les lois : il doit enfin défendre continuellement son peuple contre les en-

---

terrenis essent spiritualia distincta, non terrenis regibus, sed sacerdotibus est commissum ; et præcipue summo sacerdoti successori Petri, Christi Vicario, Romano Pontifici, cui omnes reges populi christiani oportet esse subditos sicut ipsi Domino Jesu Christo (Ibid., c. 14). — Si igitur qui de ultimo fine curam habet præesse debet his qui curam habent de ordinatis ad finem, et eos dirigere suo imperio, manifestum ex dictis fit, quod rex, sicut dominio et regimini quod administratur per sacerdotii officium subdi debet, ita præesse debet omnibus humanis officiis, et ea imperio sui regiminis ordinare.... Quod fit, dum in singulis quæ præmissa sunt, si quid inordinatum est, corrigere, si quid deest, supplere, si quid melius fieri potest, studet perficere (Ibid., c. 15).

nemis extérieurs, car il ne suffirait pas de conjurer les dangers intérieurs, si la société n'était pas garantie contre les attaques venues du dehors. Le prince doit aussi développer le bien public, ce qu'il fait en corrigeant les abus, en réparant les fautes commises, en cherchant à améliorer tout ce qui est susceptible de perfectionnement ; tout cela conformément au modèle qu'offre l'action divine dans le gouvernement du monde.

337. Subordination du pouvoir temporel au pouvoir spirituel. — Telle est la Politique de S. Thomas. Elle est, comme on le voit, en parfait accord avec toute sa doctrine, et s'y rattache comme un membre essentiel. Si tout pouvoir a été établi pour mener les hommes à leur fin, il en est ainsi du pouvoir politique. Mais l'homme a une double fin, l'une temporelle et terrestre, l'autre éternelle et surnaturelle. La première est le bonheur terrestre, le bien-être que la nature nous fait rechercher ; la seconde est la félicité éternelle de l'autre vie. La première, comme nous l'avons vu dans la Morale, suppose les vertus *acquises* et la possession des biens temporels ; la seconde, les

---

(337) Unigenitus Dei Filius societatem in terris constituit, quæ Ecclesia dicitur, cui excelsum divinumque munus in omnes sæculorum ætates continuandum transmisit, quod Ipse a Patre acceperat. Igitur, sicut Jesus Christus in terras venit ut homines *vitam habeant et abundantius habeant*, eodem modo Ecclesia propositum habet, tanquam finem, salutem animarum sempiternam : ob eamque rem talis est natura sua, ut porrigat sese ad totius complexum gentis humanæ, nullis nec locorum nec temporum limitibus circumscripta. Tam ingenti hominum multitudini Deus ipse magistratus assignavit, qui cum potestate præessent : unumque omnium principem et maximum certissimumque veritatis magistrum esse voluit, cui claves cœli regnorum commisit. Hæc societas, quamvis ex hominibus constet, non secus ac civilis communitas, tamen propter finem sibi constitutum, atque instrumenta quibus ad finem

vertus *infuses* et les biens de la grâce conférés par les sacrements. Pour conduire les hommes à la première de ces fins, l'Etat a en main le pouvoir temporel; pour les faire arriver à la seconde, l'Eglise a reçu le pouvoir spirituel. Chacun de ces pouvoirs a sa destination particulière et sa sphère d'action propre. Chacun est d'institution divine, avec cette différence que le pouvoir ecclésiastique a été institué immédiatement par Dieu, et le pouvoir civil médiatement, en ce sens que Dieu donne au souverain l'autorité par l'intermédiaire de la société. Mais de même que la fin temporelle et terrestre de l'humanité est subordonnée à sa fin surnaturelle, ainsi le pouvoir de l'Etat est subordonné à celui de l'Eglise. Le prince temporel doit respecter les lois de Dieu et de l'Eglise. S'il abuse de son pouvoir pour attaquer l'Eglise, ou pour tyranniser son peuple, alors le pape a le droit de le déposer et de le punir par des peines convenables, *ratione peccati*, comme disent les scolastiques. Aujourd'hui cette théorie fait pousser des cris d'effroi. Les déclamations contre les empiètements de la puissance pontificale au moyen âge sont un article courant de

---

contendit, supernaturalis est et spiritualis; atque idcirco distinguitur ac differt a societate civili; et, quod plurimum interest, societas est genere et jure perfecta, cum adjumenta ad incolumitatem actionemque suam necessaria, voluntate beneficioque conditoris sui, omnia in se et per se ipsa possideat. Sicut finis, quo tendit Ecclesia, longe nobilissimus est, ita ejus potestas est omnium præstantissima, neque imperio civili potest haberi inferior, aut eidem esse ullo modo obnoxia.... Itaque dux hominibus esse ad cœlestia non civitas, sed Ecclesia debet : eidemque hoc est munus assignatum a Deo, ut, de iis, quæ religionem attingunt, videat ipsa et statuat : ut doceat omnes gentes : ut christiani nominis fines, quoad potest, late proferat; brevi ut rem christianam libere expediteque judicio suo administret (Leo XIII, Encycl. *Immortale Dei*).

notre littérature. Mais il vaut bien la peine de se demander sincèrement si ce contrôle suprême, exercé sur les princes au moyen âge, n'a pas en réalité tourné au bien des peuples. Tant qu'on ne pourra pas, l'histoire en main, répondre catégoriquement *non;* les phrases de commande sur l'*ambition théocratique*, etc., ne seront que des hâbleries auxquelles un auditeur sérieux ne prêtera point attention. Qu'est-ce que les peuples ont bien gagné à ce que leurs chefs se soient rendus indépendants du pape? On sait à quel despotisme éhonté les nations ont été en proie jusqu'à notre époque. Et maintenant, au despotisme des princes succède un autre despotisme plus insupportable encore, parce qu'il se présente sous le masque de la *liberté:* le despotisme de l'*Etat moderne*, représenté par une bureaucratie *libérale* et des majorités *libérales*. — Mais nous touchons à un sujet sur lequel nous ne pouvons pas nous étendre. Taisons-nous; les révolutions parlent assez haut.

338. Conclusion. — Nous avons achevé l'exposé de la doctrine de S. Thomas; nous n'avons plus qu'un mot à ajouter. Nous avons vu comment, dans ce système, toutes les parties sont unies étroitement par la plus rigoureuse logique pour former un tout parfait. Point de lacune, point d'oubli, point de rouage mal placé. L'exposition est claire et les divisions bien marquées; toutes les relations des parties entre elles sont saisies avec une profondeur de vue étonnante, et mises en pleine lumière; les difficultés sont prévues et les objections résolues avec une perspicacité remarquable; l'ensemble ne laisse rien à désirer. Et ce n'est pas là un système appuyé sur des vues toutes subjectives; au contraire, il repose tout entier sur la base solide de l'enseignement de l'Eglise, de sorte qu'on retrouve dans ce corps de doctrine compact, dans cet enchaînement rigoureux, un reflet de l'immuable unité, de la merveilleuse harmonie de l'enseignement de l'Eglise. Tout ce qu'il y a de vérité dans les résultats acquis par le travail des grands esprits de tous les siècles, est comme fondu dans la vivante unité de ce système. Toutes les erreurs qui se sont produites dans le cours du développement de la philosophie sont écartées, réfutées, anéanties. Nous ne prétendons pas pourtant qu'il n'y ait dans le système philosophique de S. Thomas aucune imperfection; il ne peut venir à l'esprit de personne d'attribuer à une œuvre humaine une perfection absolue. Mais nous croyons que ces défauts ne détruisent pas la majestueuse beauté de l'ensemble. Ce qui a permis à l'auteur de réaliser une œuvre si grandiose, c'est d'une part son génie, d'autre part l'esprit de l'Eglise dont il était rempli. Il fallait ces deux causes pour expliquer un pareil résultat. On a dit que S. Thomas aurait mieux fait encore, s'il n'avait été gêné par l'obéissance. La tendance de certains esprits exigeait qu'on mît en avant cette thèse, mais on s'est bien gardé de la prouver. Laissons les morts enterrer leurs morts. Un autre vent souffle aujourd'hui; on étudie avec moins de préventions l'histoire de la philosophie, et le moyen âge est remis en honneur. Nous en prenons acte pour nous en réjouir. L'Eglise a toujours glorifié dans S. Thomas l'*Ange de l'Ecole*, et n'a cessé de renvoyer les savants à ses œuvres comme à un trésor inépuisable. Il fut un temps où, même du côté des catholiques, on se souciait peu de cette recommandation : ce temps est passé. Les esprits se retournent maintenant de préférence vers S. Thomas. Le courant contraire résiste vainement à cette tendance; le vaisseau bien lancé ne s'arrêtera pas. Les esprits ne s'attarderont pas dans l'ornière ancienne; ils iront de l'avant. Que Dieu les guide!

CHAPITRE X

(APPENDICE)

OPPORTUNITÉ DU RETOUR A LA PHILOSOPHIE DE S. THOMAS

339. La philosophie de S. Thomas a-t-elle fait son temps ? — La doctrine philosophique de S. Thomas a derrière elle un glorieux passé. Pendant cinq cents ans elle a régné presque sans interruption dans les Écoles catholiques. Nous dirons plus : comme la philosophie de S. Thomas, dans ses points fondamentaux, n'est autre que celle de Socrate et de ses deux disciples, Platon et Aristote, son passé remonte à plusieurs milliers d'années. Si l'antiquité est une marque de vérité, aucune doctrine scientifique n'a plus de droits à s'en prévaloir que celle du *Docteur angélique*. Ajoutons à cela que cette doctrine scientifique a recueilli tout l'héritage de vérité spéculative laissé par les Pères de l'Église, les savants Arabes et

---

(339) Ce chapitre est traduit d'une remarquable brochure du docteur Schneid, publiée dans les *Études catholiques* de Wurzbourg, en 1881, sous ce titre : *La philosophie de S. Thomas d'Aquin et son importance actuelle.* Les réflexions que suggère à l'auteur l'état de la philosophie moderne en Allemagne, s'appliquent également à la France, où les mêmes causes ont produit les mêmes effets.

Juifs, et nous comprendrons de quelle importance peut être pour notre époque l'étude de la philosophie de S. Thomas. Une doctrine qui a vécu vingt siècles, qui s'est défendue, aux époques les plus critiques, contre toutes les causes de désorganisation et de ruine, ne peut avoir perdu aujourd'hui son importance : la vérité ne vieillit pas, sa jeunesse est éternelle. Mais ce n'est pas assez de cette preuve indirecte de l'importance de la philosophie thomiste. On reconnaît volontiers le mérite de la Scolastique et la vérité de ses doctrines, mais on croit que son temps est passé. Chaque époque, dit-on, a ses besoins particuliers, ses aspirations propres, auxquelles ne peut suffire l'héritage du passé. Retourner à la doctrine de S. Thomas, ce serait anéantir tout progrès philosophique, condamner notre siècle à accepter, les yeux fermés, tout ce que saint Thomas a enseigné ; ce serait prononcer l'arrêt de mort de la philosophie.

340. Pour répondre à ces reproches, nous devons prouver que la philosophie de S. Thomas n'a rien d'opposé aux exigences scientifiques de notre époque, mais au contraire peut servir à les satisfaire. Nous montrerons aussi que la sagesse antique, bien loin d'arrêter le progrès, lui fournit un terrain solide sur lequel l'édifice de la science peut s'élever inébranlable. En d'autres termes, nous ferons voir l'opportunité du retour à la philosophie scolastique. Nous ne prétendons pas toutefois établir cette opportunité d'une manière universelle ; car il nous faudrait parcourir tout le domaine des sciences. La philosophie exerce sur toutes les sciences la plus haute influence ; elle est le fondement de toute spéculation dans la sphère des vérités naturelles, et même à un certain point de vue, dans le domaine de la théologie ; elle est le foyer d'où rayonne la lumière sur toutes les autres branches d'études. Nous nous contenterons de montrer quelle est l'importance de la doctrine philosophique de S. Thomas, relativement aux sciences fondamentales de notre époque, relativement à la philosophie, à la théologie, aux sciences naturelles et aux sciences sociales.

1° S. THOMAS ET LA PHILOSOPHIE MODERNE

341. Qu'entend-on par philosophie moderne? — Le retour à la philosophie de S. Thomas serait, dit-on, la ruine de la pensée moderne, la négation de tout progrès scientifique en philosophie, une insulte aux grands noms qui ont illustré notre époque. Pour répondre à ce reproche, nous poserons cette question : « Qu'entend-on par cette *philosophie moderne*, qui serait supplantée par la Scolastique? » Assurément on n'entend point par là les innombrables systèmes qui se sont succédé depuis Descartes, systèmes qui sont en complète contradiction les uns avec les autres. Chacun d'eux semble n'avoir eu pour raison d'être que de supplanter et d'anéantir le précédent. La Scolastique n'a que faire de les détruire ; ils sont déjà tous enterrés. Entend-on par *philosophie moderne* ce dernier essor de la pensée allemande, qui, sous le titre de philosophie de l'*Inconscient* a séduit un si grand nombre d'esprits, en leur montrant le souverain bonheur dans l'inaction absolue, dans le

---

(341) Voir la même idée développée dans un article des *Annales de philosophie chrétienne*, intitulé : *Philosophie scientifique et philosophie chrétienne* (Livraison d'Octobre 1889).

complet anéantissement de l'être? Nous le demandons encore une fois : qu'est-ce donc que cette *philosophie moderne* qu'on a peur de voir supplantée par la Scolastique? Si l'on veut être franc, il faut avouer qu'il n'y a pas aujourd'hui *une* philosophie qui réunisse à un degré quelconque les suffrages de tous les esprits. Depuis trois cents ans, de grands génies se sont donné beaucoup de peine, dans différents pays, pour créer une philosophie; ils ont tout fait pour y arriver, ils ont sacrifié tout l'héritage du passé, et ils n'ont pas abouti. On a cru jusqu'à nos jours que ce chaos de systèmes contradictoires finirait par enfanter la vraie philosophie; il fallait une époque d'épuration, de laquelle la philosophie sortirait renouvelée et rajeunie. Et voilà que les plus chauds partisans du progrès sont obligés d'avouer que la *philosophie moderne* a fait un *fiasco* complet; qu'elle n'est arrivée à aucune solution, et qu'il faut se contenter de quelqu'un des systèmes précédents. Retournons à Kant, disent les uns, reprenons dans ses mains le fil de la science, et tâchons de le mieux filer. D'autres veulent faire un saut plus hardi, retourner à Aristote, pour essayer de jeter avec lui les fondements de la *philosophie de l'avenir*.

342. Il en est qui prétendent que la *philosophie moderne*, malgré tous ses égarements, a mis au jour une somme de vérités, qui forment comme le patrimoine de notre siècle, et le fonds des théories nou-

---

(342) Hoc novitatis studium... catholicorum quoque philosophorum animos visum est alicubi pervasisse; qui patrimonio antiquæ sapientiæ posthabito, nova moliri quam vetera novis augere et perficere malueruut, certe minus sapienti consilio, et non sine scientiarum detrimento. Etenim multiplex hæc ratio doctrinæ,

velles. Il nous faut examiner ces *conquêtes du progrès moderne* et les apprécier, au risque de détruire bien des illusions. Nous ne nions pas qu'il ne se trouve chez tel ou tel penseur de notre siècle plus d'une vérité féconde; nous avouons qu'il y a dans la *philosophie moderne* telle ou telle question plus approfondie que dans le passé, tel ou tel problème inconnu à la Scolastique; mais nous n'accordons pas que la *philosophie moderne* ait seule le droit de donner le ton à la science et de la règlementer. Les philosophes scolastiques possèdent, eux aussi, un fonds commun de vérités qui a sa valeur. Malgré la vivacité des luttes qu'ils se sont livrées sur des questions secondaires, ils revendiquent, comme leur commune propriété, un grand trésor de vérités : ils sont tous Péripatéticiens, se tiennent tous sur le même terrain, défendent tous la même cause. En est-il de même des philosophes modernes? Sur Dieu, l'âme et ses facultés, le monde et ses phénomènes, la vie et ses fonctions, chacun pense autrement que son voisin, l'un nie ce que l'autre affirme. Sous ce rapport, il n'y a pas à vanter les *conquêtes du progrès moderne*. Les systèmes actuels ne se rencontrent même pas sur le terrain des premières vérités qui sont comme le germe de toute philosophie.

343. Erreur fondamentale des philosophes modernes. — Il y a pourtant une thèse sur laquelle sont d'accord tous les représentants de la *philosophie moderne*, et qui fait comme la base de cette philoso-

cum in magistrorum singulorum auctoritate arbitrioque nitatur, mutabile habet fundamentum, eaque de causa non firmam atque stabilem neque robustam, sicut veterem illam, sed nutantem et levem facit philosophiam (Leo XIII, Encycl. *Æterni Patris*).

phie. La voici : *La source unique de toute vérité est la raison humaine.* D'après les penseurs du jour, la raison, c'est-à-dire l'intelligence humaine, n'est pas un moyen d'arriver à la vérité objective, c'est la source même de la vérité ; la raison produit, crée la vérité. La paternité de cette doctrine appartient à Descartes, mais c'est en Allemagne qu'elle a reçu au dix-neuvième siècle son complet développement. Les systèmes ont changé, mais cette idée est restée au fond de tous comme une base commune : Fichte, Schelling, Hegel, Schopenhauer et Hartmann se tiennent tous sur le terrain du subjectivisme. Les philosophes catholiques n'ont pas accepté les systèmes modernes, mais plusieurs d'entre eux ont cru qu'ils reposaient sur une base légitime. Ces penseurs catholiques ont cru voir précisément le grand progrès de la science moderne dans la découverte de cette thèse, que la raison humaine est la seule source de toute vérité et de toute réalité. C'est en établissant ce principe que, d'après eux, Descartes a commencé d'attaquer le dualisme de Dieu et du monde, dans lequel s'était perdue la spéculation du moyen âge, laissant à ses successeurs le soin d'achever son œuvre. La restauration de la Scolastique ferait disparaître cette base de la spéculation moderne, remettrait au jour le stérile dualisme d'autrefois, et rendrait impossible tout progrès. A ce point de vue, il ne faut pas s'étonner que le retour à la philosophie de l'École ait suscité des colères vraiment ridicules. « Les tentatives réitérées, surtout des Jésuites et des » autres ordres religieux, de faire de la Scolastique

---

(343) Koch. La psychologie de Descartes (Munich, 1881) page 18.

» la philosophie du temps présent, sont si mala-
» droites, si hors de saison, qu'elles font rire les vrais
» philosophes et n'exercent aucune attraction sur le
» monde savant. Vouloir se contenter de la philoso-
» phie du moyen âge et la regarder comme le point
» culminant de la sagesse humaine, c'est ne rien
» comprendre au progrès de la pensée moderne ni à
» la Scolastique elle-même. »

344. Une illusion à détruire. — Les auteurs catholiques dont nous venons de parler, attribuent tous les défauts qu'ils croient découvrir dans la Scolastique, à l'absence de ce seul et unique principe de l'autonomie de la raison, découvert par la *philosophie moderne*. Pour eux, la vraie philosophie chrétienne est encore à faire, et il faut la fonder sur la base même de la *philosophie moderne*, du système de Schelling par exemple. La philosophie de Rosenkrantz peut être regardée comme un essai de ce genre. Qu'on rejette ce que l'on voudra de la *philosophie moderne*, il faut, dit-on, conserver le principe fondamental qui lui sert de base. « Cette proposition, que l'esprit humain est la seule source de toute connaissance véritable, forme encore aujourd'hui la base de l'idéalisme, où doit aboutir toute philosophie. » Le progrès moderne n'aurait pas fait d'autres conquêtes, que cette découverte suffit : c'est sur elle que se fondera la philosophie de l'avenir.

345. Quelque séduisante que soit cette théorie, nous ne pouvons nous empêcher de dénoncer la thèse fondamentale de la *philosophie moderne* comme la plus

---

(344) Koch, ibid., page 20.
(345) Kant, Critique de la raison pure. Préface de la seconde édition, page 27 de l'édition de Leipzig.

pernicieuse erreur qui se puisse imaginer. C'est Kant qui a le premier formulé clairement ce principe idéaliste, quand il a écrit dans la préface de sa *Critique de la raison pure* : « On a cru jusqu'à présent que toute notre connaissance se réglait sur les objets... Ne réussirait-on pas mieux en Métaphysique si l'on admettait que ce sont les objets qui se règlent d'après notre connaissance, ce qui permettrait d'arriver, comme on le désire, à des concepts *à priori*, indépendants des objets eux-mêmes. » Mais si les objets se règlent d'après notre pensée, nous ne recevons pas la vérité du dehors, c'est nous qui la communiquons aux choses ; les choses sont ce que nous les faisons. On a fait un pas de plus, en avançant que la pensée produit les choses, que la pensée et l'être sont identiques. Pouvait-on aller plus loin pour diviniser la raison humaine ? Elle est devenue la source première, la cause créatrice de toute vérité. Naturellement, cette raison divinisée ne connaîtra plus de bornes, il lui faudra une liberté absolue ; c'est pourquoi nous entendons les champions du principe moderne réclamer la plus complète liberté de penser. Nous n'avons pas besoin d'aller plus loin : la fausseté de la *philosophie moderne* ressort assez de ce principe panthéiste. Si l'esprit humain est la seule source de la vérité, il est aussi la seule source de la morale, du droit et de la loi. Le vrai, le beau, le bien, ne *sont* qu'autant que l'homme les pense ; il n'y a rien d'objectif. De là est sortie cette philosophie subjective qui ne reconnaît aucune vérité immuable, qui ne conçoit la vérité que dans un état de perpétuel *devenir*. Chaque nouvelle vérité n'apparaît que pour disparaître bientôt et devenir une erreur. A quels égarements ne doit pas conduire une pareille méthode philosophique ! Nous ne l'avons que trop vu, et nous le verrons peut-être longtemps encore dans cette confusion de systèmes au milieu de laquelle nous vivons. Le mal profond que ce subjectivisme a causé à l'Eglise en pénétrant dans la science, est assez connu pour que nous ne nous étendions pas sur ce sujet. Ce qui nous étonne, encore une fois, c'est qu'il y ait encore des savants catholiques qui cherchent à établir sur un pareil terrain la philosophie chrétienne.

346. La vérité n'est pas créée par l'Intelligence. — Pour arriver à fonder une saine philosophie, il faut avant tout rejeter cette thèse fondamentale du progrès moderne, que la vérité et la réalité des choses sont produites par la raison. L'intelligence humaine n'est pas la source de la vérité, mais un moyen, un instrument pour découvrir la vérité déjà existante ; elle est l'œil de l'âme, qui ne crée pas les objets par son regard, mais découvre ceux qui existent en dehors d'elle. Dieu seul est la source de la vérité ; c'est de lui que la vérité rayonne dans l'univers, créé à l'image de ses idées éternelles. C'est parce que les choses créées reproduisent les idées divines, que l'esprit humain, créé à l'image de Dieu, peut retrouver sous l'écorce des êtres visibles la pensée même de Dieu. Ainsi les idées des choses pénétrent dans l'esprit humain, et avec elles la vérité. Les choses extérieures

---

(346) Intellectus speculativus, quia accipit a rebus, est quodammodo motus ab ipsis rebus, et ita res mensurant ipsum. Ex quo patet, quod res naturales, ex quibus intellectus noster scientiam accipit, mensurant intellectum nostrum, sed sunt mensuratæ ab intellectu divino, in quo sunt omnia creata, sicut omnia artificiata in intellectu artificis (Ver., a. 2).

ne se règlent donc pas sur la pensée de l'homme, mais au contraire la pensée se règle sur son objet. Dire que les objets se règlent sur la pensée, c'est confondre l'intelligence humaine avec l'intelligence divine; c'est corrompre la vérité à sa source et bouleverser complètement le procédé de la connaissance. C'est sur l'intelligence divine que se règle tout; c'est la pensée divine qui produit, qui crée tout, c'est elle qui est la mesure de toute vérité.

347. Cette idée vraie du rôle de la raison doit être mise à la place de l'erreur fondamentale de la science moderne, si l'on veut arriver à fonder une philosophie qui rende service à la cause de la vérité dans la mesure de ses forces. En rejetant la thèse favorite de la science moderne, nous répudions toute philosophie *moniste*, dérivant tout de l'esprit humain; et nous proclamons l'antique *dualisme*, la distinction entre Dieu et le monde, entre l'esprit et la matière. Nous ne renonçons pas pour autant à connaître les choses telles qu'elles sont. L'intelligibilité et la vérité des créatures viennent de ce qu'elles réalisent la pensée de Dieu, dont elles sont l'image. Puisque l'esprit humain peut retrouver au fond des choses la pensée divine qui y est reproduite, la pensée de l'homme ne s'arrête pas au phénomène extérieur, elle pénétre jusqu'au fond le plus intime de l'être. Les principes de la Scolastique suffisent donc parfaitement à donner une connaissance vraiment scientifique; vouloir les concilier avec les idées de la *philosophie moderne*, serait s'exposer aux plus grandes erreurs, aux plus tristes déceptions.

348. Ce que l'humanité attend de la philosophie. — Le retour à la philosophie de S. Thomas, nous devons le répéter, n'a pour but de supplanter aucun système, puisqu'aucun n'a réussi à se faire accepter de tout le monde. La philosophie moderne n'a pu donner de réponses satisfaisantes aux questions qui lui étaient posées; nous nous trouvons aujourd'hui encore en face des mêmes problèmes qu'agitait le moyen âge, et qu'agite toute philosophie. Depuis six mille ans l'humanité marche à la conquête de la vérité; le cœur humain réclame une réponse décisive aux questions capitales qui intéressent son existence. Il voudrait voir déchirer le voile qui lui cache Dieu et la nature. La sagesse païenne a répondu à ces questions, mais l'humanité n'a pas été satisfaite. La raison chrétienne, éclairée par la foi a répondu à son tour, et le cœur humain satisfait s'est contenté pendant des siècles de cette réponse. Le scepticisme moderne a tout remis en question, et a voulu trouver une solution nouvelle. La raison émancipée et indépendante a promis l'explication de toutes les énigmes et de tous les mystères. L'humanité triomphante s'est jetée dans les bras de cette nouvelle sagesse; mais quelle désillusion, lorsqu'elle n'a rencontré que l'ombre au lieu la réalité, l'obscurité au lieu de la lumière! Laissant de côté cette philosophie incapable de lui donner la vérité, elle s'est retournée vers les sciences naturelles, dont les éclatants progrès semblaient annoncer que la nature n'aurait bientôt plus de secrets pour l'homme. Trompée une seconde fois, l'humanité s'adresse de nouveau aujourd'hui à la philosophie, et lui pose, plus vivement que jamais, les éternelles questions de son origine et de sa destinée.

349. Le respect de la tradition s'impose à la philo-

sophie. — Dans un tel état de choses, n'est-il pas opportun de renouer le fil de la tradition philosophique, et de nous demander comment les plus grands penseurs des siècles passés ont résolu les questions auxquelles la *philosophie moderne* désespère de répondre ? Depuis six mille ans, l'homme qui a reçu de Dieu la raison pour connaître le vrai, n'aurait-il découvert aucune vérité ? Il faudrait être complètement sceptique pour le supposer. Le respect de la tradition s'impose à la philophie, peut-être plus qu'à toute autre science. Dans les sciences naturelles, par exemple, le progrès est beaucoup plus continu ; les époques les plus stériles apportent toujours une contribution nouvelle. Il en est autrement de la philosophie : la perfection des détails et les progrès de l'expérience lui importent moins que la force et la pénétration de l'esprit. Un seul penseur de génie peut s'élever de beaucoup au-dessus de tous ses contemporains et dominer son siècle ; la puissance d'esprit avec laquelle il pénétre au fond de la nature des choses fait que sa doctrine vit respectée des âges suivants, parce qu'elle est l'expression des lois immuables de la nature. Qui pourrait nier qu'Aristote n'ait été un de ces génies que la philosophie n'oubliera jamais ? Qui refuserait d'admettre que S. Thomas ne domine également tout le moyen âge ? Léon XIII n'a-t-il pas raison de nous rappeler ces deux grands noms, et de nous inviter à suivre leur lumière. Nous faisons de l'histoire à tout-propos : Renan appelle notre siècle « le siècle historique ». Nous rassemblons et nous conservons avec le plus grand soin les débris de l'art des siècles passés ; nous recherchons avec le même empressement les vieux parchemins et les antiques chartes; ne serait-il pas opportun de faire aussi de l'histoire en philosophie, d'étudier les écrits de nos grands classiques, et surtout ceux de S. Thomas, où plusieurs siècles ont puisé tant de lumières pour l'esprit tant de salutaires enseignements pour la conduite de la vie?

350. Retourner à S. Thomas, c'est retourner à la vérité. — Mais retourner à S. Thomas, ce serait renoncer au progrès, et soumettre la philosophie à l'autorité d'un homme. — Si l'on entend par progrès tout système éclos dans le cerveau d'un philosophe, nous avouons que le retour à S. Thomas serait un petit obstacle à ce progrès, qui n'en est pas un. Quel progrès peut faire une philosophie qui remet tous les jours le même ouvrage sur le métier, et n'accepte aucune vérité reçue en héritage? La philosophie ne doit-elle pas arriver à établir des vérités durables? Si on avait appliqué le même système aux autres sciences et aux arts, ils seraient encore loin de la perfection. Si chaque artiste s'était appliqué à détruire les œuvres du passé, l'art ne serait pas encore sorti de l'enfance. Le vrai progrès n'est possible en philosophie, que si on travaille à ajouter chaque jour au patrimoine de vérité reçu du passé, au lieu de chercher à étayer chaque jour un nouveau système sur les débris du précédent. Si la saine critique avait prouvé la fausseté radicale de la doctrine de S. Thomas, il ne faudrait pas songer à y revenir. Mais on a rejeté la philosophie du moyen âge sans aucune raison, on a soulevé des montagnes de préjugés et de mensonges pour l'écraser; on n'a jamais démontré qu'elle fût fausse.

351. L'expérience, elle aussi, prouve que ce n'est

pas faire un pas en arrière que de retourner à
S. Thomas. Tous ceux qui depuis le xiii° siècle ont
suivi les traces du *Docteur angélique*, ne se sont pas
contentés de répéter et de copier ses leçons, ils ont
développé ses idées, les ont quelquefois modifiées, ou
même abandonnées quand elles ne pouvaient résister
à la critique. Ils n'ont reculé devant aucune question
de leur époque, devant aucune exigence scientifique,
ils ont bénéficié des découvertes de chaque siècle.
Qu'on compare Suarez avec S. Thomas, et l'on verra
ce qu'est devenue, après trois siècles, la *Somme théologique*. Si donc Léon XIII demande aux écoles catholiques de reprendre la philosophie de S. Thomas, ce
n'est pas pour qu'elles rétrogradent jusqu'au treizième siècle, mais pour qu'elles développent le riche
fonds de doctrine de l'École, à l'aide de tout ce qu'a
produit depuis le xiii° siècle la spéculation chrétienne. En un mot, Léon XIII veut renouer la chaîne
de l'enseignement traditionnel de la philosophie, là
où nos devanciers avaient eu le tort de la briser.

(351) Le passé ne recommence point. Ce qui est mort est mort.
Mais quand le passé est beau, grand, fort, il contient des germes
d'immortalité; et les temps nouveaux vont chercher ces germes
féconds, et la vie qui y est latente se réveille au contact de l'intelligence vivante, et de superbes choses se font, inspirées par le
passé, parce que le présent lui demande non pas une forme morte,
mais l'esprit qui l'animait.... S. Thomas en son temps résume le
passé : en lui revivent Platon, Aristote, S. Augustin, l'antiquité
païenne, l'antiquité chrétienne.... Ses disciples du xix° siècle
apprendront, en faisant comme lui, à faire autre chose que lui.
Ils ne le reproduiront pas purement et simplement. Ils ne conserveront pas tout entières des théories que lui-même aujourd'hui
abandonnerait ou modifierait, et là même où il est excellent, ils ne
se contenteront pas de le répéter (Ollé-Laprune, dans les *Annales
de philosophie chrétienne*, livraison d'Août 1888). Cf. Talamo, *L'Aristotélisme de la Scolastique* (Paris, Vivès), et Bourquard, *L'Encyclique Æterni Patris*.

Toutes les vérités que la philosophie ou les autres sciences ont conquises depuis le xiii⁰ siècle doivent s'ajouter aux trésors du passé pour les accroître. Toutes les questions nouvelles doivent être discutées sur les bases de la philosophie scolastique, et cette discussion doit mener à de nouvelles conquêtes. Nous avons vu combien le système de S. Thomas est vaste et grandiose ; on y trouve de la place pour toutes les formes de la vérité, pour ces sciences nouvelles dont l'enseignement de l'Ecole renfermait à peine le germe. La philosophie chrétienne de l'avenir cache donc dans son sein fécond d'immenses trésors. Sans abandonner une seule vérité du passé, elle profitera des découvertes du présent, et se préparera à de nouvelles conquêtes, tout en restant thomiste. Compris dans ce sens, le retour à S. Thomas n'est pas une rétrogradation, c'est la condition du vrai progrès.

352. Ce qui manque à la science actuelle. — Nous ne pouvons exprimer ces pensées, sans dire quelque chose du besoin capital de la science actuelle. La science moderne a un caractère spécial, celui de la critique ; par une suite nécessaire, sa méthode est analytique. Elle examine, décompose, analyse. Par ce moyen elle a accumulé beaucoup de matériaux scientifiques, acquis beaucoup de richesses isolées. La philosophie, pour sa part, pendant ces trois siècles d'égarements, a trouvé plus d'une vérité. Mais ses découvertes gisent, sans lien qui les unisse, comme les débris épars de quelque grand édifice. On a pénétré bien avant dans l'étude des lois de la nature, mais il n'y a encore rien d'ordonné ; la science de la nature n'est pas faite, et la multitude des hypothèses contradictoires rend le succès bien incertain. C'est pourquoi on voudrait rattacher la science de la nature à la philosophie, pour arriver à l'ériger en système solide. On sent le besoin de fondre dans une unité supérieure tout ce que l'on a découvert de vérités expérimentales en physique, en chimie, en géologie, en physiologie. Depuis trente ou quarante ans on analyse, on expérimente, on vérifie, on fait de la statistique; il faudra bien qu'il vienne un jour où l'on édifie, où l'on systématise. En un mot, la science actuelle a besoin d'une vaste synthèse, d'une encyclopédie scientifique.

353. La science a besoin de la Scolastique. — Ce n'est pas la philosophie de Kant, ni celle de Locke ou de Hume, qui répondront à ce besoin. L'insuffisance du criticisme de Kant se montre déjà; celle de l'empirisme anglais est encore plus palpable. Seule, la philosophie ancienne peut donner l'unité à cette infinie multitude. Elle le peut, parce que son plan est tracé dans des proportions si vastes et si larges, que toutes les vérités, naturelles et surnaturelles, peuvent y trouver leur place; elle le peut, parce qu'elle n'adopte pas uniquement l'analyse ou la synthèse, mais assigne à chaque méthode son rôle propre. Elle peut d'autant mieux concilier les lois de l'expérience avec celles de la pensée, que d'après sa théorie, toutes nos connaissances ont pour point de départ l'expérience. C'est sur ce terrain que deux fois déjà, dans le passé,

(353) J'aime mieux l'abus des distinctions inutiles et les subtilités d'une Scolastique affaiblie, que les excès de cette nouvelle scolastique (du Kantisme), qui poussant jusqu'au bout une critique injustifiable, étouffe la raison humaine par les moyens mêmes qui devaient servir à l'analyser (Hernandez y Fajarnez, Ontologia, p. 42).

une synthèse universelle des sciences a été tentée : à l'époque d'Aristote, et à celle de S. Thomas. Une science exclusivement critique peut bien détruire, elle ne peut pas édifier; de même que le libéralisme qui lui doit son origine peut bien décomposer, mais non organiser. L'Eglise seule peut, grâce à la philosophie conservée par ses soins, élever sur les ruines de la science moderne une véritable encyclopédie scientifique de l'esprit humain.

354. Avantages de la méthode scolastique. — Cette opportunité de la philosophie de S. Thomas ressortirait bien mieux, si l'on entrait dans le détail. Plusieurs philosophes de nos jours, sans être thomistes, reconnaissent qu'il y a dans la philosophie de S. Thomas plusieurs parties traitées de main de maître, et qui défient toute réfutation. Jourdain, par exemple, est persuadé que le panthéisme moderne ne peut être mieux combattu, ni la personnalité de l'âme humaine mieux établie, que par les raisonnements de S. Thomas contre Averroès. Il fait remarquer aussi que S. Thomas, dans sa théorie des passions, a fait preuve d'une plus grande connaissance du cœur humain que Descartes, Leibnitz, ou aucun philosophe de nos jours. Si nous ne pouvons poursuivre en détail l'application de toutes les parties de la doctrine thomiste aux besoins présents de la science, nous ne devons pas négliger un point, sur lequel précisément porte le principal reproche fait à la philosophie de l'Ecole. Depuis la publication de l'Encyclique *Æterni Patris*, on ne cesse d'entendre les plaintes les plus fortes sur

---

(354) Jourdain. La philosophie de S. Thomas (2 vol. in-8, Paris, 1858), ouvrage couronné par l'Académie des sciences morales et politiques. Vol. 2, p. 306.

la sécheresse et l'aridité de la méthode scolastisque, qui, par sa terminologie incompréhensible et tout son attirail de formules, est en opposition ouverte avec le langage philosophique d'aujourd'hui. Jourdain, lui-même, croit que la chute de la Scolastique a eu principalement pour cause sa méthode. Cette méthode du syllogisme, sèche et rigide, qui ne connaît que *majeure* et *mineure*, distinctions à l'infini, qui ne s'adresse qu'à l'intelligence et ne dit rien au cœur, qui ne parle pas la langue du peuple, mais un idiome particulier qu'elle s'est fait, cette méthode ne l'emportera jamais sur le style clair, abondant, académique, populaire des philosophes de notre époque. — Jourdain a pourtant la franchise d'avouer que cette méthode avait sa raison d'être au moyen âge. Le monde intellectuel était, au commencement du treizième siècle, une véritable Babel. Les résultats de la science n'avaient pas encore passé au crible de la raison chrétienne; l'invasion de la philosophie arabe remettait en question toutes les grandes vérités; le panthéisme et l'indifférentisme rivalisaient avec toutes sortes de sectes plus ou moins mystiques. Pour distinguer le vrai du faux au milieu d'une telle confusion, pour poursuivre l'erreur et la forcer dans ses derniers retranchements, il fallait une méthode sévère, une méthode capable d'isoler une thèse de tout ce qui lui est étranger, et d'atteindre la vérité avec une précision pour ainsi dire mathématique. Avec une méthode plus brillante, mais moins sévère, dit Jourdain, la confusion des idées n'aurait jamais cessé; avec une terminologie moins précise, les erreurs n'auraient jamais été réfutées; on n'aurait pas vu se produire les merveilles des siècles chrétiens dues à la foi nettement définie et scientifiquement développée.

355. Il est étonnant que Jourdain n'ait pas remarqué que ces considérations mettent à néant les reproches qu'il fait à la méthode ancienne, et prouvent son opportunité. Si cette méthode était nécessaire au moyen âge pour les raison alléguées, elle l'est encore bien plus aujourd'hui ; car la confusion des idées, l'incohérence des systèmes scientifiques, sont au moins aussi grandes qu'autrefois. Jourdain l'a senti, et il a été obligé de reconnaître à la méthode scolastique une certaine utilité, même pour notre époque. Il avoue que la méthode moderne sacrifie souvent la vérité de la pensée à la forme du style, et laisse croire qu'on peut traiter à fond toutes les questions quand on les connaît à peine superficiellement. Il veut une méthode procédant par des notions précises, des termes strictement définis, excluant impitoyablement tout ce qui est accessoire, vague et obscur. Si Jourdain réclame une pareille méthode comme nécessaire à la science actuelle, il trouve précisément dans la méthode de S. Thomas, dans la méthode aristotélico-scolastique, toutes les qualités qu'il désire. Du reste, Jourdain n'est pas le seul à faire ces aveux. Trendelenbourg, dont le témoignage n'est pas suspect, a fait cette observation : « La gymnastique du syllogisme de l'École ne nous ferait pas de mal aujourd'hui. Quoique la philosophie actuelle s'imagine orgueilleusement n'en point avoir besoin, elle aurait souvent honte de ses raisonnements, s'ils lui appa-

---

(355) Trendelenbourg, professeur à Berlin, mort en 1872, a réagi puissamment contre l'idéalisme logique de Hégel. Le passage cité est tiré de ses *Explications des éléments de la logique d'Aristote*, p. 70.

raissaient dans la nudité de la forme syllogistique, dépouillés des ornements qui cachent leur faiblesse. » Stuart-Mill et Ueberweg s'expriment d'une manière analogue. Si de tels hommes ont appelé de tous leurs vœux une méthode, qui dans ses points essentiels serait identique à celle de S. Thomas; pourquoi refuser de reconnaître que celle-ci soit encore opportune? Il est temps de bannir de nos méthodes ce besoin de popularité qui n'a fait qu'abaisser le niveau de la science. La science n'est pas faite pour tout le monde, elle n'a pas besoin de parler la langue de tout le monde. La science en général, la philosophie en particulier, ne s'adressent pas à la sentimentalité du cœur; elles n'ont à s'occuper que de la vérité. Les phrases à effet, les images, les figures de rhétorique, les éclats de style, ne peuvent que nuire, quand il s'agit uniquement d'éclairer la raison et de la mettre sûrement en possession du vrai.

2° S. THOMAS ET LA THÉOLOGIE

356. Rapports de la philosophie et de la théologie. — Léon XIII fait ressortir, dans son immortelle Encyclique, les services que la philosophie peut rendre à la foi, en citant le beau passage où S. Augustin la re-

(356) Si quis in acerbitatem nostrorum temporum animum intendat, earumque rerum rationem, quæ publicè et privatim geruntur, cogitatione complectatur, is profecto comperiet, fecundam malorum causam, cum eorum quæ premunt, tum eorum quæ pertimescimus, in eo consistere, quod prava de divinis humanisque rebus scita, e scholis philosophorum jampridem profecta, in omnes civitatis ordines irrepserint, communi plurimorum suffragio recepta.... Igitur postulat ipsius divinæ Providentiæ ratio, ut in revocandis ad fidem et ad salutem populis etiam ab humana scientia præsidium quæratur : quam industriam probabilem ac sapientem,

présente comme une science qui « engendre, nourrit, défend et fortifie la foi nécessaire au salut. » Non seulement elle écarte les obstacles qui s'opposent à la foi, mais elle fournit les principes qui lui servent de préparation, *præambula fidei*; elle prouve le fait scientifique de la révélation, développe aux yeux de la raison les motifs de crédibilité, et amène l'intelligence à obéir à la foi. Plus grande est encore l'utilité de la philosophie, quand il s'agit de faire de la foi une science, de mener à la théologie. Sans doute la philosophie ne peut pas communiquer aux mystères du christianisme l'évidence rationnelle, mais elle peut les présenter dans un ordre systématique, et diriger la raison dans leur étude. La foi et la raison sont deux sœurs, qui ont Dieu pour père, et qui doivent toujours rester unies par les liens les plus étroits.

357. En partant de ce principe, les premiers prédidicateurs de l'Evangile, et après eux les Pères de l'Eglise, ont fait le plus grand usage de la philosophie. Les Docteurs des âges suivants ont suivi cet exemple et c'est à l'union étroite de la philosophie avec la foi que la Scolastique doit son origine. Si le treizième siècle est l'âge d'or de la Scolastique, c'est que les grands esprits de cette époque ont consacré tous leurs efforts à mettre la science en harmonie avec la

---

in more positam fuisse præclarissimorum Ecclesiæ Patrum, antiquitatis monumenta testantur. Illi scilicet neque paucas, neque tenues rationi partes dare consueverunt, quas omnes perbreviter complexus est magnus Augustinus « huic scientiæ tribuens..., illud quo fides sa- » luberrima... gignitur, nutritur, defenditur, roborantur. » — Fidei et rationis parens atque auctor Deus sic utramque temperavit, ut societate et quadam cognatione inter se continerentur (Leo XIII. Encycl. *Æterni Patris*).

(357) Et hujus quidem tam salutaris scientiæ cognitio et exercitatio, quæ ab uberrimis divinarum Litterarum, summorum

foi. Avec la philosophie de S. Thomas, la théologie scolastique, telle qu'elle est présentée dans la *Somme du Docteur angélique*, a régné pendant cinq siècles dans les écoles catholiques ; elle a pénétré dans toutes les ramifications de la vie chrétienne, inspiré les prédicateurs, dicté les livres ascétiques. Bien plus, elle a aidé au développement de l'enseignement de l'Eglise ; dans le cours des siècles, plusieurs de ses thèses sont devenus des dogmes, sa terminologie a été adoptée pour formuler l'enseignement de la religion. Au Concile de Trente, la *Somme théologique* de S. Thomas était placée à côté de la Sainte Ecriture, et les plus importants décrets étaient rédigés par un fidèle disciple du saint Docteur, Dominique Soto. On ne saurait compter les éloges prodigués par les Papes et les Conciles à la théologie de S. Thomas. Léon XIII, dans son Encyclique, rappelle spécialement ces paroles de Sixte-Quint : « La connaissance et la pratique de cette science si salutaire... a toujours été d'un grand secours à l'Eglise, soit pour la saine intelligence et la véritable interprétation des Ecritures,... soit pour la réfutation des hérésies. Mais en ces derniers jours... où des hommes blasphémateurs, orgueilleux, séducteurs, progressant dans le mal, après avoir erré eux-mêmes, veulent entraîner les autres dans

Pontificum, sanctorum Patrum et conciliorum fontibus dimanat, semper certe maximum Ecclesiæ adjumentum afferre potuit, sive ad Scripturas ipsas vere et sane intelligendas et interpretandas, sive ad Patres securius et utilius perlegendos et explicandos, sive ad varios errores et hæreses detegendas et refellendas : his vero novissimis diebus, quibus jam advenerunt tempora illa periculosa ab Apostolo descripta, et homines blasphemi, superbi, seductores proficiunt in pejus, errantes et alios in errorem mittentes, sane catholicæ fidei dogmatibus confirmandis et hæresibus confutandis pernecessaria est (Sixtus V. Bulla *Triumphantis*, an. 1588).

l'erreur ; cette science est plus que jamais nécessaire pour défendre les dogmes de la foi catholique et écraser les hérésies. »

358. Éloges donnés par l'Eglise à la philosophie scolastique. — Cet éloge magnifique de la théologie scolastique se rapporte aussi à la philosophie, car c'est précisément elle qui mène à la théologie et la rend possible. Il n'a pas manqué, jusqu'à ce jour, de critiques qui croient pouvoir faire une distinction, relativement aux éloges donnés par l'Eglise, entre la philosophie et la théologie scolastique. En ce qui regarde la foi et la tradition, les grands docteurs du moyen âge ne sont tombés dans aucune erreur ; mais, dit-on, leurs théories philosophiques ne sont pas toujours justes. On a écrit, à propos de la récente Encyclique de Léon XIII, que S. Thomas « follement persuadé que la philosophie d'Aristote était seule capable d'ériger le dogme chrétien en un système scientifique, avait fait pénétrer par là dans la théologie le sensualisme, le panthéisme et l'émanatisme. » Rien n'est moins exact que cette distinction entre la philosophie et la théologie scolastique. La philosophie de S. Thomas est celle de l'Eglise, au même titre que sa théologie. La philosophie du moyen âge est un élément essentiel de l'étude spéculative du dogme. La méthode scolastique a précisément pour but de fixer plus nettement le dogme au moyen de la philosophie, de le développer à la lumière des vérités naturelles, d'y faire pénétrer la raison aussi loin que possible. Si la philosophie scolastique partait d'un

---

(358) Cette citation est tirée d'un pamphlet de Knoodt contre l'Encyclique *Æterni Patris* (Bonn, 1880).

point de vue faux, comment lui aurait-il été possible d'éclairer les vérités de la foi? Si elle avait étudié les dogmes à l'aide de théories fausses, comment la théologie n'en aurait-elle pas souffert? Du reste, les papes et les conciles n'ont pas seulement approuvé les doctrines théologiques de l'Ecole, mais sa méthode philosophique, sa manière d'expliquer les rapports de la raison avec la foi; ils ont vu, dans cette étude philosophique des dogmes, le meilleur moyen de réfuter l'erreur et de sauvegarder la foi.

359. Pie IX a déclaré, en condamnant le traditionalisme de l'abbé Bautain, que S. Thomas, S. Bonaventure et les autres scolastiques ont employé leur méthode philosophique avec l'approbation au moins tacite de l'Eglise. Dans une lettre à l'archevêque de Munich, il s'est plaint de ce que l'Allemagne se soit fait une idée complètement fausse de l'ancienne Ecole et de la doctrine de ses Maîtres illustres, en qui l'Eglise révère à la fois tant de sagesse et tant de sainteté. Cette fausse idée, ajoute le Pape, est de nature à porter atteinte à l'autorité de l'Eglise elle-même, qui a non-seulement permis depuis tant de siècles de traiter la science théologique d'après la méthode de ces grands docteurs, et conformément aux principes reçus unanimement dans toutes les écoles catholiques, mais qui a encore comblé d'éloges leur doctrine théologique et l'a recommandée comme le plus puissant bouclier de la foi et la meilleure arme pour terrasser les ennemis de la vérité.

360. Mais pourquoi rechercher dans le passé,

---

(359) Lettre de Pie IX à l'archevêque de Munich, du 23 décembre 1863.

(360) « Quæ verba quamvis Theologiam scholasticam dumtaxat

puisque Léon XIII déclare formellement, dans son Encyclique, que les éloges prodigués à la théologie scolastique par les papes et les conciles conviennent également à la philosophie. En effet, toutes les grandes qualités qui distinguent la théologie des auteurs scolastiques, ont leur racine dans le bon usage qu'ils ont fait de la philosophie. Écoutons les paroles du Pape : « Cet éloge, bien qu'il ne paraisse comprendre que la théologie scolastique, s'applique cependant aussi à la philosophie. En effet, les qualités éminentes qui rendent la théologie scolastique si formidable aux ennemis de la vérité... sont toutes dues uniquement au bon usage de la philosophie, que les docteurs de l'Ecole avaient pris généralement le soin et la sage coutume d'employer, même dans les controverses théologiques... La théologie dans laquelle ils ont excellé n'aurait certainement pu acquérir tant de gloire et d'estime dans l'opinion des hommes, si ces docteurs n'eussent employé qu'une philosophie incomplète, tronquée ou superficielle. »

361. Puisque tous les éloges donnés à la théologie du *Docteur angélique* par les écoles catholiques, les ordres religieux, les universités, les évêques, les

---

complecti videautur, tamen esse quoque de Philosophia ejusque laudibus accipienda perspicitur. Siquidem præclaræ dotes, quæ Theologiam scholasticam hostibus veritatis faciunt tantopere formidolosam... præclaræ, inquimus, et mirabiles istæ dotes unice a recto usu repetendæ sunt ejus philosophiæ, quam magistri scholastici, data opera et sapienti consilio, in disputationibus etiam theologicis, passim usurpare consueverunt.... Profecto Theologia, in qua illi excelluerunt, non erat tantum honoris et commendationis ab opinione hominum adeptura, si mancam atque imperfectam aut levem philosophiam adhibuissent.

(361) Voir les paroles de Sixte V, citées plus haut, n° 357. —

conciles et les papes, conviennent également à sa philosophie, tout ce que nous avons dit du mérite de la doctrine philosophique de S. Thomas en est corroboré d'autant. Si nous trouvons dans les hommages rendus depuis près de six cents ans à l'*Ange de l'Ecole*, le témoignage des hommes manifesté de la manière la plus éclatante, nous avons dans l'union étroite et inséparable de sa philosophie avec sa théologie, reconnue universellement comme celle de l'Eglise, quelque chose de plus que le témoignage humain. Assurément, toutes les idées philosophiques de S. Thomas n'ont pas passé dans sa théologie, et ne font pas corps avec l'enseignement de l'Eglise ; mais les principes de sa philosophie, les vérités philosophiques d'où se déduisent toutes les autres, sont devenues le patrimoine de la théologie scolastique enseignée dans l'Eglise. D'où il résulte que, par suite de l'alliance que la raison et la foi ont contractée dans la théologie de l'Ecole, la vérité de la doctrine philosophique de S. Thomas s'appuie sur l'autorité de l'Eglise. Si cette philosophie a contribué pendant des siècles, par son union à la théologie, au plus grand bien de celle-ci, comment soutenir qu'elle ne puisse plus rendre aujourd'hui les mêmes services ? Puisque Sixte-Quint recommandait la théologie scolastique non seulement comme conforme aux besoins de son époque, mais comme absolument nécessaire, parce

Quoties respicimus ad bonitatem, vim, præclarasque utilitates ejus disciplinæ philosophicæ quam majores nostri adamarunt, judicamus temere esse commissum, ut eidem suus honos non semper nec ubique permanserit, præsertim cum philosophiæ scholasticæ et usum diuturnum, et maximorum virorum judicium, et quod caput est, Ecclesiæ suffragium favisse constaret (Leo XIII, Encycl. *Æterni Patris*).

qu'alors la foi était attaquée de toutes parts, et qu'une science orgueilleuse ne croyait plus qu'à elle-même; ne faut-il pas reconnaître qu'à présent le même mal exige le même remède.

362. Alliance de la foi et de la raison dans la Scolastique. — L'opportunité du retour à la philosophie de S. Thomas ressort encore mieux, si on se rappelle l'origine de la théologie scolastique. Dès que la philosophie d'Aristote fut connue des Arabes, des Juifs et des chrétiens, un même besoin scientifique se fit sentir : Arabes, Juifs et chrétiens se demandèrent quelle relation il devait y avoir entre ce gigantesque système rationnel et les vérités religieuses. Les Arabes et les Juifs résolurent la question en sacrifiant la foi à la raison, ou en interdisant à celle-ci de pénétrer dans le domaine religieux. Les docteurs de l'Ecole prirent un chemin opposé : ils surent amener la raison et la foi à une si parfaite harmonie, que l une ne pût jamais nuire à l'autre; et cette union servit parfaitement les intérêts des deux partis. C'est cette union que Léon XIII décrit en ces termes : « En même temps que S. Thomas distingue parfaitement la raison et la foi, il les unit toutes deux par les liens d'une mutuelle amitié, il conserve à chacune ses droits, il sauvegarde la dignité de chacune, de telle sorte que la raison portée sur les ailes de l'*angélique Docteur* jusqu'au faîte de l'intelligence humaine, ne peut guère monter plus haut; et que

(362) Præterea rationem, ut par est, a fide apprime distinguens, utramque tamen amice consocians, utriusque tum jura conservavit, tum dignitati consuluit, ita quidem ut ratio ad humanum fastigium Thomæ pennis evecta, jam fere nequeat sublimius assurgere; neque fides a ratione fere possit plura aut validiora adjumenta præstolari, quam quæ jam est per Thomam consecuta (Ibidem).

la foi peut à peine espérer de la raison des secours plus nombreux ou plus puissants que ceux que lui a prêtés S. Thomas. »

363. Antagonisme de la raison et de la foi dans la philosophie moderne. — Depuis que Descartes et ses successeurs ont rompu cette alliance, on a vu s'élever entre la foi et la raison une lutte qui s'est envenimée à tel point que, de nos jours, l'une et l'autre semblent être des ennemies irréconciliables. Croyant *ou* philosophe, incroyant *et* philosophe, tel est aujourd'hui le mot d'ordre de la science. Si le caractère de la philosophie moderne est précisément cette révolte contre la révélation divine, que faut-il aujourd'hui à la théologie? Suffit-il qu'elle suive la méthode positive, qu'elle appuie la foi sur les textes de l'Ecriture et des Pères, qu'elle utilise tous les progrès de la critique sacrée et de l'archéologie biblique? Sans doute, tout cela est utile, mais le point essentiel est de relier la philosophie à la théologie pour faire de celle-ci avant tout une science apologétique. En un mot, notre siècle a besoin d'une théologie comme celle de S. Thomas, d'une théologie dans laquelle le naturel et le surnaturel, la terre et le ciel, la raison humaine et la raison divine, la science et la tradition se rencontrent dans la plus parfaite union. C'est pourquoi le Saint-Père désire que la théologie soit enseignée d'après la méthode strictement scientifique des Sco-

---

(363) Il est grand le nombre de ceux qui rejettent ou méprisent les véritées révélées, parce qu'ils ne croient pas pouvoir les concilier avec la science humaine et les nouvelles doctrines (Léon XIII, Allocution du 7 mars 1880). — Omnino necesse est, gravi scholasticorum more tractari [theologiam], ut revelationis et rationis conjunctis in illa viribus, invictum fidei propugnaculum esse perseveret (Leo XIII, Encycl. *Æterni Patris*).

lastiques, afin que les forces réunies de la raison et de la foi servent au triomphe de la religion.

364. Le rationalisme est inséparable de la philosophie moderne. — Je sais que beaucoup de penseurs catholiques sont persuadés, encore aujourd'hui, qu'on peut mettre la philosophie moderne au service de la foi, en la traitant de manière à écarter tout danger. Ils pensent que les attaques des erreurs modernes ne peuvent être repoussées victorieusement qu'à l'aide de la philosophie moderne. « Si la Scolastique était autrefois de taille à remplir ce rôle, elle ne l'est plus aujourd'hui, dit Rosenkranz; il est grandement temps de bannir les préjugés qui ont élevé une barrière entre la philosophie moderne et la théologie. » Cette manière de voir est complètement fausse. La philosophie moderne ne peut, à l'aide d'aucun compromis, être mise en harmonie avec le dogme de l'Eglise. Hermès et Gunther l'ont essayé en vain ; la tentative de Rosenkranz a été tout aussi vaine : il est impossible d'enlever à la philosophie moderne son caractère d'hostilité contre le christianisme tel que l'enseigne et le pratique l'Eglise catholique. Cette philosophie repose sur un principe d'orgueil diamétralement opposé à la notion d'autorité, à savoir que la raison humaine est la seule source de vérité. Si elle reconnaît des vérités révélées, ce n'est qu'après les avoir marquées de son sceau, c'est-à-dire après leur avoir enlevé leur caractère supra-rationnel. Le rationalisme est inséparable de la philosophie moderne; c'est sa chair et son sang. On le verra

---

(364) Rosenkranz, Principes de la théologie, Préf. p. vii (Munich, 1875).

mieux encore en examinant la terminologie de la nouvelle métaphysique.

365. La philosophie moderne n'a pas de terminologie fixe. — Les idées sont pour le philosophe ce que les nombres sont pour le mathématicien : tant valent les idées, tant vaut la philosophie. Or, la théologie emprunte à la philosophie ses idées, et personne ne niera que la valeur des idées de la philosophie ancienne ne soit tout autre que celle des idées de la philosophie moderne. Qu'on fasse seulement attention aux idées fondamentales d'être, d'essence, de nature, de substance, d'accidents, etc. ; ces mots ont quelquefois dans la philosophie moderne un sens tout opposé à celui que leur attache la Scolastique. Qu'un théologien de nos jours se mette à expliquer les mystères de la foi avec les idées de la métaphysique moderne, n'en changera-t-il pas le sens? La chose serait peut-être supportable s'il y avait pour tous les systèmes modernes une terminologie commune. Mais la terminologie change avec les systèmes, et chez le même philosophe, le même terme n'a pas toujours le même sens. De plus, les systèmes changent constamment. Que servira-t-il à la théologie de s'assimiler tel ou tel système, s'il lui faut bientôt en adopter un autre, et renouveler ainsi, jusqu'à la fin des temps, un travail de Sisyphe, sans espoir d'arriver jamais à posséder la vérité?

366. La philosophie scolastique est la clef de la théo-

(366) Eo fine [vehementer cupimus] ut juniores clerici cum majori ardore et fructu theologiam scholasticam (cui præit, et indissolubiliter quasi connubit, nec non servit hujusmodi philosophia) amplectantur et optime calleant; nec non ut ejusdem scientiæ adminiculo, præambula fidei melius demoustrentur, dogmata sacra præclarioribus argumentis illustrentur, et errores præ-

logie. — Autant l'alliance avec la philosophie moderne serait fatale à la théologie, autant le retour à la philosophie du moyen âge sera profitable au développement de la science religieuse. Cette science a fait de grands progrès depuis quelques années, surtout depuis le concile du Vatican. Il y a certainement là de quoi réjouir tous les gens de bien, et leur faire concevoir les plus belles espérances. Mais nous sommes encore bien loin de l'éclat que la théologie a jeté au xvi° siècle; nous sommes loin des travaux des Suarez, des Vasquez, des de Lugo, des Valentia. Il est à croire que nous serions allés plus loin, si en retournant à la théologie de S. Thomas nous étions aussi retournés à sa philosophie; car sa théologie ne peut être bien appréciée et comprise, si on ne possède sa philosophie. Si les Pères du Concile provincial de Bordeaux désirent si ardemment le retour à la philosophie de S. Thomas, ce n'est pas seulement parce qu'elle est en parfaite harmonie avec nos dogmes et qu'elle sert beaucoup à les expliquer; mais c'est surtout parce qu'elle donne la clef de la théologie et permet de l'étudier avec succès. La langue de l'Eglise, ses décisions dogmatiques, les œuvres classiques de nos grands théologiens, sont inintelligibles pour quiconque ne connaît pas la philosophie de S. Thomas.

sertim ætatis nostræ facilius interimantur. Eo magis excolenda est hæc philosophia, quo intimius cum dogmatibus atque definitionibus et ipsamet lingua Ecclesiæ docentis conjungitur, mentesque discipulorum melius præparat ad intelligenda opera doctorum scholasticorum, præsertimque Summam Theologicam D. Thomæ, toties quidem, nunquam vero satis celebratam, quæ, uberrimæ doctrinæ fons semper vividus, iis tamen qui ab ejusdem philosophicis alieni erunt doctrinis fons clausus et signatus remanebit. (Conc. Prov. Burdigal).

Le chef-d'œuvre des chefs-d'œuvre, la Somme théologique de *l'Ange de l'Ecole,* restera un livre fermé pour tous ceux qui ne seront pas familiarisés avec sa philosophie.

367. La Scolastique donne l'unité à l'enseignement théologique. — Si la doctrine philosophique de S. Thomas redevient le patrimoine commun de toutes les écoles catholiques, il en résultera un autre avantage : l'unité entre tous les esprits, unité non pas dans les questions accessoires, où l'on peut s'en passer, mais unité dans les principes et les questions fondamentales. On a vu trop souvent les savants catholiques épuiser leurs forces à se combattre, et c'est précisément à cause de cette divergence d'idées que leurs louables efforts sont restés impuissants contre l'incrédulité moderne. Ils ont vérifié la parole de l'Ecriture : *Unus ædificans et unus destruens, quid prodest illis nisi labor?* (Eccli. 34, 28) Léon XIII désire mettre fin à cet état de choses : il veut que tous les défenseurs de la foi de l'Eglise se rencontrent sur le terrain de la doctrine traditionnelle de l'Ecole, et s'avancent en bataillon serré contre l'ennemi commun. Cette unité de doctrine fera revivre une grande Ecole catholique, non pas une école à la façon de celles de Kant ou de Hégel, mais une Ecole vraiment universelle, en ce sens que dans toutes les parties du monde, dans toutes les nations catholiques, la théologie sera enseignée d'après les mêmes principes et avec la même méthode. Les avantages qui en résulteraient pour le développement de la vie catholique, pour l'influence des idées chrétiennes sur les grandes questions sociales, seraient inappréciables. Aussi le Souverain Pontife a-t-il grandement raison de réclamer, comme une des plus impérieuses nécessités de notre époque, le retour à la philosophie scolastique, c'est-à-dire à celle de S. Thomas.

368. On comprendra mieux encore quels services la théologie du dix-neuvième siècle doit attendre de la philosophie du moyen âge, si l'on remarque de quelle manière l'incrédulité moderne attaque l'Eglise. On a d'abord mis en avant Kant et Hume pour ressusciter la science. Puis, comme on n'en venait pas au bout, on s'est rejeté sur Aristote. « C'est le sort de la philosophie péripatéticienne, dit Kleutgen, d'être invoquée, tantôt comme alliée, tantôt comme ennemie du christianisme. » Or, si le paganisme actuel prend la livrée d'Aristote, quelle meilleure arme y a-t-il pour la théologie catholique, que la philosophie de S. Thomas, qui réclame le Stagyrite comme le défenseur des droits de la raison, et le force à rendre témoignage à la vérité de la foi? La Scolastique a opposé un Aristote de bon aloi à celui des Arabes; eh bien! opposons au faux Aristote de la philosophie du jour le véritable Aristote expliqué par la Scolastique. Si nous le faisons avec la même énergie et le même talent que l'ont fait S. Thomas au treizième siècle, et Suarez au seizième, Aristote délivrera encore une fois l'Occident de l'invasion des Barbares, et ouvrira pour la science une nouvelle ère de prospérité.

(368) Profecto sicut inimici catholici nominis, adversus religionem pugnaturi, bellicos apparatus plerumque a philosophica ratione mutuantur, ita divinarum scientiarum defensores plura e philosophiæ penu depromunt; quibus revelata dogmata valeant propugnare. Neque mediocriter in eo triumphare fides christiana censenda est, quod adversariorum arma, humanæ rationis artibus ad nocendum comparata, humana ipsa ratio potenter expediteque repellat (Leo XIII, Encycl. *Æterni Patris*).

3° S. THOMAS ET LES SCIENCES NATURELLES

369. Les progrès de la philosophie ne dépendent pas de ceux des sciences naturelles. — Lorsqu'on commença, au XVe siècle, à abandonner la philosophie scolastique, on prétexta qu'elle était en contradiction avec les résultats de l'étude de la nature. On confondit la physique du moyen âge avec sa métaphysique; et comme il y avait dans cette physique expérimentale plus d'une erreur, on tint toute la métaphysique et spécialement la cosmologie pour fausse. Aujourd'hui on renouvelle avec ardeur le même reproche. On s'imagine qu'avec la doctrine thomiste on va voir revenir toutes les erreurs de l'alchimie, et les anciennes théories astronomiques. On va jusqu'à dire que le moyen âge ne pouvait point avoir une philosophie vraie, parce que les sciences naturelles étaient alors dans l'enfance. « Tant que la science de la nature n'avait pas poussé dans toutes ses branches des rejetons vigoureux, le printemps de la philosophie n'avait pas encore paru. Aujourd'hui que la physiologie à son tour est en pleine efflorescence, il ne manque plus rien pour que la philosophie produise tous ses fruits. » Si ce jugement était vrai, la philosophie devrait, pour poser ses principes fondamentaux, attendre le complet développement de la connaissance de la nature; toute la

---

(369) Brentano, *Du découragement en philosophie*, p. 20 (Vienne 1874). — Le docteur Schneid a développé les idées qu'il résume ici, dans son récent ouvrage : *La philosophie de la nature d'après S. Thomas*, 1re partie, ch. 6 et 7. (Paderborn, 1890, *en allemand*.)

philosophie ancienne ne signifierait rien. De plus, la philosophie se trouverait réduite à la plus triste situation, elle n'aurait jamais de fondements solides; car les sciences naturelles reposent elles-mêmes le plus souvent sur de pures hypothèses, et leurs doctrines subissent de perpétuels changements. Mais heureusement la philosophie n'en est pas réduite à dépendre du progrès des autres sciences. Elle part de l'expérience, il est vrai, mais non de cette expérience qui suppose des instruments précis, des observations multipliées; elle a pour moyens d'observation les cinq sens et la conscience. Le philosophe explore par la pensée le monde qui l'entoure et la vie intérieure de son âme; il arrive ainsi à connaître l'essence des choses et leurs causes. C'est à l'aide de ces moyens que les docteurs du moyen âge, appuyés sur Aristote, ont fait une philosophie de la nature qui n'a rien eu à souffrir des erreurs professées par les alchimistes. Nous pouvons donc rejeter complètement la physique expérimentale des anciens, sans renoncer à aucun des principes de leur philosophie de la nature. Nous ne voulons pas dire, bien entendu, qu'une connaissance plus approfondie et plus étendue des lois de la nature ne permette à la philosophie d'avancer elle-même; au contraire, rien n'est plus à désirer pour le philosophe qu'une connaissance parfaite de la nature. Aussi attendons-nous des progrès étonnants des sciences naturelles un grand secours pour l'étude de la philosophie. Les importants travaux de la physiologie relativement à la sensation, au sentiment, au travail de la pensée, permettront de redresser certaines théories, d'écarter quelques obscurités, et de perfectionner la psychologie. Mais, nous tenons à le répéter, la philosophie ne s'appuie pas tant sur les connaissances expérimentales, que sur la force et la pénétration de l'intelligence. Un profond penseur peut, avec moins de connaissance de la nature, aller beaucoup plus loin qu'un esprit ordinaire bourré de notions de physique et de chimie. Les erreurs de la physique ancienne n'étaient donc pas une raison suffisante pour rejeter la métaphysique du moyen âge, et ne doivent pas servir de prétexte pour nous empêcher d'y retourner aujourd'hui.

370. La Scolastique a pour point de départ l'expérience. — Mais voici un reproche bien plus sérieux. On entend répéter de toutes parts que la cosmologie scolastique est en opposition directe avec l'*expérience*. Les Scolastiques, dit-on, n'ont pas compris le mot *expérience*. L'induction, grâce à laquelle les sciences naturelles ont fait de si merveilleux progrès, a été complètement inconnue au moyen âge. Ce que la Scolastique enseignait sur la nature des choses, elle ne l'avait pas appris de l'*expérience*, mais construit *a priori* à l'aide d'idées abstraites. Comment une pareille doctrine serait-elle propre à centraliser aujourd'hui les résultats des découvertes modernes, et à pénétrer jusqu'au fond du sytème de la nature?

371. Pour mettre à néant cette objection, il faut insister sur le caractère empirique de la philosophie péripatéticienne. Les Docteurs du moyen âge ne sont pas des empiristes au sens de Locke et de Condillac, pour qui toutes nos connaissances étaient limitées à ce que perçoivent les sens, mais ils sont empiristes

---

(371) Trendelenbourg, *Petits traités*, I, p. 257. — Omnis notitia nostra in scientia naturali fundatur super experientiam. (Duns Scot. in 1 *Physic.* q. 6).

dans ce sens qu'ils veulent que l'intelligence reçoive de la perception externe les matériaux sur lesquels elle s'exerce. L'œil de l'esprit ne doit pas fixer d'abord son regard sur Dieu pour y voir les vérités suprasensibles ; il ne peut pas non plus voir en lui-même toute vérité : il est obligé de se tourner vers le monde sensible pour y voir un reflet des idées éternelles. L'objet propre de l'intelligence est l'essence des choses corporelles, disent tous les péripatéticiens chrétiens. C'est parce que l'Ecole tire des données des sens, au moyen de l'abstraction, ses idées et ses concepts, qu'elle atteint par la pensée la réalité objective des choses, leur nature, leur substance réelle. Quelque élevées, quelque profondes que soient ses spéculations, elle est toujours sur le terrain de la réalité ; les chiffres qui servent à ses calculs représentent des réalités tirées de l'expérience sensible. Raphaël, dans son *Ecole d'Athènes,* a très bien représenté les deux princes de la philosophie : Platon et Aristote. Platon, vieillard vénérable, montre de la main le ciel, comme le royaume de la vérité, élevé au dessus de cette terre. Aristote, dans la force de l'âge, a la main étendue vers le sol de la réalité, où il cherche le fondement d'une connaissance solide. Les péripatéticiens du moyen âge ont suivi Aristote sur ce terrain. Au contraire, les adeptes de la philosophie transcendantale moderne, peu soucieux de la réalité, ont entrepris de reconstruire l'univers de toutes pièces avec les idées et les concepts qu'ils ont prétendu trouver en eux-mêmes. On voit par là la différence radicale qui existe entre l'ancienne Ecole et la philosophie moderne, dans la théorie de la connaissance ; on voit aussi combien cette théorie moderne est incapable de concourir aux progrès des sciences naturelles. Car, on ne saurait trop le répéter, des concepts purement subjectifs ne peuvent jamais mener à une réalité objective, dès lors qu'on admet entre le corps et l'esprit une limite infranchissable.

372. La Scolastique a donné les règles de l'induction.
— L'ancienne École pouvait bien, il est vrai, par sa théorie de la connaissance, se former une idée du monde extérieur tel qu'il est ; mais, objecte-t-on toujours, il lui était impossible d'arriver aux notions universelles. Pour passer des phénomènes individuels à la loi générale, ce n'est pas assez du procédé déductif, il faut l'induction. Or on est persuadé que les scolastiques n'ont jamais pratiqué l'induction, ne l'ont pas même connue. — On pouvait jusqu'à un certain point comprendre ce reproche il y cinquante ans. On croyait alors qu'Aristote n'avait ni connu ni employé la méthode inductive. A présent, au contraire, on est obligé de reconnaître qu'il en est le fondateur, et cela à un double point de vue : « Il a connu parfaitement les principes essentiels de la théorie inductive, il les a exposés avec une clarté, une conviction qui nous étonnent, et il a fait le premier de remarquables efforts pour l'appliquer à

---

(372) Oncken. *La Politique d'Aristote*, t. I, p. 8 (Leipzig, 1870). — « Utrum ad bonam inductionem oporteat inducere in omnibus » singularibus » (Duns Scotus in 2 Prior. Anal. q. 8). — Multitudo temporis requiritur ad hoc ut experimentum probetur, ita quod in nullo fallat.... Oportet enim experimentum non in uno modo, sed secundum omnes circumstantias probare, ut certe et recte principium sit operis (Alb. Magn. in 6 Ethic., tr. 2, c. 25). — Cf. Ravaisson (Métaph. d'Aristote, l. 3, c. 2, p. 499), Trendelenbourg (Elem. log., § 35), Rémusat (Bacon, l. 3, c. 3, § 1), S. Thomas (in 1 Post. Anal., l. 3).

la science grecque. » Comment les docteurs du moyen âge n'auraient-ils rien connu de la méthode expérimentale, ni de l'induction? Ne les voit-on pas plus attachés encore à la méthode d'Aristote et à ses procédés scientifiques, qu'à sa doctrine elle-même? Comme Aristote, les péripatéticiens du moyen âge enseignent qu'il y a dans la science deux voies différentes : l'une qui va du général au particulier et au singulier, c'est la déduction; l'autre qui va dans un sens inverse du particulier au général, c'est l'induction. Comme Aristote, ils distinguent deux genres de certitude : celle qui repose sur la raison, et celle qui repose sur l'expérience; c'est cette dernière qui règne dans la sphère des sciences de la nature, et les règles qu'ils en tracent montrent suffisamment qu'il ne s'agit pas ici d'une observation superficielle quelconque. Ils veulent qu'on répète souvent l'expérimentation, qu'on recherche les différentes propriétés des phénomènes naturels jusque dans les plus petits détails, afin de distinguer ce qui est essentiel de ce qui est accessoire. Ainsi seulement est-il possible de découvrir la véritable cause d'un phénomène. La logique actuelle établit pour première règle de l'induction, que l'on doit observer autant d'individus, renouveler autant d'expérimentations, qu'il est nécessaire pour établir que tel phénomène, telle propriété, ne dépendent pas des qualités accidentelles de quelques individus, mais se rattachent à une qualité commune à toute l'espèce. C'est dans ce cas seulement que l'*énumération incomplète* des parties donne le droit d'affirmer une même chose de toute l'espèce. Or, cette règle fondamentale était parfaitement connue au moyen âge.

373. Pourquoi le moyen âge n'a pas utilisé l'induction. — On voit d'après ce que nous venons dire qu'il est impossible de nier que les scolastiques aient parfaitement connu l'importance de l'*expérience*, et la route à tenir pour faire faire des progrès à l'étude de la nature. On peut se demander s'ils ont tiré de cette connaissance tout le parti qu'ils auraient pu. Nous ne craignons pas d'avouer que le moyen âge n'a pas utilisé l'induction autant qu'on aurait pu le désirer dans l'intérêt des sciences naturelles. Ce n'est pas manque de bonne volonté, ni de désir du progrès. Au contraire, le moyen âge s'est passionné pour l'étude de la nature. Pour s'en convaincre on n'a qu'à lire les quatre premiers chapitres du second livre de la *Somme contre les Gentils*. On verra quelle importance le *Docteur angélique* attribue à la connaissance de la nature et quels grands services il la croit capable de rendre. Il menace des punitions de Dieu ceux qui ne prendront pas à cœur de connaître la création. C'est à cette passion pour la nature et ses productions, que nous devons les recherches faites par S. Thomas dans les différentes branches des sciences naturelles. Si elles n'ont pas été plus fécondes, la faute en est principalement à l'époque. Les grands Docteurs de l'École avaient une tâche plus impor-

(373) R. Coppola. S. Tommaso d'Aquino e le scienze naturali (Milano 1874). — Pesch, S. J. Institutiones philosophiæ naturalis secundum principia S. Thomæ Aquinatis (Friburgi, 1880). — Hac ipsa ætate, plures iique insignes scientiarum physicarum doctores palam aperteque testantur, inter certas ratasque recentioris Physicæ conclusiones et philosophica Scholæ principia, nullam veri nominis pugnam existere.... Qua in re et illud monere juvat, nonnisi per summam injuriam eidem philosophiæ vitio verti, quod naturalium scientiarum profectui et incremento adversetur (Leo XIII, Encycl. *Æterni Patris*).

tante : soumettre à l'esprit de l'Eglise toute la pensée, toute la vie de l'homme, faire pénétrer le surnaturel dans tous les détails de l'existence humaine. Nous leur devons cette magnifique civilisation chrétienne de l'Occident, dont les rares débris font notre consolation et notre espoir pour l'avenir. Alors qu'il s'agissait des plus belles conquêtes de l'esprit, la recherche et la description des minéraux, des plantes et des animaux, pouvait rester au second plan. Du reste, on manquait à cette époque de tous les secours nécessaires pour approfondir les phénomènes de la nature : on manquait d'instruments, on manquait de collections scientifiques, et de plus, les représentants de la science étaient presque exclusivement des moines, confinés dans leurs cellules. Vouloir que de tels hommes soient des naturalistes dans le sens actuel du mot, c'est vouloir l'impossible. Qu'on fasse peu de cas des résultats obtenus au moyen âge dans les sciences naturelles, nous le comprenons; mais tout esprit sérieux doit reconnaître que la cosmologie scolastique ne renferme rien de contraire aux découvertes de la science moderne, et par conséquent ne peut mettre aucune entrave aux progrès de la connaissance de la nature. C'est ce que le P. Pesch a parfaitement prouvé dans sa *Philosophia naturalis*. Il prend tous les résultats les plus récents de la physique, de la chimie et de la physiologie, et il n'y trouve rien qui l'oblige à abandonner les principes des anciens. Les physiologistes de nos jours ont fait beaucoup de recherches sur la couleur, l'odeur, le goût et les autres qualités sensibles; cela a servi à faire mieux comprendre comment les corps extérieurs agissent sur nos organes, à écarter plusieurs erreurs de la physique d'autrefois, mais tous les résultats obtenus laissent inébranlable ce principe de la philosophie scolastique : que la couleur, l'odeur, le goût, ne sont pas quelque chose de purement subjectif, mais se retrouvent réellement dans l'objet de la sensation. Les sens ne nous font pas seulement connaître qu'il y a des objets en dehors de nous, mais nous font aussi connaître les qualités de ces objets. D'illustres représentants de la science moderne ont reconnu cette parfaite harmonie entre les découvertes les plus récentes et la philosophie du moyen âge, comme le constate Léon XIII dans son Encyclique.

374. Pourquoi la Scolastique serait très utile aux sciences naturelles. — L'étude de la philosophie scolastique, non seulement n'arrêterait pas les progrès des sciences naturelles, mais leur serait très favorable. Le défaut de la méthode de ces sciences, c'est d'être exclusivement analytique. On observe les phénomènes, on décompose les productions de la nature, on les résout en leurs éléments. Des faits observés on tire, au moyen de l'induction, les lois qui les régissent. Tout cela est indispensable, mais ne suffit pas pour constituer une science proprement dite. Par ce moyen, on apprend seulement que telle classe d'individus possèdent telles qualités, obéissent à telles lois; mais on ne sait pas pourquoi ils ont ces qualités et obéissent à ces lois. Pour constituer la science de la nature et de ses phénomènes, il faut rapprocher tous les résultats de l'analyse, les comparer, les ramener à l'unité, en découvrir les rapports, et les ramener à leur cause. Les sciences naturelles ne suffisent pas pour cela; il faut le secours d'une science plus élevée, qui a pour but de faire connaître les choses par leur cause propre, et d'expliquer les phénomènes par la nature même des êtres, — d'une science synthétique, — d'une philosophie. Mais quelle est la philosophie qui donnera à la science de la nature ce caractère de science parfaite ? Assurément ce n'est pas l'idéalisme moderne, car bien loin de partir de l'observation des phénomènes internes ou externes, il s'appuie sur des idées et des notions que la raison tire d'elle-même, par lesquelles il n'est possible d'arriver à aucune science des choses, mais tout au plus à une science de la pensée.

375. Seule la philosophie scolastique et péripatéticienne peut élever l'étude de la nature à la dignité de science. C'est elle qui part des données de l'expérience pour aller jusqu'à l'essence des choses et à leurs causes ; c'est elle qui s'élève des causes inférieures jusqu'à la cause première, où elle trouve la raison dernière de tout être pour redescendre ensuite par la voie de la synthèse jusqu'aux individus, et compléter le travail de l'analyse. Tandis que la philosophie moderne ne connaît que la synthèse, et construit tout *a priori*; tandis que les sciences naturelles ne pratiquent que l'analyse et ne reconnaissent que les vérités expérimentales : la philosophie péri-

---

(375) Etiam physicæ disciplinæ, quæ nunc tanto sunt in pretio, et tot præclare inventis, singularem ubique cient admirationem sui, ex restituta veterum philosophia non modo nihil detrimenti sed plurimum præsidii sunt habituræ. Illarum enim fructuosæ exercitationi et incremento non sola satis est consideratio factorum contemplatioque naturæ : sed, cum facta constiterint, altius insurgendum est, et danda solerter opera naturis rerum corporearum agnoscendis, investigandisque legibus quibus parent, et principiis unde ordo illarum, et unitas in varietate, et mutua affinitas in diversitate proficiscuntur (Ibidem).

patéticienne réunit les deux méthodes, demande à chacune d'elles la vérité, et se tient en garde contre toute cause d'erreur. C'est pourquoi elle peut seule arriver à concilier l'idéal et le réel, la pensée et les faits. Le Souverain Pontife en a jugé ainsi; lorsqu'il a écrit ces belles paroles : « Les sciences physiques elles-mêmes, qu'on estime tant aujourd'hui, et dont les magnifiques découvertes excitent partout une si grande admiration, non-seulement n'ont rien à craindre d'un retour à la philosophie des anciens, mais y trouveront un précieux secours. Ce n'est pas assez, pour féconder leurs travaux et assurer leurs progrès, de se borner à l'observation des faits et à la contemplation de la nature; mais, les faits étant constatés, il faut s'élever plus haut, et s'appliquer avec soin à connaître la nature des choses corporelles, à rechercher les lois auxquelles elles obéissent, les principes d'où découlent l'ordre, l'unité et la variété qu'on y admire. On ne saurait croire combien la philosophie scolastique, sagement enseignée, apporterait à ces recherches de force, de lumière et de secours. »

4° S. THOMAS ET LES SCIENCES SOCIALES

376. Le Droit nouveau est le fruit de la philosophie moderne. — Léon XIII espère que la restauration de la philosophie dans le sens de S. Thomas favorisera non seulement le progrès des sciences spécu-

(376) Domestica atque civilis ipsa societas, quæ ob perversarum opinionum pestem quanto in discrimine versetur universi perspicimus, profecto pacatior multo et securior consisteret, si in Academiis et scholis sanior traderetur, et magisterio Ecclesiæ confor-

latives, mais aussi le développement des sciences pratiques. Il est persuadé que la situation de la famille et de la société ne serait pas aussi triste, si la doctrine du Docteur angélique était enseignée dans les écoles et les universités. Par suite des idées fausses qui ont pénétré partout, et des monstrueuses erreurs qu'a propagées la philosophie moderne, on en est venu, dit-il, à ce point : « que la lumière des plus hautes vérités est comme éteinte dans beaucoup d'esprits, et que les hommes et les sociétés tournent à leur ruine. Les principes d'un prétendu *Droit nouveau*, dont certains Etats ont déjà fait la triste expérience, s'appuient sur les faux dogmes d'une vaine philosophie. » Il attend, au contrire, de la rénovation de la philosophie ce résultat : qu'elle mettra de côté les erreurs qu'ont produites les systèmes absurdes de notre époque, qu'elle consolidera les fondements de l'ordre, du droit et de la justice pour assurer le repos des Etats, le salut des peuples et la vraie civilisation. »

377. Le moyen âge a étudié les questions sociales. — Il peut paraître étrange à ceux qui n'ont aucune idée de la philosophie du moyen âge que le Pape rattache à cette science le salut de notre société et de nos institutions économiques. Le moyen âge ne s'est pas occupé de ces questions-là, ou bien il n'y a rien compris, entendons-nous répéter de toutes parts. Il faut avoir un parti pris de dénigrement, des préjugés bien enracinés pour ne pas comprendre, avec

---

mior doctrina, qualem Thomæ Aquinatis volumina complectuntur (Leo XIII, Encycl. *Æterni Patris*). — Cf. Léon XIII, Allocution du 7 mars 1880, et Van Weddingen : L'Encyclique de S. S. Léon XIII et la restauration de la philosophie chrétienne (Bruxelles, 1880).

le moindre effort de réflexion, que des maîtres, comme Albert le Grand et S. Thomas, qui ont régné sur leur époque par l'étendue de leur savoir, qui ont porté dans toutes les sphères scientifiques la plus grande pénétration de vue et la plus grande patience de travail n'aient pu rester indifférents aux questions qui intéressent la vie du peuple, la prospérité de la famille, le bien-être de l'Etat, le développement de l'Eglise. Nous reconnaissons que la première période de la Scolastique a produit peu de chose sous ce rapport ; mais dès que la connaissance des écrits politiques de Platon et d'Aristote se fut répandue au xiii° siècle, on n'a pas cessé d'étudier ces grandes questions.

378. Depuis S. Thomas les principes n'ont pas changé. — Parmi les auteurs du moyen âge qui ont étudié la société au point de vue chrétien, S. Thomas occupe le premier rang. Non seulement il traite accidentellement ce sujet dans plusieurs endroits de ses deux *Sommes* et de ses autres ouvrages, mais il en a fait l'objet d'*Etudes* spéciales. Indiquons seulement le livre *De Regimine principum*, qui renferme toute la Politique de l'époque. Quand nous disons, avec le Saint-Père, que les enseignements renfermés dans ces écrits sont encore de la plus haute utilité pour nous, nous l'entendons moins des détails que des

---

(378) Quæ de germana ratione libertatis, hoc tempore in licentiam abeuntis, de divina cujuslibet auctoritatis origine, de legibus earumque vi, de paterno et æquo summorum Principum imperio, de obtemperatione sublimioribus potestatibus, de mutua inter omnes caritate ; quæ scilicet de his rebus et aliis generis ejusdem a D. Thoma disputantur, maximum atque invictum robur habent ad evertendum ea juris novi principia, quæ pacato rerum ordini et publicæ saluti periculosa esse dignoscuntur (Ibidem).

principes. S. Thomas développe sur le commerce, les impôts, l'hygiène, la richesse, l'esclavage, des idées qui sont intéressantes pour l'historien, mais qui ont perdu leur utilité pour nous qui vivons dans des conditions sociales bien différentes. Il en est tout autrement des questions qui ont rapport à la nature de l'État et aux éléments qui le constituent. Sous ce rapport la société n'a pas changé. Tant qu'il y aura des hommes, il y aura un pouvoir civil, et ce pouvoir revêtira telle ou telle forme; toujours il y aura des lois, des droits et des devoirs, des relations nécessaires entre l'État et d'autres sociétés. Relativement à ces points essentiels, la philosophie sociale de S. Thomas sera toujours de la plus haute importance. Léon XIII ne prétend pas qu'on copie à la lettre les enseignements de S. Thomas en cette matière, pas plus qu'en une autre; il veut seulement qu'on revienne aux vérités fondamentales et aux grands principes du système péripatéticien, principes qui n'ont pas été inventés au moyen âge, mais qui appartenaient déjà en grande partie à la sagesse païenne. Voici ses expressions : « Ce que S. Thomas nous enseigne sur la vraie nature de la liberté, qui de nos temps dégénère en licence, sur la divine origine de toute autorité, sur les lois et leur puissance, sur le gouvernement paternel et juste des souverains, sur l'obéissance due aux puissances plus élevées, sur la charité mutuelle qui doit régner entre tous les hommes; ce qu'il nous dit sur ces sujets et d'autres de même genre, a une force immense, invincible, pour renverser tous ces principes du *Droit nouveau*, pleins de danger, on le sait, pour le bon ordre et le salut public. »

379. La philosophie moderne a obscurci tous les principes. — Il est absolument nécessaire de revenir aujourd'hui aux vrais principes. La philosophie moderne n'a pas seulement obscurci toutes les vérités spéculatives les plus importantes; elle a enseigné les erreurs les plus funestes à la vie des individus et des sociétés. Elle a surtout méconnu l'idée vraie de l'Etat. A ses yeux, l'Etat n'est pas institué pour les individus, mais pour lui-même; d'après Hegel, c'est le *Dieu du jour*. Une pareille glorification de l'Etat devait nécessairement altérer la notion de la loi et du droit. La loi de l'Etat apparaît comme quelque chose de divin, comme la règle suprême, au dessus de laquelle il n'y a plus rien. La notion de la liberté est également corrompue. D'après Kant, la liberté consiste à n'être retenu par rien, obligé à rien; l'homme libre ne dépend d'aucune autorité supérieure, il porte en lui-même sa loi. Il est clair que, dans un pareil système, on ne trouve plus de place pour la fin surnaturelle de l'homme, ni pour les moyens de salut qui l'aident à arriver à cette fin. La science moderne regarde l'Eglise comme une œuvre humaine, sujette par conséquent au changement, au perfectionnement. On voit facilement où mène cette doctrine, quand il s'agit de fixer les rapports entre l'Eglise et l'Etat. L'Eglise n'a d'autorité, de droits, qu'autant que l'Etat veut bien lui en accorder. Naturellement on lui refuse toute direction de la vie publique, toute influence exercée sur la science : ce serait autant de barrières à la liberté. Nous pourrions continuer longtemps sur ce ton, et faire voir que la philosophie moderne n'a pas laissé pierre sur pierre de la constitution chrétienne des Etats. Mais cela n'est pas nécessaire, car tout le monde reconnaît que notre situation sociale et économique touche à une entière décadence.

380. Le droit de Dieu au moyen âge. — Le caractère propre de la doctrine philosophique de S. Thomas, c'est l'unité d'un organisme parfait. Le *Docteur angélique* a réussi à mettre en harmonie l'expérience et la raison, et de concilier les droits de l'une et de l'autre avec ceux de la foi. Les sciences sociales rentrent dans cette belle unité. La vie et l'activité des hommes et des sociétés sont mises en harmonie avec l'expérience, la raison et la foi. Les droits des particuliers, des familles et des communautés sont conciliés avec ceux de l'autorité divine et humaine. En partant de la fin surnaturelle de l'homme, S. Thomas peut assigner à chaque chose sa place, et faire marcher de pair la pensée et l'action, la vérité et le droit, la liberté et l'autorité, réglés sur la loi de Dieu, source de tout être, de toute liberté et de tout droit. Et parce que la sagesse du moyen âge n'était pas seulement logée dans le cerveau des moines, mais pénétrait toute la vie humaine et toutes les conditions sociales, nous voyons à cette époque la société organisée au mieux de ses intérêts. Les luttes étaient fréquentes et acharnées : papes et empereurs, évêques et seigneurs, moines et chevaliers, défendaient leurs droits dans des luttes sanglantes; mais malgré ces excès naturels à des peuples encore un peu sauvages, il régnait partout un sentiment de l'ordre et du droit qui pouvait seul porter remède au déchaînement des passions. L'autorité de l'Empereur n'absorbait pas la liberté de la nation; l'esprit de corporation ne supprimait pas la liberté individuelle, ce précieux joyau de la société du moyen âge. La soumission absolue à l'autorité de l'Eglise n'arrêtait pas le moins du monde l'essor des sciences, ni les initiatives les plus hardies. Au dessus de tout le reste, planait une idée, qui était une puissance : le droit de Dieu, devant lequel s'inclinaient pape et empereur, riche seigneur et pauvre vassal.

381. L'unité et la paix dans l'Etat. — Léon XIII sait que les mêmes causes produisent les mêmes effets, et il attend du retour aux idées de S. Thomas les mêmes résultats pour le bonheur des peuples et des Etats ; il espère surtout que la pratique de ces idées donnera à la société chrétienne l'ordre et l'unité. S. Thomas assigne comme but à l'exercice du pouvoir le maintien de l'unité et de l'ordre dans la société, mais il comprend ce mot d'unité autrement que nos hommes d'Etat. L'unité de l'Etat ne va pas jusqu'à régler tous les détails de la vie, toutes les manifestations de la pensée, comme les rouages d'une machine, elle doit seulement réaliser le maintien de la paix. Si l'unité nuisait à la paix, ce ne serait plus un avantage, mais un fardeau pour la société. Depuis qu'on entend autrement l'unité, on l'a réduite à un nivellement des forces sociales. L'Etat moderne ne connaît plus l'initiative individuelle, la vie de corporation, le développement personnel ; tout est jeté dans le même moule, tout, même les institutions religieuses. C'est pourquoi il y a partout tant de mécontents. Le parti opprimé lutte jusqu'à ce qu'il arrive au pouvoir, et il devient oppresseur. C'est l'unité, mais non la paix.

382. La liberté et l'initiative individuelle. — Nous

---

(381) Voir les textes de S. Thomas cités plus haut, n° 330 et 331.
(382) Contzen, Plan d'un système d'économie politique et sociale, p. 48-52 (Gratz, 1876).

voudrions pouvoir entrer dans le détail des idées politiques de S. Thomas; on verrait de quelle importance est leur étude pour notre époque. Qu'on se reporte seulement à son traité *des Lois,* qui a fait l'admiration de ses adversaires eux-mêmes. Jourdain affirme que cette partie de la philosophie de S. Thomas serait encore aujourd'hui la meilleure introduction à l'étude du Droit. D'autres travaux auraient encore leur importance. Dans la question juive, par exemple, si l'on veut tenir un juste milieu, il n'y a qu'à lire l'opuscule *De regimine Judæorum.* On y trouvera des aperçus si larges sur la situation des Juifs dans la société chrétienne, qu'un antisémite refuserait d'y souscrire. Ceux qui s'attendent à ne trouver dans la Politique de S. Thomas que la revendication de l'autocratie de l'Eglise sur toutes les relations de la vie publique et privée, seraient bien surpris de rencontrer le moine du treizième siècle à la tête d'une croisade en faveur de la liberté et de l'initiative individuelle, et de lui voir énoncer des théories qui ne devaient trouver leur application que plusieurs siècles plus tard. Heureusement on commence à être plus juste envers le moyen âge et spécialement envers S. Thomas. « En somme, dit Contzen, on peut regarder la Politique de S. Thomas comme un flambeau éclatant, on peut la présenter au dix-neuvième siècle comme un utile miroir. Elle renferme le fonds de toutes nos richesses intellectuelles dans le domaine des sciences sociales, par le fait même qu'elle nous donne les idées les plus justes de la nature de la société et des lois qui la régissent. »

383. La Politique empirique de S. Thomas. — Si

l'espace nous manque pour entrer en plus de détails, nous devons cependant toucher un point de la Politique de S. Thomas, qui nous montrera son opportunité. On a jusqu'à ces derniers temps philosophé *a priori* sur la société et l'Etat, sans trop s'inquiéter de la vie réelle du peuple. Mais ces doctrines ont fait leur temps, on commence à prendre une route opposée : on observe et on étudie les pays et les peuples pour formuler les lois sociales d'après l'état des sociétés. C'est pourquoi on attache maintenant tant d'importance à la statistique. On appelle cette méthode *empirique* parce qu'elle cherche à établir les lois sociales, économiques et politiques de la vie, de la même manière qu'on établit des lois du monde physique par l'étude de la nature. L'emploi de cette méthode dans les sciences morales et sociales n'est pas une invention moderne. Aristote le premier l'a employée, contrairement à la méthode *a priori* qu'a suivie Platon dans sa *République* idéale. S. Thomas a adopté la méthode d'Aristote et a fait une Politique empirique. De même que sa doctrine métaphysique est tirée de l'observation du monde réel, ainsi tout ce qu'il enseigne sur les fonctions de la vie sociale, sur la propriété, le partage des richesses, l'usure, le paupérisme, le capital, etc., est emprunté à la vie réelle. Voilà pourquoi ce que notre époque croit avoir découvert sur les questions sociales et humanitaires, bien loin d'être en contradiction avec les idées de S. Thomas, n'est qu'une reproduction, un perfectionnement de sa doctrine. Cette doctrine doit donc toujours servir de base aux études sociales ; en la prenant pour guide on n'aura pas un *iota* de vérité à sacrifier.

384. Influence de la philosophie sur les arts. — Dans tout ce qui précède nous avons montré comment la doctrine philosophique de S. Thomas répond aux besoins actuels de la science et peut aider à un progrès véritable. On pourrait faire la même preuve relativement aux autres productions de l'esprit, surtout relativement aux beaux-arts. Il est parfaitement vrai, comme le dit Léon XIII, que les arts se développent parallèlement aux idées philosophiques, et empruntent à la science de l'idéal leur direction, leur force et leur esprit. A l'essor majestueux de la philosophie du moyen âge correspond un essor aussi remarquable de l'art. Aussi, tous ceux qui, de nos jours, s'intéressent à l'avenir de l'art, voudraient le rattacher au moyen âge. Les peuples chez lesquels l'art est le plus avancé, sont ceux qui ont repris les traditions anciennes. On ne verra arriver l'âge d'or des beaux-arts que si la science elle-même consent à reprendre le chemin qu'elle a abandonné.

385. Conclusion. — Nous concluons notre travail en exprimant le vœu que tous les penseurs catholiques entrent dans les intentions du Souverain Pontife, et que la philosophie du Docteur angélique soit mise à la tête du mouvement scientifique, « cette philosophie, qui a reçu sa forme du plus profond génie de

---

(384) Facto et constanti experientia comprobatur, artes liberales tunc maxime floruisse, cum incolumis honor et sapiens judicium philosophiæ stetit; neglectas vero et prope obliteratas jacuisse, inclinata atque erroribus vel ineptiis implicita philosophia (Leo XIII, Encycl. *Æterni Patris*).

(385) La première citation est de Kleutgen : *Les anciennes écoles et les nouvelles,* p. 193 (Munich, 1869). — L'écrivain protestant auquel on fait allusion est Sybel : *Journal historique,* 1875, 2º livraison.

la Grèce, ses idées de l'esprit le plus lumineux de l'Eglise latine, son organisation de S. Thomas d'Aquin que l'Eglise honore comme son Maître, qui a réuni la profondeur d'Aristote à l'élévation d'Augustin, et qui a pu, mieux que toute autre, enseigner les plus hautes vérités de la manière la plus simple et la plus solide ; cette philosophie, qui a été cultivée et complétée non seulement par les Jésuites, mais par tous les hommes qui ont mis leur talent au service de l'Eglise pour la défendre ; cette philosophie, qui à toutes les époques et dans tous les pays catholiques, a été estimée, enseignée et défendue comme celle de l'Eglise. » Un écrivain protestant écrivait, il y a quelques années, cette impiété : « Nous tenons pour certain qu'en écrasant la domination de Thomas d'Aquin, nous écraserons celle de la Cour Romaine ». Il est donc vrai que la domination de la sainte Eglise est étroitement liée à celle de la doctrine du Docteur angélique ; eh bien, élevons S. Thomas sur le pavois, afin que notre sainte mère l'Eglise exerce dans toutes les sphères l'influence qui lui appartient, et que la domination de S. Thomas écrase la domination de l'incrédulité moderne !

FIN

TABLE DES MATIÈRES

Avant-propos 1

1. La chevalerie et la philosophie. — 2. Rôle de S. Thomas d'Aquin. — 3. Vie de S. Thomas. — 4. OEuvres de S. Thomas. — 5. Plan et divisions.

CHAPITRE PREMIER

Principes fondamentaux 8

6. Il y a des vérités au-dessus de la raison. — 7. Deux sources de connaissance, la révélation et la raison. — 8-10. Avantages de la révélation. — 11. La foi est raisonnable. — 12. La foi et la raison ne peuvent pas se contredire. — 13. Les mystères ne se démontrent pas. — 14. La science, la foi et l'opinion. — 15. Dieu est l'objet matériel et formel de la foi chrétienne. — 16. La certitude de la foi surnaturelle est plus grande que celle de la science. - 17. Une vérité évidente ne peut pas être l'objet de la foi. — 18. Les préambules de la foi. — 19. La connaissance scientifique ne détruit pas l'habitude de foi. — 20. En théorie, la science précède la foi. — 21. En pratique, la foi chrétienne précède la science. — 22-24. L'acte de foi est méritoire. — 25-26. Différence fondamentale entre la philosophie et la théologie. — 27-28. La théologie est la reine de toutes les sciences. — 29. Résumé.

CHAPITRE II

Métaphysique. 33

30. La substance et l'accident. — 31-32. La matière et la forme. — 33. L'acte premier et l'acte second. — 34. La matière des corps célestes est d'une espèce particulière. — 35. Forme substantielle et formes accidentelles. — 36. La forme substantielle n'est pas cause efficiente. — 37. Pas de matière sans forme. — 38. Formes inhérentes et formes subsistantes. — 39. Formes informantes. — 40. Génération et corruption. — 41. L'essence et l'existence. — 42-47. Le principe d'individuation.

CHAPITRE III

Théorie de la connaissance 51

48. La connaissance est la représentation d'un objet dans l'esprit. — 49. L'espèce impresse et l'espèce expresse ; le verbe intérieur. — 50-51. L'espèce est de

même nature que notre âme. — 52-53. Le sens et l'intelligence; leur union intime chez l'homme. — 54. L'objet direct de la connaissance intellectuelle est l'essence des corps. — 55-56. L'âme se connaît elle-même par ses actes. — 57-58. L'âme connaît sa nature par la réflexion. — 59-60. Notre connaissance de Dieu et des anges est tirée des créatures. — 61. Comment l'intelligence connaît le particulier. — 62. Comment l'intelligence connaît l'universel. — 63. L'intellect agent et l'intellect possible. — 64. L'intellect agent donne la lumière et opère l'abstraction. — 65. Les sens fournissent la matière de la connaissance intellectuelle. — 66. La connaissance exprime la réalité des choses. — 67. Connaissance complexe et incomplexe. — 68. Dieu n'est pas le premier objet connu par l'intelligence. — 69-70. La connaissance intellectuelle est une participation à la lumière divine. — 71-73. Comment on peut dire que nous voyons tout en Dieu. — 74. Opinion de S. Augustin. — 75. La connaissance intellectuelle commence par les concepts les plus universels. — 76. La première idée est l'idée de l'être en général; comment elle nous est naturelle. — 77. Différence entre la raison et l'intelligence. — 78. Coup d'œil rétrospectif.

CHAPITRE IV

Dieu et la Création. 84

79. L'intuition de l'essence divine n'est pas naturelle à l'homme. — 80. La vision intuitive est réservée à l'autre vie. — 81. Notre connaissance de Dieu est tirée des créatures. — 82. Nous connaissons encore Dieu par la foi. — 83. On peut prouver que Dieu existe. — 84. L'existence de Dieu n'est pas évidente par elle-même. — 85. La preuve ontologique de S. Anselme. — 86. Preuve tirée du mouvement. — 87. Preuve tirée de la contingence des créatures. — 88. Preuve des causes finales. — 89. Preuve tirée de l'imperfection des créatures. — 90. Résultat obtenu. — 91. Simplicité de Dieu. — 92. Dieu n'est pas composé de matière et de forme. — 93. Dieu n'est pas composé d'essence et d'existence. — 94. Dieu n'est compris dans aucun genre. — 95. Dieu n'est pas composé de substance et d'accidents. — 96. Erreur des panthéistes. — 97. Il n'y a en Dieu que des distinctions rationnelles. — 98. Ces distinctions ont un fondement en Dieu. — 99. Dieu est souverainement parfait. — 100. Dieu possède, à un degré éminent, les perfections des créatures. — 101. Qualités des créatures qu'on ne peut attribuer à Dieu. — 102. C'est par analogie que nous attribuons à Dieu les perfections des créatures. — 103. Comment nous nous formons l'idée de Dieu. — 104. Dieu est le bien absolu. — 105. Dieu est l'Etre infini. — 106. Dieu est présent partout. — 107. Dieu est immuable. — 108. Dieu est éternel. — 109. Dieu est essentiellement un. — 110. Dieu est l'intelligence absolue. — 111. Dieu connaît par son essence. — 112. Dieu se connaît parfaitement lui-même. — 113. Dieu connaît tout le reste par la connaissance qu'il a de lui-même. — 114. Dieu connaît en détail les propriétés de chaque être. — 115. Dieu connaît tous les êtres réels ou possibles. — 116. La science de Dieu est la cause des choses. — 117. Il y a en Dieu plusieurs idées. — 118. Dieu connaît tout par un seul acte. — 119. Dieu est la volonté absolue. — 120. Dieu veut son être et celui des créatures. — 121. Nécessité et liberté dans la volonté divine. — 122. L'amour, la justice, la miséricorde de Dieu. — 123. Le mystère de la vie de Dieu en trois personnes. — 124. Y a-t-il en Dieu production (ou procession) de personnes? — 125. Deux productions: celle de l'intelligence et celle de la volonté. — 126. La production due à l'intelligence est une génération. — 127. L'homme a été créé à l'image de la Trinité. — 128. Dieu est tout-puissant.

— 129. Relations de Dieu avec les créatures. — 130. Dieu a tiré le monde du néant. — 131. La création se prouve par la raison. — 132. Quatre arguments de S. Thomas. — 133. Dieu crée par un acte libre. — 134. Le pouvoir de créer n'appartient qu'à Dieu. — 135. Opinion de Pierre Lombard. — 136. La question de l'éternité du monde. — 137. La raison ne peut pas prouver que le monde soit éternel. — 138. Réfutation des objections. — 139. On peut prouver la possibilité de l'éternité du monde. — 140. Réfutation des objections. — 141. La foi nous enseigne que le monde a eu un commencement. — 142. Faux systèmes sur l'origine de la variété des créatures. — 143. La variété des créatures manifeste les perfections de Dieu. — 144. Deux grandes divisions : le monde des esprits et le monde des corps. — 145. Le monde corporel est subordonné à l'homme. — 146. L'homme est le trait d'union entre l'esprit et la matière. — 147. Dieu gouverne tout par sa Providence. — 148. Dieu conserve l'être à chaque créature. — 149. Dieu concourt à l'activité de ses créatures. — 150. L'action de Dieu ne détruit pas celle de la créature. — 151. Le concours de Dieu ne détruit pas la liberté de l'homme. — 152. La Providence s'étend à chaque chose en particulier. — 153. Les causes secondes concourent à l'exécution du plan divin. — 154. Les intelligences supérieures agissent sur les autres. — 155. Les astres agissent sur les corps terrestres. — 156. Les astres n'agissent qu'indirectement sur l'âme de l'homme. — 157. Le monde pourrait être plus parfait. — 158-159. Le mal est permis comme occasion d'un plus grand bien. — 160. La Providence n'exclut pas la liberté. — 161 Résumé.

CHAPITRE V

Les Anges 164

162. Il doit exister de purs esprits. — 163. Les anges ne sont pas composés de matière et de forme. — 164. Les anges sont immortels. — 165. La vie des anges est de connaître et d'aimer. — 166. L'ange se connait directement par son essence. — 167. L'ange reçoit directement de Dieu la connaissance des objets extérieurs. — 168. Comment l'ange connaît Dieu. — 169. L'ange est doué de volonté. — 170. Les bons et les mauvais anges.

CHAPITRE VI

L'Homme 172

171. Idée de l'âme en général : l'âme est le premier principe de la vie. — 172. L'âme est l'acte premier du corps. — 173. Trois degrés dans la vie; trois sortes d'âmes. — 174-175. L'âme n'est pas matérielle. — 176. L'âme n'est pas l'harmonie des parties du corps. — 177. Toutes les âmes ne sont pas des formes subsistantes. — 178-180. Preuves de la spiritualité de l'âme. — Première preuve, tirée de la nature de la pensée. — 181. Seconde preuve, tirée de la notion de substance intelligente. — 182. L'âme n'est pas composée de matière et de forme. — 183. L'âme humaine est une forme subsistante. — 184. L'âme humaine est une substance simple et individuelle. — 185-187. L'âme humaine est immortelle. — 188-189. L'âme peut exister et agir, quoique séparée du corps. — 190-191. Union de l'âme et du corps. Opinion de Platon. — 192. L'homme n'est pas une intelligence servie par des organes. — 193. L'âme n'est pas unie au corps comme le moteur au mobile. — 194. Conséquence absurde de la théorie de Platon. — 195-197. L'âme est unie au corps comme la forme à la matière. —

198. L'âme est la forme substantielle du corps. — 199. L'âme séparée du corps en est toujours la forme. — 200. Réponse à une objection. — 201. Supériorité de l'âme sur la matière qu'elle informe. — 202. Union intime de l'âme et du corps. — 203. La pensée est un acte du composé humain. — 204. L'âme est principe moteur du corps par ses facultés. — 205. Il n'y a qu'une seule âme dans chaque homme. — 206. L'homme n'a pas d'autre forme substantielle que son âme. — 207. Influence de l'âme sur le corps et du corps sur l'âme. — 208. L'âme est unie au corps sans intermédiaire. — 209. L'âme est dans tout le corps et dans chaque partie. — 210. Il n'y a pas de raison impersonnelle : réfutation d'Averroès. — 211-213. Réfutation d'Avicenne. — 214. Origine de l'âme ; réfutation de l'émanatisme. — 215. L'âme est immédiatement créée par Dieu. — 216. L'âme est unie au corps au moment de sa création. — 217. L'âme n'est pas produite par génération. — 218. L'âme de l'embryon. — 219. Les facultés sont distinctes de l'essence de l'âme. — 220. En quel sens les facultés sont des accidents. — 221. Les facultés sont spécifiées par leurs objets. — 222. Relations des facultés entre elles. — 223. Classification des facultés de l'âme. — 224. Différence radicale entre les facultés intellectuelles et les autres. — 225-226. Facultés végétatives et sensitives. — 227-228. L'appétit sensitif : les passions. — 229. Rapports entre l'appétit sensitif et la raison. — 230. La raison spéculative et la raison pratique. — 231. La raison supérieure et la raison inférieure. — 232. La syndérèse et la conscience. — 233. Nature de la volonté. — 234. La volonté a pour objet le bien en général. — 235. La volonté se détermine librement. — 236. Action de l'intelligence sur la volonté. — 237. Action de la volonté sur l'intelligence. — 238. Rôle prééminent de l'intelligence. — 239. La volonté ne peut subir aucune contrainte. — 240. La volonté tend nécessairement au bonheur. — 241. L'homme est libre parce qu'il est raisonnable. — 242. En quoi consiste l'indifférence de la volonté. — 243. Le libre arbitre. — 244. Dieu et la liberté de l'homme. — 245. Conclusion.

CHAPITRE VII

La Morale. 245

246. L'idée de fin dernière en Morale. — 247. La fin d'un être est aussi son bien. — 248. Dieu est la fin dernière de toutes les créatures. — 249. Les créatures manifestent les perfections de Dieu. — 250. Toute créature doit être une image de Dieu. — 251. La perfection des créatures consiste dans leur ressemblance avec Dieu. — 252. Deux sortes de perfection dans les créatures. — 253. Différents degrés de ressemblance avec Dieu dans les créatures. — 254. Les créatures raisonnables se dirigent elles-mêmes à leur fin. — 255. La perfection des créatures est de ressembler à Dieu. — 256. La fin de l'homme, c'est le bonheur. — 257. Le vrai bonheur n'est pas dans les créatures. — 258-259. Le souverain bonheur n'est pas essentiellement dans l'acte de la volonté. — 260. Le souverain bonheur est dans l'acte de l'intelligence. — 261. Le souverain bonheur est dans la connaissance de Dieu. — 262-265. Connaître Dieu, c'est lui ressembler. — 266. Le souverain bonheur ne peut être atteint dans cette vie. — 267. En quoi peut consister le bonheur de la vie présente. — 268. L'amour de Dieu est une conséquence de la vision intuitive. — 269. Le souverain bonheur est éternel. — 270-272. Dans quel sens le mal est la privation d'un bien. — 273. Le mal de nature et le mal d'action. — 274. Le mal dans les créatures raisonnables. — 275. Aucun être n'est mauvais en soi. — 276-277. Comment le bien est cause du mal. — 278. Le bien est le sujet du mal. — 279. Le mal, comme tel, ne peut

être la fin d'un acte. — 280. Le bien et le mal moral. — 281. La moralité se tire de l'objet, des circonstances et du but. — 282. L'objet, les circonstances et le but doivent être conformes à la raison. — 283. La règle supérieure de toute moralité est la loi divine. — 284. Rôle de chacun des éléments de la moralité. 285. Les circonstances ne peuvent rien sur l'acte interne. — 286-287. Rapport de l'acte interne à l'acte externe. — 288. Mérite et démérite. — 289. Moralité des passions. — 290. La vertu et le vice. — 291-292. Les habitudes chez l'homme. — 293-295. La vertu est une disposition à faire le bien. — 296. Divisions des vertus. — 297-298. Vertus intellectuelles. — 299. Vertus morales; leur rapport avec les autres. — 300. Rapport des vertus avec les passions. — 301. Les quatre vertus cardinales. — 302. Comment la vertu tient le milieu entre deux extrêmes. — 303. Vertus acquises et vertus infuses. — 304. La foi, l'espérance, la charité. — 305-306. La vie contemplative; l'extase. — 307. La vie active; son importance. — 308. La mystique; son rôle dans la vie chrétienne. — 309. Supériorité de la Morale de S. Thomas.

CHAPITRE VIII

La Rédemption 202

310. L'état de justice originelle. — 311. La justice originelle n'était pas due à la nature. — 312. Corruption de la nature par le péché originel. — 313. Matériel et formel dans le péché originel. — 314. Propagation du péché originel. — 315. Le péché originel n'a pas détruit la liberté. — 316. L'humanité dans le Christ. — 317. Les imperfections de la nature dans le Christ. — 318. La passion et la mort du Christ. — 319. La grâce du Christ. — 320. Mode d'action de la grâce. Les sacrements. — 321. La justification opérée par la grâce. — 322. Prédestination et réprobation. — 323. La résurrection des corps; ses causes. — 324. Rénovation universelle du monde. — 325. Conclusion.

CHAPITRE IX

La Politique 319

326. L'homme est fait pour vivre en société. — 327. Toute société a besoin d'un chef. — 328. Le chef de la famille, de la tribu, de l'Etat. — 329. Monarchie, aristocratie, république. — 330. Le gouvernement a pour but le maintien de la paix. — 331. La monarchie est la meilleure forme de gouvernement. — 332. Dangers de la tyrannie. — 333. Monarchie constitutionnelle; résistance à la tyrannie. — 334. Quelle gloire doit rechercher un bon prince. — 335. Devoirs d'un chef d'Etat. — 336. La royauté du Christ et de son Vicaire. — 337. Subordination du pouvoir temporel au pouvoir spirituel. — 338. Conclusion.

CHAPITRE X (APPENDICE)

Opportunité du retour à la philosophie de S. Thomas. . 339

339-340. La philosophie de S. Thomas a-t-elle fait son temps?

1° S. Thomas et la philosophie moderne 341

341-342. Qu'entend-on par philosophie moderne? — 343. Erreur fondamentale des philosophes modernes. — 344-345. Une illusion à détruire. — 346-347. La vérité n'est pas créée par l'intelligence. — 348. Ce que l'humanité attend de la philosophie. — 349. Le respect de la tradition s'impose à la philosophie. — 350-351. Retourner à S. Thomas, c'est retourner à la vérité. — 352. Ce qui manque à la science actuelle. — 353. La science a besoin de la Scolastique. — 354-355. Avantage de la méthode scolastique.

2° S. Thomas et la Théologie 358

356-357. Rapports de la philosophie et de la théologie. — 358-361. Eloges donnés par l'Eglise à la philosophie scolastique. — 362. Alliance de la foi et de la raison dans la Scolastique. — 363. Antagonisme de la raison et de la foi dans la philosophie moderne. — 364. Le rationalisme est inséparable de la philosophie moderne. — 365. La philosophie moderne n'a pas de terminologie fixe. — 366. La philosophie scolastique est la clef de la théologie. — 367-368. La Scolastique donne l'unité à l'enseignement théologique.

3° S. Thomas et les sciences naturelles. 372

369. Les progrès de la philosophie ne dépendent pas de ceux des sciences naturelles. — 370-371. La Scolastique a pour point de départ l'expérience. — 372. La Scolastique a donné les règles de l'induction. — 373. Pourquoi le moyen âge n'a pas utilisé l'induction. — 374-375. Pourquoi la Scolastique serait très utile aux sciences naturelles.

4° S. Thomas et les sciences sociales 382

376. Le Droit nouveau est le fruit de la philosophie moderne. — 377. Le moyen âge a étudié les questions sociales. — 378. Depuis S. Thomas les principes n'ont pas changé. — 379. La philosophie moderne a obscurci tous les principes. — 380. Le droit de Dieu au moyen âge. — 381. L'unité et la paix dans l'Etat. — 382. La liberté et l'initiative individuelle. — 383. La Politique empirique de S. Thomas. — 384. Influence de la philosophie sur les arts. — 385. Conclusion.

FIN DE LA TABLE DES MATIÈRES

BESANÇON. — IMPRIMERIE OUTHENIN-CHALANDRE FILS ET Cⁱᵉ

EXTRAIT DES PUBLICATIONS CLASSIQUES DE ROGER ET CHERNOVIZ, ÉDITEURS.

VIENNENT DE PARAITRE

La Sainte Bible, traduite avec notes par M. l'abbé GLAIRE, seule approuvée par une commission d'examen nommée par le Souverain Pontife, nouvelle édition, avec introductions, notes complémentaires et appendices, par M. l'abbé VIGOUROUX. 4 beaux in-8°. . . 26 »

Divi Thomæ Aquinatis totius summæ Theologicæ conclusiones, auctore HUNNÆO. 1 in-18, format carré, de 420 pages, toile souple . . . . 3 »

ABBÉ BACUEZ. Instructions et Méditations, à l'usage des ordinands. I. *Tonsure*. II. *Ordres mineurs*. III. *Ordres sacrés*, 1890 (ce volume vient de paraître). 3 vol. in-32. Chaque volume 1 50

RÉCENTES PUBLICATIONS.

ABBÉ VIGOUROUX. Les Livres saints et la Critique rationaliste. 4 in-8°. 4° éd. 28 »
Le même. 5 in-12 (*sous presse*) . . . . 20 »
ABBÉ VALLET. Œuvres philosophiques. 6 vol. in-12 . . . . 18 50
Études philosophiques pour vulgariser les théories d'Aristote et de saint Thomas, et leur accord avec la science, par Albert FARGES, directeur à l'école des Carmes, Paris. 5 volumes. — La 5° étude : *Le Cerveau, l'Ame et les Facultés* (420 p., grand in-8°), avec planches anatomiques, vient de paraître 6 50
CRAISSON. Elementa juris canonici. 2 vol. in-12, 7° édition 5 50
ABBÉ BACUEZ. Du Divin Sacrifice et du prêtre qui le célèbre. 1 in-12. 3 50
ABBÉ BRUGÈRE. Histoire et littérature de l'Église, 4 cahiers in-4° . . 15 »
Theologia dogmatica et moralis ad mentem S. Thomæ et S. Ligorii, auctore VINCENT, 5° editio penitus recognita et retractata, curantibus prof. sem. Claromontensis S. S., 6 forts in-12 . . . . 18 »
Falise (Abbé). Cours de liturgie pratique. 7° édit. 1 vol. in-8°. . . 5 »
ABBÉ GLAIRE. Le Livre des Psaumes. Texte latin et traduction française, avec notes, approuvée à Rome. Avec introduction et quelques notes nouvelles, par M. l'abbé VIGOUROUX. 1 vol. petit in-12. . . 3 »
Manuel Biblique, par MM. BACUEZ et VIGOUROUX. 6° édition . . . . 14 »
Carte de la Palestine, par M. l'abbé VIGOUROUX, 1 feuille 0,32 sur 0,45. 1 »
Abrégé d'introduction de l'Écriture sainte, par M. GLAIRE. 6° édit. . . 5 50
Bible (Sainte), de GLAIRE, approuvée par la Commission d'examen nommée par le Souverain-Pontife. 4 vol. in-18. . . . . 10 »
Bible (Sainte), par les R. P. CARRIÈRE et MENOCHIUS. 8 forts in-8 24 »
Biblia sacra Vulgatæ editionis. Parisiis. 1 in-8 (avec imprimatur). . 6 »
Catéchisme du Concile de Trente. Traduction avec notes, par M. l'abbé DASSANCE. 2 vol. in-8 . . . . 8 »
Cæremoniale Episcoporum. 1 vol. in-4°. Net. . . . . 4 »
Cérémonial romain, par Mgr de CONNY. 1 vol. in-8 . . . . 6 »
Cérémonies de la messe basse, par M. CARON, in-12 . . . . 1 30
Compendium rubricarum Brev. et Miss. rom. 1 vol. in-12 . . . . . » 80
— De Matrimonio, auct. CARRIÈRE. 1 in-12 . . . . 2 50
— De Justitia et Jure. 1 in-12 . . . . 2 50
Concordance des Épîtres de saint Paul, par l'abbé DE LA HOUSSAYE. 1 in-12. 3 »
De Ecclesia Christi, auct. BRUGÈRE. 1 vol. in-12. 2° édit 2 50
De Vera Religione, auct. BRUGÈRE. In-12, 2° édit. 2 50
Decreta authentica, auctore J.-B. FALISE. 1 vol. in-8 . . . . 4 50
Directeur spirituel, par le R. P. PINAMONTI. 1 in-12 . . . . 1 50
Dissertatio in sextum, auctore J.-B. BOUVIER. In-12 . . . . 1 50
Écriture Sainte (Questions sur l'), par M. l'abbé BACUEZ. 2 in-8. . . 8 »
Examens particuliers, par TRONSON, 1 vol. in-12. Seule édit. complète. 2 75
Franzelin (J.-B.) S. J., *Opera*. 7 in-8, Rome 62 75
Gardellini, Decreta authentica. 4 vol. in-4. Avec suppl. jusqu'à 1878 . 64 »
Gonzalez, Philosophia elementaria. Madrid, 3 in-8. 4° édit. 1886. Net . 20 »
Gury cum notis Ballerini, Theologia. 2 gros in-8. Net . . . . 20 »
Herdt (de), Sac. praxis liturgiæ. 3 vol. in-8 . . . . 11 »
Herdt (de), Praxis pontificalis. 3 vol. in-8 . . . . 15 »
Hermeneutica sacra, auctore J.-H. JANSENS. In-8 . . . . 4 »
Institutiones liturgicæ, par M. Jean FORNICI. 1 in-12 . . . . 2 »

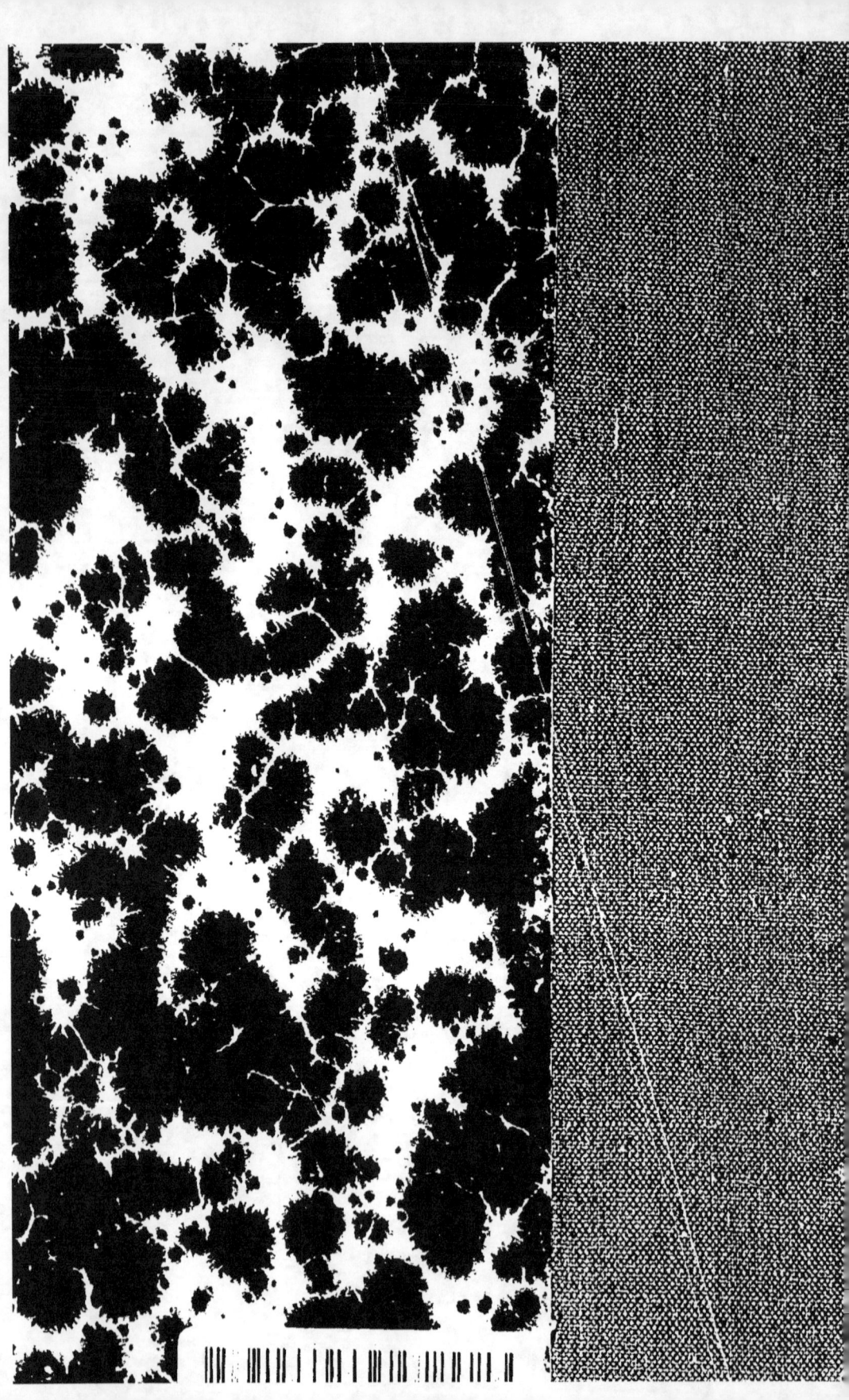

www.ingramcontent.com/pod-product-compliance
Lightning Source LLC
Chambersburg PA
CBHW050908230426
43666CB00010B/2067